Jürgen Leskien
Dunkler Schatten Waterberg

stakkato
Band 07

ISBN: 3-937738-10-X

1. Auflage

Hamburg Berlin
Einbandgestaltung: Lothar Reher
Umschlagfoto nach einem Motiv von Kathrin Schmidt
Druck: Druckhaus Gera

www.schwartzkopff-buchwerke.de

Dunkler Schatten Waterberg

Afrikanische Nachtgespräche

von

Jürgen Leskien

Berlin 2004

Schwartzkopff Buchwerke

Leb in der Gegenwart, sagst du;
Leb ganz in der Gegenwart!

Aber ich will nicht die Gegenwart, ich will Wirklichkeit;
Ich will die Dinge und nicht die Zeit, die sie misst.

Fernando Pessoa

Spuren im offenen Terrain

Sie stellen zunächst fest, dass sie es nicht schätzen, wenn über sie gesprochen wird. Fast immer sagen sie das. Zu oft sind wir verraten worden, behauptet Arthur, der Lüderitzer Diamantfischer deutscher Zunge.

Wir stehen auf dem Vorschiff seines blutroten Zehn-Meter-Kutters. Arthur hat vor der Küste vier *Claimes* gepachtet, deren Grund er mit dem Plastikrohr vom Bug des Schiffes aus bestreicht. Ein kräftiger Staubsauger, der Kies und Diamanten schlürft. Sehr viel Kies, sehr wenig Diamanten. Nach der Rückkehr lauert an der Pier die Diamantenpolizei, übernimmt die verplombten Säcke mit dem Diamanten gespickten Kies. Und nach zwei Wochen fließt die Kohle. Das ist mein Leben, verstehst du. Mehr gibt es nicht zu sagen. Keine Zeit für tiefsinnige Betrachtungen über Tage und Nächte im Flaschenhals Lüderitz. Warum wer hier bleibt und warum andere bei Nacht verschwinden. Schwarze, Weiße, Bunte. Schluss und weg. Obwohl hier alles begonnen hat. Und die alten Verträge rechtens sind, was ihr Deutschländer natürlich bestreitet. Oder?! Alles klar? Zum Wohl!

Ausgesprochen selbstbewusst, die deutschsprachigen Weißen in Lüderitz. Wenn man auf ihren Planken steht, sich zum Sundowner auf ihrer Terrasse lümmelt.

Sich der Seelenlage Deutscher in Namibia anzunehmen, den Frauen und Männern unvoreingenommener, geduldiger Zuhörer zu sein, ihnen aufmerksam in die Augen zu schauen war lange noch für mich mit dem Ruch des Ungehörigen behaftet.

Sind sie nicht die Nachkommen der Schutztruppler, jener Schlapphutsoldaten des deutschen Kaisers, die am Waterberg mit dem Maxim unter den Hereros wüteten und die Namas - sie nannten sie in deutsch-nationaler Einfalt die Stotterer, die Hottentotten - bis aufs Letzte bekämpften? Nicht selten zählen sie zu den Abkömmlingen deutscher Missionare. Erwiesen sich jene Männer in Schwarz nicht als Vortrupp betrügerischer Händler und Landräuber? An Plätzen mit gutem Wasser sesshaft geworden, verkündeten sie die Botschaft Gottes, tauften Schwarze im Dutzend, steckten Hereroweiber, damit sie ihre Blöße bedecken mögen, in weit ausladende, viktorianische Kleider, hämmerten Kindern das Alphabet ein. Und ließen Schnapshändler, Mädchenschänder, Viehdiebe ziehen. Dieses im Kopf, springen dem eiligen Gast Zeichen rückwärts gewandter Gesinnung heutiger Südwester sogleich ins Auge. Das über der Stadt thronende Denkmal des deutschen Reiters in Windhoek, die Brötchen aus der Dampfbäckerei Maier *Omaruru*, mit Schmucknarben verziert - Hakenkreuze auf der Morgenschrippe zu Hitlers Geburtstag -, das Antiquariat, das schon immer Hans Grimm führte, und den Raubdruck »Mein Kampf«.

Und es schien, als wären sie stolz, die Deutschen zwischen Wüste und Meer, auf diese Reliquien, wie anderen Orts Bürger auf Eifelturm, Freiheitsstatue, Brandenburger Tor. Mit einem an Verbitterung grenzenden Ernst bodenständig, eingegraben bis zur Hüfte in diesen fließenden, wehenden Sand, den sie »Deutsche Erde« nannten oder »Tirol«. Solitäre mit sonnengegerbten Gesichtern, Greifwerkzeug ähnlichen, welken Händen. Die vierte Generation schon hier geboren mit ängstlich wachgehaltenem Rest von Illusionen. Den Blick voraus - bis zum Horizont. Und der Horizont verschmolz über die Jahre mit den Schwebehölzern des letzten Kampzaunes der eigenen Scholle. Deutsch-Land, karges Mutterland.

Dann das Jahr 1989. Kaum merklich sickerten Namenlose der *Squattercamps* - Kinder, Frauen und Männer aus dem Township Katutura - ein in die weiße Stadt, kamen die einstigen Underdogs legal und selbstbewusst über die Grenze nach Hause, platzierten sich an Verhandlungstischen. Und hissten im Jahr darauf ihre Fahne. Die Republik Namibia war geboren, zur Überraschung der Südwester, der meisten jedenfalls.

Irgendwann blieben die Hakenkreuzbrötchen aus, war das letzte Exemplar des Raubdrucks verkauft. Auch deutsche Zungen schmeckten den neuen Worten nach. National reconcilation, nationale Aussöhnung, war das von den Siegern tatsächlich ernst gemeint? Affirmative action, werden nur noch Schwarze und Coloureds studieren dürfen?

In dieser Zeit kam ich nach Windhoek. Ich stand da, verstört, mit meiner eigenen, in Frage gestellten Identität. Mein Land war in den Westen gegangen. Der kalte Wind der veränderten Realität traf mich unerwartet heftig. Schuppen lösten sich aus dem Panzer. Ein Nerv lag plötzlich frei. Im Chaos des Umbruchs entdeckte ich sie plötzlich neu, die einstigen Südwester. Leicht verletzbar und auf eine besondere Art empfindsam geworden, schärfte sich mein Blick für jene gleicher Sprache und Haut, die sich unter der Last der Geschichte schon ein halbes Leben lang fragten: wer bin ich. Ich hasste diese Beunruhigung, dieses aufkommende Gefühl der Annäherung, rührte es doch an meine längst verinnerlichten, weil nicht selten bestätigten Vorurteile vom Menschen weißer Haut inmitten der african community der schwarzen Freunde.

Es waren die Monate, in denen meine Landsleute Bücher in Braunkohlenrestlöcher verkippten, Bilder von Wohnzimmerwänden nahmen. Plötzlich schätzten sie auch ihrer eigenen Hände Arbeit nicht mehr. Fuhren von nun ab Yamaha statt MZ Zschopau, griffen sich Thomy-Senf, übersahen den eben noch begehrten aus Bautzen, schmähten Spreewälder Gurken und verfütterten Finkenheerder Konfitüre an Schweine, die sie eigentlich auch gleich abschaffen wollten.

Diese so plötzlich und so würdelos einsetzende Demut vor den neuen Herren widerte mich an. Ich suchte nach einer Nische, über der ein Stück Himmel rein war. Und fand mich wieder, immer noch gläubig, im frei gewählten Parlament.

In jenen Wochen wurde ein Deutscher aus Swakopmund, Südwestafrika, so stand auf dem amtlichen Umschlag der Treuhand, nach Zittau gerufen. Er möge sich das Rückübertragene anschauen. Jörg Henrichsen, Bürgermeister in Swakopmund und Geschäftsführer des Supermarktes Woermann & Brock im gleichen Orte, reiste und überschrieb die verrußte Schlosserei den dort im tiefen Osten lebenden Angestellten der Firma. Dem neugierigen Kaufmann entgingen die im Abseits stehenden Gurken aus dem Spreewald nicht, nicht die vorzügliche Konfitüre aus Finkenheerd, nicht die auf Wacholder geräucherte Salami aus Eberswalde. Die Nachlassverwalter waren froh, die Lager räumen zu können. Bayrisches musste her und Buntes aus Westfalen. Henrichsen schloss sich für eine lange Stunde im Hotelzimmer ein und orderte. Zwei

Fünf-Fuß Container erreichten Wochen später über Hamburg Walfish Bay, die Filiale Woermann & Brock in Swakopmund. Spreewälder Gurken, Dauerwurst, Konfitüre. Für ein Handgeld. Am Deutschen Tag, dem großen Sonderverkauf von Spezereien aus dem unbekannten Teil Deutschlands im Supermarkt, standen wir uns gegenüber. Verkosten von Spreewälder Meerrettich.

Wir schrieben dieses merkwürdige Datum im April. Im Morgengrauen war Henrichsen, von einem atemlosen Polizeiposten alarmiert, in den Woermannturm gestiegen, hatte die Hakenkreuzfahne heruntergerissen, die irgendwann zwischen Mitternacht und drei Uhr morgens dort gehisst worden war. Auf einem öffentlichen Gebäude, zu des Führers Geburtstag. In jedem Jahr das gleiche Ritual. Ein Irgendjemand hisst, vernagelt die Turmluke, keiner will das Hämmern gehört haben. Die Polizei alarmiert, mit zeitlichem Abstand. Henrichsen steigt in den Turm. Am Tag danach grinsende, weiße Gesichter.

Wir verabredeten uns für den kommenden Abend. Aufführung des Städtischen Amateurtheaters: »Der zerbrochene Krug« in der Regie von Jörg Henrichsen.

GESTRAUCHELT BIN ICH HIER; DENN JEDER TRÄGT / DEN LEID'GEN STEIN ZUM ANSTOSS IN SICH SELBST. Henrichsen gab auch gleich noch den Dorfrichter Adam. - Wir werden uns über die Jahre immer wieder begegnen, ausführlich Möglichkeiten erörtern, die Störtebeker-Aufführung von Ralswiek am Strand von Swakop als Volksfest aufleben zu lassen. Vielleicht 2002, sechshundert Jahre nach der Hinrichtung des vitalen Bruders aus dem Norden.

Die Henrichsens waren seit 1897 im Lande. Kaufleute von Anfang an, stets mit Sinn für ungewöhnliche Lösungen. So hatte Emil Henrichsen in Argentinien preiswertes Futtergetreide bestellt. Auf unsicherer Route Südamerika - Swakopmund. Ein kühner, belächelter Entschluss. Die Zweifler rieben sich ungläubig die Augen, als das Schiff dann doch vor der Stadt lag. Hoch und stolz ragten die Aufbauten gegen den Abendhimmel. Mit der Ladung aus Buenos Aires aber gingen auch tausende Ratten in Swakopmund von Bord. Häme und Entsetzen waren nicht zu überhören; in Swakop gab es keine Katzen. Henrichsen senior schickte Depesche um Depesche nach Südafrika, nach Angola.

Acht Tage später wurden sie behutsam an Land gehievt, einhundert Hauskatzen aus Kapstadt. Der Urgroßvater gehörte zu den Gründern der ersten deutschen Schule in der Hafenstadt. Auch war er ein Freund des kühlen, selbstgebrauten Bieres.

In den Wintermonaten, wenn der Nebel weit in die Wüste vordrang, erreichten sanfte Wellen von Melancholie auch den ersten Bürger der Stadt. Er schaute dann versonnen von seinem Büro auf die Scharen von alten Männern aus Europa. Säbelbeinig, in frisch gebügelten Khakishorts, wieselten sie durch die Stadt, krochen in jeden Winkel, ließen sich unter Straßenschildern fotografieren, auf denen Bismarck oder Leutwein zu lesen war. Ihm schien, als seien mit jedem Tag neue Expeditionen unterwegs, um ihr Leben im Leben der Deutschen in Namibia zu erkunden.

Ihr gebt vor, euch für unser Schicksal zu interessieren, aber vielleicht sucht ihr euch nur selbst, sinnierte er. In der Stille, die schmerzt, sucht ihr euch, in der Weite flirrender Hitze, wogender Grasflächen, in der man sich plötzlich wieder als Einzelner entdeckt. Oder sucht ihr ein Deutschland, das es nicht mehr gibt, nun, in der zweiten Hälfte des Lebens, in der es so schwer wird, das Neue, das Andere zu verstehen, mit ihm zu leben? Ihr urteilt messerscharf - der da, der ist ja ein Buschnazi! Eine Vermutung, die euch fröhlich stimmt, kann man nun sagen, seht doch, seht, die sind ja noch viel schlimmer als die Burschen, die bei uns daheim wieder die Köpfe heben.
Vielleicht ist es eine Mischung aus allem.

Damals, als es hier mit uns Deutschen begann, fuhr man nach Studium der Lüderitzer Diamanten- und Kupferwerte auf einem der Woermanndampfer über den Äquator, rüstete sich in Lüderitzbucht mit Sandsieb, Schaufel und Diamantlupe aus und erkundete den abgesteckten *Claim*. Der lag bei Kolmanskuppe oder im Bismarckfeld. Den Blick fest auf den Boden, auf der Suche nach Diamanten. Nun sind die deutschsprachigen Weißen selbst Gegenstand der Erkundung geworden. Gleich Fischen im Aquarium sind wir für manchen der Deutschländer nur in der Kolonialsuppe schwimmend vorstellbar, mokiert der Bürgermeister. Angelockt vom Versprechen, hier einen afrikanischen Traum in deutsch zu finden, kommt ihr, euren Meridian nicht verlassend, versichert, mit der Apotheke im Gepäck, von weit her. Und reist bald wieder ab. Geschäfte daheim. Business.

Der Fremde aus Hamburg, Berlin, Hannover erzählt von der Ladung Katzen aus Kapstadt, vom Dampfross Martin Luther, zeigt die immer wiederkehrenden Fotos von Löwen, Oryx, Elefanten. Fragt er sich, ein wenig irritiert, in stiller Stunde, mein Gott, wie sind sie denn nun wirklich, die Germanen zwischen Wüste und Meer?

Selbstverständlich hat er sie gesehen, ihre noch sichtbaren Spuren. Jugendstilhäuser in Lüderitzbucht, das Schloss Duwisib, die Christuskirche in Windhoek, die Feste Namutoni in der Etosha. Selbstredend Woermannturm und Amtsgericht bei uns, in Swakop. Ja und die Eisenbahn natürlich, den Leuchtturm, die berüchtigte Dampfbäckerei, das Elektrizitätswerk. Er hörte seine Muttersprache in klarer Diktion und Grammatik, aber auch sächsisch eingefärbt, mit dem Slang der Anhaltiner. Merkwürdig. Faszinierend. Und er ahnte die unsichtbaren Spuren, fand scheinbar lose Fäden des Geflechts, das in jeden Winkel des Landes reicht. Sah das Land durchwoben von deutschen Lebenslinien, die jene der Damara, der Ovambo, der Herero, der Nama und der anderen berührten und noch berühren, sich verschlungen mit ihnen durch die Jahre ziehen. Qualvoll manchmal. Aber auch in Lust und stiller Heiterkeit. Weiße Afrikaner deutscher Zunge.

Ob du verstehst, was ich meine? Im Guten wie im Bösen? Warum willst du uns herausheben aus all den anderen Völkerschaften am Cunene, am Swakop, am Oranje, fragte er mich. Sind wir wichtig für dich? Warum? Suchst auch du eine neue Heimat? - Wir Deutschen hier, wir mit unserem schwierigen Humor, mit unserer nur noch rudimentären Fähigkeit zur Selbstkritik, wir werden dich beschimpfen. Falsch zitiert. Missverständlich wiedergegeben das Gespräch. Sätze aus ihrem Zusammenhang gerissen. Das willst du dir aufladen?

Im ruhigen Gespräch zu zweit schätzte der Bürgermeister das direkte Wort, scheute Schnörkel und Pirouetten. Auf Barschemeln hockend, in Kückis Pub, lehrte er mich das Austernschlürfen. Wir stellten fest, unter dem gleichen Stern geboren zu sein, die Jahre unserer Geburt lagen nur wenig auseinander. Und die

Kormorane beobachteten wir lange und mit Whisky im Bauch an der alten Brücke am Fluss.

Bis über der Wüste der Morgen aufstieg. Ich versäumte es ihm zu erklären: Ich möchte herausfinden, nun endlich nach all den Jahren, warum sie vor euch geflohen sind. Zu Tausenden, die Schwarzen. Wer seid ihr, was habt ihr angestellt, dass sie alles stehen und liegen ließen und sich in den Norden durchschlugen, die Grenze nach Angola suchten. Vinzenz, seine Familie, die anderen, zu Tausenden. Vorbei an den Sperren der Südafrikanischen Wehrmacht. Den Heimatschutz der Farmer umgehend, die Städte und ausgebauten Straßen meidend. Flüchtlinge im eigenen Land.

Als ich soweit war mit ihm auch darüber zu reden, ihm von Vinzenz zu erzählen, vom Camp in Kwanza Sul, fand ich seinen Platz im Büro von einem anderen Manne besetzt. Im Kaokoveld sei es passiert, mit dem Landrover. Eine Haarnadelkurve auf der Gravelroad, der Schotterstraße. Die Schlucht maß mehr als hundert Meter Tiefe. Henrichsen war tot. Ich tapperte in der Stadt herum, umstrich unsere gemeinsamen Orte, fuhr gegen jede Vernunft noch am Nachmittag in den Norden.

Die Wüstenpad bis Uis Myn passierte ich noch vor der Dämmerung. Hinter Fransfontein wechselte ich, nun schon im Licht der Handlampe, den rechten hinteren Reifen. Eine Bauklammer im Geröll der *Pad*. Der erste Schakal dieser Nacht schleifte ein Perlhuhn über die Piste und verschwand unter den Mopanebüschen. Schattengleich, für einen Augenblick nur, durchschnitt ein Kudubulle das Scheinwerferlicht, ich sah sein Auge blitzen, schreckte zusammen. Ungleichmäßig fassten die Bremsen, der Wagen schleuderte über Schotter und Kies. Der Kudu hatte längst den zweiten, dritten Kampzaun übersprungen. In der Dunkelheit haben Deutschländer auf der *Pad* nichts mehr zu suchen, Henrichsens Worte!

Ich zog den Wagen in einen Seitenweg, hängte das Tor der Farmumzäunung aus und beendete in sicherer Entfernung von der Gravelroad meinen Tag. Kudu und Perlhuhn begleiteten meine unruhigen Träume. Ich werde von Kudus gerammt, Perlhühner picken mir die Augen aus, dann wieder liege ich gefesselt unter einer dicken Matte, ringe nach Luft. Im ersten Licht des Tages schäle ich mich aus dem Schlafsack. Das Schild am Kampzaun nennt den Namen der Farm: PADERBORN.

PADERBORN nun auch am Rande des Damaralands. Ich widerstehe der ersten Regung, kehrt zu machen, der Fahrspur zum Farmhaus zu folgen, mich einladen zu lassen zu Spiegelei, Kaffee und selbstgemachter Feigenkonfitüre. Warum eigentlich? Warum will ich sie heute nicht kennen lernen, die von PADERBORN?

In den ersten Jahren, zu Zeiten des Emil Henrichsen, war die deutsche Gemeinde noch überschaubar. Jeder wusste von jedem. Ja, der siedelt in Bethanien, angekommen mit der »Tabora«, und der, der ist samt Familie in den Norden, wahrscheinlich. Gelandet sind sie mit der »Hellopes«, über Port Nolloth kommend. Stürmische Überfahrt, waren halb tot. So wird es geheißen haben. 1891 sollen es dreihundertzehn gewesen sein. Am ersten Januar 1903 zählten die Behörden 2.998 Deutsche unter den 4.640 im Lande Lebenden weißer Haut. Mit dem Ausgang des Ersten Weltkrieges waren es 14.229. Die Südafrikaner, die Sieger, die *Jaapies*, die Schlappohren, wie sie von den Deutschen verächtlich genannt wurden, richteten sich ein und schickten ehemalige Schutztruppler, Beamte und auch andere unliebsame Personen deutscher Zunge nach Deutschland zurück. Deportation. 1921 werden noch 7.855 Deutsche im Mandatsgebiet, so der neue Name von Deutsch Südwest, gezählt. Fünfzig Jahre später spricht die Statistik von dreißigtausend Deutschen im Land zwischen Oranje und Cunene. Im Jahr 2003 sollen es so um die fünfundzwanzigtausend sein, von denen, so halblaut kommentiert, vierzehntausend neben dem namibischen auch noch den deutschen Pass in der Tasche tragen.

Sie sind aus ganz unterschiedlichen Gründen in dieses wüste Land gekommen, die Deutschen. Und aus verschiedenen Gegenden. Viele aus dem armen Norddeutschland. Auch aus Ostpreußen, damals. Welcher Landstrich, welche Gegend über die Jahre am meisten vertreten war, ist heute schwer zu sagen. Wer sollte sie auch gefragt haben, die Ankömmlinge?

Hilde Kaske, Plätterin, kam aus Berlin, zum Beispiel. Oder der Schäfereigehilfe Emil Winter, der aus Neustrelitz. Oder August Stauch, Eisenbahner, dem allgemein nachgesagt wird, er habe in Südwest die Diamanten gefunden, der kam aus einem Nest nahe Eisenach. Bleiben wir bei Hilde Kaske. Hilde Kaske aus der Simon-Dach-Straße in Berlin-Friedrichshain. Das ist in der Nähe des Bahnhofs Warschauer Straße. Vom Bahnhof über die Brücke und dann rechts in die Revaler, vorbei an der Libauer, dann nach links. Hilde war Arthur und Gertrude Kaskes Tochter. Sie war die einzige. Hildes Mutter litt an einer unbekannten Krankheit. Trudchen, so nannten sie Nachbarn und Freunde, lebte hinter zugezogenen Vorhängen, schlief am Tage, las nachts verkeilt in dicke Sofakissen ziegelschwere Romane und schwor auf die heilende Wirkung des Magermilchquarks, selbstgemacht im Leinenbeutel, aus Milch der Friedrichshainer Kühe. Jeden zweiten Dienstag kurz vor drei am Nachmittag kam Elfriede Persicke von der Libauer Straße herüber, Trudchens Freundin aus der Realschulzeit. Sie brachte manchmal ein zerlesenes Heft der »Gartenlaube« mit oder Wurstbrühe vom Schlächter aus der Revaler Straße; hantierte, Verse von Wilhelm Busch in freier Rede deklamierend, am Lager der Freundin mit Brennschere und Kamm. Beieinander zu sein, darum ging es den beiden wohl vor allem, und es ging auch um Trudchens Stolz: das war ihr Haar.

Trudchens Haar, in der Farbe mehr löwengelb als blond, war voll und fest und kaum zu bändigen. Es hieß, Arthur träumte selbst auf dem Kutschbock von der erregenden Fülle, nicht nur des Haupthaars seiner Frau. Und möglicherweise hing sein Tod, wie auch die Flucht der Tochter nach Südwest, mit den gewaltigen Mähnen der beiden Frauen dieser Familie zusammen. War das Haar frisch gelockt und unter einem ausladenden Turban sicher, wechselten Gertrud und Elfriede in die Küche. Dort, hinter verschlossener Tür, nahmen die Frauen in der Zinkwanne ein gemeinsames Bad. Einander Brust und Rücken, Schenkel und Achsel waschend, gossen sie immer wieder warmes, auf der Gasflamme erhitztes Wasser nach und noch nackt, mit hochgestecktem Haar, beschnitt Elfriede ihrer Freundin die Fußnägel.

Eingewachsene Fußnägel waren eine Erbkrankheit der Familie, die schon dem Großvater die Teilnahme am deutsch-französischen Krieg verdorben hatte. Als es losging, brach er nach dem zweiten Tagesmarsch Richtung Paris zusammen. Der Leutnant überstellte ihn in das nächste Lazarett, er kam nach Pasewalk. Blut im Stiefel in Folge eingewachsener Fußnägel: Unguis incarnatu - an den großen Zehen beider Füße. Für einen Soldaten des Kaisers eine Schande! Hilde indes erfreute sich einer rundum wohlgeratenen Gestalt, das Haupthaar und jenes in verborgenen Winkeln des Körpers eingeschlossen. Sie erfreute sich auch wohlgeratener Zehen. Der zweite der Zehen war sogar etwas länger als der große, was Mutter Gertrud in besonderen Stunden die Bemerkung entschlüpfen ließ, Hildchens Füße hätten antikes Format. Antikes Format - eine Ablagerung nächtlicher Romanlektüre, in der »Gartenlaube« kam solches nicht vor.

Hildes Vater war ein hochgewachsener, breiter Kerl, der von den Spielen der zärtlichen Freundinnen nichts wusste, denn auch Hilde schwieg. Sie wurde mit einer Mark pro Woche für Eis und heiße Schokolade und Besuche im Panoptikum für ihr Schweigen belohnt. Geld, das der Rollkutscher mühsam und unter Gefahren, wie Hilde gesehen hatte, verdiente. Arthur war stolz auf seinen dunklen, buschigen Schnauzbart und auf seine Kraft, die er jedem, der es wollte, vorführte. Nägel verbiegen, Hufeisen strecken, am steifen Arm drei Mann, das war das Repertoire. Und im Zirkus, hinter dem Steuerhaus an der Landsberger Allee, rang er mittwochs und freitags für Geld mit dem Bären Jonathan. Mit Gebrüll und ausladenden Gesten fiel er über das am Maul gefesselte Tier her. Die Frauen schlugen sich auf die Schenkel und kreischten vor Vergnügen. »Sie werden nass, die Weiber, wenn ich Jonathan aufs Kreuz lege«, soll seine stehende Rede gewesen sein. Hilde riss beim Angriff des Vaters auf den Bären die Hände vors Gesicht. Einmal nur war sie im Zirkus gewesen, weil der Vater sie immer wieder eingeladen hatte. Sonst war er Kutscher in der Schultheiss-Brauerei Schönhauser Allee. Die Frauen blieben stehen, wenn er, die Lederschürze geschickt lüftend, sich auf den Kutschbock schwang, elegant die Zügel freigab.

An einem dritten September dann war alles vorbei. Flach fiel das milde Licht in die Schlucht der Grünbergerstraße, tat der Brust gut und den geprellten Knien. Arthur hatte den Mützenschirm weit heruntergezogen. »Die Stumpfe Ecke« war noch mit fünf Fass zu bedienen, weiter zur »Bierschwemme«, hier nur drei Fass, und dann zurück in den Hof, er war im ersten Licht des Morgens aufgebrochen. Ein langer Tag mit vier Mal zwanzig Fass Pils. Nun müde, träumte er sich in die Arme seines ausgeruhten,

mütterlichen Trudchens mit der Löwenmähne, spürte schon ihre Hand im Hosenbund, an den geschundenen Lenden zwischen den Beinen. In der warmen Welle, die ihn durchfloss, übersah er die Kraftdroschke, die in schneller Fahrt von der Warschauer her kam. Die Pferde gingen durch. Die Deichsel brach und auch die vordere Achse.
Begraben unter den Bierfässern der letzten Fuhre war sein Leben plötzlich zu Ende.

Hilde musste in eine feste Anstellung. Vorbei die stundenweise Aushilfe in der Schneiderei gleich nebenan. Sie war nun der Ernährer der kleinen Familie. Miete, Gasgroschen, Milch und Käse und Brot. Mindestens das. Elfriede Persicke wusste Rat. Sollte dieser Kerl aus der Wäscherei sich ruhig erkenntlich zeigen. Achtzehn Jahre alt und proper gebaut, bemerkte der Prokurist Alois Schimmelpfennig von der Dampf- und Weißwäscherei Schulze, als er Hilde in das Belegschaftsbuch eintrug:

»Na dann wollen wir `mal, junge Frau.« Der Prokurist ließ sie nach einer Woche schon ans Bügelbrett in die Weißwäscherei holen. Er schnurrte und war voller Bewunderung für ihr flachsblondes Haar. Hilde hatte nie Flachs gesehen, aber sie genoss die Schmeichelei des jungen Herrn - ihr erstes Kind blieb sechs Monate vor der Geburt auf dem Küchentisch der verschwiegenen Elfriede Persicke.

Das Wachsen des zweiten in ihr sah man Hilde nicht an. Man trug die Röcke weit ausgestellt und sie hatte, von Gott gegeben, schon immer ein wunderbar breites Becken. Für die Geburt zog sie sich eine Stunde vom Bügeltisch weg in das Dämmerlicht der Großen Wäschekammer zurück: Moritz kam an einem Sonnabend im September kurz nach zehn Uhr zur Welt. Alois Schimmelpfennig brachte ihn zu einer Amme nach Jüterbog. »Es ist mein Sohn«, schrie er, »und du halt's Maul!« Hilde brüllte und schlug um sich. Zu Haus.

In der Dampfwäscherei musste sie lachen und schweigen. Das flachsblonde Haar verlor seinen Glanz. Und im dunklen Zimmer wartete die Mutter auf den Tod. Vier Wochen, sechs Wochen. Acht Wochen. Auf dem Parochialfriedhof wollte Gertrude Kaske ihren endgültigen Platz. Unbedingt dort. Das sei die Tochter ihr schuldig. Das war viel verlangt von Hilde. In ihrem Zustand.

Ohne Kind, ohne Hoffnung, ohne Geld. Elfriede Persicke kannte den Herrn Gemeindepfarrer vom Friedhof, dort an der Boxhagener Straße. Gerade den kannte sie, welch ein Glück.

Es wurde eine schöne Beerdigung. Der Geiger vor dem Gebet am offenen Grab. Und beim Herablassen des Sarges ein Trompeter. Wieder war September, und wieder fiel das Licht so mild und im flachen Winkel zwischen den Häusern ein.

Hilde machte schon an der Friedhofspforte der kommende September Angst und auch der, der diesem folgen würde. Als die Haushälterin des Pfarrers, mehr beiläufig, von tapferen jungen Frauen sprach, die den vom deutschen Siedlungswillen beseelten Männern in Südwest zur Hand gehen sollten, zögerte sie nicht lange. Weg, nur weg von hier! Der aufmerksame Blick des Pfarrers bei der Rede seiner Hausfrau war ihr entgangen.

Schon am nächsten Tag lernte sie eine ältere Dame kennen. Mechthild Ziegler vom Kolonialverein. Ohne Aufhebens vermittelte Frau Ziegler eine medizinische Untersuchung und beschleunigte das Ausfertigen der Reisepapiere. Schimmelpfennig atmete auf, er kaufte das Schiffsbillet. Einzelkabine. Mittschiffs.

Dazu zweitausend Mark für den Anfang. Geschenkt, betonte der Prokurist. Wenn sie wegbleibt und alles unterlässt, um Moritz zu sehen. An Bord, mit Einzelkabine und halbem Schleier am zierlichen Hut, ging sie als Lady aus gutem Hause durch.

Nach zweiunddreißg Tagen Seereise Ankunft in Lüderitzbucht, Deutsch Südwestafrika. Dort traf sie auf die, die schon immer dort waren, die Schwarzen und die Gelben und auf jene, die vor ihr Deutschland oder gar England verlassen hatten, um im afrikanischen Sand das Glück zu suchen. Sie traf sie nacheinander. Herr Becker von der Schiffsagentur Lüderitzbucht kam mit einem Boot längsseits und begrüßte Hilde persönlich. Er sah nicht anders aus als die Männer in Berlin. Die vier Hafenarbeiter, die Hildes Gepäck wortlos im Boot verstauten und sie mit Becker und drei anderen Passagieren an Land ruderten, ohne auch nur ein Wort zu sprechen, waren dunkel und von kräftiger Gestalt. Es waren die ersten Schwarzen, die sie in der neuen Heimat sah. Stumm und gleichmäßig zogen sie die Ruder durchs Wasser. Die Mützen hatten sie tief ins Gesicht gezogen.

»Keine Sorge«, raunte Herr Becker, und presste Hildes Hand. Die Kru-Leute kennen die Tücken der Brandung, deshalb haben wir sie extra aus Nigeria hierher geholt. Hilde fühlte sich unbehaglich. Schwarze, unnahbare Gestalten. Sie hatten nichts von den freundlichen Mohren, die ihr aus dem Zirkus in der Landsberger Allee noch gut in Erinnerung waren. Und da war auch noch Beckers feuchte Hand.

Ein hochgewachsener, rotblonder Mann, in festem Ölzeug steckend, half ihr in der Brandung aus dem Boot, stellte sich mit Tom Smith, einst Kapstadt, heute Lüderitz, vor. Ein junger Engländer mit breiten, sanft zupackenden Händen.

Die Deutschen in Lüderitzbucht betrachteten sie als eine der ihren. Sie hatte die Kleidung gut gewählt und traf vom ersten Tag an den rechten Ton. Und das Schreiben der Mechthild Ziegler mit dem Preußenadler machte Eindruck. Die stellvertretende Vorsitzende des Frauenbundes der Deutschen Kolonialgesellschaft, Abteilung Lüderitzbucht, Klara Weinhold, führte sie am zweiten Tag nach der Ankunft durch die Bismarckstraße zur hölzernen Landungsbrücke hinunter, und von dort arbeiteten sie sich tapfer durch den Sand zu Hildes neuer Arbeitsstätte, der Apotheke. Die Sonne stand noch flach über dem Horizont, vom Meer her wehte ein gleichmäßiger Wind. Hilde genoss mit klopfendem Herzen die Blicke der Männer, deren angedeutete Verbeugungen.

In dieser Nacht lag Hilde lange wach. Warum hatte Klara Weinhold sich soviel Zeit genommen, war mit ihr den beschwerlichen Weg durch den Sand hinunter an den Strand gegangen. Es schien, als sei es ihr Herzensbedürfnis gewesen, Hilde vor Männerbekanntschaften zu warnen. Sie sprach auch von den Ovambos, die aus dem Norden kommend auf den Diamantfeldern arbeiteten, hier ohne ihre Frauen lebten und jedem Rock mit Stielaugen nachsahen. In Windhoek, so Karla Weinhold im Ton der Erleichterung, hatten die deutschen Siedler schon vor vier Jahren klare Verhältnisse geschaffen. Sie waren sich darin einig geworden, Mischlinge und auch Weiße mit farbigen Ehepartnern aus der Schulgemeinde, ja aus allen Vereinen auszuschließen. An dieses Gespräch mit der Weinhold wurde Hilde erinnert, als sich ein Jahr später ihrem Arbeitsplatz gegenüber, an der Anschlagtafel des Kasinos, den Tag über immer wieder Leute versammelten, einen dort angebrachten Aushang fixierten und manchmal mit

Gelächter, aber auch kopfschüttelnd auseinander gingen. Wohlan! Der Gouverneur hatte das längst fällige Machtwort gesprochen, hieß es dunkel in der Apotheke. Hilde konnte den Abend kaum erwarten, um endlich zu erfahren, was dort angeschlagen war. Der Kaiserliche Gouverneur hatte am 27. Juli 1911 bekannt gegeben:

Wie ich höre, ist es vorgekommen, dass die hiesigen Prostituierten sich sogar Rehoboth-Bastards hingegeben haben. Ich ersuche das hiesige Bordell daraufhin zu kontrollieren und den Prostituierten eröffnen zu lassen, dass sie sofort des Landes verwiesen werden, wenn sie sich mit Eingeborenen einlassen.

Ihre Anstellung in der Reichs-Apotheke, Diazstraße, dem Kasino gegenüber, war von freundlichen Worten begleitet. Zu Hildes Überraschung hörte man ihr zu, suchte gar ihren Rat. Sie war ja eben von drüben gekommen, mit dem Neuesten der alten Heimat vertraut. Dabei hatte sie sich nie mit chirurgischen Gummiwaren, mit elastischen Binden, Verbandswatte, mit Gall- oder Fleckseifen befasst. Es ging vor allem um preußische Ordnung, um Pünktlichkeit und Fleiß. Das verstand sie schon in den ersten Tagen. Ihr bisheriges Leben war durch Anweisungen gelenkt und geregelt worden. Nun konnte sie selbst in das Leben anderer eingreifen: Der Posten Verbandmull in dieses Regal. Die Kiste Seife ins Woermann-Haus. Komme sofort zurück. Unmerklich nahm sie in der Hierarchie des Hauses ihren Platz ein, lernte jeden Tag mehr die schwarzen Gesichter zu unterscheiden. Versuchte nach und nach die Sprache der Namafrauen, die auch in der Apotheke Hottentottenweiber genannt wurden, zu verstehen. Und endlich war sie nicht mehr die vom Prokuristen begrabschte Plätterin im fensterlosen Raum der Dampf- und Weißwäscherei. Endlich.

Hildes Gepäck war schmal, als sie in den Süden reiste, in jeder Hinsicht. Gleich anderen Siedlern wusste sie wenig von dem, was sie wirklich erwartete. Es wird sich alles finden. Für uns Deutsche sowieso. So die freundliche Dame vom Kolonialverein. Unter der Schale eifriger Überlegenheit aber pochte die Angst vor dem Fremden. Beim Soldaten nicht anders als beim Händler, dem Farmer oder der Zugehfrau. Die Angst sich in diesem riesigen Land zu verlieren, die Angst vor den Menschen, die sich in Dunkelheit plötzlich aufzulösen schienen und deren Sprache man nicht verstand. In Furcht vor unaussprechlichen Krankheiten versagte sie sich das Natürlichste: Berührung Haut an Haut. Aber die Neugier nagte. Wie fasst sie sich an, die schwarze Haut? Ist sie kühl im Zorn, ist sie feucht vom Schweiß der Erregung? Selbstverständlich waren sie anders, die Schwarzen, aber eigentlich wollte man nicht wirklich wissen, worin das Anderssein bestand. Und dann die Sorge vor den anderen Deutschen zu versagen, in der Gemeinschaft von Leuten, denen Pflichterfüllung alles war.

Bei einem unverfänglichen Plausch wurde Hilde Kaske nach Vater und Großvater gefragt, ja wo diese denn gedient hätten. Frontabschnitt, Regiment. Kaiserliche Flotte gar oder Artillerie? Das war den Männern wichtig.

Sie zögerte mit der Antwort, was als vornehme Art des Nachdenkens gedeutet wurde. Hilde erinnerte sich der süffisanten Rede, mit der man jüngst in der gleichen Runde über einen südwester Artilleriehauptmann - in Abwesenheit, versteht sich - hergefallen war. Dieser Baron von Wolff hatte vor knapp fünf Jahren im Kampf mit einer Hottentottenabteilung den Kürzeren gezogen. Er löste sich vom Feinde, das heißt, er und seine Männer suchten das Weite und ließen ihre Kanone in Ermanglung von Zugpferden im Felde stehen. Von Wolff, der allein das Kommando hatte, musste vor das Kriegsgericht. Die Entschuldigung, die er dem Kriegsgerichtsrat vortrug, lautete: sein Vater, so keck der Baron, habe 1871, im deutsch französischen Kriege, gleich ihm, ein Geschütz zurückgelassen. Er, Hansheinrich von Wolff, sei erblich belastet, daher unschuldig.

Zähneknirschend hatte das Kriegsgericht die Sache begraben. Die Richter wussten von der Protektion des Hauptmanns daheim, zudem galt der Baron als recht unkonventioneller, häufig wirrer Kopf, manche schimpften ihn gar agent provocateur. Es war sein Vorschlag gewesen, die Ochsen der ländlichen Gespanne mit Namen ehemaliger Gouverneure oder Staatsbeamten zu belegen. Die Farmer könnten dann ihren Unmut gegenüber Staatsdienern an den Ochsen auslassen, was das Klima untereinander verbessern und die Gerichte entlasten würde. Meinte der Baron.

Hilde war klar, dass sie unmöglich in dieser Runde von der Erbkrankheit, von Unguis incarnatu, die Großvater aus dem Krieg 1870/71 raushielt, sprechen konnte, da hätte sie gleich verloren. Und so erinnerte sie sich der Heldengeschichten, die sie in der

Wäscherei von den Frauen gehört hatte, und ließ den Großvater bei der Rheinüberquerung ertrinken, verpasste dem Vater einen Lungenschuss linksseitig, knapp am Herzen vorbei. Die Männer hatten ihre Pflicht getan, so wie sie nun ihre Pflicht tun wird. Die Kaffeerunde zeigte sich zufrieden.

Die großen Kaufmänner und Makler, die in Südwest von Bord der Schiffe gingen, hatten einen Plan, der nicht selten mit politischen Freunden ausbaldowert worden war. Ihre eigenen ehrgeizigen Ziele ließen sich im Windschatten der großen Politik aufs Angenehmeste verwirklichen. Sie empfanden sich als Pioniere, sahen sich im Einklang mit der Welt, in der sie lebten, in Einklang mit ihrem Staat, mit Deutschland. Pflichterfüllung war ihnen höchstes Gebot. Pflichterfüllung rechtfertigte alles. Wer seine Pflicht tat, sündigte nicht. Und die Pflicht gegenüber dem Staat kam zuerst. Mit dieser Haltung ließ sich akzeptabel leben, solange der Staat akzeptabel war. Die Grenzen dieser zur Religion erhoben Pflichterfüllung wurden für manchen Deutschen in Südwest sichtbar, als ihre Interessen mit denen, die schon immer im Lande waren, kollidierten und man nicht mehr zur Feder, sondern zum Messer griff.

Die Mehrzahl der Siedler aber waren einfache Leute. Sie stiegen vom Schiff, geprägt durch lebenslanges Streben nach Tugenden, die man auch in Hildes Wäscherei die preußischen nannte. Hingabe an die Sache. Dienen als oberste Pflicht. Streben nach Leistung. Aufeinander verlassen können. Prompte Erfüllung der übernommenen Aufgabe. Mangel an Genauigkeit, an Pünktlichkeit wurde als Pflichtvergessenheit getadelt. Diese Wimpel voran, drang man ein in die fremde Kultur, drückte dem Land seinen Stempel auf. Ein solches, den eigenen Lebensplan prägendes, geistiges Gerüst rechtfertigte die Landnahme ebenso wie das Auspeitschen mit dem Schambock - im Interesse der Sache, Dienen als oberste Pflicht.

Der einstige Leutnant der Schutztruppe übernahm die Poststelle in Karibib, sein Korporal die winzige Schule in Marienthal. Denen werden wir mal die Hammelbeine lang ziehen. Den deutschen Knaben und Mädchen. Und der vierte Sohn des schlesischen Kossäten sah einen Flecken Land am Omaruru als Chance.

Der Glaube an ein halbwegs gesichertes Leben in seiner schlesischen Heimat war ihm nach und nach abhanden gekommen. Das Übersiedeln nach Südwest war für ihn keine Flucht in den Reichtum. Er lief der Armut davon. Und so führte er mit zusammengebissenen Zähnen eine Farm im Wüstenland. FRIEDEBERG schrieb er mit ungelenker Schrift ans Tor, oder HOCHFELD. Nicht nur den Namen hatte er mitgebracht vom alten Zuhause. Sondern auch seine Erfahrungen. Gemacht als Knecht auf dem Gutshof, als Reiter unter der Wüstensonne, in den Niederungen militärischer Hierarchie sich mühsam behauptend. Er oder ich. Nun als Siedler aber war er nicht mehr der Letzte. Denkbar, dass er sich im Nebel schwüler Träume des Gutsherren Recht der ersten Nacht bei den Mägden im Schlesischen erinnerte. Was konnte er wissen von denen, in deren Lebenskreis er, einem Unwetter gleich, so plötzlich eingedrungen war, was vom Charme mündlicher Erzählung, nach vier Jahren Holzpantinengymnasium in der Volkschule eines schlesischen Gutsbezirkes?
Auch Hilde tröstete sich: WAS KANN DER ARME MOHR DAFÜR / DASS ER NICHT WEISS SO IST WIE WIR.

Zwei Männer wird Hilde abweisen, den dritten heiraten. Die Ehe blieb kinderlos. Als nach dem Ersten Weltkrieg im Kriegsgefangenlager Aus unter den Männern der ehemals Deutschen Schutztruppe die Grippe wütet, eilt sie den Sanitätern zur Hilfe. Ihr Angetrauter betrügt sie indes mit der Ersten Verkäuferin von Krabbenhöf & Lampe, was sie nie erfahren wird.

Als im November 1949 Sohn Moritz, inzwischen vierzigjährig, über Walvis Bay in Lüderitz eintrifft, um nach seiner Mutter zu suchen, ist sie längst schon nach Südafrika abgereist. Ziel unbekannt. Mit drei großen Koffern. Für immer. Gleichzeitig verschwand, wie der Polizeiposten Bethanien später feststellte, eine gewisse Elisabeth Negumbo aus dem Distrikt.

Es hält sich das Gerücht, dass Hilde Sattler, geborene Kaske, in den Armen ihrer lesbischen Freundin Elisabeth 1973 verstarb. Eingeschlafen in großer Ruhe. Über sieben Jahre hatten die beiden Frauen die Zuneigung füreinander geheim halten können, hatten sich auf dem Friedhof in Aus getroffen, im Haus eines erblindeten Walfischfängers am Stadtrand von Lüderitz und an anderen verborgenen Orten. Begegnet waren sie sich in aller Öffentlichkeit. Elisabeth sammelte für die Apotheke nahe Aus und Bethanien Teufelskralle, dazu kleinblättriges, nach Minze duftendes Kraut und brachte ab und zu in einer verzierten Kalebasse frischen Saft der seltenen Koichab Aloe mit in die Stadt. Hilde begutachtete die Lieferung und ließ das Geld dem internierten Farmer, in dessen Lohn Elisabeth stand, gutschreiben. Die Frau des Farmers durfte ihr *Plot* seit 1942 wegen fortgesetzter nationalsozialistischer Propaganda nicht verlassen. Dann kam der Farmer aus Südafrika zurück, 1947 war das. Er forderte alte Rechte gegenüber dem farbigen Hausmädchen Elisabeth ein. Als Hilde ihre Liebe in Lüderitz verstecken wollte, flog die Beziehung der Frauen auf. Auch Jahre danach mögen nur wenige darüber sprechen. Eine Weiße trieb es mit einer Schwarzen! In Kapstadt gab es einen sehr alten deutschen Arzt, der sich gut erinnerte. Aber kaum jemand in der Bucht kennt ihre Geschichte. Vom Wind mit dem Sand durch die Stadt getrieben und hinausgeweht. Es gäbe ein Doppelgrab aus weißem Marmor, das zwei Engel in verfänglicher Pose zeigt, wispert man, irgendwo auf einem einsamen Friedhof Südafrikas zwischen Paarl und Stellenbosch.

Der Erste Weltkrieg siecht für die Südwester dahin. Eines Tages ist er ganz einfach vorbei. Nach der Kapitulation von Khorab, am Kilometer fünfhundert der Eisenbahn zwischen Otavi und Tsumeb, sieht sich die deutsche Gemeinschaft mehr und mehr bedrängt. Der Sieger hält Hof und wer nicht deportiert wird, möge nun doch applaudieren. Bar jeder Illusion kehrten die Männer 1919 aus der Kriegsgefangenschaft und eine Generation später aus der Internierung zurück. Die Deutschen als Wiederholungstäter. Die sechsjährige Internierung nach Weltkrieg zwei unter südafrikanischer Flagge hatte tiefe Wunden gerissen. Bei den Männern, bei den Frauen, bei den Kindern.

Aber hatte der Südafrikaner Malan mit seiner Nationalen Partei sich letzten Endes nicht freundlich gezeigt gegenüber den Deutschen, gegenüber den Internierten? Waren sie und die Weißen in Südafrika, umzingelt von einer kommunistisch unterwanderten schwarzen Bevölkerung, nicht eigentlich Verbündete? Welchen Prinzipien sollten wir nun folgen, fragten sich die eben noch geächteten Deutschen, wem uns anschließen? Eine Erfahrung aber saß tief - Hände weg von der Politik. So sahen sie sich vor allem als deutsche Patrioten, ohne es laut zu benennen, denn die Weißen der südafrikanischen Administration verringerten merklich den Abstand zu ihnen, den emsigen, nun abgestraften German in Südwest. Der Kern der einstigen Ordnungsmacht, hatte er doch mit seiner Reservatspolitik auf begrüßenswerte Weise den Grund für eine nach Rassen getrennte Entwicklung gelegt.

Mangels einer politischen Idee machten die deutschen Südwester das Nationale, wie sie es empfanden, an der Sprache, an äußeren Merkmalen fest. Pflegten die alten Farben, sangen die alten Lieder. Nach außen hart, weich nach innen, trotzig summend ihre Hymne, das Südwesterlied:

Hart wie Kameldornholz ist unser Land / Und trocken sind seine *Riviere* / Die Klippen sind von der Sonne verbrannt / Und scheu im Busch sind die Tiere...Doch uns're Liebe ist teuer bezahlt, / Trotz allem, wir lassen Dich nicht / Weil unsere Sorge überstrahlt / Der Sonne hell leuchtendes Licht...Und kommst Du selber in unser Land / Und hast seine Weiten gesehen, / Und hat uns're Sonne ins Herz Dir gebrannt, / Dann kannst Du nicht wieder gehen!

Das Lied entstand 1937. Sein Schöpfer Heinz-Klein Werner, deutscher Angestellter bei der Minengesellschaft in Tsumeb. Der Mann traf mit seiner Naturromantik die deutschen Patrioten von Südwest mitten ins Herz. Im Refrain setzt der Dichter noch eins drauf:

Und solltest Du uns fragen / Was hält Euch hier fest? / Wir können nur sagen: / Wir lieben Südwest.

Des Poeten Material, das ist unser Land, ist der Busch, das sind die Tiere in gewaltiger Natur. Von den anderen im Lande, von denen, deren Schicksal zu teilen die Deutschen oft auf fatale Weise gezwungen worden waren, ist nicht die Rede.

Es schien, als plagten Rinderpest und Dürre, Krieg und Entbehrung nur die Deutschen. Ja, als wäre es wirklich und schon immer ihr Land. Heinrich Heines Wort scheint den Kern zu treffen:

Der Patriotismus der Deutschen besteht darin, dass sein Herz enger wird, dass es sich zusammenzieht wie Leder in der Kälte, dass er das Fremdländische hasst, dass er nicht mehr Weltbürger, sondern nur noch Deutscher sein wollte...

Und immer wieder hatten die Südwester Hoffnung auf eine neue Führung im Lande gesetzt. Segen von oben. Ihrem preußischen Ideal der Staatstreue folgend. Personen an der Spitze wurden ausgewechselt - die Deutschen ballten die Faust in der Tasche, einmal mehr einmal weniger, und redeten sich ein, darauf keinen Einfluss zu haben. Geändert hat sich aus ihrer Sicht nichts, ihre Probleme blieben ungelöst. Land- und Wasserrechte, Teilhabe an der Verwaltung. Deutsch als Unterrichtssprache. In allen Zeiten aber wehten Schübe von Hoffnung durch Südwest. Nach Versailles - Hoffnung auf die Deutsch Nationalen. Danach auf die Nationalsozialisten. Nach dem zweiten großen Krieg war es die Nationale Partei des Dr. Malan aus Pretoria, auf die man, nun Mandatsgebiet des weißen Südafrikas, setzte. Hoffnungsträger dann die kräftige, gesunde Bundesrepublik. Die 68er in Deutschland, über die man ohnehin nur über die Interpretation des Rundfunks etwas erfuhr, das waren Wirrköpfe. Deutlich zu erkennen, wohin der Verfall der Sitten führt. Nicht wenige der Deutschen sahen sich nun erst recht als Glaubensflüchtlinge, als Hüter des wahren Deutschen. Dann sprach Franz Joseph Strauß vor dem Tintenpalast in Windhoek, das setzte eine Welle von Mutmaßungen in Gang. Und Egon Bahr dachte öffentlich darüber nach, ihnen, den Deutschen dort im Süden, ähnlich den Russlanddeutschen wieder feste Rechte in der alten Heimat einzuräumen. Plötzlich aber sahen sie sich von aller Welt verlassen. Es gab sogar Verräter in ihrer eigenen IG, in der Interessengemeinschaft Deutschsprachiger Südwester. Deutsche Männer mit guter Reputation im Lande machten sich mit den Terries, mit den schwarzen Buschkriegern, gemein, grübelten über die gemeinsame Zeit danach. Es kam die UNO, und Guerillas übernahmen die Macht im Staate.

Die grünen Nummernschilder der regierungseigenen Fahrzeuge begannen mit den Buchstaben GRN. Die Bierrunde im Thüringer Hof zu Windhoek kolportierte: »GRN - Guerillas Regieren Namibia«. Das war deutscher Humor, war böse gemeint, aber adelte die einstigen Krieger. Dabei gab es erstmals in der Geschichte der Deutschen in Südwest die Chance, mit sich und dem Land, das ihre Heimat war, ehrlich ins Reine zu kommen, sich von alten Ängsten zu befreien. Den Wert der eigenen Biografie offen verteidigen aber hieß auch, sich bis auf den bitteren Grund fragen, wie war das nun damals mit Großvater am Waterberg, 1904, und wo war mein Platz, als am ersten April 1989 das Land ins Chaos abzugleiten drohte? Hatten sie doch nicht widersprochen, als Heinrich Vedder, ihr deutscher Vertreter zur Zeit des südafrikanischen Mandats, 1958 im Senat der Union von Südafrika nicht ohne Stolz sich andiente: »Südwestafrika ist das einzige Land der Welt, wo Apartheid in steigendem Maße seit fünfzig Jahren besteht.«

Wieder hatten die meisten von ihnen auf der falschen Seite gestanden. Wieder wurden ihre Lebenswege in Frage gestellt, so mancher hätte gern Teile seiner Biografie nächtens entsorgt. Bei soviel Enttäuschung liegt die Flucht ins Vergangene, ins tatsächlich und scheinbar Bewährte nahe. Besinnung auf das Deutschtum als des Farmers letzte Rettung, als festes Bollwerk, wenn die Wellen zu hoch schlugen. Schwarz-Weiß-Rot hielt sich zu lange, um es nur Mode nennen zu können. Der Gipfel waren extreme Augenfälligkeiten wie Hakenkreuzbrötchen und Raubdruckeditionen, die im Grunde nur von einer unbeugsamen, mehr und mehr verdrossenen südwester Elite akzeptiert wurden. Es waren wohl vor allem jene, die unbeirrbar an ihren Vorstellungen festhielten, allen neuen Verheißungen widerstanden und vom gleichen Ziel besessen waren. Aus ihrem Kreis rekrutierten sich Kommandeure der Heimatschutzkommandos, sie hatten die besten Kontakte zur Südafrikanischen Wehrmacht. Sie sahen sich vor allen anderen als Bewahrer deutscher, ja weißer Kultur in all ihren Verästlungen. Wer, wenn nicht wir - so hätte auf ihrem Banner stehen können.

Sie haben es nun am schwersten. Das Leben als Summe verpasster Möglichkeiten, das können sie nicht akzeptieren. Und sie können sich selbst und den anderen Deutschen im Lande so schwer nur verzeihen. Selbstbewusste, vom gelebten Leben im Wüstenwind zerzauste Leute. Frauen und Männer, die im Abendlicht ihres afrikanischen Daseins sitzen. Die Hand in den Boden verkrallt, schauen sie mit müden Augen in die Arena. Es gibt Stunden, da möchten sie über ihren Schatten springen, aber selbst die eigene, alterskrumme Silhouette ist zu hoch.

Nicht selten werde in der alten Heimat das Bild von reichen deutschen Farmern gezeichnet, so die häufige Klage. Die haben es geschafft, lassen die Schwarzen schwitzen und halten ihre Bäuche in die Sonne. Die Wahrheit ist wohl, dass sie den Cent drei Mal umdrehen bis sie ihn ausgeben. Und die meisten von ihnen sehen sich ehrlichen Herzens verantwortlich für ihre Leute. Nicht nur aus ökonomischem Kalkül.

Denkbar, dass in der Aufopferung für die anderen, für die aus ihrer Sicht Schwächeren und ihnen von Gott Anvertrauten, ein Stück Selbstrechtfertigung ihrer Herrschaft über jene liegt die sie »ihre Leute« nennen. Sie selbst begreifen das, was sie jeden Tag tun, was sie vorleben, als Erfüllung ihrer Pflicht und sehen darin das moralische Fundament ihres Lebens.

Manchmal treffen sie sich weit draußen auf dem Lande, die Farmer der Region Grootfontein oder Outjo oder auch die anderen Orts. Wenn der Farm-Verein ruft, wenn die Landwirtschaftsunion die neuen Fleischpreise diskutieren will. Es ist erhellend, sie in solchen Stunden zu erleben. Man muss nichts von Milchquoten verstehen, von Landbankkrediten. Sie vorfahren zu sehen, ihren Slang zu hören, zu erleben, welch Respekt man einander entgegenbringt, das allein ist den Abend wert: »Bitte schön, ist es recht so, warte ich hole dir einen Stuhl, komm', ich nehme dir die Tasche ab, kannst du das Bein ausstrecken, dein Hüftgelenk wieder in Ordnung, soll ich dir ein Bier mitbringen oder einen Kaffee...« Nicht Floskeln, eine Art kantige Behutsamkeit als Umgangsform. Vertrautheit, ohne allzu große Nähe zu zeigen. Zärtlichkeiten wären absolut unschicklich. Die Alten und die nicht mehr Jungen sind versammelt. Der Saal summt und ich frage mich, wie mag deren Kindheit, wie deren Jugend gewesen sein?

Sie scharren mit den Stühlen, warten auf den Redner, heiter, gelassen, ins Gespräch mit dem Nachbarn vertieft. Generationen von Internatskindern, sie tragen jetzt, als Erwachsene, die german community in Namibia. Mit dem Eintritt ins schulpflichtige Alter, im sechsten, siebenten Lebensjahr, wurden sie von der Mutter, von den Spielgefährten auf der Farm getrennt. Gegen ihren Willen. Aus Vernunftgründen. Schulbesuch. Die Pflicht ruft und die Schule ist dreihundert Kilometer entfernt. Eben noch selbstbestimmtes Leben. Mit den Landarbeiterkindern im *Kraal* spielen, auf dem *Donkey*, dem Esel reiten, die eigenen Schafe füttern, *Miliepap* ablehnen oder auch nicht, alles vorbei. Das Getrenntsein von der Liebe der Mutter, von der natürlichen Heimat, von den Steinen, die man kannte, dem alten Baum, dem Feuer auf der Werft. Alle haben gesagt, dass es bald so weit sei, haben davon erzählt, nun war er da, dieser schlimme Tag. Abschied. Von der Mutter wurde man geliebt, einfach so, weil man ihr Kind war, die Liebe der Mutter ist an keine Bedingung geknüpft. Davon plötzlich abgeschnitten zu sein, lässt eine erste diffuse Angst entstehen. Auch der Vater war fern, dessen rissige Hand die ungelenken Finger seines Kindes um den Hammerstiel legte, ihm den Gebrauch der Sichel, des Messers, des Motorrads lehrte, ihm das Fenster zur Welt der Dinge aufstieß, jeden Tag von neuem. Der Umgang mit den eigenen Gefühlen, das Einüben sozialer Regeln, die Siebenjährigen mussten selbst damit zurechtkommen. Gewiss, es gab die Lehrer in der Schule, die Erzieher im Internat. Oft der hagere asketische Typ Mensch, der streng mit sich selbst und mit den ihm anvertrauten Zöglingen war. »Stell Dich in die Ecke«, »Schreibe Deinen Namen an die Tafel!« Zehn Jahre Internat. Manchmal noch ein Jahr dazu. Das Lernen, das Spielen, das Vergnügen, der Kummer - das schöne, grimmige Leben, alles vollzieht sich unter Aufsicht der Erzieher. Jahr für Jahr. Kinder wie Eltern sind ihnen ausgeliefert. Ihr Urteil gilt, sie sind ja immer mit den Kindern zusammen. Und sie wollen immer das Beste für die Kinder. Das Beste, so wie sie es verstehen. Mit ihrem Wissen, mit ihrem Talent. SCHMETTERLINGE, SCHMETTERLINGE. SCHMETTERLINGE ZART UND BUNT. / RAUPEN, PUPPEN SCHLAGT SIE TOT, SIE ALLE FRESSEN FARMERS BROT.

Aus Anlass des zwanzigjährigen Bestehens der Deutschen Schule Otjiwarongo wird ein ehemaliger Schüler seinen alten Lehrern sagen: »Wir Kinder hatten die Freiheit, die wir für eine gesunde Entwicklung brauchten. Der Rahmen unserer Wertevorstellungen von Gut und Böse war fest umrissen, bekam allerdings seine ersten Risse, nachdem die bis dato unangezweifelten Ideale des Nationalsozialismus in Frage gestellt wurden.« Er sagte es seinen Lehrern, es klang, als lauschte er in die Vergangenheit zurück.

Der Eintritt der Farmkinder in die Schule war von ahnungsvollen Reden der Eltern und älteren Geschwister begleitet. Für die Stadtkinder in Windhoek oder Swakopmund, die den Ort ihrer Kindheit mit der Aufnahme in die erste Klasse nicht verließen, war die Einschulung der gefeierte Beginn eines neuen Lebensabschnittes, so werden die Eltern es gesehen haben. Für die Farmkinder war mit dem ersten Schultag nichts mehr am alten Platz. Von einer Farm mit zehntausend Hektar kommend, war hier der

Raum, der Horizont begrenzt, wer sollte sonst für die körperliche Unversehrtheit der Kinder garantieren? Möglichkeiten, die wachsenden Körperkräfte zu erproben, erwiesen sich bald als dürftig. Da gab es Regeln. Und einmal im Jahr das Sportfest. Schreiend, verletzend ungerecht war nicht selten das Urteil der kleinen Gemeinschaft. Gleichzeitig aber bot sie auch Schutz. Im Internat, in der Schule, selbst auf der Heimfahrt. Die Gruppe mit ihrer bestimmten und vor allem ihrer ungeschriebenen Hierarchie, die Gruppe als Organismus. Ein Organismus, der das Kranke abstößt, damit die anderen geschützt werden. Was aber geschieht, wenn Schwäche schon als krank gilt? Die Angst als schwach zu gelten. Gut sichtbar heute noch an ehemals deutschen Schulen, hoch am Giebel die Aufforderung: »Bauet am Erbe«. Was du ererbst von deinen Vätern, erwirb es, um es zu besitzen. Beste deutsche Tradition. Damit war der Wertekanon vorgegeben, die Meßlatte geeicht.

Und es war die Verheißung, auch hier geliebt zu werden. Die Schule tritt in die Rolle des Vaters, des Weltenerklärers, von dem man geliebt wird, weil man seine Erwartungen erfüllt, die davon gespeist sind, nur das Beste für die Tochter, für den Sohn zu wollen. Und Religion als Trost für ungestillte Sehnsucht, für fehlende Wärme, als Beistand im Wechsel des Schicksals. Umgeben von religiösen Zeichen und Ritualen - »Gott kann Dich sehen, wo immer Du bist.« - schleicht sich Angst tiefer ein in das Leben der Kinder. Diese Angst zu zeigen aber ist ungehörig, ist Schwäche, und die Gruppe kann Schwäche nicht dulden, ja es ist verpönt Schmerz und Verzweiflung überhaupt wahrzunehmen. Nur wer den gültigen Anforderungen entspricht, erfüllt seine Pflicht und kann erwarten, geliebt zu werden. »Bauet am Erbe, erfüllt eure Pflicht.« - das ist der Stern, dem es zu folgen gilt. Der sanfte Druck der Gemeinschaft. Der nicht eingestandene Zwang zur Selbstverleugnung - und im späteren Leben kann man über das Glücksverlangen anderer guten Gewissens hinweggehen, weil man sich selbst das Glücklichsein versagt. Das Land hat uns hart gemacht. Die Hitze, die Wüste, die Einsamkeit. Sagen die Alten. Und nehmen sich immer noch in die Pflicht.

German zwischen Wüste und Meer
Konsequenter Fall von Vaterlandsliebe

Der Portugiese hieß einfach der Portugiese. Den gab es in jeder Ecke der Stadt. In Klein-Windhoek, in Olympia, im Erospark, in Katutura, es gab ihn praktisch überall. Familienbetriebe, die ihren Shop, ihren Laden, ihre *loja* vierundzwanzig Stunden am Tage offen hielten und für die Freundlichkeit und eine gewisse sympathische Unordnung das Typische waren. Zum Portugiesen fuhren die Leute, wenn sie am Sonntag Zahnseide brauchten, Irische Butter für das Abendessen, Eis für den Sundowner auf den Klippen der Ausberge. Oder *bacalhau*, diesen auf heißen Blechdächern oder schlicht an der Wäscheleine getrockneten Kabeljau. Der konnte natürlich erst für den nächsten Tag sein, denn Trockenfisch musste gewässert werden.

Es war Sonntag. Ich hatte für den Sprung nach Swakopmund ein Drei-Kilo-Netz Orangen gekauft, stand mit Paõlo, meinem Portugiesen, um die Fünfzig, schweres schwarzes Haar, olivenfarbene Haut, die an Brust und Armen von einem kuscheligen Pelz überwuchert war, an der Kasse. Der *filho* war damit beschäftigt, steife Fischleiber aus einem klapprigen Lieferwagen in die Tiefe des *loja de povo*, zu schleppen. Demonstrativ keuchend, sich auf dem Rückweg zum Wagen die Lenden massierend. Paõlo übersah es und lächelte. Es roch sehr stark und ich fragte mich, wie lange die Fische schon unterwegs waren. Eben erst hatte ich Paõlo gelobt, denn der Fisch am letzten Wochenende, bei ihm gekauft, hatte vorzüglich geschmeckt, obwohl die Zubereitung eine Tortur war. Unglaublich der Gestank beim Kochen. Paõlo zuckte mit den Schultern, ich sei offensichtlich von Geburt her extrem empfindlich, eben ein Mensch vom flachen Lande und keiner vom Meer, und er riet mir, die Hände immer fleißig mit Zitrone abzureiben, wenn ich mit Fischen *contacto* hatte. Auch Milchtrinken hilft, *muito leite*.

Was mich bei Paõlo einkehren ließ, waren die vorzüglichen Orangen, der *bacalhau* und der Wohlklang seiner Sprache. Er sah es mir nach, dass ich dieses wunderbare Portugiesisch nur recht und schlecht beherrschte. Wir plauderten miteinander, es gab die unausgesprochene Verabredung, in seinen vier Wänden zu meiner Übung nur in seiner Sprache zu sprechen: »Bom dia! Como vai? Bem obrigado! O que deseja o senhor? Por favor, eu queria - duas paozinhos, cinco ovos, mateiga e queijo...« so ungefähr. Dem schlossen sich Bemerkungen zum Wetter in Namibia, Portugal und Deutschland an. »Muito frio, muito calor.« Begleitet von Paõlo, folgte ich dem Gang an den Regalen vorbei, bei dem mir die Grundlagen portugiesischer Küche vermittelt wurden, sich mein Einkaufswagen füllte und ich so ganz nebenbei erfuhr, wie schwierig es war, in seiner katholischen Familie den Verkauf von Kondomen hier im *loja* durchzusetzen. Seit vierzehn Tagen gab es nun doch in der Kosmetikecke ein bananenähnliches Gebilde, dem man ein Kondom übergestreift hatte. Darunter ein handgemaltes Schild auf dem in Englisch, Portugiesisch, Französisch, Afrikaans, Herero, Oshivambo, Damara zu lesen war: »Mach es mit!« Deutsch fehlte. »Wenn ein Deutscher zur Frau geht, hat er alles bedacht«, erwiderte Paõlo, »wenn ihr auf dem Bahnhof Revolution machen wollt, kauft euer Anführer doch vorher eine Bahnsteigkarte, oder?«

Bevor wir uns an der Ladentür voneinander verabschiedeten, warfen wir stets einen Blick hinüber zur Tankstelle, an der Linda das Regiment führte. Sie war die schlanke, hoch gewachsene Tochter eines dänischen Ingenieurs und einer Krankenschwester aus dem Ovamboland. Linda hatte in Porto Pädagogik studiert und steckte zur Geschäftszeit in einem BP-grünen Overall, der sie auf äußerst attraktive Weise ins Bild setzte. Sie war eine sanfte und sehr schöne Frau. Nach einem Stimmbandriss während eines Rockkonzertes draußen in Katutura, musste sie als Lehrerin aufhören und war hier gelandet. Zu ihrer Familie nach Ondangwa, zurück ins Ovamboland, wollte sie nicht. Ihre achtjährige Tochter besuchte in der Stadt die Deutsche Höhere Privatschule, und Linda nahm mittwochs und freitags Unterricht bei einem bekannten Grafiker, entwarf Plakate und Kinderkleider. Sie wird mit Blumen und Heiratsanträgen überschüttet. Sogar Diplomaten sollen ihr die Ehe angetragen haben. Darunter ein *gronelandês*, ein Grönländer, sagt Paõlo.

Immer das gleiche Ritual. Wir treten vor den Laden, reden, mit dem Blick zur Tankstelle, über Belangloses. Paõlo zieht den Bauch ein, stopft verstohlen das Hemd in die Hose, und dann warten wir gespannt auf eine Geste von Linda.

An diesem Vormittag wurden wir durch zwei Herren gestört. Der eine, nicht sehr groß, schlank, ohne jedes Gramm Unterfett, mit dem säuerlichen Gesicht eines Magenkranken, die Stirnglatze in der Farbe eines Pavianarsches. Fest hielt seine Faust den Griff eines flachen Aluminiumkoffers umfasst. Sein lindgrünes Hemd mit handtellergroßen stilisierten Nashörnern zierte am Kragen ein Button aus Zeiten der Antiapartheidbewegung: »SWAPO – Solidarity + Freedom + Justice«. Über der Schulter trug er eine signalrote Segeltuchtasche. Er hatte sich eine Plastiktüte unter den Arm geklemmt, aus der ein Baguette ragte. Der Gefährte des Drahtigen, ein mittelgroßer, dicker Mensch, war mit bauchigem Lederkoffer, Typ Landarzttasche, und einem Seesack, auch aus Leder, ausgerüstet. Paõlo hatte offensichtlich mit den Männern schon gesprochen. Sie kamen aus Deutschland, hatten Pech mit einem geliehenen Chevrolet gehabt, waren an Lindas Tankstelle gestrandet und mussten nun dringend zu einem Termin nach Walvis Bay. Mich dauerte der hagere Kerl. Der Traum Afrika und gleich die Stirn verbrannt, welch schlimme Nächte. Gleichzeitig störte mich dieser Aluminiumkasten mit Verstärkungsbügeln, überhaupt ihr auffälliges Gepäck. Und während der Schmale, Dreitagebart und braune Zähne, in angeschmuddelten Jeans steckte, umspannten den breiten Hintern des Ledertaschenmanns akkurat gebügelte Khakihosen, die im Schritt ebenso durchnässt waren wie Brust- und Rückenpartie seines stramm sitzenden Safarihemdes. Von Kopf bis Fuß das Teuerste, und nach den Falten zu urteilen offensichtlich so neu, dass irgendwo noch ein Preisschild hing. Paõlo sah mich bittend an. Nimm sie mit, sollte das heißen, wenigstens bis Swakop. Weiß der Teufel, was er ihnen für Hoffnungen gemacht hatte. Sonntagvormittag per Anhalter nach Walvis Bay! Vierhundert Kilometer. Vom Kinn des Ledertaschenmannes rann ein Tropfen Schweiß den Hals herab, verlief sich im Geflecht der Goldkette, die einen schmalen, sonnengeschützten Streifen auf der Brust hinterlassen hat. Der Mann seufzte und wischte sich den Nacken. »Avante, meus senhores, para oceano atlantico«, entschied ich und öffnete die hintere Tür. Warum sollte ich Paõlo nicht den Gefallen tun und ihm hilflose Kunden vom Halse schaffen.

Der Beifahrersitz war mit Paõlos Orangen und den Zeitungen von gestern belegt. Erlöst schoben sich die beiden auf die Sitzbank. Paõlo reichte ihnen noch einen Six-pack Windhoek Lager durchs Fenster und schlug befreit auf das Wagendach. »Contra a sol. Vamos.« Die Ampeln blinkten an diesem späten Morgen gelb. Ohne Halt rollten wir über die Independence Avenue. NBC übertrug Fußball aus Keetmanshoop. Ein heiterer Sonntagvormittag. Ich kramte die Sonnenbrille aus dem Handschuhfach. In vier Stunden werden wir in Swakop sein. Sie bemühten sich, beim Finden der treffenden Begriffe einander ins Wort fallend, mir zu erklären, dass sie TV-Producer aus Germany seien und einen großen Dokumentarfilm über die Schlacht am Waterberg vorbereiteten. In Deutsch versuchten sie es und in Englisch. Hereros gegen Schutztruppen am Waterberg. Davon wollen sie erzählen.

Deshalb seien sie hier. Nicht um sich zu erholen. Ich mühte mich, mein Unbehagen gegen Goldkettchen, aufgepeppte Afrikareisende und Aluminiumkoffer zu verdrängen, spürte von Minute zu Minute, wie Ärger mich ankroch. So beschloss ich Portugiese zu bleiben, ihr Gerede zu ignorieren und mich auf das abendliche Gespräch mit dem Ex-Minister von Wietersheim dort am Meer einzustimmen.

Schon hinter Katutura, als wir auf die Fernverkehrsstraße Richtung Okahandja einkurvten, schienen sie davon überzeugt zu sein, der Mann am Steuer sei ein sturer Hund, mit dem man nur Português palavern konnte oder Russo oder Oshivambo oder um poco Inglês. Nach einem letzten Versuch, doch noch ein freundliches Gespräch anzustiften, beide waren dicht an meinen Sitz herangerückt, ich roch ihren verbrauchten Atem, lehnten sie sich erschöpft zurück. Der Hagere zuckte mit den Schultern und öffnete die erste Flasche Bier. »He«, stieß der Dicke mich sanft an, »he, nimm doch wenigstens ein Bier. Piwo, beer, bière, Pilsner, comrade.«

»Obrigado, senhor, eu motorista.«

»Da, da«, schrie er plötzlich, hieb mir auf die Schulter, »da, Affen, sieh doch mal Affen, ein ganzes Rudel!« Eine Pavianfamilie hockte am Straßenrand, fraß unbeeindruckt von den Autos aus einem

Abfallkübel. »Ja, das ist Afrika. Und wir mittendrin«, der Dicke knuffte den Hageren vergnügt in die Seite. Aus der Einkaufstüte zog er eine Plastiktüte mit *Biltong*. Er stopfte sich zwei Streifen Dörrfleisch in den Mund. Dann verschwand er aus dem Rückspiegel. Sein Versuch, das Land über den Gaumen zu erkunden, stimmte mich milder. Es müssen ja nicht gleich die *Omahungu*, die gerösteten Mopaneraupen sein. Mit Pfeffer und Salz oder mit Curry. *Omahungu*, bei dessen erstem Verzehr es mich würgte und ich zum Nachspülen mehr Maisbier in mich hineingoss, als es in Anwesenheit des Hererochiefs schicklich war. Aber *Biltong*, unter afrikanischer Sonne getrocknetes Fleisch, das ist ein guter Anfang. *Biltong* konnte man getrost als Souvenir in die Villa nach Zehlendorf schleppen oder nach Oldenburg. Fleisch vom Kudu, vom Oryx, vom Springbock. Es war anders und doch nicht irritierend fremd. Es war hygienisch verpackt und doch sah man die Spuren der Messer. Werde den einstigen Landwirtschaftsminister fragen, welches Wild sie bevorzugen für Rauchfleisch, für *Biltong*, dort im Süden auf der Farm Gras. Ob Hartebeest sich besser eignet als Blessbock und Eland. Und ob es stimmt, dass Zebra für Dörrfleisch nichts taugt.

Wir waren uns das erste Mal durch einen Zufall begegnet, dieser wuchtige, freundliche Mensch mit Barbarossabart, von Wietersheim, und ich. Im Norden, im Ovamboland, irgendwo bei Oshakati. Pastor Wiesenmüller hatte mir seine Flaschenhäuser gezeigt. Rundhütten, deren Wände aus Flaschen, die mit den Hälsen nach innen für das Roundabel durch Lehm zusammengehalten wurden. Dickes Grasdach, weißgetüncht, Schlafhütte für drei Personen. Nicht besonders komfortabel, aber ein Dach über dem Kopf und das beste, was man aus den Saufhinterlassenschaften der Army machen konnte, meinte Wiesenmüller. Wir waren im Begriff, uns zu verabschieden, da stoppte ein Jeep und vom Beifahrersitz schob sich ein untersetzter Mann mit Vollbart und buschigen Augenbrauen ins Freie, kam auf Wiesenmüller zu. Das war er, der Landwirtschaftsminister. Er war unterwegs zu Mahangopflanzungen, die neu angelegt worden waren und wollte mit dem Pfarrer über Bohrlöcher sprechen.Im gleichen Sommer sah ich ihn dann auch als Flieger mit seiner Cessna. Am Rande der schmalen Schotterpiste hatte er die Triebwerksverkleidung geöffnet und reinigte den Luftfilter mit Flugbenzin, den er aus dem Tragflächentank in eine Blechbüchse laufen ließ. In Kamanjab war das. Oder war es in Outjo? Es ist lange her.

Anton Gusinde von Wietersheim, den die alten Südwester einen »weißen Neger« schimpften, weil er schon zu südafrikanischen Zeiten den Ausgleich zwischen Schwarz und Weiß gesucht hatte. Einer der ihren saß nun in der Regierung, aber sie mochten ihn nicht. Gerüchte wurden lanciert. In Katima Mulilo in die Welt gesetzt, erreichten sie über Grootfontein, Omaruru, Swakopmund am Abend des nächsten Tages Windhoek. Ein Buschflieger konnte nicht schneller sein. »So war das also«, raunte man an der Kaffeetheke des Supermarktes. Kampfpilot eines Puma-Helikopters sei er gewesen, South African Air Force. Jetzt hocke er mit denen zusammen, die er damals als Terries gejagt hat. Im Tiefflug mit Raketen, mit dem Maschinengewehr. Deutsch und tapfer. Aber leider als Offizier bei den *Jaapies*, bei der falschen Armee.

An der öffentlichen Toilette in Okahandja stiegen wir aus. »Ja, das ist gut«, freute sich der Dicke und verschwand mit kurzen Schritten im Häuschen. Eine Reisegruppe und ihr Fahrer. Eine Pause gegenüber, im deutschen Cafe, versagten sie sich. Walvis Bay wartet.

Okahandja, Hereroland, hier hatte alles begonnen, damals 1904. Wem gehört das Hereroland? »Uns gehört das Hereroland!«, riefen die Frauen und die Kinder und die Hereromänner, als der Aufstand losbrach. Sie schrien es hier an der eben erbauten Eisenbahnstation und auf den Farmen. Sie schrien es auf Deutsch, was die Missionare mehr entsetzte als die Beamten. »Uns gehört das Hereroland!« Sie hatten den Landraub satt und den Schnaps, der die Jugend vergiftete, und das Betatschen ihrer Frauen durch die Deutschen wollten sie nicht länger hinnehmen. In den ersten Tagen des Januars 1904 erschlugen die Krieger mehr als einhundert Deutsche. Mit dem *Kirri*, mit der Axt, mit dem Knüppel. Farmer, Beamte, Soldaten. Auf Befehl ihres Häuptlings Samuel Maharero schonten sie Frauen und Kinder. Nach der Schlacht am Waterberg werden in dieser Gegend von den einst achtzigtausend nur noch sechszehntausend Hereros gezählt.

Der Einsatz des neuentwickelten Maschinengewehrs, so heißt es in einem der Berichte an den Deutschen Generalstab, hat sich im offenen Felde ausgezeichnet bewährt.

Ich war überzeugt, die beiden würden aus professionellem Interesse zu den Gleisen hinübergehen, sich zwischen die Schienen hocken, dem Wind der Geschichte lauschen, Stimmen hören, einen Stein aufheben, der damals schon dort gelegen hatte. Sie aber mussten weiter. Walvis Bay!

Bevor die Eisenbahnlinie außer Sicht geriet, war der Schlaf über die Fernsehleute gekommen. Das Bier, die Hitze und der Singsang der Reifen. Weit hinter Karibib schreckte der Hagere auf. Augenblicklich begann er auf den Dicken einzureden: »Ein solches Projekt, in einem Land mit diesen Entfernungen.« Er meldete vorsichtig Zweifel an. »Es gibt Handys und Flugzeuge, und wir bringen die richtigen Leute mit«, versuchte der Dicke zu besänftigen, Ungeduld war herauszuhören. Der Hagere ließ nicht locker. »Zu weit ab von der Basis, totale fremde Gegend.« Er verschränke die Arme vor der Brust, unterstrich auf diese Weise seine Bedenken. »Schau dir diesen Slogan an, dort, dort auf dem Acker, die haben doch Humor«, lenkte der Dicke ab, »nicht nur Coca Cola.« Gut sichtbar stand im Treibsand der Namib ein scheunentorgroßes Schild: »Keep a desert!«, Bewahrt die Wüste. Haltet die Wüste rein. »Die meinen solche wie uns«, knurrte der Hagere und schaute durch die Heckscheibe der verschwindenden Bretterwand nach. Nun kam der Dicke in Fahrt: »Deinen Sarkasmus in Ehren, aber ich sage Dir, wir werden einen Film machen, der sich gut verkauft. Deutsche Farmer mit traurigen Hundeaugen. Tanzende Weiber. Wippende Titten. Sonnenuntergang und irgendwo Löwengebrüll. Archivbilder, die frei sind. Biwak der tapferen Schutztruppe, Soldaten aus Mainz, aus Berlin am Maxim. Vielleicht finden wir sogar noch ihre Gräber. Und irgendeinen alten Verwandten, der um den südwester Großvater trauert. Und ein ordentlicher Sprecher muss her, einer, der die Sache zusammenhält. Eine Kurzfassung für die Schulen. Rechne mit acht bis zehntausend Stück. VHS und DVD. Kenne da jemand in der Kultusministerkonferenz. Spitze wäre eine schwarze Band. Soundtrack. Afrikanisch-europäisch-amerikanisch. Das wär's!«

Sein verschwitztes Gesicht verschwand aus dem Rückspiegel. Ich hörte ihn eine Bierflasche öffnen. Wohliges Aufstöhnen nach dem ersten Schluck. Er ließ nicht locker: »Der Höhepunkt - Event am Waterberg. War doch dein Vorschlag! Weltpremiere auf Großleinwand. Alle werden da sein, und wir werden dieses Waterbergmassiv mit einer Million Lux anstrahlen. Mit dem letzten Bild. Bevor die Wirkung des Films verpufft. Peng! Mit einem Schlag Licht über Afrika. Aber zuvor, zuvor mein Lieber, am Vorabend des Tages, an dem die Schlacht vor hundert Jahren begann, werden Flakscheinwerfer, ja, ja, Flakscheinwerfer, an den einstigen Orten unserer Schutztruppen-Heliographen stehen und, am Waterberg beginnend, die Botschaft nach Windhoek blitzen. Über zwei, drei Zwischenstationen. Sieg! Sieg! Sieg! Morsealphabet. Kurz-lang-kurz. Striche, Punkte. Kennst du doch vom Bund. Dit-da-dit-dit, ich liebe dich, da-da-dit-da, Quark, Quark macht stark oder dit-dit-da-dit, ficke du sie. Die werden hier denken, der Teufel ist niedergefahren. Und in der Loge am Fuße des Berges sitzt der Mister Präsident mit dem Sektglas in der Hand. Sie werden uns die Tapes aus der Hand reißen! Alle werden die Bilder kaufen. CNN, Reuter, RTL, SAT, sogar die Säcke von den Öffentlichen werden angekrochen kommen.«

Der Dicke schnappte nach Luft. Mit gespieltem Kopfschütteln und einem Seufzer legte er seinen Arm um die Schulter des schweigenden Gefährten. Es roch nach Zwiebel, Schweiß und Bierfurzen. Paõlo hat Recht, mein Geruchssinn ist offensichtlich extrem ausgeprägt.

Der Hagere wagte eine vorsichtige, befreiende Regung. »Dieses Sandfeld dort, am Waterberg«, entgegnet er kaum vernehmbar, »das ist ein Leichenplatz. Tausende. Kinder, Frauen, Pferde. Auch deutsche Soldaten.« Der Dicke wandte sich energisch mit einer ungeduldigen Bewegung dem Hageren zu. »Das ist es ja gerade! Wir haben den Mut, wir, du und ich, wir beide haben den Mut, die Vergangenheit anzunehmen. Als Vergangenes. Und mit den Schwarzen nach vorn zu schauen. Die Toten werden nicht mehr lebendig, und an Dollars fehlt es doch hier an jeder Ecke. Du wirst nun sagen, da gibt es noch den deutschen Soldatenfriedhof. Richtig. Am Fünfzehnten habe ich einen Termin bei der Kriegsgräberfürsorge. Die sind immer knapp bei Kasse. Zufrieden?«

Nun öffnet sich auch der Hagere eine Flasche, versuchte einen letzten müden Einwand: »Wir agieren in einem Naturschutzgebiet«, stellte er vorsichtig fest, «mit Scheinwerfern, Hubschraubern. Waterberg Plateau Park. Verstehst du! Nashörner, und so weiter.«

»Ja doch! Ich habe Zeitung gelesen, Radio gehört. Aber hier gibt es keine Müslifresser, keine Grünen. Hier schätzt man gutes Grillfleisch und Erfolg bei der Jagd. Die Viecher am Berg kommen wieder, wenn alles vorbei ist. Damals sind sie ja auch wiedergekommen. Trotha lesen, mein Lieber.«

Den jungen Frauen, die mit zusammengeschnürtem Stoffbündel am Straßenrand standen, die Daumen hoben, winkten sie aufmunternd zu.

»Ja, Mädels wir sind voll.«

»Wie mögen sie sein, die schwarzen Schönen?«, sinnierte der Hagere laut.

»Feuer im Arsch haben sie, die afrikanischen Weiber, da geht die Post ab, ich kenne einen vom Reporterteam, der kann Sachen erzählen!«

»Ich meine das Ganze, ich meine...«

»Wenn du durch das Schwarze durch bist, ist es wie bei allen Weibern.«

Unsere Blicke trafen sich im Rückspiegel, dem Hageren schoss die Röte ins Gesicht. Er duckte sich tiefer in den Sitz. Ruhe bewahren. Am Straßenrand tauchte der Vorwegweiser »Abzweigung Arandis« auf. In einer Stunde muss ich in Swakop sein. Egal. Scharf ging ich auf die Bremse, hielt an. Ich stellte den Motor ab, stieg aus, öffnete den Kofferraum.

»Vamos«, forderte ich die verdutzten Männer auf und setzte die rote Segeltuchtasche an den Fahrbahnrand. »Swakopmund trinta quilometro, colegas. Vamos. Vamos.« Mit ungläubigem Staunen hob der Dicke seine Ledertaschen aus dem Kofferraum. »To Swakopmund fifteen, sixteen miles - no more, no more«, beruhigte ich sie, »ate logo.« Aufgereiht stand das Gepäck auf der Fahrbahnmarkierung, das Lederzeug, die Segeltuchtasche, der silberne Aluminiumkoffer. Wenn einer der Dreißigtonner vorbeirauscht, wird er die Taschen in den Straßengraben blasen. Das soll nicht meine Sorge sein. Wütend spuckte der Dicke in den Staub, stolperte die flache Böschung hinunter, schlug eilig sein Wasser ab. Der Hagere fingerte an der Hose und folgte ihm.

Im Rückspiegel sah ich die pinkelnden Männer und einen kleinen, postgelben Wagen, der sich in schnellem Tempo näherte. Auf Höhe der Gepäckstücke verlangsamte der Pickup die Fahrt, die Beifahrertür öffnete sich. Blitzschnell wurde der Aluminiumkoffer ins Fahrerhaus gerissen. Das Auto beschleunigte schlingernd das Tempo. Noch vor der Kurve wurde ich vom Pickup überholt. Die drei jungen Männer auf der Ladefläche johlten mir zu. Einen Augenblick später waren sie hinter der nächsten Biegung verschwunden. So ist das meine Herren, Hochmut kommt vor dem Fall. Doch schon beschlich mich das schlechte Gewissen. Schließlich war ich Zeuge eines dreisten Diebstahls. Aber sie waren auch elende, miese Schwätzer. Wie gut es mir tut, dass sie in Schwierigkeiten sind.

Die Straße stieg vor dem Meer ein letztes Mal an. Von der Anhöhe aus sah ich eine gelbe Warnleuchte am Rande der Asphaltpiste blitzen. Polizei, eine Straßensperre. Zwei Lastwagen warteten vor dem Kontrollposten. Und der postgelbe Pickup. Langsam rollte ich heran, stoppte. Ich nahm den Fotoapparat aus der Tasche und trat an das Auto heran. Der Beifahrer, ein junger Kerl nicht älter als zwanzig Jahre mit einem Pflaster an der Stirn, grinste mich an. Zu seinen Füssen stand der Aluminiumkoffer.

»Hallo!«

»Hallo!«

»Kannst es dir aussuchen, entweder gibst Du den Koffer meiner Freunde sofort heraus, oder ihr landet bei der Polizei, jetzt gleich. Alle.«

Und um meinen Worten Nachdruck zu verleihen, hielt ich den Fotoapparat hoch.

»Ich habe fotografiert, die Polizei wird sich freuen.«

»Hau ab«, brüllte der Fahrer, »hau ab!«

Er sah sich um, Wenden unmöglich. Er schaute auf die Gegenfahrbahn. Dort wurde ein Bus abgefertigt. Am Kontrollposten vorbeizufahren war nicht klug. Er schrie den Beifahrer an, der schüttelte den Kopf. Die Burschen auf der Ladefläche hatten offensichtlich die Situation erfasst, sie redeten auf den Beifahrer ein. Der Lastwagen vor uns war weitergerückt. Ein Polizist machte sich an der Abdeckplane des Anhängers zu schaffen, winkte, wir mögen nur näher heranfahren. Fahrer und Beifahrer schauten sich für einen Moment an. Der Fahrer nickte. Durch das

Beifahrerfenster nahm ich so gelassen wie möglich den Koffer entgegen.

»Danke«, sagte ich.

Der Junge mit dem Pflaster grinste: »Waakambadhaala kusindi.« Die Jungen auf der Ladefläche lachten. Den Spruch kannte ich - Wer nicht wagt, der nicht gewinnt. Auch der zweite Lastwagen hatte die Sperre passiert. Der Pickup sprang mit jaulendem Motor nach vorn, wurde von der Polizei durchgewinkt. Weiter, weiter, winkten die Polizisten auch mir. Im Rückspiegel sah ich einen Tiertransporter herankommen. Dem wurde die rote Kelle gezeigt. Er hielt sanft einwippend an der Linie mit dem gelben Licht.

Der Polizist in der Polizeiwache Swakopmund legte den Koffer behutsam auf den Tresen, ließ die Schlösser aufschnappen. Er war jung, hatte gepflegte Hände, der Fingernagel des kleinen Fingers der rechten Hand war etwas länger gewachsen.

Schweißperlen traten ihm auf die Stirn. Ich war überrascht, wie einfach sich der Deckel öffnen ließ. Obenauf ein Playboy: eine dunkelhaarige Schöne, die ihre Brüste mit beiden Händen stützte. Unter der Zeitschrift zwei blaue Oberhemden und eine Plastiktüte mit Rasierapparat und Zahnbürste. Mehr nicht. Die Seitentaschen des Koffers waren leer. Kein Hinweis auf den Namen des Besitzers. »In Ordnung«, sagte der junge Polizist und fügte hinzu, »aber heute ist Sonntag.« Auf einen Zettel mit allerlei Notizen schrieb er sich den Namen meines Hotels. Im Jay Jay, fragte er nach. »Ja«, sagte ich, »im Jay Jay.«

Miss Gothardt saß dort, wo sie immer gesessen hatte. Anfang der neunziger Jahre hatte sie dort gesessen, als ich das erste mal Gast im Jay Jay war, und in all den anderen Jahren danach. Sie saß im Schankraum bei geöffneter Tür, vor der je nach Jahreszeit Sandfahnen vorbeitrieben oder Nebel waberte. In eine Kittelschürze gezwängt, klemmte sie in ihrem holländischen Armlehnstuhl. Das rechte Bein der Prinzipalin trug stets einen orthopädischen Strumpf, sie verwahrte es weit unter dem Tisch, dessen Decke fast den Boden berührte. Auf dem Tisch lag die Allgemeine Zeitung, der Windhoeker Observer, eine Flasche Mineralwasser und ein hohes, geschliffenes Glas mit den Initialen »HG«. Frakturschrift, sehr fein ausgeführt. Während das Fernsehgerät lief, und es lief Tag und Nacht, strickte Miss Gothardt aus dicker Wolle Schals oder Pullover.

Von ihrem Arbeitsplatz aus scheuchte sie die Angestellten über die knarrenden Treppen des von Meer und Wind bedrängten Hauses. Kurze Kommandos in Afrikaans, die Dielen bebten von ihrer sonoren Stimme. Die ihr lautlos zur Hand gingen, das waren schwarze, schmale Mädchen aus den entfernteren Regionen des Landes. Die konnten nicht so schnell fliehen. Sie schenkten Bier und Schnaps ein, kochten zwei Mal in der Woche die Tagessuppe, brachten verstopfte Toiletten in Gang und holten, wenn einer die Zeche prellen wollte, die Polizei.

Miss Gothardt verheimlichte ihr Gewicht und verschwieg konsequent ihr Alter. Wenn man die Geschichte des Hauses in Betracht zog, sich die vergilbten Fotos an der Wand anschaute, konnte man die Große Dame auf Mitte sechzig schätzen.

Ein einziges Mal gab sie mir die Ehre eines kurzen Gespräches. Das ereignete sich, nachdem ich fünf Draugth und vier Whisky getrunken und drei Teller ihrer Tagessuppe gegessen hatte.

Sie stammte aus Rehoboth. Es gab einen starken deutschen Zweig in ihrer Familie. Schutztruppe, Diamanten. Mehr wollte sie nicht sagen. Die Leute leben alle noch. Dieses hölzerne, baufällige Hotel hatte sie geerbt. Ihre größten Sorgen: starker Südweststurm im September, Blitzschlag, der alle zehn Jahre hier an der Küste vorkam, und Gäste, die im Bett rauchten. Da ich Nichtraucher sei und meine Zimmerrechnung im Voraus begleiche, könne ich anklopfen wann ich wolle, für mich sei immer ein Schlafplatz frei. Berlin konnte sie gut leiden, obwohl sie außer Swakop nur noch Rehoboth und Windhoek kannte. In Berlin rauchen die Leute nicht in den Betten, die Männer bieten den Frauen stets einen Stuhl an, und die Feuerwehr sei auch besser organisiert als hier in Südwest. Das wusste sie von Freunden, die drüben waren, und aus dem Fernsehen.

Als ich aus dem Hotel trat, noch einmal die Türen meines Autos prüfte, um mich dann auf den Weg zum Haus Strandlilie zu machen, bemerkte ich auf der gegenüberliegenden Seite der Straße einen jungen Mann, der herüberschaute, und dessen Gesicht ich schon irgendwann gesehen hatte. Langsam schlenderte ich zum Strand hinunter, tauchte die Hände in die auslaufenden Wellen.

Lief weiter, nordwärts, an der Mole vorbei Richtung Vineta. Zwei Jungen, die einem Stoffball nachjagten, traf ich und einen alten Mann mit Anzug und Krawatte, der sich gebeugt von seinem Dackel am Strand entlangziehen ließ.

Von Südwest wehte ein kühler Wind über das Meer. Mir blieben noch zehn Minuten bis zum Gespräch mit Wietersheim. Ich setzte mich in den Sand, kramte meine Aufzeichnungen aus der Tasche. Von Geburt an hatte er auf der Farm GRAS gelebt, erst unter der Obhut der Eltern, dann als Eigentümer. GRAS galt als eine der ersten deutschen Farmen hier im Lande. Sogar das Kaiserwerk für die Landwirtschaft schrieb 1913 über GRAS am Fischfluss:

»Große Schwierigkeiten stellten sich zu Anfang jedem Schritt entgegen, den man weitergehen wollte. Alles Baumaterial, Einzäunungsmaterial, Proviant mussten zweihundertfünfzig Kilometer von Windhoek, der nächsten Bahnstation, mittels Ochsenkarren herangeschafft werden, die vier Wochen und länger unterwegs waren, um diesen Weg hin- und zurückzufahren.

An Eingeborenen waren einige Hottentotten und Kaffernfamilien hier ansässig, die früher unter den Bastards gelebt hatten. Diese waren jeglicher Arbeit ungewohnt und verabscheuten sie. Außerdem waren sie unzuverlässig und gleichgültig, so dass fortgesetzt Viehverluste und Diebstähle vorkamen. Es kamen dann mehrere Hererofamilien hinzu, die Kriegsgefangene gewesen waren. Die Leute zeigten sich als zuverlässige Viehwächter, obschon noch vieles zu wünschen übrig blieb.

Durch die in den letzten beiden Jahren im Bezirk Rehoboth durchgeführte strenge Kontrolle und Bestrafung bei Vergehen, ist es allmählich mehr und mehr gelungen, die Eingeborenen hier zu brauchbaren Hilfskräften heranzuziehen, was um so mehr notwendig ist, da der Farmer auf sie angewiesen war und es keinen Ersatz gibt.«

Als sein Großvater Gusine 1942 GRAS kauft, hat er Glück. Im gleichen Jahr, als der Krieg ausbricht, werden die meisten der deutschen Männer in Südafrika interniert. Das bleibt dem Alten zur Verblüffung seiner Nachbarn erspart, er wird unter Farmarrest gestellt, kann weiter wirtschaften. Wieviel mag von diesen Erfahrungen im Enkel Anton weiterleben, niemand wird es sagen können, auch er selbst nicht. Und irgendwann trieb es ihn von der Farm Gras nach Swakopmund. Aus der Weite der Dorngrassavanne in die abgezirkelte Welt der Stadt zwischen Wüste und Meer. Und auf dem Wege dazwischen widerfuhr ihm die Demütigung durch den Präsidenten des Landes.

Ein Pelikan strich mit schwerem Flügelschlag vorüber. Der Wind hatte sich gelegt. Es war Zeit hinüber zu gehen ins Haus Strandlilie. An der Tür kam er mir entgegen: »Willkommen, treten Sie näher. Pünktlich wie die Preußen. Kommen Sie nur.« Er war noch breiter geworden.

Anton G. von Wietersheim
Jahrgang 1951, Farmer, Flieger, Buchhändler

Namibia ist mein Zuhause, ich bin hier geboren, in Windhoek. Mein Großvater mütterlicherseits war der erste meiner Vorfahren, der in dieses Land kam. Er kam als Schutztruppler, als Soldat des Kaisers. Februar 1904 geht er hier in Swakop von Bord und kämpft mehr als ein halbes Jahr gegen die Hereros. Danach schickt ihn der Oberst in den Süden. Niederschlagen der Hottentotten, wie es damals hieß. Nach Beendigung seines Dienstes ist er zurück nach Deutschland, er stammte aus Schlesien. Er ist dann wieder hergekommen, hat 1912 die Farm Osema erworben. Zum »Schutztruppensonderpreis«.
Meine Mutter ist 1914 geboren, auch in Windhoek. Mein Vater ist ausgewandert, weg aus Deutschland, das war 1923. Er suchte Arbeit, in Deutschland fand er keine. Vater war Jahrgang 1904, das heißt er war neunzehn Jahre alt, als er sich ins südliche Afrika auf den Weg machte. Zuerst nach Südafrika, wo er über einen Kontakt zu einer Familie einen Job bekam, in der Autoindustrie dort. 1928 dann kam er zum ersten Mal ins damalige Südwest. Mit vierundzwanzig Jahren. Es war eine Geschäftsreise für die Firma. Als technischer Kaufmann. Südwest hat ihn wohl stark beeindruckt. Immer wieder soll er davon gesprochen haben. Er ging für wenige Jahre nach Südafrika zurück und hat sich dann 1932 endgültig in Südwest, in Windhoek, niedergelassen.

Vater und Mutter waren vor dem Zweiten Weltkrieg bereits verheiratet. Jeder für sich, mit jemand anderem. Sie haben jeder ein Vorkriegskind, das sind meine beiden älteren Halbschwestern. In den Jahren des Zweiten Weltkrieges war mein Vater in Südafrika interniert. Der erste Mann meiner Mutter wurde repatriiert, das heißt nach Deutschland ausgewiesen, und ist dann auch nicht nach Südwest zurückgekehrt. Und so haben sich die beiden nach dem Krieg gefunden und geheiratet. Aus dieser Ehe bin ich dann hervorgegangen.

Mein Vater war seit 1940 interniert und weg von zuhause. Er war hauptsächlich im Lager Baviaanspoort. Das ist in der Nähe von Pretoria. Erst lange nach Kriegsende, im Juni 1946 wohl, wurden die Männer dann zunächst nach Südafrika entlassen, nicht gleich zurück nach Südwest. In Südafrika kam Vater bei Freunden unter und hat dort gearbeitet. 1947 kam er hierher zurück ins Land. Nach sieben Jahren Trennung von Frau und Kind. Von diesen alten Geschichten haben wir als Kinder, ich habe noch eine jüngere Schwester, wenig erfahren. Vielleicht hatte das mit dem großen Altersunterschied zwischen meinen Eltern und uns beiden zu tun. Vielleicht spielten auch andere Dinge, die ich nicht erfahren habe, eine Rolle dabei, dass bis vor wenigen Jahren kaum über die Vergangenheit erzählt wurde.

Hinzu kam, dass wir beide, meine jüngere Schwester und ich, vom sechsten Lebensjahr an in Internate kamen. Das war für die Farmkinder so üblich, ist es ja teilweise heute noch. Man wird einfach ins Internat geschickt, weil man so weit weg von der Schule auf den Farmen lebt. Damals sah man die Eltern in den Ferien. Man kam so alle viertel Jahr nach Hause. Die Großen Ferien damals waren sechs Wochen lang. Zur Weihnachtszeit, das ist die heißeste Zeit im Lande. Winterferien gingen über vier Wochen und zwischendrin Ostern, eine Woche. Und im September auch eine Woche. In der Ferienzeit genoss man dann das Leben auf der Farm. Reiten, Lagerfeuer im Busch, draußen schlafen. Es war, als sei man zu Besuch.

Bei den meisten Farmkindern ging das so bis ins achtzehnte Lebensjahr. Von sechs Jahren an bis sechzehn Internat. Da ist viel Abstand zwischen Eltern und Kindern entstanden.

Aufgewachsen bin ich auf der Farm Gras, Windhoek war wirklich nur der Ort meiner Geburt. Gras liegt etwa zweihundertvierzig Kilometer südlich von Windhoek zwischen Kalkrand und Maltahöhe direkt am Fischfluss. Dort gab es Welse. Geräuchert schmeckten sie am besten. Gras ist eine alte Farm, hat ein altes

Farmhaus. Es stammt von der Familie Woermann, von einem Sohn des Inhabers der Woermann Schiffslinie. Er hat diese Farm erstanden und das Farmhaus ab 1906 gebaut. Ein recht großes, prächtiges, stilvolles Haus. Gras ist in der Nähe der alten Polizeistation neben der Farm Kub. Polizeistation und Schule schon während der ersten Nama-Aufstände an einem Ort. Diese Schule in Kub war wohl auch die erste afrikaanse Schule überhaupt, ab 1903.

Ich war einer der ersten Jahrgänge, die zur Militärpflicht nach Südafrika berufen wurden. Kurz vor meinem Jahrgang ging das los: alle weißen jungen Männer aus Südwest wurden zum Militärdienst eingezogen. Von der Schule, nach dem dreizehnten Schuljahr und dem Abitur, wurde ich 1971 weg zum Militärdienst nach Südafrika gebracht. Danach habe ich meine Ausbildung an einer südafrikanischen Universität gemacht. Es gab damals in Windhoek keine solchen Institutionen. Ich war ein Jahr an der Kapstädter Uni, aber es hat mich dann doch mehr zum Landwirtschaftsstudium gezogen, deshalb bin ich dann nach Stellenbosch gegangen. Dort war ich drei Jahre und habe dort ein »BA - Agric. Admin.« abgeschlossen: »Bachelor in Agricultural Adminstration«, schlicht Landwirtschaftsverwaltung. Das entspricht dem Universitätsabschluss, in Deutschland wäre das ein Diplom.

Mein aktiver Einsatz als Soldat beschränkte sich auf Namibia. Ich war immer in Namibia, hauptsächlich auf Farmen im Norden, wo Bedrohung bestand und Schutzpatrouillen durchgeführt wurden. Mit dem gepanzerten Wagen von Farm zu Farm und viele Fußpatrouillen. Spurensuche, die Wege abgelaufen. Das waren keine besonders aufregenden Unternehmungen, da ich nie in Bataillonen war, die direkt in die Kampfzonen gegangen sind. Zu der Zeit damals war es im Lande relativ ruhig. Meine ganze Ausbildung fand im Jahr 1971 statt. Das war eine sehr intensive Ausbildung in Südafrika. Es begann mit dem Training als Infanterist, schloss die Ausbildung im Fallschirmbataillon ein, dazu eine Spezialausbildung, Sprengen und so weiter, und dann eben die Offiziersausbildung, die wieder eine andere Ausbildung war. Und dann kam die Freistellung für das Studium von 1972 bis Ende 1975. Als ich von der Armee wegging, war ich Leutnant.

1976 kehrte ich nach GRAS zurück und begann zu farmen. Ich habe dann auch, als Fünfundzwanzigjähriger, 1976 meine erste Frau geheiratet. Aber da ich ursprünglich 1971 nicht meinen Dienst verlängert hatte - eigentlich hätte ich zwei Jahre bei der Army bleiben müssen - musste ich mich nun, nachdem ich ein Ausbildungsjahr hinter mir hatte, weitere zehn Jahre zur Verfügung stellen. Für jährliche Einsätze. Oder auch nur für ein Training im Ausbildungslager. Wenn man das Studium beendet hatte und in Arbeit war, wurde man jährlich aufgerufen, eingezogen. In meinem Falle wurde ich, weil ich als Farmer in einem Farmgebiet lebte, einer sogenannten Kommandoeinheit zugeteilt. In Marienstal. Das war wie eine Heimwehr. Diese Kommandoeinheit wurde auch zum Dienst in anderen Kommandogebieten eingesetzt. Zum Beispiel im Norden, auf den Farmen. Die unterstützten sich gegenseitig, wenn irgendwo ein Gefahrenpotenzial war oder ein tatsächlicher Überfall stattfand. Dann wurden diese Einheiten eingezogen und dort hingeschickt, weil die sich natürlich viel besser mit Farmgegebenheiten auskannten. Meine Dienstzeit zog sich durch dieses jährliche Einberufen im Grunde von 1976 bis Anfang der achtziger Jahre hin. Später hatte ich die Möglichkeit, das muss 1984 gewesen sein, den Dienst zu quittieren. Aber davor wurde ich jährlich eingezogen.

Die Motivation für den direkten militärischen Einsatz des einzelnen, auch als Deutscher, war zwiespältig und wechselte. Erstens unterlag man der Verpflichtung als Bürger des Landes, als Wehrpflichtiger, zehn Jahre lang den Aufrufen zum Dienst zu folgen, es sei denn, man wäre ausgewichen. Das gab es ja, da gab es zwei oder drei von unseren jüngeren Kollegen, die sich abgesetzt haben, nach Deutschland. Hanno Rumpf zum Beispiel, an den erinnere ich mich. Kriegsdienstverweigerer.

Nur wenn man plötzlich in dieser Situation ist und eine große Farm hat und die Familie entsteht, dann ist eine solche Entscheidung, diese Verpflichtung zu umgehen, sich abzusetzen, nach Deutschland vielleicht, nicht so einfach. Zweitens war es tatsächlich das Gefühl, dass man nicht nur seine Angehörigen und den eigenen Besitz schützt, sondern dass man es auch für andere tut. Und die Ausbreitung des Kommunismus im Süden Afrikas war in der Argumentation der Armeeführung immer ein ganz wesentlicher Faktor.

Abgesehen von der reinen Verteidigung sollten wir selbstverständlich Bollwerk gegen den Kommunismus sein. Das war auch ein Teil unserer Motivation. Und in gewisser Weise konnte auch ich das nachvollziehen. Es wurde immer wieder gezeigt, was passiert war. Nehmen wir unseren Nachbarn Angola. Da gab es ja auch viele Deutsche. Wir sahen sie von einen Tag auf den anderen als Flüchtlinge in Windhoek. Das war Realität.

Die Leute kamen in der Kaiserstraße an mit ihren verstaubten, vollgepackten Lastwagen und waren plötzlich heimatlos, die Portugiesen aus Angola und mit ihnen auch viele Deutsche. Deren Kinder sind mit unseren Kindern zur Schule gegangen, die Kinder haben von ihrer Angst, haben von der Flucht erzählt. Das war die Wirklichkeit, und das war schlimm. So wurde diese Bedrohung, die man anfangs für Propaganda hielt, greifbar, die Leute wurden ja nun unsere Nachbarn. Und es gab natürlich viele Beispiele, die aus dem Osten und dem Ostblock herangezogen wurden. Auch das stützte die These von der Bedrohung. Diese Mischung war durchaus überzeugend.

Vieles war in dieser Zeit in Bewegung. International, bei uns in Afrika. Die Wahrnehmung von politischer Realität veränderte sich. Bei dem einen mehr, bei dem anderen weniger. In dieser Hinsicht war für mich die Unabhängigkeit Simbabwes ganz entscheidend. Heute unser Schreckensvorbild! Simbabwe, 1980 plötzlich unabhängig, eben noch war das Rhodesien der Weißen, so wie wir ja auch, vom Kommunismus bedroht. Nun war es frei! Ich kann mich noch gut erinnern, auf welche Weise ich diese Entdeckung, diese Erfahrung machte. Es geschah auf einer Reise mit Touristen nach Simbabwe. Ich flog sie ins Nachbarland. Zu dieser Zeit unterhielt ich mit meiner eigenen Maschine auch ein kleines Flugtourismusunternehmen. Kein Unternehmen an sich, mehr ein zusätzliches Standbein. Diese Reise hat mir gezeigt, dass das Bild von der afrikanischen Befreiung, das es bis dahin gab, für Simbabwe nicht zutraf. Da gab es nun einen Staat, nach der Amtsübernahme durch die sogenannten Terroristen, der funktionierte, in dem Weiße und Schwarze miteinander lebten. Unglaublich.

Die Begegnung der Schwarzen in Simbabwe mit mir als südafrikanischem Subjekt verlief zu meiner Überraschung äußerst

höflich und freundlich. Ich erinnere mich noch an ein kurzes Gespräch während der Passkontrolle:
»Your South Africa«, stellte der schwarze Beamte fest.
»Yes«, sagte ich, »eigentlich Namibianer, aber wir haben nur südafrikanische Pässe.«

Ich sollte mich nicht schämen, meinte der schwarze Beamte, wir würden schon bald unabhängig werden, dann wird es auch neue Pässe geben. Und ich könne mich ja in Simbabwe umschauen, wie es hier so geht mit der Unabhängigkeit, meinte der Mann. Das habe ich dann auch getan. Das war ein Schlüsselerlebnis. Ich konnte sehen, dass die Bedrohung, die Zerstörung des Landes, all das, was die Weißen erwartet hatten, nicht Realität geworden war. Durch häufige Besuche in Simbabwe, die mit meiner Touristenfliegerei zusammenhingen, konnte ich sehen, dass Chaos nicht unabänderlich kommen muss, sondern dass es auch geordnet ging. Und ich glaube, dass Simbabwe das erste Land in Afrika war, das eine schwarze Regierung umsichtig und vernünftig führte.

Viele sagen, das war erst in Namibia so, aber das stimmt nicht. In Simbabwe gab es nach dem Übergang, nach dem Wechsel von weiß zu schwarz durchaus erst einmal Stabilität und auch Sicherheit für alle. Gut, viele kennen das Problem mit der Niederschlagung des Aufstandes der Ndebele, 1983, durch die neue schwarze Regierung im Matebeleland von Simbabwe. Aber das tangierte die weißen Farmer nicht, was die Situation zwischen Weißen und Schwarzen betrifft, das hat bei dieser Sache keine Rolle gespielt. Ich will meine Eindrücke in Simbabwe nicht zu hoch bewerten, aber durch diese Entwicklungen dort und durch meine ersten vorsichtigen Kontakte zu verschiedenen Menschen, die entweder der SWAPO nahe standen oder sogar SWAPO-Leute waren, schärfte sich mein Blick. Dazu kam, dass auf meiner Farm eine Schule entstand.

Meine damalige Frau und ich haben ab 1979 auf der Farm - das waren damals 25.000 Hektar - eine Schule für die Farmarbeiterkinder aufgebaut. Eine ganz normale Grundschule, weil es in der Nähe keine Schule gab und in anderen Schulen nicht genügend Platz war für diese Kinder. Und die Familien hatten auch nicht die Mittel, um sie in die weit entfernten Schulen zu schicken und dort zu wohnen. Wir haben die Schule entwickelt. Im Nu hatten wir zig Kinder, nicht nur von der eigenen Farm, sondern auch von umliegenden Farmen. Dadurch kamen wir in Kontakt mit allen möglichen Menschen, schwarzen Menschen vor allem. Leute, die ganz unterschiedlicher politischer Meinung waren. Von den weißen Farmern allerdings, von denen viele deutsch waren, wurde unser Vorhaben mit großem Misstrauen beobachtet. Eine Schule für Schwarze auf dem Farmgelände! Die strenge Apartheidpolitik schrieb ja vor, man sollte den Schwarzen nicht weiter als bis zum vierten oder sechsten Schuljahr ausbilden. Mehr Wissen würde ihm Flausen in den Kopf setzen - um es mal platt auszudrücken.

Durch die Schule wurden die Kontakte, unsere Gespräche mit den schwarzen Menschen, intensiver. Natürlich war unser Vorhaben nicht uneigennützig. Wir meinten, für die weitere Entwicklung dieses Landes und für die Menschen darin ist eine gründliche Ausbildung die erste Vorraussetzung. Ich meine, wer mit offenen Augen damals in die Landschaft guckte, sah, was mit den jungen Menschen passierte, sah ihre geringen Chancen und konnte ahnen, wie Unruhe sich noch weiter ausbreiten wird wegen der haarsträubenden Benachteiligung in der Bildung zum Beispiel. Man musste einfach sehen, dass diese jungen Menschen, die dort heranwuchsen, wenn die nicht ausgebildet wurden, nicht zur Schule gingen, es bald eine sozioökonomische Katastrophe gäbe, die uns Weiße mitreißen würde. Das wollten wir helfen zu verhindern, das war unsere Motivation. Man sollte den Benachteiligten den Einstieg ermöglichen. Wenigstens den Versuch machen.

Wir haben dann auch sehr schnell die offizielle Anerkennung dieser Schule bei der südafrikanischen Behörde in Windhoek durchgesetzt. Wir wussten, hier bekommen sie drei oder vier Jahre Grundschule, aber dann werden sie an keiner anderen, weiterführenden Schule angenommen. Wenn wir vom Staat als Schule mit unseren Zeugnissen nicht akzeptiert werden. So durfte das nicht kommen, deshalb war die staatliche Anerkennung der Schule so wichtig. Die Interimsregierung hat schnell gehandelt, die wollte sich das gern auf ihre Fahnen schreiben, dass dort durch Privatinitiativen Schulen entstehen. Egal, was deren Motivation nun war, sie haben die Schule offiziell als Lehrinstitution bestätigt. Und sie haben dann auch nach zwei oder drei Jahren Lehrer und Lehrmittel zur Verfügung gestellt. Später ging das bis zur sechsten Klasse. In den letzten Jahren waren immer siebzig bis achtzig Kinder an der Schule auf unserer Farm. Im Internat so um die sechzig. Denn viele kamen von woanders, von weit her und mussten untergebracht werden. Und es gibt bei den damaligen Schülern noch heute die Zeugnisse - ausgestellt an der »Grundschule Farm Gras«.

Finanziert haben wir das in erster Linie durch eine Unterstützungsgemeinde. Abgesehen von den Dingen, die unser Farmbetrieb beigesteuert hat: Naturalien und vor allem Wasser. Die bestand aus der Deutsch-Namibischen Gesellschaft, einigen Lion-Clubs, die sich dort eingebracht haben. Und sehr viel durch Patenschaften von deutschen Touristen, Jägern, Besuchern, die bei uns waren und diese Initiative unterstützen wollten und die dann jährlich einen bestimmten Betrag pro Kind, das sie sozusagen in Patenschaft genommen haben, bezahlten.

Die Farm-Schule wurde vor allem von Namakindern besucht. Es sind ja hauptsächlich Namas, die dort in unserer Gegend im Süden ansässig sind. Dadurch hatte ich mit Hendrik Witbooi Kontakt. Wir kamen des Öfteren ins Gespräch. Bei einer Gelegenheit hat er sich die Schule sogar angesehen, hat uns gratuliert dazu und sagte, wenn alle Südwester so arbeiten würden, dann würde unser Land in der Zukunft kein Problem haben. Ein solches Wort von einem bedeutenden Namaführer war für uns ziemlich wichtig, denn Farm-Schulen wurden von den politischen Aktivisten nicht selten auch ganz anders gesehen, im schlechten Licht: als Beeinflussungszentren der Weißen, so hieß es hier und da. In solchen Schulen werden die jungen Schwarzen auf das weiße Regime eingeschworen, rechtzeitig konditioniert und so weiter. Witboois lobende Worte machten die Runde. Und das war gut für die Kinder.

1985 war der Aufbau abgeschlossen, das heißt, es standen die Schule und das Schülerheim. Das ging dann in dieser Form bis 1998. Mit der Unabhängigkeit wurde in Englisch unterrichtet, aber die allgemeinen Kosten wurden weiterhin durch den privaten Fond getragen. Lehrer und Lehrmittel stellte der Staat zur Verfügung. Das lief dann ziemlich selbständig. 1998 informierte uns die Regierung, dass sie den Betrieb dieser Schule einstellen möchte, da es für sie zu kompliziert wurde und nicht wirtschaftlich sei. Die Lehrer sollten abgezogen werden.

Unsere Farm mit 25.000 Hektar war eine große Farm. Die normalen Farmen in unserer Region, dort im Süden, waren auch relativ groß, so zwischen zehn und zwölf tausend Hektar. Das ist ja dort ein ausgesprochen arides Gebiet. Man rechnete in unserer Gegend offiziell fünf Hektar Weideland pro Schaf, und das war schon manchmal knapp. Schwerpunkt war ursprünglich das Karakulschaf. Ich habe die Farm als Karakulfarm übernommen. Es gab dort aber viel Wild, als ich sie übernahm. Meine Eltern und mein Großvater, der diese Farm schon besessen hatte, haben immer sehr bewusst das Wild geschont. Dadurch war der Bestand sehr hoch. Springböcke, Oryx, Kudus, Strauße, Steinböckchen, Warzenschweine. Durch die Grüne Bewegung in Europa wurden weniger Pelze gekauft, das hieß für unser Land, der Absatz an Persianerfellen ging stark zurück. Ich habe dann sehr bald die Anzahl der Karakulschafe reduziert und den Wildbestand weiter erhöht, indem ich zusätzliche Wildarten, die mal in der weiteren Umgebung heimisch waren, wieder eingeführt habe. Das waren zum Beispiel Hartebeest, Zebra, Gnu. Ich habe dann in wenigen Jahren die Karakulfarm in eine Wild- und Jagdfarm umgewandelt. Als solche wurde sie dann auch geführt, bis heute. Wild- und Jagdfarm.

Auf der Farm haben wir damals vorsichtig versucht, nach und nach das allgemeine Klima zu verbessern. Auf vielen Farmen waren zu der Zeit die Arbeiter dem Farmer gegenüber oft hoch verschuldet. Die Arbeiter kauften meistens über den Farmer ein. Alles wird angeschrieben und am Ende des Monats abgerechnet. Gewöhnlich blieb dann gar kein oder nur sehr wenig Lohn übrig. Das führte zu chronischer Geldlosigkeit, zur Unzufriedenheit, zu Misstrauen, da die meisten der Arbeiter kein Buch führten, da sie nicht schreiben, geschweige denn rechnen konnten. An einem Weihnachtsfest haben wir dann alle Schulden erlassen und die Löhne fortan wöchentlich ausgezahlt. Wöchentlich im Voraus, als Geste des Vertrauens. Die Stimmung wurde wirklich besser. Auch die Arbeitsmoral der Leute.

1985 bin ich dann zum ersten Mal nach Lusaka geflogen. Ich flog Farmer zu einer internationalen Landwirtschaftsausstellung. Es interessierte mich, die Messe zu sehen, dort mal hinzukommen, und gleichzeitig war ich auf das Namibiainstitut der UNO in

Lusaka neugierig. Durch Witboois Empfehlung konnte ich dann in Lusaka das UNIN, das UN Institute for Namibia, besuchen. Dort traf ich den Direktor der Einrichtung, Hage Geingob, den späteren Premierminister Namibias. Wir haben uns lange und intensiv unterhalten über die Pläne für Namibia, für das unabhängige Namibia. Das Gespräch bestärkte meine Überzeugung, dass es in einem von Südafrika unabhängigen Namibia ohne die SWAPO nicht ginge, obwohl mir dieser Aspekt, SWAPO muss mit dabei sein, schon vorher klar war. Nun, nach unserer Unterhaltung, hatte ich den Eindruck, dass es auch sehr gut gehen könnte mit der SWAPO als regierender Partei. Je mehr ich mich mit den politischen Konstellationen befasste, umso deutlicher wurde für mich: Die SWAPO wird die Wahl mit Mehrheit gewinnen.

Ich blieb auf der Farm. Aber Politik wurde für mich wichtig. Da ich Flieger war, ein Flugzeug hatte und die Landepiste dazu gleich um die Ecke, war ich beweglich, nicht an meine Farm gefesselt, konnte schnell nach Windhoek. Und so habe ich mich nach dem Besuch in Lusaka der NPP 435, der Namibia-Friedensplangruppe angeschlossen. Das war 1986, wohl im November. In diesem Zusammenhang habe ich dann auch verschiedene Reisen mitgemacht. Zum Beispiel nach Schweden, Mitte 1988 zur Beratungsrunde zwischen liberalen namibischen Weißen und führenden Leuten der SWAPO. Im Oktober 1988 nach Sambia, nach Kabwe, wo eine »consultative conference« mit SWAPO-Mitgliedern und einigen Sympathisanten stattfand.

Es war für mich wichtig, dass ich auf der Farm lebte. Ich war ziemlichen Anfeindungen ausgesetzt, vorsichtig ausgedrückt. Ich war in den Augen nicht weniger weißer Landsleute, die Deutschen vorneweg, ein Nestbeschmutzer. Dass ich nicht in Windhoek lebte, das trug wesentlich zu meiner Sicherheit bei. Auf der Farm war ich nicht ständig unter Beobachtung. Was ich in dieser Zeit trieb, war so manchen ein Dorn im Auge. Dabei waren die Verbindungen, die wir von der NPP zueinander hatten, nicht konspirativ. Ich hatte mit Lubowski und Ruppel regelmäßig Kontakt. Lubowski hat meistens eingeladen, mich einfach angerufen. Auf der Farmlinie geschah das, da konnte jeder mithören. Das war nicht konspirativ. Nicht in dieser Zeit. Im Gegenteil, wir haben versucht, für den Plan NPP 435 öffentlich zu arbeiten. Das war unsere einzige Chance, die Leute zu gewinnen.

Wir wollten ja, dass die UNO-Resolution 435 als Lösungsplan für Namibia akzeptiert wird. Neben den politischen Fragen gab es da technische Dinge, die das Durchsetzen politischer Absichten erst möglich machten. Der Rückzug der verschiedenen kämpfenden Truppen, das Einbringen der UNTAG-Truppen nach Namibia und so weiter. Das Wesentliche an 435 war, dass durch diesen Prozess eine demokratische Grundlage geschaffen werden sollte. Eine demokratische Basis für diesen jungen Staat. Es ging um untilgbare demokratische Elemente, die installiert werden mussten, es ging erstmals nicht nur um Wahlen. In Simbabwe war das vergleichsweise ähnlich. Hier bei uns wurde die Situation zunächst befriedet. Dann wurde die verfassungsgebende Versammlung gewählt mit dem Ziel, sich eine Verfassung auf demokratischer Grundlage zu geben. Ich glaube wir nannten das damals »basic principles«, die uns so wichtig waren. Dieses Bündel von grundsätzlichen demokratischen Elementen, das musste in der Verfassung enthalten sein. Zum Beispiel ging es um das Recht, Eigentum zu besitzen und es auch behalten zu können. Es ging um Redefreiheit. Um Gleichheit vor dem Gesetz. Es ging um die Grundprinzipien in einer Demokratie. Bis zu dem Tag, an dem die verfassungsgebende Versammlung tagte, war unklar, ob die SWAPO diese »basic principles« auch akzeptieren würde. Wie werden sich Entscheidungsträger der SWAPO mit ihrer unterschiedlichen ethnischen Herkunft, ihren unterschiedlichen Interessen verhalten? Vor einer der ersten Sitzungen der verfassungsgebenden Versammlung wurde bei uns, bei der SWAPO, in der internen Fraktionsversammlung ausführlich darüber debattiert, über diese Prinzipien, in denen ja auch wesentliche Elemente europäischer Demokratien zu entdecken waren - Elemente, die aus den Kulturen unserer ehemaligen Unterdrücker kamen. Es war eine heftige, aber sehr ernsthafte und ehrliche Debatte. Und Theo-Ben Guriab hat danach in unser aller Namen erklärt, dass die SWAPO eine Verfassung auf Grundlage dieser »basic principles« akzeptiert. Unsere politische Haltung wurde endgültig öffentlich.

Das ich mich, als weißer Deutscher, langsam der SWAPO genähert habe, das war für Außenstehende sicher nicht immer offensichtlich, weil das für mich nicht wichtig war. Für mich war es zunächst wichtig, ein Resultat zu erzielen. Das bekam erst

Bedeutung, als klar wurde, dass da ein Platz für mich sein könnte. Als weißer Farmer in der SWAPO, die dann als politische Bewegung und nicht mehr als Befreiungsbewegung an der Wahl teilnehmen wollte. Es war ein gutes Gefühl, die Leute, vor allem weiße Farmer und Geschäftsleute, nach und nach für die Idee der Resolution 435 zu gewinnen.

Und dann kam der 1. April 1989. Das war schrecklich. Ich erinnere mich ganz gut. Bevor ich am Morgen auf den Hof ging, um meine Angestellten zu treffen und mit ihnen die Arbeit auf der Farm zu besprechen, hörte ich immer Nachrichten. Grundsätzlich, das war wie ein Ritual. So auch an diesem Tag. An diesem Morgen sollte der vereinbarte Waffenstillstand zwischen der SWAPO und den südafrikanischen Streitkräften in Kraft treten. Da kam die Hiobsbotschaft. Während die Südafrikanische Wehrmacht sich in die Kasernen im Norden Namibias zurückgezogen hatte, gemäß der Weisung der UNO, nach Grootfontein und Oshivelo glaube ich, haben schwerbewaffnete Guerillas der SWAPO die Grenze überschritten, hieß es. »Sie geben keine Ruhe«, sagte der Rundfunk. Mehrere hundert Kämpfer sind von Angola aus in das Land eingedrungen. Diese Meldungen waren schlimm.

Es bestätigte sich scheinbar das Bild, das hier Jahre und Jahrzehnte durch die Gegner des Kommunismus verbreitet wurde. Die Schwarzmalerei schien nun plötzlich Realität zu sein. Das haben wir immer gewusst, so mag mancher gedacht haben. SWAPO hat die Waffen nicht abgegeben und im Norden wieder den Buschkrieg eröffnet. Mit mehr als tausend Mann, aus Angola kommend, schwer bewaffnet. Für mich nicht zu glauben. Wir wenigen Weißen, die sich für 435 eingesetzt haben, wir waren ja die absoluten Außenseiter. Die anderen sagten, ihr seid ja verrückt, manche nannten uns laut und deutlich Verräter. Wir würden das Land dem Kommunismus zuspielen. Was weiß ich, was sie alles noch sagten.

Und nun das Desaster im Norden! Das Bild von den bösen SWAPO-Terroristen wurde neu belebt. Vor den Augen der Welt. Das explodierte so richtig. In Windhoek pro SWAPO-Demos, die von der Polizei zerschlagen wurden. Das war alles schockierend. Ich wusste ja nun ein wenig mehr, vor allem hatte ich die Leute von der SWAPO kennen gelernt, die sogenannten Terroristen, und war eingenommen von vielen dieser Menschen, hatte mich auf ihre Seite geschlagen, dachte wie viele von ihnen: das kriegen wir hin, dieses Land wie kein anderes afrikanisches Land gemeinsam zu entwickeln. Schwarz und Weiß - gleichberechtigt. Es war mir aber auch klar geworden, dass es in dieser Bewegung Fraktionen, Leute gab, die unter diese Kategorie fielen, wie sie über die Jahre als böser Feind beschrieben worden waren. Es gab die Radikalen, die Unnachgiebigen mit ihren bitteren, oft ganz körperlichen Erfahrungen aus der Apartheidzeit. Es war uns wichtig, soviel wie möglich der demokratischen Kräfte in dieser Bewegung zu generieren, damit die dann auch die Oberhand behalten konnten. Oberhand gegenüber den Radikalen. Nahezu stündlich wurde an diesen Tagen berichtet, was passiert war. Die Südafrikaner haben den UNO-Beauftragten, den Finnen Martti Ahtisaari, quasi gezwungen, die Weisung zum Verbleib der Truppen in den Kasernen wieder aufzuheben. Die Südafrikaner sind dann ausgerückt. Mit Vollgas. Aufmunitioniert mit modernster Technik. Jetzt machen wir endgültig Schluss mit den Guerillas, hieß es. Nach Omafu und so weiter rückten sie aus. Das muss ein gewaltiges Schlachten gewesen sein. Und zwar auf beiden Seiten. Die Südafrikaner haben auch gehörige Verluste gehabt. In den Verhandlungen, die ununterbrochen auf Mount Etjo liefen, auf dieser Gästefarm, wurde dann die Einigung erzielt, dass beide Seiten das Vorgehen ihrer Truppen sofort stoppen müssen. Die SWAPO sollte ihre Leute zurückrufen bis zum 16. Breitengrad in Angola. Das hieß, die SWAPO-Militärs mussten sich hundertfünfzig Kilometer von der namibisch-angolanischen Grenze nordwärts begeben. Ihnen wurde freier Rückzug garantiert. Der Frieden stand in diesen Stunden auf des Messers Schneide. Nicht nur die afrikanische Welt hielt den Atem an. Dann war es geschafft. Eine exzellente Verhandlungsleistung des Finnen, denke ich. Ahtisaari hat sehr viel getan für dieses Land.

Der Tag, an dem die Republik ausgerufen wurde, war, logisch, schon ein besonderer Tag. Noch wichtiger für mich war die Annahme der Verfassung davor am 9. Februar 1990. Und dann eben der 21. März. Es war ein gewaltiges Chaos überall, es gaben sich die Würdenträger der Welt hier die Hand, einer nach dem anderen kam an, bis abends spät. Frieden im südlichen Afrika! Und

Namibia schien der Mittelpunkt der Welt zu sein. Sie kamen alle in die große Arena, wo die Unabhängigkeit dann gefeiert wurde. Es war sehr ergreifend. Ein Gefühl, dass man etwas erreicht hat. Tränen, ja. Vor Freude, vor Erschöpfung auch. Endlich!

Die verfassungsgebende Versammlung wurde dann Nationalversammlung. Für mich bedeutet das, ich war Abgeordneter im ersten Parlament des Landes. Das war im März 1990.

Im Februar 1991 wurde ich Deputy Minister für Handel und Industrie mit Minister Ben Amathila zusammen. Das war sehr aufregend - Vizeminister. Ich kannte Ben Amathila ganz gut, hatte ihn vor der Unabhängigkeit schon mehrmals getroffen, war mit ihm auch schon gereist. Diesen Posten habe ich ein Jahr lang ausgeübt, und dann wurde ich zum Landwirtschaftsminister berufen. Das war kurz vor Ostern 1992. Landwirtschaftsminister in diesem vorwiegend ariden Land mit den Spuren der Apartheid noch an allen Orten, das war schon eine ganz schöne Herausforderung. Als Vierzigjähriger Minister in der Regierung. Ich bin sehr gut in dieses Amt reingekommen. Es gab einen großen Vertrauensvorschuss seitens der schwarzen Farmer, auch der Kommunalfarmer, von den schwarzen Politikern ohnehin. Auch die großen, weißen, kommerziellen Farmer vertrauten mir inzwischen zum großen Teil, auch die Verbände der Farmer und so weiter. Es war erstaunlich. Meine Kritiker hatten angefangen zu begreifen, welches meine Motive waren für die Schritte, die ich gegangen bin, die für manchen meiner Farmkollegen vor der Unabhängigkeit völlig unbegreiflich waren. Und dass ich mich dieser schwarzen Bewegung so stark angenähert hatte, sogar für sie kandidiert habe. Es lief alles ganz gut.

Eines der großen Probleme, das ich hatte, war, dass viele Dinge, die die Landwirtschaft betrafen, nicht durch das Landwirtschaftministerium als Fachministerium wesentlich zu beeinflussen waren. Vor allem betraf es die Landreform. Sie war immer ein heißes Eisen und wird es wohl auch bleiben. Es gab und gibt das Ministry of Lands, Resettlement and Rehabilitation, das mit einem leichten Übergewicht, aber doch mit dem Landwirtschaftministerium gemeinsam, das Problem der Landverteilung, die Landreform, in Angriff nehmen sollte. Diese Doppelherrschaft führte unter anderem dazu, dass es in dieser wichtigen Angelegenheit nie eine eindeutige Verantwortung und Kompetenzzuweisung gab.

Unklar blieb, wer was zu behandeln hatte. Wenn man Vorschläge machte, hieß es, nein, das ist die Verantwortung des anderen Ministeriums und so. Das war damals schon ein Problem, ein großes Problem. Die ganze Landreformfrage wurde ja bis heute nicht ernsthaft angepackt, geschweige denn gelöst. Wir haben uns viele Gedanken dazu gemacht, es gab viele, viele Vorschläge. Das ist alles im Sande verlaufen. Meine größte Befürchtung war, und ich finde sie in der Realität leider bestätigt, dass die Regierung sich nicht an bestimmte Festlegungen binden wollte. Um die Landreform noch auf anderen Wegen zu betreiben. Zum Beispiel, wenn man Kriterien setzt für die, die Land bekommen sollen. Was sollten das für Personen sein? Oder wie soll das Land verteilt werden? Wo nimmt man es her, das Land, das neu verteilt wird? Da muss man bestimmte Richtlinien festlegen, nach denen gearbeitet wird und - das ist für die junge Demokratie unerhört wichtig - die für alle Bürger des Landes gültig und durch alle zu überprüfen sind. Der erste Gedanke wäre doch, dass der Boden produktiv bearbeitet werden soll. Das Land muss, und das ist möglich, wie wir aus der Vergangenheit wissen, unser Volk ernähren. Und das noch mit einem Überschuss für den Export. Fleisch zum Beispiel. Das bedeutet, man muss Leute finden, die das entweder schon können, Kommunalfarmer zum Beispiel, oder welche, die man weiterbildet, und die dann Land übernehmen. Oder Arbeitnehmer, Landarbeiter auf Farmen, die das kennen, die in einen solchen Betrieb hineingewachsen sind, die dann auch eine übernommene Farm fachkundig mit Ertrag führen können. Das aber, eine solche sachbezogene Regelung, hätte ja nun alle die Leute, die darüber beschließen mussten - ich meine uns als Politiker - ausgeschlossen von diesem Prozess. Die Politiker, die Leute im Staatsapparat, alle die, die keine praktischen Erfahrungen in der Farmwirtschaft besaßen und die das von der finanziellen Seite her nicht nötig hatten, damit ihren Lebensunterhalt zu bestreiten. Aber die Politiker wollten natürlich auch gern eine Farm haben. Und nicht irgendeine. Das hat durchaus etwas mit der afrikanischen Tradition, aber in der modernen Zeit vor allem mit der Jagd nach Reichtum zu tun. Ich spitze das ein wenig zu, ein wenig nur. Es verfestigte sich der Eindruck, dass es nicht um Kompetenz und Produktivität ging, um Wirtschaftlichkeit, sondern darum, ein Stück Land zu ergattern.

Jeder Namibianer hat Recht auf ein Stück Land, hieß es. Und die bisher am allermeisten Benachteiligten haben das größte Recht. Es war schwer, in dieser Weise mit dem Problem der Landreform umzugehen. Wie gesagt, das Volk musste ja ernährt werden. Bei unseren geografischen Gegebenheiten braucht man selbst für Ziegen relativ große Flächen, und große Flächen machen ein Mindestmaß an Farmmanagement notwendig, sonst ist bald alles bis auf die Wurzel abgeweidet, wenn die Tiere an einem Ort bleiben, jeden Tag. Die Landreform. Eine der schwierigsten aller Fragen.

Minister war ich dann bis November 1993. Ja, und dann gab es einen Korruptionsfall in meinem Ministerium. Jemand wirtschaftete in die eigene Tasche. Dieser jemand war nicht ein vorher benachteiligter Schwarzer, dem man eine solche Versuchung noch hätte nachsehen können, sondern ein deutschsprachiger gutbemittelter Weißer. Nachdem die Untersuchung durch den Generalstaatsanwalt Ruppel deutlich machte, dass es sich hier tatsächlich um Korruption handelte und dieser Mensch, sagen wir es gelinde, nicht vorschriftsmäßig aufgetreten war, habe ich dem Kabinett vorgeschlagen, dass er zumindest versetzt wird. Damit er diese Praktiken nicht weiterführen kann. Und dass es eine weitere Untersuchung und Anklage wegen Korruption geben müsste. Da hat der Präsident Sam Nujoma aus irgendwelchen Gründen, es gab wohl einen heißen Draht zwischen dem Präsidenten und diesem Mann, da hat also der Präsident während der Kabinettssitzung bei diesem Punkt von vornherein gesagt, dass dies nicht zur Debatte steht. Der Mann muss auf seinem Posten bleiben. Und es sei überhaupt alles Unsinn was hier stünde. Schluss.

Ich habe den Präsidenten auf den beiliegenden Bericht des Generalstaatsanwaltes aufmerksam gemacht und bemerkt, dass ich schon finde, dass man das hier in diesem internen Kreis besprechen müsste. Daraufhin hat er mich sehr angefahren und mir vorgeworfen, ich würde irgendwelchen reaktionären Kräften meines Ministeriums nach dem Munde reden und ihnen Dinge in die Hand spielen. Er wolle diese Sitzung jetzt weiterführen, das ist jetzt ein Kabinettsbeschluss - der Mann bleibt auf seinem Posten, fertig. Und da bin ich aufgestanden und habe gesagt: »Herr Präsident, das ist meiner Auffassung nach kein Kabinettsbeschluss.« Einen Kabinettsbeschluss dazu, im Ergebnis einer Aussprache, den würde ich akzeptieren, aber wenn wir als Kabinett die Sache nicht beraten können, dann kann das auch kein Kabinettsbeschluss sein. Und unter den Umständen würde ich mich entschuldigen.

Und habe den Beratungsraum verlassen. Dann passierte erst einmal gar nichts, außer dass am nächsten Morgen die Zeitungen mit riesigen Headlines aufmachten, weil irgendjemand den Journalisten das gesteckt hatte. Der Premierminister Hage Geingob versuchte, mich zu einer Kündigung zu bewegen. Ich habe ihm gesagt, ich bin mir keiner rechtswidrigen Handlung bewusst. Für mich war die Sache noch nicht abgeschlossen, ich habe mich geweigert, einen auf diese Weise zustande gekommenen Kabinettsbeschluss zu akzeptieren, der keiner war. Wenn der Präsident mich nicht mehr als Minister duldet, dann muss er das äußern. Für eine Kündigung durch mich selbst, für einen Rücktritt, sah ich keinen Grund, im Gegenteil. Der Präsident hat dann die Kündigung geschrieben. Damit war ich draußen, raus aus dem Kabinett. Von einem Tag auf den anderen. Ich bin dann noch bis zum Ende der Legislaturperiode im Parlament gesessen, bis März 1995. Darauf hatte der Präsident keinen Einfluss, ich war ja als Abgeordneter gewählt und nicht vom Präsidenten ernannt worden.

Die Farm hatte in dieser Zeit ziemlich gelitten, ich hatte einen Verwalter dort. Und es gab 1993 eine katastrophale Trockenheit, eine schlimme Dürre. Das Wild ist zu fünfundneunzig Prozent eingegangen. Zu Hunderten trugen wir die Kadaver zusammen. Es war furchtbar. Davor liegende Dürren hatte ich mit der Farm überstanden, aber eine solche besondere Lage verlangte sehr gute Beobachtung und Planung. Aber dafür hätte ich mit meiner Erfahrung auf der Farm sein müssen. Ich aber beschäftigte mich in der Hauptstadt mit Politik. Die Schritte, die noch zur Rettung unternommen wurden, kamen einfach zu spät. Die Farm lag darnieder.

Ich habe dann ganz intensiv Flugtourismus betrieben mit einer Cessna 206, mit meiner eigenen Maschine. Das ist eine einmotorige, sechssitzige Maschine, sehr zuverlässig, gewissermaßen geländegängig. Es musste Geld verdient werden, ganz klar, um aus dem Tief wieder rauszukommen, auch um die Belegschaft auf der Farm zu halten. Diese Geschichte hat meine familiäre Situation sehr belastet. Und das hat dann letztendlich dazu geführt, dass meine Frau und ich uns getrennt haben. Ich wollte Abstand nehmen von der Farm, darüber haben meine Frau und ich viel diskutiert, überlegt. So wie sich die Dinge entwickelten, sah ich im Grunde für mich keinen Sinn mehr, auf die Farm zurückzugehen, alles noch einmal aufzubauen. Irgendwie war auch die Luft raus. Ich war müde. Nach alldem. Es war noch nicht alles bis zu Ende diskutiert oder gar beschlossen, da bekam ich Kontakt mit einem Fliegerkollegen, der hatte ein Chartergeschäft aufgebaut. Flugtourismus. Dem habe ich mich dann angeschlossen und bin ans Meer, nach Swakopmund, gezogen. Von der Mitte des Landes ans Meer. Aus dem Busch an die Küste mit ihren traurigen Nebeltagen. Vom Land in die Stadt. Und dann war die Buchhandlung plötzlich da, zunächst mehr als Gerücht. In diesen Wochen und Monaten war ich noch unentschlossen, unsicher was wird, habe an meiner Weiterqualifikation in der Fliegerei gearbeitet, habe viel gebüffelt. Luftrecht, Technik, moderne Navigation. Bis in die Nacht hinein. Dabei ging mir immer wieder die Buchhandlung durch den Kopf. Wenn ich mein Brot holte, kam ich jeden Tag daran vorbei. Nie hätte ich früher daran gedacht, eine Buchhandlung zu betreiben. Der Umgang mit Büchern allerdings war mit vertraut. Schon als Kind las ich gern, mochte Bücher, ihr Gewicht, ihren Geruch. Nicht schlecht, dachte ich, als ich dann offiziell vom Verkauf des Ladens hörte, habe mir das Geschäft mehrmals angeguckt und mich dann entschlossen, die Buchhandlung zu kaufen. Und das Fliegen aufzugeben.

Es war nicht einfach, die Fliegerei an den Nagel zu hängen. Ich bin wahnsinnig viel geflogen, habe viel erlebt. Schotterpisten auf den Farmen irgendwo im Busch. Sehr abenteuerliche Sachen. Viertausend Flugstunden Buschfliegerei. Über der Wüste auf langen Strecken. Mit der Einmot. Durch die politische Situation war die Fliegerei im Norden an der Grenze entlang nicht ungefährlich. Ich bin einmal nahe Rundu beschossen worden, dort wo der Caprivizipfel beginnt. Ich flog von Katima nach Rundu, das war in der Vorbereitungszeit zur Unabhängigkeit, in der UNTAG-Zeit, da war die UNITA auf der angolanischen Seite. Das war das einzige Mal, dass auf mich geschossen wurde. Es ist zum Glück nichts passiert. Diese Gegend dort oben war immer gefährlich. Durch angolanische Aktivitäten, nicht durch die eigenen. Und Flüge über dem Ovamboland waren in der Terroristenzeit nicht ohne. Wenn es möglich war, ließ man es bleiben. Da gab es SAM-Missiles und so weiter. Die Fliegerei, ja, das war eine gute Zeit. Insgesamt.

Aber mir war klar, wenn ich die Buchhandlung übernehme, darauf meine Existenz gründen will, ist das anfangs ein Vierundzwanzig-Stunden-, später vielleicht nur noch ein Achtzehn-Stunden-Job. Immerhin. Die Fliegerei würde damit für mich erledigt sein, es bliebe dann höchstens eine Sonntagsnachmittags-Kaffeefliegerei. Das wollte ich nicht machen. Die Maschine wäre auch, nur für den privaten Bedarf, sehr teuer gewesen. Eine Woche nachdem ich die Buchhandlung gekauft hatte, habe ich das Flugzeug verkauft. Mein Flugschein ist inzwischen verfallen, aber ich könnte ihn reaktivieren. Mit dem Abschied von der Fliegerei habe ich meinen Frieden gemacht.

Vor diesem Hintergrund wurde klar, dass die Farm dort im Süden nicht weiter zu führen war. Da habe ich Gras in den Markt gegeben. Ein Nachbar hat die Farm gekauft. Das war im Januar 2000. Große Abschiede. Einer nach dem anderen. Die Politik, die Familie, die Farm, die Fliegerei. Das war sehr hart. Vor allem der erste Abschied, der aus der Politik. In dem Moment, als sich der Zorn des Präsidenten gegen mich richtete, war ja nicht nur zwischen ihm und mir die Kommunikation unterbrochen, sondern es wandten sich sofort alle ab. Die Angst griff um sich. Anders dagegen nach meiner letzten Rede im Parlament, die ich gewissermaßen zum Abschied gehalten hatte, das war im März 1995. Da war ja die Wahlperiode zu Ende, da habe ich noch einmal rekapituliert. Ich habe verwiesen auf unsere Ideale, mit denen wir angetreten waren und auf die Vorhaben, die wir hatten. Wie es am Anfang war, das Feuer, und wie es jetzt ist. Habe versucht zu erklären, welche Entwicklung sich aus meiner Sicht abzeichnet. Da kam Ben Ulenga im Parlament als einziger zu mir, alle konnten es sehen, und gratulierte mir zu den offenen Worten. »Du hast so vielen SWAPO-Anhängern aus der Seele gesprochen«, sagte er. Das war damals, im März 1995. Heute hat Ben Ulenga längst alle SWAPO-Funktionen abgelegt, ist nicht mehr Mitglied der SWAPO, ist kein Botschafter mehr in London und führt die CoD, die stärkste Oppositionspartei an. Das war schon hart, wie man plötzlich fallen gelassen wurde.

Mein politisches Engagement hat zu einem wahnsinnigen Umschwung in meinem Leben geführt. Wir haben, ich sage ganz bewusst wir, denn es geht nicht nur um mich, sondern auch um meine Familie, wir haben wahnsinnig viel aufgegeben, um diesem politischen Ideal zu folgen, unsere Vorstellungen zu realisieren, um unsere Kräfte eben dort einzubringen, für dieses Land etwas Neues zu schaffen. Als deutschsprachige Namibier.

Ich denke nicht, dass der Abschied von der Farm, die Aufgabe der Farm war, sondern das ist schon vorher passiert. Wir waren in Windhoek, wir hatten uns mit allen Fasern diesem neuen Lebensideal verschrieben, und die Farm war dabei in den letzten Jahren eine ganz schwere Belastung. Aber dort gab es ja Menschen, die von uns, von der Arbeit auf der Farm, abhängig waren. Zwölf Angestellte. Dazu noch die Familien. Dann die Trockenheit. Die Farm war wirtschaftlich am Ende. Nur die Schule lief erst noch weiter, sie wurde dann aber von der Regierung geschlossen. Alles war plötzlich negativ. Das Schlimmste an alldem aber war, dass man plötzlich begriff, dass man das alles aufgegeben hat für ein Ideal, das einem dann auch zerstört wurde. Durch eine politische Entscheidung. Durch den Präsidenten. Das war der Knackpunkt. Sonst hätte man möglicherweise noch ganz anderen Mut gehabt, nach der Dürre, nach dieser Katastrophe mit den Tieren, wieder aufzustehen.

Und es zeichneten sich Entwicklungen ab, und das habe ich 1995 auch ausgesprochen auf einer großen Konferenz in Johannisburg, die für die Demokratie auf die Dauer nicht gut sein konnten. Der autokratische Führungsstil des Präsidenten war mir damals schon sehr deutlich geworden. Sicher deshalb, weil ich es am eigenen Leibe erlebt habe. Auch durch die Angst der anderen. Plötzlich war die Farm auch nicht mehr mein Ort, mein Platz. Der Abschied von der Farm war der Abschied vom Hort der Kindheit, es war der Abschied von einer Zeit der großen, tiefen Gefühle. Ja, und es war der Abschied von der Jagd. Ich war ja auch Jäger. Das war eine Phase in meinem Leben, die ich ausgelebt habe. Wirklich ausgelebt. Wie keine andere Seite meines Lebens. Ich muss diese Passion nicht unbedingt noch regelmäßig ausüben.

Mein Leben hat sich geändert, ich akzeptiere das. Irgendwie bin ich auch zurückgekehrt in die Gemeinschaft derer, die ähnliche Freuden und Sorgen haben.

Die deutsche community hier bei uns, das ist schon eine wichtige Gemeinschaft für das Land. Für die deutschsprachigen Namibier, ob sie nun einen deutschen Pass haben oder einen namibischen wie ich, ist das Land zwischen Wüste und Meer die Heimat. Die Regierung nutzt dieses Potential nur zögernd. Sie macht einen Fehler, wenn sie nur immer auf ausländische Investoren pocht. Wir brauchen ausländische Investoren dringend, das ist richtig, wir brauchen große Investitionen, keine Frage.

Aber wir haben auch erfahrene, eigene Landsleute in der Wirtschaft, und das betrifft nicht nur deutschsprachige Weiße, die sicher auch ihre Dienste bereitgestellt hätten für Beratungen, für Ämter, wenn man sie gefragt hätte. Wenn man sich nur an die wirtschaftlichen Katastrophen mit der Fluggesellschaft Air Namibia, mit Banken erinnert oder an Vorhaben, in die man ausländische Berater reingenommen hat.

Denken wir nur an die Hotels, die man aus dem Boden gestampft hat mit Regierungsgarantien. Natürlich musste die Regierung dann diese Garantien übernehmen, das heißt zahlen, weil es nicht geklappt hat. Gezahlt wird mit Steuergeldern. Mit unser aller Geld. Das hätten wir in diesem Maße nicht nötig gehabt. Wir haben zu einem großen Teil eigene, fähige Kräfte im Lande. Es gab in der weißen Bevölkerung einen starken Willen, vor allem unter den Deutschsprachigen, nachdem sie sahen, dass die Unabhängigkeit so lief, wie sie lief, zu sagen: Gut, wir packen mit an, wir setzen uns mit ein. Wir sind bereit etwas zu tun. Aber man hat sie zum großen Teil zurückgewiesen. Und lieber einen ausländischen Berater genommen, der keine Ahnung hatte, wie das hier in diesem Land funktioniert, wie die namibische Uhr tickt. Dieses Potential ist zum großen Teil immer noch da, und ich glaube auch, dass das noch Aussichten hat sich einzubringen.

Das Erhalten der verschiedenen Kulturen, der Sprachen, auch der deutschen, ist aus dieser Sicht durchaus möglich, wenn nicht dagegen gearbeitet wird.

Allerdings kommen Zweifel auf, hört man den Präsidenten, wenn er in seinen Reden vom Manuskript abweicht. Da wird eine Haltung sichtbar, die Ängste schürt, die den weißen Pessimisten

Wasser auf die Mühlen gibt. Eine Folge davon sind die oft eiligen Gründungen deutscher Privatschulen. Ich bin der Überzeugung, dass es noch nicht notwendig ist, deutsche Privatschulen dieser Art zu haben, wie sie jetzt manchen Orts als Zwergschulen entstehen. Die Schulen, die wir haben, sind nicht schlecht. Wir sollten sie erhalten und ausbauen. Die Diskussion war auch hier in Swakopmund im Gange. Es wäre sinnvoller gewesen, die Kräfte auf die bestehende Schule zu konzentrieren, auf diese kleine Regierungsschule hier. Auch sollte man die privaten Mittel, die man nun für die Privatschule eingesetzt hat, dieser Schule geben, um die Qualität der Ausbildung zu gewährleisten, anstatt sich mit einer spektakulären Neugründung zu zersplittern. Dann wäre es möglich gewesen, mehr Kindern aus den Siedlungen am Rande der Stadt, aus Tamariskia und Mondesa, den Zugang zu erlauben. Zu Beginn des Schuljahres wird immer wieder festgestellt, dass bestimmte Klassen hoffnungslos überfüllt sind. Die Reaktion: die Behörde schickt einfach zwei Klassen in die andere Regierungsschule.

Vierzig Kinder sollen dann von einem Lehrer unterrichtet werden. Das ist in diesem Jahr passiert. Die Eltern, schwarze ebenso wie weiße, haben sich gewehrt.

Die Leute aus der Stadtrandsiedlung haben gesagt, das kommt nicht in Frage, wie sollen denn die Kinder von Tamariskia in diese Schule kommen, jeden Morgen vier Kilometer zu Fuß! Eine solche Entscheidung der Behörden war natürlich von den Kosten diktiert, aber im Kern ist es die schlechte Planung, das schlechte Management. Es gab keine Voranmeldung der Schüler, keine angepasste Planung, wie viel Lehrer gebraucht wurden. Und andererseits sind die Privatschulen auch eine Reaktion jener Eltern, die in Sorge sind, ob die deutsche Sprache in naher Zukunft noch ausreichend gelehrt wird oder gar verschwindet. Oder das plötzlich, ohne Vorwarnung, die Qualität der Ausbildung heruntergefahren wird, um sich dem Niveau der Kinder, die vom Lande kommen und dort schon einige Klassen besucht haben, anzupassen. Weil plötzlich aus heiterem Himmel ein Dekret kommen kann, in dem es heißt, jede Klasse muss, wie erwähnt, sofort vierzig Schüler stark sein. Oder aus politischem Ehrgeiz dürfen keine Schüler mehr sitzen bleiben. Also werden die nicht so leistungsstarken Jahr für Jahr weitergeschoben, anstatt sie speziell zu fördern, damit sie den Anschluss wieder schaffen. Dafür müssen die Abschlussprüfungen von Amts wegen einfacher sein, damit alle durchkommen. Das ist zynisch gegenüber den Kindern. Das wollen die meisten Eltern nicht. Und so werden mit hoher finanzieller Belastung der Eltern Privatschulen gegründet, und der Staat wird teilweise aus seiner Verantwortung entlassen. Das ist keine Lösung des Problems, sondern, im Gegenteil, es geht auf Kosten der Minderbemittelten. Die Frage der ethnischen Zugehörigkeit sollte nicht weiter strapaziert werden. Es muss in erster Linie um die Qualität der Ausbildung gehen und nicht so sehr um den weißen Kulturklüngel, wenn ich das mal so nennen darf, um den deutschen oder den afrikaansen. Den Kindern soll eine Ausbildung ermöglicht werden, dass sie, wenn sie begabt sind, ihr Abitur machen, ins Ausland gehen können, um zu lernen, zu studieren. Anderen, die es wollen, sollte die Möglichkeit zur Berufsausbildung nach acht oder zehn Schuljahren angeboten werden. Ein weiterer, unangenehmer Effekt ist der, dass diese Privatschulen zu Eliteschulen werden. Weil die Eltern es sich was kosten lassen. Übrigens auch die gutverdienenden schwarzen Eltern. Schulen der Geldelite. Das ist das Letzte. Auch unter den Deutschen können es sich nicht alle leisten, die Ausbildung ihrer Kinder privat zu finanzieren.

Die Kultur der deutschsprachigen Namibier hat ihre besonderen Seiten. Sie hat das Land mitgeprägt. Im Guten wie im weniger Guten. Und sie wird nur weiterleben können in freier Nachbarschaft mit den Kulturen der Ovambos, der Namas, der Hereros, der Damaras, ich meine, im Verbund mit den anderen ethnischen Gruppen unseres Landes. Wir alle haben nur dieses eine Land.

Als ich kurz vor Mitternacht im Jay Jay den Schankraum betrat, erklärte Miss Gothardt mir, ohne den Blick vom Bildschirm zu nehmen, dass ihr Enkel hier gewesen sei. Artig entgegnete ich, dass es lieb sei vom Enkel, wenn er die Großmutter besuche. Ob ich nicht wissen wolle, warum er hier gewesen sei, hakte sie nach.

»Muss ich das wissen?«

»Das sollten Sie!«

»Warum war er hier?«

»Er hat etwas für Sie abgegeben.«
»Für mich?«
»Ja, einen Blechkoffer, Sofie hat ihn in Ihr Zimmer gestellt.«
»Ihr Enkel?«
»Ja, der ist bei der Polizei. Die können das Ding über Nacht nicht einschließen, das Schloss vom Blechschrank ihrer Wache ist kaputt. Es hat sich auch niemand gemeldet für den Koffer, sagt mein Enkel.«

Ich setzte mich in die Ecke mit Blick zum Fernsehgerät. Dort fielen johlende Reiter mit Lanzen über Bauern her.
»Mach' ihm ein Bier, Sofie, ein großes«, befahl sie.

Nach dem vierten Draugth trat ich auf die Straße hinaus, dabei stellte ich fest, dass zwei Reifen des Toyotas ohne Luft waren. Die Ventile herausgeschraubt und weggeworfen. Wütend riss ich meinen Zimmerschlüssel vom Haken. Miss Gothardt hob für einen Moment den Kopf, schaute mich mit traurigen Augen an.
»Was soll man tun? Alles Banditen. Aber besser als aufgeschlitzt, nicht wahr?«

All right. Sterben werde ich in Namibia. Aber gelebt habe ich in Südwest

Am Morgen, in der ersten Helligkeit, sah ich es sofort. Die Reifen des Toyotas waren prall und unversehrt. Ich trat kräftig dagegen. In der Nacht platt und ohne Ventile, nun plötzlich alles in Ordnung. Rätselhafte Verwandlung. Auf der gegenüberliegenden Straßenseite stand der Mann, der mir am Abend schon aufgefallen war. In einen Parka gehüllt, die Kapuze über dem Kopf, suchte er hinter einem Telefonkasten Schutz. »Good morning«, rief ich, »morning!« Das Gebrüll der Brandung erstickte jedes andere Geräusch, hier, auf der weit zum Meer geöffneten Straße. Er und ich, niemand sonst war bei diesem Wetter vor der Tür. Eine Antwort auf meine Frage, ob er jemanden am Auto gesehen habe, würde mich einen Schein kosten. Bestenfalls denkt er sich eine Geschichte aus. Die mich amüsiert oder wütend macht. Wahrscheinlich macht sie mich wütend. Und das am Morgen.

Windböen rissen Schaum von den Wellen. Salznebel kroch in jeden Winkel der Stadt. Erbarmungslos wurde nacktes Aluminium zernagt, billiges Eisen skelettiert. Mein Gesicht überzog sich mit einem klebrigen Film. Aber die Luft war frisch und unverbraucht. Ich wandte dem Meer, der Straße und dem Kerl den Rücken zu, zog mich ins Haus zurück. Wie an allen Tagen blieb auch heute die Tür zur Straße weit geöffnet, mich fröstelte beim Frühstückstee. Nur weg hier, zwanzig Autominuten ostwärts schien die Sonne. »Die Reifen sind wieder in Ordnung«, stellte ich fest, als Sofie mir Tee nachschenkte. Sie tat, als hätten wir nie ein Wort miteinander gewechselt. Miss Gothardt legte das Strickzeug auf den Tisch, goss sich Wasser ein und wechselte vom Märchenfilm zu den Simpsons. Ihr orthopädischer Strumpf zog Falten. »Mein Enkel«, knurrte sie, »der hat sich gekümmert. Diese Kerle aus Tamariska. Eine Schande für die Stadt.« Auch sie hatte einen schlechten Morgen.

Mit Tasche und Aluminiumkoffer stand ich dann an ihrem Tisch. Das hatte Miss Gothardt sich verdient. Zur Entgegennahme einer letzten Weisung, so musste es Sofie empfinden, die mit einem großen weißen Tuch die Bierhähne putzte. »Ich werde nun fahren. Grüssen Sie ihren Enkel«. Sie nickte und zappte auf den Märchenfilm.

Das JAY JAY noch in Sichtweite, bemerkte ich die rote Warnleuchte am Armaturenbrett. Irgendetwas war mit der elektrischen Anlage des Autos nicht in Ordnung. Bis zur Leihwagenfirma waren es nur zwei Straßenecken. Der Mann im Büro der Autovermietung, schlank, in weißem Hemd und Krawatte, versicherte mir sofort zu helfen. Er schenkte Kaffee ein, bot mir von seinen Croissants an.
»Diese Feuchtigkeit, da spielt die Elektronik verrückt, greifen Sie nur zu, wir kümmern uns!« Er ging hinüber in die Box mit der Hebebühne. Hinter der Glaswand, die sein Büro von der Werkstatt trennte, sah ich ihn mit dem Mechaniker reden. Sie nahmen Kabel von der Wand, versenkten sie im Motorraum des Toyotas. »Die Manschetten, Mann, streif die Ärmel hoch«, möchte ich ihm zurufen. Ein Gebläse jaulte auf, dann starteten sie den Motor. Der Chef stand daneben, die Arme in die Hüften gestemmt schaute er auf das Prüfgerät an der Wand, an dem der Mechaniker Knöpfe und Schalter bediente.

Dieses strahlend weiße Hemd. Das wird eine Macke des Mannes sein, wie bei anderen das Tragen von Cowboystiefeln. Weißes Hemd mit langen Ärmeln und Zweiknopfmanschette in einer Welt von Ölresten, Rußpartikeln und staubgepuderten Mietwagen. Schwarze Haut, weißes Hemd. Der Kontrast betont Reinlichkeit. Sehnsucht nach überschaubaren, klaren Verhältnissen. Selbst unbefleckt, mit reiner Weste. Kommen Sie zu uns, hier werden Sie nicht angeschmiert. Vielleicht nur eine Phobie. Waschzwang, süchtig nach Sauberkeit, nachdem man jahrelang von Hemdenträgern als Nichts behandelt, im Dreck gelegen hatte. Nun endlich Mensch sein, nun erst recht Hemden, wie die Herren sie eben noch trugen. Selbst Herr, nun der eigenen Sache, und Chef dazu. Mit dem Hemd auch Macht. Aber möglicherweise trägt er nur heute Weiß. Morgen Blau oder Weinrot, oder Grün. Vielleicht bezahlt die Firma das Hemd. Teil des Vertrags. Dem Filialleiter stehen zu: alle sechs Monate ein Hemd (weiß), eine dunkelblaue lange Hose (bis zum Knie gefüttert), jährlich ein paar Halbschuhe (schwarz). So ungefähr könnte es heißen. Und dann noch diese Serviette, die Teile des Arbeitstisches bedeckte. Selbstverständlich in weiß, durchwirkt in Leinen eine sich entfaltende Lilie, Jugendstilmotiv. Die Tassen dünn wie Eierschalen, die hohle Hand, aus der man einst trank, nun in altweiß getöntes Porzellan gegossen.

Ich trank, und es tat mir gut, diesen Hauch von Porzellan voll des heißen, dunklen Kaffees mit beiden Händen zu halten, genussvoll zu schlürfen, die Männer zu sehen, die sich ohne Zögern meiner Sorgen annahmen. Welch ein Tag! Nicht an einem einzigen Morgen in all den Jahren hatte ich im JAY JAY Brötchen bekommen, geschweige denn Croissants. Oder gar Honig dazu, ein Näpfchen Sahne, wie hier. Ich brach das Croissant auseinander und schaute mich im Büro um. Maisgelb die Wände, an der weißen Decke ein dreiflügliger Ventilator. Dunkelgerahmt, aus dem Jahr 2001, krönte ein Diplom die von Mr. Pieter Hamavindu - Mr. Pie Hi - geführte Mietwagenfiliale zur besten der Südregion. Daneben die übliche Magnettafel voller Zeichen und Symbole. Über dem flachen Bücherbord eine Postkarte. Geschwungene Stahlbrücke über einem Fluss. Steil ansteigendes Ufer. Villen an den Hang gebaut.

»Noch ään Gäffschen?«, Mr. Pie Hi stand hinter mir, hielt die dampfende Glaskanne in der Hand und sah mich fragend an.
»Ein was?«
»Darf ich Ihnen noch einen Kaffee einschenken?«
»Ja, aber sagten Sie nicht eben ›Gäffschen‹?«
»Sorry, das schlägt bei mir immer wieder durch, dieses Sächsisch. Ja Gäffschen, so sagen sie dort. Ein guter Kaffee, den sie dort kochen.«

Wir setzten uns einander gegenüber an den Tisch, ich schob mir den Rest des Croissants in den Mund.
»Wenn Sie einverstanden sind, tauschen wir die Fahrzeuge. Sie nehmen den blauen Wagen, der auf dem Hof steht, und wir sehen uns den Schaden hier in Ruhe an. Ohne zusätzliche Kosten für Sie.«
»Einverstanden. Aber, dieses Gäffschen, wie kommt das in Ihre Sprache?«

Pieter Hamavindu war Ingenieur für Kraftfahrzeugtechnik. Studiert hatte er das in Dresden. Und in Zwickau, einer kleinen Stadt an der Mulde, in der sie den ostdeutschen Volkswagen bauten, erzählte er. Er kam viel herum in seiner Studienzeit. Prag, Rostock, Berlin. Klettern im Harz, Segeln mit Arbeitskollegen auf der Müritz. Zum Praktikum und auch zur Arbeit in den Semesterferien fuhr er in den Norden, in die Nähe Berlins, nach Ludwigsfelde. Eine freundliche, kleine Stadt ohne Gesicht inmitten angepflanzter Wälder. Die SWAPO-Führung wollte, dass er dort arbeite. Zwickau war ihm lieber. Aber in Ludwigsfelde wurde ein Lastwagen gebaut, der sich in Angola gut bewährt hatte, den die Kaffeebauern fuhren und auch die Soldaten. Soldaten der angolanischen Armee und die der PLAN, zu deren Kämpfern er vor dem Studium gehört hatte. In Namibia, im Busch. Am großen Montageband hatte er mit Angolanern in einer Schicht gearbeitet. Die Schwarze Gang wurde sie genannt, was wirklich freundlich gemeint war. Er war dabei, als sie für zwei Stunden die Arbeit niederlegten, weil irgendwann im Sommer 1987 wüstenfarbene Autos montiert wurden. Geländegängige Jumbos. Allrad, Ballonreifen, Luken im Fahrerhaus, Halterungen für Nachtsichtgeräte und Maschinenpistolen. Die Ausrüstung war nicht in allen Jumbos gleich, das machte sie stutzig. Und so bekamen sie heraus, dass ein Teil der Lastwagen an die irakischen Militärs ging, und ein anderer Teil an die iranische Armee geliefert wurde. Armeen, die im verbitterten Clinch einander schlachteten. Sie sahen sich verhöhnt, missbraucht, waren empört. Viele von ihnen, von den Angolanern, waren gerade einem Krieg entkommen und nun sollten sie Militärgerät montieren. Für beide Kriegsparteien. Und das in diesem Land. Die deutschen Arbeitskollegen winkten nur ab. Das sei Politikersache. Sei Sache der Partei. Und beide Staaten würden mit harten Dollars zahlen, zu selten bekommt man die für Lastwagen aus Ludwigsfelde. Denkt an das Nachkriegsgeschäft, Jungs! Und was sie sich noch alles anhören mussten.

Später habe er oft darüber nachgedacht, ob seine Empörung mehr eine Reaktion auf eine Art enttäuschter Liebe war, die er gegenüber den Männern in der Montagehalle empfand, die ihn so bereitwillig aufgenommen hatten, ihn, so wie er war, schwarz, unsicher, mit Erfahrungen belastet, über die er mit niemandem hier sprechen konnte. Oder ob er als politisch denkender Mensch, der sich fragte, wem nützt es, aus dem Häuschen geraten war. Es war wohl eine Mischung aus beidem. Die Gleichgültigkeit seiner Schlosserkollegen aber hatte in ihm etwas ausgelöst, das er heute mit Entzauberung beschreiben würde. Plötzlich sah er das kleine Land so, wie es war, erinnerte sich versteckter Kränkungen und schlecht getarnter Lügen.

Er schloss sich ein in jenen Tagen, verließ kaum sein Zimmer, dort im Wohnheim der Angolaner im märkischen Wald, hörte immer wieder seine alte Kassette mit dem Gesang des Kirchenchores aus Oshakati. Es ging im schlecht damals in diesem nicht enden wollenden Ludwigsfelder Sommer. Er habe viel gelernt dort in Dresden, Konstruktion, Werkstoffkunde, Technologie. Das Praktische aber, wie man Autos in großer Serie baut und dabei immer nach Neuem sucht, das muss er fairerweise feststellen, habe er vor allem in dieser riesigen Fabrik am Rande Berlins begriffen. In einer Halle des Werkes zum Beispiel, da arbeiteten sie nach einer ungewöhnlichen Technologie. Dort wurden Gehäuse für Hinterachsen nicht geschmiedet oder gegossen, sondern sie weiteten den Stahl durch eine kontrollierte Explosion. Es entstand ein Hohlraum, den man dann nur noch nacharbeiten musste.

Er habe es zunächst nicht glauben wollen. Materialverformung mit Sprengstoff, den Deutschen ist alles zuzutrauen. Aber dann konnte er es mit eigenen Augen sehen. Den Sprengstoff sah er, sah wie der Rohling zur Sprengung vorbereitet wurde. Der gedämpfte Knall. Eine Woche habe er in dieser Abteilung gearbeitet. Sie wunderten sich, dass ihm Sprengstoff nichts Unbekanntes war. Bleiazid, Oktogen und so weiter. Aber keiner fragte. Mr. Pie Hi schaute auf die Uhr, lehnte sich zurück, ich sah Schweißflecken unter seinen Achseln.

»Ich hätte ihnen ja damals auch nichts von meinem Training in Angola erzählen können, vor der Studienzeit in Dresden, in Zwickau. Sprengstoff gegen Brücken, Fahrzeuge, Tankstellen. Aus dieser Zeit stammt auch ›Mr. Pie Hi‹ «

Mit einem flüchtigen Blick vergewisserte er sich, dass ich ihm auch wirklich zuhörte.

»Musste nach dem Militärtraining noch einmal zurück, Nordnamibia. Besetztes Land. Über den Cunene, ins Kaokoveld. Das längste Ende mit einem dieser Ludwigsfelder Autos ohne Probleme immer in der Dunkelheit. Aussteigen am Morro de Curoca, den Rest zu Fuß. Über den Fluss. Bis in den Sperrkreis der Luftwaffenbasis Ruacana. Dort sprengten wir zwei Strommasten. Nicht weit ab von den Sheltern ihrer Mirage. Das hat die Südafrikaner doch sehr überrascht. Zu viert, zwei Masten. Im Januar, nachts, bei Gewitter, da konnten sie uns mit den Hubschraubern nicht verfolgen. Die Farmer freuten sich über den Regen zu Kaisers Geburtstag, und wir haben gesprengt. Unsere Sorge, dass die Zünder versagten wegen der Nässe.

Zehn Stunden später trafen wir uns im Versteck auf der anderen Seite des Flusses. Alle hatten es geschafft, unversehrt, nur Festus blutete, verletzt am Stacheldraht, für ihn nicht von Bedeutung, war auch schnell verheilt. Nun ist er vor drei Tagen gestorben, Lungenentzündung, aber es war Aids. In Arandis in einer Hütte ohne Licht. Die Polizei hatte mich gesucht, am Freitag, um mir zu sagen, dass er mich sehen wollte. Ich wusste nicht einmal, dass er hier ganz in meiner Nähe wohnte. Als ich am Abend neben seinem Bett stand, war er schon drei Stunden tot. Ich frage mich, warum habe ich erst jetzt von ihm erfahren, warum haben wir ihn verfaulen lassen in dieser elenden Hütte.«

Der Mann hatte sich von einer Minute zur anderen verändert. Er saß mit hängenden Schultern in seinem ledernen Bürosessel, zupfte nervös an der Serviette. Zu spät gekommen, und er wird sich ein Leben lang nun fragen, was Festus ihm nach den vielen, entfernt von einander gelebten Jahren noch sagen wollte. »Er war der tapferste und wohl auch der ehrlichste aus unserem Kommando«, fuhr Mr. Pie Hi leise fort. »Aber Festus misstraute der Führung, das war sein Problem. Nicht von Anfang an. Erst als zwei unserer Freunde von einer Lagebesprechung in Lubango nicht zurückkehrten, er nach ihnen fragte und keine Antwort erhielt. Er wurde unruhig, forschte, verdächtigte, behelligte die Leute, reimte sich Mordtheorien zusammen. Sprach von Säuberungen in den eigenen Reihen. Wir anderen, wir glaubten an die Geschichte vom Autounfall in den Serpentinen des Mondgebirges. Damit ließ es sich ganz gut leben, so etwas passierte ja immer wieder. Im Krieg erst recht. Er aber wollte das nicht hinnehmen, fragte, fuhr selbst in die Berge. Ohne Erlaubnis. Und er trank, nahm sich Frauen wie sie kamen. Er erhob sich zum Richter über alle und über alles. Vor sechs oder sieben Jahren verloren wir uns aus den

Augen. Jeder ging seinen eigenen Weg.« Mr. Pie Hi verschränkte die Hände ineinander, streckte die Arme weit von sich, schaute kurz auf. »Aber sonst war damals im Januar alles glatt gelaufen bei meinem letzten Einsatz. Der Jeep erwartete uns am verabredeten Ort. Einen Monat später saß ich im Flugzeug. Über Lagos nach Berlin.« Versonnen rührte er in der Kaffeetasse.

»Gäffschen aber und Hudelei, Jämähre und Eierschecke, das habe ich von Franziska. Franziska, Reporterin beim Radiosender Dresden. So vergehen die Jahre.« Als wolle er mich taxieren, hob er den Kopf, fixierte mich aus zusammengekniffenen Augen. »Sie sind der Erste, mit dem ich darüber reden kann, seit Freitag. Einfach nur reden. Wenn ich Dialekt und die Frage richtig deute, kommen Sie von drüben aus dem untergegangenen Land. Immerhin haben Sie mir zugehört. Hier wollen immer weniger Leute zuhören, wenn vom sogenannten struggle die Rede ist. Vielleicht verstehen Sie mich sogar. Nein, ich bitte Sie. Sie müssen nicht antworten. Pardon. Sie wollen ja weiter, nach Otavi hoch.« Er setzte sich mit einem Ruck gerade auf, schob die Fahrzeugpapiere für den blauen Wagen nebst Visitenkarte über den Tisch. »Noch einen Kaffee?« Ich nahm die Mappe.

»Mr. Pieter Hamavindu, chief of station, engineer (GDR)«, stand unter dem fettgedruckten Firmenlogo der Leihwagenfirma auf der Karte. ›Mr. Pie Hi‹, sein Guerillaname, fehlte. Hastig unterschrieb ich Übergabeprotokoll und Mietwagenvertrag. »Danke, für die Hilfe. Für den Kaffee. Ja, auch für den Kaffee.«

Wir gingen hinaus auf den Hof, umrundeten das Auto, reichten uns stumm die Hand. Ich stieg ein und fuhr auf die Straße. In leuchtendem Weiß stand er vor der Betonwand der Werkstatt, mit einer müden Bewegung hob er den Arm zum Gruß. Ich winkte halbherzig zurück. Ein funktionierendes Auto, Kaffee und Croissant, aber die Unbeschwertheit des Morgens war verflogen. Ich hatte es eilig, die Stadt zu verlassen. Über die von kleinen, sorgsam gepäppelten Palmen gesäumte Ausfallstraße zur Eisenbahnbrücke, dann lag die Stadt hinter mir, und immer noch steckte der Morgen im dicken Nebel. Hinter der Brücke auf der Anhöhe durchschnitt für Sekunden Sonnenlicht die im Wind treibenden Schlieren. Unwirklich, gespensterhaft tauchte eine Kamelkarawane aus der Tiefe der Wüste auf, verschwand Augenblicke später schwankend im grauen Dunst. Die Kamelstation weit ab im Sandfeld, an einer schmalen *Pad* gelegen, schickte die ersten Gäste auf Tour. Nach ausgiebigem Frühstück, wie ich wusste, wegen besserer Bekömmlichkeit der schwankenden Bewegung, wegen der guten Laune auch, die man brauchte, um die immer wieder erzählten Geschichten auch richtig deuten zu können.

Das erste Kamel war von den Deutschen aus Teneriffa nach Südwest geschleppt worden. Es soll im Winter des Jahres 1900 vor Kummer und Einsamkeit ins Meer gegangen sein, irgendwo bei Sandwichhafen. Das war für afrikanische Verhältnisse ganz in der Nähe. Später führte die Schutztruppe mehrere Kamelreiterkompanien, die es sich nicht nehmen ließen zur Landesausstellung 1914 sogar ein Kamelrennen zwischen Militär und Polizei zu veranstalten. Gewonnen haben soll ein gewisser Ferdinand Schulze von der Polizeistation Wüstenfels auf »Arabica«, einem siebenjährigen Kamelhengst. Trunken vom unerwarteten Sieg, kollabierte der Reiter hinter der Ziellinie und stürzte aus dem Sattel. Komplizierter Bruch, Oberschenkelhals, was zur Kriegsuntauglichkeit führte und den Ruf der bescheidenen Passgänger weiter ruinierte. Der deutsche Generalstab versprach sich durch die Kamele eine höhere Beweglichkeit der Truppe in der Wüste, aber die Soldaten hatten mit ihren ungewohnten Gefährten wenig Glück. Dass sie hin und wieder spuckten, markerschütternd brüllten, nahm man noch hin. Es war der Charakter, dem man so schwer beikam. Die Genügsamkeit des Camelus ferus war nicht zu übertreffen, es kann mehr als vierzehn Tage ohne Wasser sein, eine im Felde erprobte und durch den »MG Zug 3 Churutabis« dokumentierte Tatsache. Fünfzig Kilometer von Sonnenaufgang bis Sonnenuntergang beim Marsch durch die Wüste, das war das übliche Pensum, auch das ist mehrfach belegt. Aber mit der gleichen Ausdauer, mit dem es Geröllpassagen nahm und Treibsandfelder durchschritt, pflegte es auch seinen Willen zu behaupten.

Die Reiter der Schutztruppe rühmten sich eines rauen Gemüts. Sich dieses Etiketts würdig zu erweisen, gehörte zum Vornehmsten, dem sich die Männer aller Chargen verpflichtet fühlten. Das aber war für den einvernehmlichen Umgang zwischen Kamel und Mensch die denkbar schlechteste Voraussetzung.

Kamel wie Dromedar, ihnen kam man nur mit Geduld, mit Behutsamkeit bei. Man musste ihnen schon ein wenig um die weiche Schnauze gehen, ihnen nach langen Märschen schmeichelnd, dankbar ins bewimperte Auge schauen. Ein gewisser Feldwebel Siebert, für eine flinke Gerte und scharfe Sporen ohnehin bekannt, war, so hieß es, von einem mit besonders starkem Gedächtnis gesegneten Kamel zu Tode gebissen worden. Das Tier habe seine Gründe gehabt, orakelte der Kamelpfleger Achmed el Ach, genannt Achim, beim Tee während des *Biwaks* an den Dünen von Sossus Vlei. Aber der Ärger begann schon mit der Landung eben jener arabischen Reitlehrer und Kamelexperten, die mit den Tieren über das Meer nach Swakopmund gebracht worden waren. Angestellt beim Militär, wurde den Männern in den fließenden Gewändern befohlen, umgehend die traditionelle Tracht gegen des Kaisers Rock zu tauschen. Als Moslems lehnten sie mit eindeutigen Gesten und klaren Worten das Tragen von Hüten, die aber aus der Sicht der Unteroffiziere die Krönung der Uniform waren, entschieden ab. In langen Protokollen ist der Protest der stolzen Araber, ist ihr vertragswidriges Verhalten notiert worden. Ein deutscher Leutnant aus Kyritz an der Knatter ersann den Kompromiss. Die Araber und auch die inzwischen dazugestoßenen Sudanesen wurden kurzerhand mit schirmlosen deutschen Militärmützen ausgerüstet. Die Kleiderordnung war nach Gusto des Kommandeurs wieder hergestellt worden. Fraglich, ob dies für Pieter Hamavindu ein Grund mehr wäre, sich erneut über deutschen Einfallsreichtum zu wundern. Die Hereros vermerkten die Ankunft der eigenartigen Reittiere am Rande der Namib auf ihre Art. Sie nannten 1890 »Otyongamero«, das Jahr des Kamels.

Am Ort der gestrigen Straßensperre befand sich heute nur noch ein aufgeschnittenes Benzinfass aus dem Abfall quoll. Der leichte Wind trieb einen giftgrünen, leeren Plastiksack träge landeinwärts in die Wüste. Und da war noch der dicke Strich auf der Straße. Die Burschen im postgelben Pickup kamen mir in den Sinn und der Aluminiumkoffer, ich hatte das Gepäck nicht umgeladen. Im Kofferraum fand ich die Reisetasche und auch den Blechkasten. Der Mechaniker hatte das Gepäck unter einer Kunststofffolie verstaut, mit Gummiband gesichert und zwei in Plastik eingeschweißte Flaschen Mineralwasser dazugelegt. Eine freundliche Geste des Pieter Hamavindu. Vielleicht wird er gerade in diesem Augenblick die Serviette zusammenfalten, um sich dann der Abrechnung der vergangenen Woche zu widmen.

Kann sein, dass sich auch dort der Nebel gelegt hat, und er ruft dem Mechaniker zu, dass er für eine Stunde außer Haus sei, das Handy aber dabei habe. Er geht hinunter an die Mole, weil die Tage mit Festus im Gespräch mit dem Deutschen wieder lebendig geworden waren, und er nichts dagegen machen kann. Ob er an der Mole steht oder im Büro sitzt. Hamavindu wird bald den Grund seines Unbehagens entdecken. Dann wird er bald herausfinden, was mit Festus Freunden in Lubango geschah. Vielleicht rafft er sich auf zu einem neuen Anlauf in einer zweiten Befreiung. Aber vielleicht genügt es ihm zu leben wie er lebt. »Chief of station«. Bester in der Südregion. Wer sollte es ihm übel nehmen, nach dem Training in Angola, nach Ruacana, nach Ludwigsfelde. Nach alldem, von dem er lange reden könnte, ich aber als Fremder es nicht wissen muss. Betrübt stellte ich fest, dass dieser unbeschwerte Anflug von Heiterkeit, ein Gefühl, das mit dem Glück verwandt war und mich sonst begleitete, wenn ich aus dem Nebel ins Lichtland der Wüste stieß, sich nicht einstellen wollte. Schmatzend wälzten sich die Reifen durch einen Rest schmieriger Nässe, die der Morgen auf dem Asphalt hinterlassen hatte.

Was war nur aus diesem Morgen geworden? Hamavindu hatte mich an Vinzenz erinnert und daran, dass ich ihn suchen wollte, es mir in den vergangenen Jahren immer wieder vorgenommen hatte. Aber einmal war es nicht die rechte Zeit, dann war es der falsche Ort, dann war es die eigene Erinnerung, der ich nicht mehr traute. Immerhin sind zwanzig Jahre seither vergangen. Nicht zu spät um herauszufinden, welchen Lebensumständen, welchen unsichtbaren Verflechtungen unter den Weißen, Leute anderer Haut entflohen waren. Vinzenz` Spuren zu finden aber hieße, heute noch Schmauchspuren an der im Busch abgefeuerten Waffe entdecken zu wollen. Nach all den langen Jahren.

Auf dem flachen Rücken des größten Kaffeegebietes Angolas, das in weniger als zwei Stunden Autofahrt nicht zu durchqueren war, versteckten sich - durch den Krieg verschreckt und durch die Aufforderungen, den Platz am Lower Kwanza, am Fluss, schnell zu verlassen - ein paar tausend Menschen. Frauen und Kinder vor allem, Flüchtlinge aus dem weit im Süden liegenden Namibia. Vinzenz hatte Tage mit Abgesandten der angolanischen Regierung verhandelt, die aber bestanden darauf, dass die Flüchtlinge tiefer ins Kaffeegebiet hineinzogen und dort ihr vorläufiges Leben leben sollten. Dort, weitab der großen Straße, seien sie sicherer in diesem Krieg, der seit Jahren das Land teilte. Auch Vinzenz trieb die Vorstellung von einer Insel des Friedens unter hohen Schattenbäumen der Plantagen. Eine Insel in einem Meer von Blut und Tränen, durch das die Leute zwischen Cabinda und Kunene seit Jahren wateten.

Damals, am Abend meiner Ankunft im Camp, hockte Vinzenz vor seinem armeegrünen Zelt, das von hohen Kasavasträuchern umstellt war, und kratzte sich mit einem Holzstück Dreck von den Schnürstiefeln. Das letzte Licht fiel matt durch das Blätterdach der hohen Bäume ein, die Erde dampfte nach den ersten Gewittern dieser Regenzeit. Vinzenz deutete auf den Holzklotz an seiner Seite. »Willkommen. Wie war die Fahrt?« - Acht Stunden für dreihundert Kilometer. Zweimal hatten wir uns auf dem Weg von Luanda hierher festgefahren. Von sturzbachähnlichem Regen überrascht, durchpflügten wir im mäßigen Tempo abgesoffene Wege zwischen Dörfern, in denen Kinder unter dem niederstürzenden Wasser tanzten. Bis angeschwemmtes Holz im Wege lag, wir ausstiegen, kniehoch im Wasser das Gesträuch beiseite zerrten. Während wir mit Spill und Drahtseil und den schwachen Kräften unserer Schultern die Jeeps aus dem Schlamm zogen und drückten, beobachteten vier junge Männer, mit AK und Bazooka behängt, aufmerksam das Gelände. Wir waren acht. Zwei Frauen und sechs Männer, vier davon Soldaten der PLAN. Die Autos waren vollgestopft mit Kartons, die das blaue Zeichen des Kinderhilfswerkes trugen. Jeder Winkel im Auto war ausgefüllt. Wasserflaschen, Postsäcke, Taschen, Bananenstauden, Säcke mit Süßkartoffeln und unter den Sitzen in Plastik eingeschlagener *Bacalhau*. Wir arbeiteten stumm und mit verbissener Entschlossenheit. Uns saß die Zeit im Nacken. Ein ausgebrannter Lastwagen nur wenige Kilometer hinter Calulo erinnerte uns daran, dass nachts hier die UNITA Straßen und Wege kontrollierte. Vinzenz war Bürgermeister aller namibischen Flüchtlingscamps in Angola, in Sambia. Er benutzte mit einem Anflug von Lächeln das deutsche Wort - Bürgermeister. Er sei kein Hedman und kein Kimbanda und kein Functionary, erklärte er mir. Er kümmere sich um Wasser, Strom, Diesel, Maismehl, Bleistifte, Chlorochintabletten gegen Malaria und Binden für die vielen Frauen hier. Mehr als zwanzigtausend von ihnen lebten nun nach der Umsiedlung im Camp. Mit den Alten und den Kindern seien vierzigtausend Mäuler zu stopfen. Und da gab es noch die Sache mit dem Friedhof, den sie am Lower Kwanza zurücklassen mussten und die Probleme jener heimlichen Verbindungen zwischen namibischen Mädchen und angolanischen Bauern, die sich ergeben, wenn die einen schön und einsam und die anderen wohlhabend in trockenen Hütten, aber nicht mehr so jung sind.

Wochen später, die Baustelle war eingerichtet, ich kroch nach einer UNITA-Attacke aus dem Splittergraben, da lud Vinzenz mich wie häufig am Ende der Woche zum Tee in sein Zelt ein. Der Schreck steckte mir noch in den Knochen. Das war ihm wohl nicht entgangen. An diesem Abend fiel ihm sein silbernes Feuerzeug aus der Hand, rollte mir vor die Füße, und wir sprachen das erste Mal über den deutschen Farmer, bei dem er in Namibia gearbeitet hatte. In meiner Neugier, von denen, die bei Weißen deutscher Zunge gearbeitet hatten, zu erfahren, wie es denn nun wirklich war, das Leben getrennt nach Schwarz und Weiß, hatte ich mir allerlei Tricks ausgedacht, Finten zurechtgelegt, um im richtigen Augenblick dem Gespräch unbemerkt die gewünschte Richtung zu geben. Was ist eigentlich dran an dem, was man hört und liest? Ich war auf alles gefasst. Gleichzeitig aber wollte ich jenen, die möglicherweise auch ihm, Vinzenz, das Leben vergällt hatten, nicht die Ehre des allzu großen Interesses erweisen und Vinzenz mit meiner Neugier verletzen. Denken in verinnerlichten Mustern legt solche Ketten an. Dann war alles ganz einfach. Das Feuerzeug lag im Sand, ich hob es auf. »Für Vinzenz«, war in geschwungener Schrift eingraviert. Ein Geschenk des Farmers, seines Farmers, nachdem Vinzenz bei einem Buschbrand zweihundert Karakullämmer gerettet hatte. Die Arbeit war schwer dort auf der Farm nahe Aus, nicht weit entfernt vom deutschen Soldatenfriedhof.

An manchen Tagen wurden siebzig, achtzig neugeborene Lämmer geschlachtet, die Felle mussten gereinigt, gespannt und sorgsam getrocknet werden. Schwere, auch traurige Arbeit für wenig Geld. Vinzenz sprach leise, ohne Vorwurf, ohne Anklage. Er erzählte vom Farmer, der von Sonnenaufgang bis Sonnenuntergang auf den Beinen war, dem die Landbank im Trockenjahr den Kredit für das Zufutter verweigerte und im Jahr fetter Weide die Tiere vom Viehagenten aus den *Kamps* treiben ließ. Und Vinzenz war ohne Nachsicht, denn der Großvater des Farmers hatte als Schutztruppler das Land zu einem symbolischen Preis bekommen. Land, das den Namas gehörte. Weideland. Und Vinzenz legte mir mit vorsichtigen Worten nahe, diese sonnenverbrannten knorrigen Kerle, die sich immer wieder aufrappelten, die den Südafrikanern so manches Schnippchen schlugen und deren Mittelpunkt der Welt doch immer nur die eigene Farm blieb, aus ihrer Sicht zu verstehen. Nicht um ihnen näher zu kommen, sie lebten für ihn in einer anderen Welt, sondern um im eigenen Hass nicht zu ersaufen, um ihnen widerstehen zu können. Gerechtigkeit gegenüber jedermann. Was Härte gegen den tatsächlichen Feind nicht ausschließt. Das klang wie ein Programm. Nur wie sieht er aus, wer beschreibt den tatsächlichen Feind?

Der Nebel lichtete sich. Blendende Helligkeit traf mich wie ein Schlag. Ich riss die Sonnenbrille aus dem Handschuhfach. Kalkfeld erreichte ich zur Mittagszeit. Zwei Stunden noch bis zur Verabredung mit Ritzdorf. Die niedrigen, mit Wellblech gedeckten Häuser von Kalkfeld schon in Sicht, hatte ich in einer plötzlichen Eingebung angehalten, das Reserverad aus der Mulde unter der Gummimatte herausgenommen und dort den Aluminiumkoffer verstaut. Das Rad lag nun neben der Reisetasche. Der offene Kofferraum an der Tankstelle mit dem silbernen Kasten könnte mehr Begehrlichkeiten wecken als meine abgeschabte Tasche.

Meine Ankunft hatten die Hunde hörbar angekündigt. Sie geiferten und sprangen noch vor dem Farmtor gegen die Wagentür. Als ich das Autofenster herunterließ, sie rief, verebbte ihr Eifer, sie schwänzelten und liefen voraus.

Theodor Ritzdorf saß dem Farmhaus gegenüber unter dem Schleppdach. Das Gestell mit der tellergroßen Lupe war über einem Vergaser, der einem Patienten gleich zur Behandlung bereitlag, eingerichtet. Den Kopf hatte er zwischen die Schultern gezogen, das Gesicht nahe am Glas. Seit ihn eine seltene Augenkrankheit plagte, arbeitete er mit dieser etwas umständlichen Sehhilfe. Die Kinder hätten sie ihm von drüben besorgt, zu Weihnachten, hieß es. Der Apparat erleichterte ihm nicht nur das Lesen und das Einpassen winziger Schrauben, sondern er konnte mit Hilfe der Lupe so manchen Haarriss an Gussgehäusen und Schmierstoffleitungen entdecken, die dem gesunden Auge verborgen blieben. So wurde aus der Not eine Tugend, und vor allem, er konnte weiter an seinen geliebten Motoren herumschrauben.

»Setz Dich! Wie war die Fahrt? Nimm Dir Wasser! Ist ganz frisch.« Das fleischige Gesicht unter der speckigen Mütze spiegelte sich im Glas der Lupe. Vorsichtig entfernten seine schweren Hände die Feder über dem Vergaserschieber, legten sie behutsam auf einem Lappen ab. Dann die Vergasernadel, die Hauptdüse.

»Nun stell schon den Kasten an, Du hast ihn doch mit?«

Theodor Ritzdorf
Jahrgang 1927, Prospektor, Farmer

Mein Vater war Schlachter und hatte eine Farm: Farm LICHTENBERG zwischen Tsumeb und Otavi, aber nicht direkt an der Bahn, da war noch eine Farm dazwischen, die Farm SOWIS. So hieß auch die Haltestation. Damals alles Schmalspur. Wie 1907 die Bahn gebaut wurde, haben natürlich soviel wie möglich Farmer versucht, Land, das an der Bahn liegt, zu bekommen, weil alles ja noch mit Ochsenwagen ging, mit Pferdekarre und Donkeymobil. *Donkey*, das ist Afrikaans, heißt Esel. Ja, und darum sind diese Farmen hier an der Bahn alle nur circa drei Kilometer breit und zehn Kilometer tief. 3.000 Hektar, das war die Standardgröße hier im Norden.

Als es bei meiner Mutter soweit war, kurz vor meiner Geburt, musste sie mit dem Ochsenwagen von der Farm LICHTENBERG nach SOWIS zur Bahnstation, und dann ist sie mit dem Zug nach Tsumeb gefahren und dort ins Minenhospital gegangen. Dort wurde ich 1927, am 24. Februar geboren. Mein Vater war Schlachter, Farmer und auch Hotelier. Er hat spät geheiratet, erst mit fünfzig.

Wie er noch Geselle war, musste er erst mal dienen, das war so zu Kaiserszeiten. Dann hat er die Gesellenprüfung gemacht, und als Geselle ging man damals auf die Wanderschaft. Da kam er nach Bremen, und da war die »Prinzessin Luise«, glaube ich, das Passagierschiff von der Amerikalinie, da hat er als Schlachter angeheuert.

Später hat er dann eine andere Linie genommen und dann wieder eine andere und so die ganze Welt gesehen. Irgendwann hatte er genug von der Seefahrt und ist 1900 in Kapstadt an Land gegangen. Dort hat er sich Arbeit gesucht. Von Kapstadt ist er nach Südwest raufgekommen, erst nach Swakopmund. Da hat er mit einem eine Kompanie gemacht. Sie haben Gemüse, das von Kapstadt kam, alles mit dem Schiff über Walfish Bay in Swakopmund verkauft. Aber meine Mutter hat schon immer gesagt: Kompanie ist Lumperie. Wie dann genug Geld auf der Bank war, hat der Kompagnon alles genommen, ist abgehauen. Vater wurde von einem Bekannten aus Deutschland gefragt: »Wie geht es dir denn so?« »Ja«, hat er gesagt, »ich habe einen guten Bankrott gemacht.« Und er hat dazu gesagt: »Ich habe zwei Hände und mache weiter, nicht wahr.« Dann hat er LICHTENBERG gekauft. Das war vor dem Krieg, 1907. Genau die Zeit, in der Stauch die ersten Diamanten gefunden hat.

Stauch war Streckenwärter, und der hatte einen Schwarzen, der in Kimberley in der Diamantgrube gearbeitet hat, und der ist zu ihm gekommen und hat gesagt: »Guck' her Baas, das sind Steine, die kosten viel Geld«, so wie der Schwarze sich damals ausgedrückt hat, nicht wahr. Der Stauch hatte auch keine Ahnung, der hat die Diamanten genommen und ab nach Lüderitzbucht. Da hat er einen Geologen gefunden. Der sagte: »Mann, das sind Diamanten!« Und dann ist er, der Stauch, natürlich rein ins Geschäft, er und viele von den Alten. Südwest war sozusagen noch roh. Alle rannten nach Lüderitzbucht und haben versucht, schnell zu Geld zu kommen. Darunter war, so wie mir erzählt wurde, ein Tischler, der ist zwischendurch nach Deutschland gefahren, hat sich für eine gemütliche Überfahrt auf dem Dampfer Liegestühle gebaut. Mit hohlen Beinen, darin hatte er seine Diamanten versteckt. Aber die Polizei hat ihn gefangen, die haben die Beine abgesägt, da kamen die Diamanten raus.

Vater war auch Reserveoffizier, ich glaube 1904 hat er mit Hauptmann Franke bei der Schutztruppe gedient. Als Soldat. Die waren unten in Gibeon. Dann wurden sie im Norden gebraucht. Sie sind im Gewaltmarsch von Gibeon raufmarschiert und haben die Hereros in Omaruru geschlagen. Das Datum habe ich vergessen.

Hauptmann Franke heißt ja auch »Der Löwe von Sandfontein und das Erdmännchen von Khorab«, weil er sich dort ergeben hat, in Khorab. Am Kilometer 500. Das ist nicht weit weg von Otavi. Du kannst hinfahren, da ist ein Gedenkstein.

Ihre Schanzen, die Schützengräben, die lagen an den Bergen. Der Schanzenplatz ist noch zu erkennen, da kommen die Alten manchmal zusammen und halten das Schanzenfest ab. Sie gedenken der alten Kameraden, wie es sich gehört bei uns Deutschen. Die Männer wollten sich damals eigentlich nicht ergeben. Sie wollten weg. Sie wollten über Angola nach Ostafrika zu Lettow Vorbeck. Aber dann hat Franke die weiße Fahne gezeigt in Khorab, 1915, und alle wurden ins Camp Aus gesperrt. Damit war der Krieg auch hier endgültig vorbei. Eigentlich hätte es keinen Krieg geben dürfen. Es war wohl immer von einer Verabredung mit den Engländern die Rede, dass die Kolonie nicht mit in den Krieg hineingezogen wird. Aber das ist Politik, und Politiker sind Banditen. Aber wenigstens haben die Engländer im Süden von uns eins auf den Deckel gekriegt. Obwohl sie eine große Übermacht hatten.

Hier, wo wir sitzen, das war schon immer begehrtes Land, hier um Otavi. Otavi-Fontaine ist ja die größte Quelle vom ganzen Land. Otavi heißt in Hererosprache »unendlich«, also man kann so viel Viecher tränken, wie man will.

Wasser ist genug da, will ich mal sagen. Und dann gab es noch die andere Quelle, Kaokotavi. Die ist viel kleiner, aber die Vortrekker haben da Häuser gebaut und sich ausgeruht, bevor die weitergezogen sind von Südafrika nach Angola. Ob einer von unserer Familie am Waterberg mitgekämpft hat, kann ich so genau nicht sagen. Es kann schon sein, aber ich weiß nur das, was meine Mutter mir erzählt hat. Weil ich meinen Vater früh verloren hab. Mutter hat mir auch von den Diamanten erzählt, die sie hatten. Ein kleines Säckchen voll Diamanten als Notpfennig hat er gehabt, der Vater. Kurz vor Kriegsbeginn war er in Outjo, hat Ochsen aufgekauft, war mit denen auf dem Treck nach Hause. Da kam der Gendarm, und Vater wurde gleich eingezogen, weil er Reserveoffizier war, und die Ochsen wurden für die Armee beschlagnahmt. Er konnte gar nicht zurück nach Tsumeb, um seine Sachen zu ordnen, sie in Sicherheit zu bringen. Meine Mutter hat mir erzählt, als der Krieg aus war mit Gefangenschaft und so weiter, kam er zurück nach Tsumeb, da war alles geklaut. Er soll um nichts so sehr getrauert haben, wie um sein Passbuch, da stand doch drin, wo er überall schon gewesen war. Später hat Vater die Farm verkauft und Otavi, das Hotel, gekauft. Ich war sieben Jahre alt, da ist der Vater gestorben. Ein blöder Unfall, der zu seinem Tod führte. Er war wirklich ein guter Schlachter und hat gute Wurst gemacht, und wir hatten schon das Hotel in Otavi. Er wurde zum Schlachten zur Farm Kupferberg eingeladen. Das Fundament des Farmhauses in Kupferberg war hoch, es gab eine kurze Treppe. Die Schlachter damals hatten alle nur derbe Stiefel, das Oberleder wurde mit Talg eingerieben, unten eine Holzsohle. Da hatte ein Hund einen Darm auf die Treppe gelegt, darauf ist Vater ausgerutscht und mit dem Steißbein genau auf die Ecke der Treppe gefallen. Langsam vereiterte sein Rückgrad. Damals gab es noch kein Penicillin, nicht wahr. Er ist daran gestorben, nicht wahr.

Vater hat auch eine Bohrmaschine gehabt. Zum Brunnenbohren. Die Bohrer wurden zum Schmieden noch mit der Holzkohle heiß gemacht. Es gab ganz unterschiedliche Bohrer. Der wichtigste war der »Räumer«. Oft haben wir in Tsumeb gebohrt. Das Minenwasser war nicht zu trinken, es war verseucht. Da wurde dann für die Leute neben der Mine eine Wasserader angebohrt, für Trinkwasser. Schlachten, bohren und Hotel, man musste viel machen, um durchzukommen.

Das Hotel war erst klein und verfallen, das wurde dann ausgebaut. Vater hat immer die Petroleumlampen genommen, wenn die Farmer in der Dunkelheit kamen. Meistens mit Ochsenwagen. Sie blieben zwei, drei Tage in Otavi. Die Ochsen haben sich ausgeruht und die Farmer eingekauft, ein bisschen gesoffen, und dann waren sie wieder verschwunden für einen ganzen Monat. Private Leute waren nicht viel unterwegs. Aber die Firmen hatten alle Reisende, Vertreter, die für die Store zuständig waren. »Store« ist englisch, das sind Geschäfte und Lagerhäuser. Regelmäßig ins Hotel kam Doktor Weber von Swakopmund, der war Zahnarzt, sein Assistent oder Zahntechniker war Bülow, weiß ich noch ganz genau. Im Hotel hat der seine Praxis aufgebaut, dann kamen die Farmer, und es wurden Zähne gezogen, plombiert und Gebisse gemacht. Nach und nach kam Geld rein und die Zimmer wurden ausgebaut, fünf, sechs, sieben Zimmer, kleine schöne Zimmer. Bevor Vater vierunddreißig gestorben ist, hatte er viel gebohrt und auch gewünschelt. Er war gut im Wasserwünscheln. Das geht so: da wo das Wasser ist, das ist eine Kreuzader, und da stand oft ein großer *Omparar.* Ein *Omparar* ist ein Baum, Heulbaum sagt der Afrikaner, weil wenn der Wind weht, heult der Baum. Der musste weg, darunter lag dann das Wasser. Das Bohren ging dann bald mit Hilfe einer Dampfmaschine. Weil ich technisch sehr interessiert war, habe ich da immer zugeguckt, nicht wahr.

1934 war noch keine Schule in Otavi. Wir mussten zur Farmschule gehen, aber das Jahr 1934 war ja auch das große Regenjahr und alles überschwemmt. Das Wasser kam vom Otavital und dann vom Seitental auch noch, das hat sich in Otavi gegen den Bahndamm gestaut, die Durchlässe waren viel zu klein, es ist dann über die Bahn gelaufen, unglaublich viel Wasser. Der Regen hat viel Unglück gebracht 1934. Der Swakop kam ab, Baumstämme, tote Rinder, Geröll. Das wurde alles in die See gespült. Der Strand wurde weit raus ins Meer geschoben, soviel Sand hat der Swakop angeschwemmt. Berge von Treibholz lagen dann auf dem Strand. Und die Swakopfarmer, die in der Kleinsiedlung, die haben alles verloren, alles. Für uns Schüler war dieses Durcheinander ein Erlebnis.

Ich bin dann in die Farmschule bei Otavifontaine gegangen. Das war eine Minenfarm. Es gab dort nur schlechte Kost, ich war ja verwöhnt worden von der Hotelkost. Die konnte gut kochen, meine Mutter. In der Schule gab es zu oft Rote Grütze und dünne Zitronensuppe, das war mir zuviel. Da wurde ich krank. Aber einen Tag von der Schule weg, einen Tag zu Hause, dann war wieder alles okay. 1935 wurde mit der ersten Schule in Otavi angefangen. Unsere Lehrerin war Fräulein Gobbers, Lydia Gobbers. Die musste uns alle unterrichten. Wir waren wenige Kinder. Zur Klassenstufe gehörten zwei oder drei in einem Raum mit einer Lehrerin.

1937 bin ich mit meiner Mutter nach Deutschland. Eigentlich wollte sie uns in Deutschland lassen. Wir kamen gerade zur Zuckerrübenernte an, Anfang November. Das war mir nichts, mit dem Spaten die Rüben raus machen bei der Kälte. Ich sagte, hier bleibe ich nicht. Also musste sie uns wieder mitnehmen. Und wie wir dann hier rüberkamen, Anfang 1938, da hat sie uns nach

Swakopmund ins Internat verfrachtet, ins Schwester-Frieda-Heim. Das erste Jahr war ich im Schwester-Frieda-Heim, später, das war dann die Deutsche Höhere Schule, bin ich ins Woermann-Heim gekommen, das war ein Ableger vom Schwester-Frieda-Heim. Dort war ich bis fast zum Kriegsende. Sieben lange Jahre. Das war schwer für mich im Heim.

Meine Mutter hatte einen Verwalter auf der Farm, der ist dann gestorben, und da war sie alleine auf der Farm. Vor dem Abitur, das war kurz vor dem Kriegsende, da hat meine Mutter gesagt, all right, jetzt musst du auf die Farm. Da musste ich nun ran, nichts mit Abitur. Das Hotel wurde verpachtet, es ging nur noch um die Farm. Mein Vater hatte schon angefangen, Karakulschafe zu kaufen und hat zu meiner Mutter gesagt, mach das mit den Karakuls ja weiter. Aber der Krieg! Wir dachten, jetzt ist es vorbei mit einem vernünftigen Fellchenpreis, nicht wahr. Aber nein, die haben diese Karakulfellchen für die Fliegermonturen der englischen Luftwaffe gesucht. Die lockigen Haare waren ja so schön leicht und warm. Meine Mutter hat immer gesagt, gut, dass wir diese Karakulschafe haben. Sonst war ja nix auf der Farm. Mein Vater hat zwar das Bohrloch noch geschlagen, den Windmotor aufgestellt, Bassin und Tränke angelegt, aber der Erlös war gering. Das Vieh wurde gehütet, keine Einzäunung, nix war da, kein richtiger *Kral*, mehr eine Umfriedung aus Dornenbüschen. Es wurde gemolken und jeder Liter Sahne wurde abgeliefert, um ein bisschen Geld zu bekommen, nicht wahr. Um nach und nach aufzubauen.

Das Häuschen war ganz primitiv. Unterm Baum, das Klo war hinterm Busch. Und Freezer, einen Kühlschrank, gab es auch noch nicht, unser Kühler war mit Holzkohle gemacht. Einen viereckigen Kasten musst du dir vorstellen, doppelwandig, dazwischen Holzkohle, oben ein Wassertank mit Löchern, da wurde Wasser reingegossen und so die Kohle berieselt. Durch das Verdampfen des Wassers sank die Temperatur im Inneren des Kastens. Das war unser Kühler. Wie kühl, das hing davon ab, ob Wind genug war, der Kühler musste frei stehen, der musste Wind bekommen.

Meine Mutter konnte nicht Autofahren. Und da habe ich mit dem Sergeanten ausgemacht, dass ich, wie ich siebzehn, sagen wir mal siebzehneinhalb war, den Führerschein machen konnte, weil meine Mutter nicht fahren konnte. All right, ich habe dann tatsächlich den Führerschein gemacht. Aber Autos waren selten, gewöhnlich sind wir alle mit Ochsenwagen gefahren. Gepflügt, den Busch gerodet, alles mit Ochsen und mit der Hand. Wenn die Ochsen 10 Jahre alt waren, dann haben sie ein Jahr Ruhe gekriegt, um sich zu erholen. Danach waren sie speckefett.

Es waren schwere Zeiten. 1933 das Trockenjahr, 1934 auch noch Maul- und Klauenseuche. Für einen großen Ochsen haben wir damals gerade noch fünf Pfund gekriegt.

Groß geworden bin ich eigentlich nur mit der deutschen Sprache, zuhause natürlich und auch außerhalb. Der Stationsmeister an der Bahn und der Postmeister, alle haben gebrochen oder manche auch gut Deutsch gesprochen. Wir haben damals im Lande eigentlich nur Deutsch gesprochen. Afrikaans gelernt habe ich in der Schule. In der Schule war das Pflichtfach. Wir hatten in Swakopmund Unterricht in vier Sprachen: Deutsch, Englisch, Afrikaans und Latein. Als junger Kerl haben die Schwarzen mich sehr getriezt. Ich konnte mich schwer durchsetzen. Da hat meine Mutter gesagt, du bist jetzt der Mann, du musst dich wehren.

Ich weiß noch, mit neunzehn, da habe ich den ersten Schwarzen so richtig verprügelt. Der ist dann nach Otavi gelaufen. Aber auf dem Weg nach Otavi, da hat er Honigbienen aus einem Baumstamm rausgeholt, die haben ihm natürlich sein Gesicht zerstochen und das ist dick angeschwollen. Das Gesicht hat er dem Polizisten gezeigt und hat gesagt, der junge Mister hat mich so gehauen. Da wurde ich verdonnert zu fünf Pfund Strafgeld, meine Mutter ist mir beinahe ins Gesicht gesprungen: fünf Pfund, ein Haufen Geld, nicht wahr. Der Sergeant-Major hat gesagt, komm, Junge, setz dich, wir machen eine Gegenklage. Da wurde der Schwarze für vierzehn Tage ins Kittchen gestopft.

Nach dem Krieg wurden erst mal *Krale* gebaut. Die *Karakulkrale*, die zuerst, die wurden mit Maschendraht gesichert, weil die Schakale sonst die kleinen Lämmer angriffen. Die Lämmer waren unser Kapital. Das Lamm durfte, wenn es geschlachtet wurde, nicht älter sein als drei Tage. Vom Persianerfellchen wurden alle Fettüberreste mit der Schafschere weggeknippt, und dann wurde das Fell auf einem Rahmen befestigt, der mit Sackleinen bespannt war, ein viereckiger Holzrahmen war das. Kopf, Schwanz, alles musste glatt gezogen und richtig befestigt sein. Wenn der Schwanz hinten diese gekrüllten Haare hatte, dann hat meine Mutter gesagt, ja, das ist wieder mal ein Nigger. So wie die Schwarzen diese Haare haben, meinte sie. Und wenn Nigger drin waren, dann ging der Fellchenpreis gleich runter. Für die Fellchen gab es extra Kisten. Die Kisten waren mit Weißblech ausgeschlagen, damit die Mäuse nicht rankamen. Außerdem wurden noch Kampferkugeln dazwischengelegt, alles wegen der Mäuse. Bevor das Fellchen verkauft wurde, haben wir Hartgummibürsten mit Riffeln genommen, da wurde das Fellchen ordentlich gebürstet, damit die Locke schön raus kam und alles sauber ist. Manchmal kamen die Fellhändler ins Haus, oder die Partien wurden auf der Auktion versteigert. In Leipzig war oft große Karakulversteigerung. Nach dem Krieg war das ja russisch, da gingen die Felle nach Kopenhagen statt nach Leipzig.

Ich wollte mich damals unbedingt zur Armee verpflichten. Der südafrikanischen. Wenn ich mich damals verpflichtet hätte für sieben Jahre, dann hätte ich ein freies Ingenieurstudium gehabt bei der Südafrikanischen Wehrmacht. In der Farm war für ein Studium kein Geld da. Wir kamen gerade man so über die Runden. Pilot wollte ich werden. Aber daraus ist nichts geworden. Die haben gesagt, zwei Jahre zu alt. Da kam mein Stolz hoch, all right, habe ich gesagt. Werde ich eben kein Pilot, und bin gegangen. Aber ich wollte auch nicht mehr farmen. Ich wollte Ingenieur werden. Studium und einen weißen Mantel anziehen. Dann würden die Schwarzen mich auch nicht mehr ärgern.

Die Hitlerzeit, ja die! Aber wie war es denn in Deutschland, vor Hitler? Meine Mutter kommt vom Bauernhof, verstehst du. Nach dem Ersten Weltkrieg, hat sie mir erzählt, da haben die Bauern Stadtkinder aufgenommen, um die wieder hochzupäppeln, magere kleine Kerle. Denn noch lange nach dem Ersten Weltkrieg sind die Leute noch vor Hunger verreckt. Später siebeneinhalb Millionen Arbeitslose, was war das für ein Leben? Und wie dann Hitler an die Regierung kam, paar Jahre nur, war kein Arbeitsloser mehr da. Wir und alle mit uns hier, wir waren natürlich Feuer und Flamme, dass Deutschland wieder hochkam.

Wir Jungen in dieser Gegend, wir waren Pfadfinder, deutschnational, keine Hitlerjungen, die gab es in Windhoek. Während des Krieges, zur Zeit in Swakopmund, da hat die Polizei auf uns aufgepasst, auf uns Ältere, sonst wären wir auch interniert worden. Da gab es einen dicken Polizeisergeanten in Swakopmund, der hatte ein besonderes Auge auf uns. Wir durften nicht auf die Mole. Und mit einer Taschenlampe nachts unterwegs zu sein, war verdächtig. Wir hätten den deutschen U-Booten draußen auf dem Meer ja Zeichen geben können. Also, wir hatten höllischen Respekt und wollten nicht ins Lager. Die anderen sind ja alle interniert worden, die etwas älter waren als wir. Sind alle nach Andalusia gekommen. Das passte mir nicht.

Und dann war ich plötzlich wieder auf der Farm. Aber ich wollte nicht farmen. Sitze du mal den ganzen Tag an einem einsamen Pfahlloch. Das sind die Löcher für die Zaunpfähle, für die Kralcinfriedung. Mit der Brechstange kommst du nicht in dieses Gestein rein, da musstest du den Bohrer nehmen und den Vorschlaghammer. Jeden Tag zwei Löcher. Alle achtzehn Meter ein Pfahlloch in diesen verkrusteten Kalkboden. Zuerst die Grenzeinzäunung, die Hälfte musste davon der Nachbar setzen. Für mich waren das fünfunddreißig Kilometer Außeneinzäunung. Nun mussten noch *Kamps* gemacht werden. Kälberkamps zuerst, das war wichtig, damit die Kälber nicht die Milch aussaufen. All right, als Farmer mussten wir ja alles machen können. Man musste ein Doktor sein, musste ein Schmied sein, man musste praktisch alles sein. Man konnte nicht schnell um die Ecke gehen, um sich helfen zu lassen.

Zwischendurch war ich bei meiner Patentante in Otjiwarongo. In ihrem Hotel habe ich als Elektrikerstift gearbeitet. Da habe ich dann im Hotel gewohnt, aber für das Wohnen musste ich arbeiten. Meistens bis nachts um halb eins. Sonnabend und Sonntag auch. Ja, das waren manchmal achtzehn Stunden am Tag. Was war das schon für eine Ausbildung: meistens nur Strippenzieherei, um Geld zu machen. Ich habe wohl was gelernt, aber es war nicht der Rede wert. Dann traf ich einen Bekannten, der hat gesagt, es sind wieder Diamanten gefunden worden. Die Strippenzieherei, die Farmarbeit hatte ich satt. All right. Der Tipp kam mir sehr gelegen. Schnell Diamanten finden, reich werden, mache das mal, sagte ich mir.

Bei einer Versteigerung in Otavi habe ich einen Benzinkompressor gekauft. Damit sind wir dann ins Kaokoveld, haben angefangen zu minen. Zuerst *Galina*. *Galina*, das ist Bleierz und Gold. Gold war viel da, und auch Kupfer war da. Der geologische Streifen mit diesen Erzen reicht von Katanga über Sambia, Simbabwe, bis nach Tsumeb zur Kupfermine. In Tsumeb haben sie früher unter Tage nur das hochprozentige Erz rausgeholt. Das Erzgeröll, das weniger Wert war, wurde auf Halden geschüttet, war aber alles Kupfergestein. Irgendwann nach dem Krieg kamen die Amerikaner, haben sich die Klippen angeschaut und festgestellt: Das ist ja Kupfer! Da haben die Amerikaner das gekauft, mit 75.000 Hektar Farmland, diese Tsumeb Mine. Was haben sie gemacht? Sie haben nur die Halden aufbereitet, das Gestein gemahlen und so mit geringem Aufwand Kupfer gewonnen. Damit haben sie die Mine und das Land bezahlt. Nach dem Zweiten Weltkrieg. Das ist eine große Story. Aber nun weiter zum Minen. Ich habe einen Bekannten getroffen, einen älteren Herrn, der hat ständig vom *Galina*, vom Blei, gesprochen und das Ganze auch untersucht. Es war wirklich Gold da. 27 Pennyweight auf ein Riff von 30 Fuß Breite, nicht wahr. Ein Pennyweigth, das sind einskommafünf Gramm. In Johannesburg gehen sie noch für vier Pennyweight 4.000 Meter in die Tiefe. Das lohnt sich doch für uns. Wir haben Felder genommen, bald aber starb der alte Mann. Damit ich weiter minen durfte und die Felder auf meinen Namen geschrieben wurden, musste ich zum Minenamt meine Minenlizenz erwerben:»Lizenz über Grund«, graben nur bis 25 Fuß Tiefe, das ist ein wenig mehr als acht Meter. Aber wir haben natürlich auch Schächting gemacht, das heißt Stollen gegraben. Allein irgendwo im Feld oder zu zweit in der Wildnis. Der Quarzstaub setzt sich in die Lunge, die Stollen waren eng und gefährlich, aber wenn man jung ist, probiert man alles, um zu Geld zu kommen. All right. Also, die Lizenz. Dazu gehört das Sprengpermit. Man musste wissen, wie lange die Lunte brennt, wie man mit der Sprengkapsel umgeht und so. Diese Prüfung musste man dann in Otavi bei der Polizei machen. Danach an den Huab ins westliche Kaokofeld. Bin dann ins nördliche Kaokofeld gezogen und habe nach Diamanten gesucht. Dort oben bei den Ovahimbas. Ich bin einigermaßen in ihre Sprache reingekommen, ohne Dolmetscher. Bei Epupa sind wir manchmal über den Kunene gegangen. Auf der anderen Seite, in Angola, saßen Portugiesen unterm Baum, die haben Erz gehandelt und den Ovahimbas Viecher abgenommen, die durften ja hier ihre Herden nicht verkaufen, wegen der

Lungenseuche. Und da sind sie durch den Kunene gegangen und haben den Portugiesen ihre Viecher verkauft. Die haben sie natürlich übers Ohr gehauen. Die Ovahimbas bekamen meistens ein paar Yards Blaudruck und die wurden dann wieder eingetauscht gegen Getränke. Die Verständigung mit den Portugiesen war schwierig, die sprachen kein Deutsch oder Englisch und wir kein Portugiesisch. Da haben wir uns in Herero unterhalten. In der Eingeborenensprache. Die Augen von den Negern, die sind denen beinah rausgefallen. Die zwei Weißen verstehen sich nicht, die sprechen unsere Sprache, um sich zu verständigen.

Reich bin ich im Norden nicht geworden, es hat gerade für den Unterhalt gelangt. Was mich interessierte, waren die Diamanten. Meine Prospektiererei nach Diamanten hat am Kusseb bei Swakop angefangen. Unter der Düne, am Meer, kommt Süßwasser raus. Das ist ein Phänomen, Süßwasser an der See. Und es hielt sich die Story, der Kusseb hat mit dem Süßwasser auch Diamanten gebracht, wir müssen nur das alte Flussbett finden. Dort in der Wüste. All right. Mit der Prospektierlizenz durfte ich endlich Diamanten in der Tasche haben. Offiziell musste ich sagen, wo sie gefunden worden sind, sie sollten beim Minenamt abgegeben werden, die hätten sie dann für mich in Kommission genommen und verkauft.

Wir haben uns eine alte Maschine gechartert und sind über die Namib geflogen. Ohne wirklichen Erfolg. Aber da war die alte Kamelstation, dort, wo der Kusseb einen Knick macht, das war für uns interessant. In den Dünentälern sieht man noch das alte Flussbett, das *Rivier*. Wir sind hingefahren, am Flussbett entlang, und haben den Gravel, die Ablagerung, an den Stellen gesucht, an denen der Fluss sich damals in unserer Vorstellung gestaut hatte. In diesen Ablagerungen hofften wir auf Diamanten zu treffen. All right. Geologisch ist ja die Namib, ist ja Südwest ganz was Besonderes. Das Gelände wurde gewissermaßen mehrmals umgewälzt, und vieles vom Land lag lange unter dem Meer. Unsere Diamanten, die hier oben gefunden werden, sind viel älter als die da unten in der Republik. Unsere sind paar Millionen Jahre älter. Dort, wo wir auf Ertrag hofften, haben wir dann gewaschen. Gold wird gewaschen in der Schüssel und Diamanten in einem Sieb. Der Kies, von dem man hofft, dass er Diamanten enthält, kommt in das Sieb. Das Sieb wird in einen Bottich mit Wasser getaucht, wird gedreht, angehoben, gesenkt. Dem folgt die Zentrifugalbewegung. Das muss man können. Das leichte Zeug sitzt am Rand, und zur Mitte hin kommt das schwere Gestein, die Rubine und so weiter. Und ganz in der Mitte liegt dann der Diamant. Bei Gold ist es anders. Das Gestein wurde erst ganz fein gestampft und dann gewaschen. Für Gold gibt es eine extra Schüssel. Die hat einen leicht gewölbten Boden. Keine emaillierte Schüssel. Beim Waschen liegt das Schwerste hinten, das Leichte liegt vorne. Das Wasser musste von uns in die Wüste geschleppt werden. Unser Essen und Trinken noch dazu. Wir stanken nach Schweiß und manchmal nach Schnaps, krank durfte man nicht werden. Das war meine Arbeit zwischen 1953 und 1958. Da hatten sie drüben den Arbeiteraufstand in der Zone, am 17. Juni, und da war die Sache zwischen den Russen und den Ungarn. Wir aber haben Gold gewaschen. Reich sind wir nicht geworden. Es war sehr schwer.

Als ich verheiratet war, bin ich weggekommen vom Minen. Farmen und dazu Erdbewegungsarbeiten. Musste sein, wegen Geldverdienen. Mit Planierraupen Schneisen roden, Dämme aufschütten, eben Erde bewegen.

Meine Farmzeit war für uns hier im Norden auch die Terriezeit, die Zeit der schwarzen Terroristen. Wir Älteren waren alle im Kommando. Wir haben Uniformen gekriegt und Schießübungen gemacht, auch Marschierübungen, wurden gedrillt von den Südafrikanern. Das war englischer Drill. Von den Pfadfinderzeiten war das deutsche Marschieren noch in mir. Und jetzt nun wieder das Umstellen auf das englische. Die haben ganz andere Wendungen, eine ganz andere Taktik als die Deutschen. Während der Terriezeit war es unter den Schwarzen auf der Farm meistens ruhig, da war kein Krawall mit Eingeborenen oder so. Oder Streik. Die Anstifter kamen von außerhalb. Die waren feige, die haben nur dann geschossen, wenn die sicher waren, dass sie wegkonnten. Aus der Entfernung oft, mit der RTG 7 manchmal, einer russischen Gewehrgranate. Wir vom Kommando standen ja durch Radio immer untereinander in Verbindung. Mindestens morgens und abends wurde von Farm zu Farm durchgerufen, ob noch alle in Ordnung waren. Die Radios liefen auf zwölf Volt Batterien. Die mussten immer einsatzbereit sein, das Radio lief Tag und Nacht, das war lebenswichtig. Manchmal sind die Terries auch mit einem Wagen angerückt, dann gab es regelrechte Kämpfe. Danach sind sie in die Berge. Und dann, klar, dann konnten wir sie nicht mehr finden. All right.

Zwischendurch, im Januar 1959, ist meine Mutter gestorben. Und da bin ich mit meinem Bruder ganz auf die Farm Dabib. Die hatte die Familie erworben. Dabib heißt eigentlich Wrack, bedeutet unnütz. Die Karakul waren schon vorher verkauft worden. Geerbt hatte ich sieben Milchkühe und 15.000 Pfund Schulden. Und nun hieß es, baue auf. Baue sie auf, die Farm mit 3.200 Hektar Weide. Mutter hatte noch 1.500 zugekauft und ich dann auch noch 2.400 Hektar.

Meinen Sohn, den habe ich später nach Deutschland geschickt. Erst ein Jahr in Ulm auf die Robert-Bosch-Schule, dann Landbaumaschinen bei Meyer. Mein Sohn hat dann den Jagdführerschein gemacht, jetzt ist er Berufsjäger geworden. Hatte schon immer Jäger aus Deutschland da. Die Farm ist immer noch eine Rinderfarm, nun mit Jagd und Fotosafari.

Zu Hause wurde immer nur deutsch gesprochen. Ich glaube, wir hier in Südwest, wir sind die einzigen wirklichen Deutschen in ganz Afrika, von denen man sagen kann, dass sie ihre Sprache noch so pflegen. Damit sie nicht untergeht. Hier in Südwest. Es kann sein, dass sie uns rausschmeißen, die Schwarzen, nicht wahr.

Schau dir Simbabwe an. Und lies, was bei uns in der Zeitung steht. Sam, unser Präsident, hat eben erst gesagt, er kenne keinen Weißen, der auch nur einen Plastiksack Erde nach Namibia gebracht hat. Ich kann es dir zeigen, es steht in allen Zeitungen. Das ist doch nicht nur Gerede. Das heizt an, kann ich dir sagen. Im struggle haben sie die Leute bei der Stange gehalten, weil sie ihnen unser Land versprochen haben. Jetzt hat jeder schwarze Minister seine Farm, obwohl er kein Farmer ist. Und die anderen werden aufgehetzt, sich das Land zu holen. So jedenfalls die Gewerkschaft hier. Was der Weiße sein Leben lang aufgebaut hat, wo er bis aufs Blut geschuftet hat, das nehmen sie ihm weg, fertig. Wie der Afrikaner sagt, man fällt mit dem Hintern in die Butter. Und Sam, der liebäugelt gerne mit kommunistischen Staaten, vor allen Dingen mit Simbabwe, der Mugabe ist sein Freund. Afrikanische Freunde machen alles für den anderen. So gesehen ist die Zukunft nicht klar. Für unsere Enkel, meine ich.

Es tut weh, wenn ich daran denke. Ich habe hier noch mein Tun. Es stehen noch ein paar Erdbewegungsmaschinen da, die will ich verkaufen, vorher muss ich alles in Ordnung bringen. Teile auswechseln, neu streichen und so. Das mache ich jetzt, immer einen halben Tag, solange ich das mit den Augen noch kann. Kopf und Hände sind noch all right, aber die Augen. Das ist eben das Alter. Wahrscheinlich ist es überall so, wenn der Bauer in die Jahre kommt. Gearbeitet wird, solange es geht. Und wenn es dann sein muss, dann ist es eben vorbei. Begraben werden sie mich in Namibia. Aber gelebt, gelebt habe ich in Südwest.

Die Nacht hatte kaum Abkühlung gebracht. Aber es war nicht die Hitze, die mich in der Dunkelheit quälte. Vinzenz war mir im Traum erschienen. Der Kerl mit der breiten, dunklen Stirn und den stechenden Augen. Vinzenz stand in einer flachen, ausgedehnten Grube, in deren Mitte eine Pfütze mit bunten Schlieren schimmerte. Ritzdorf und er schwenkten, die Arme breit auseinander, eine große Pfanne. Als ich näher trat, um zu sehen, was sie im flachen Blech bewegten, stob mir Spreu ins Gesicht. Ich blies die Hacheln von den Lippen, wischte mir ärgerlich über die Stirn. Die Männer lachten. Ein Lachen, das mich kränkte und mich wütend auf Vinzenz machte, der sich so gut mit Ritzdorf verstand. Hartes Knacken und ein Fauchen im Strohdach der Hütte rissen mich aus dem Schlaf. Im Licht der Taschenlampe sah ich einen Marder, der sich regungslos an einen Dachsparren der Rundhütte krallte. Die spitzen Zähne waren im Licht gut zu erkennen. Beim Zurückschlagen des Betttuches rieselten Strohreste auf den Zementfußboden. Ritzdorf hatte mich bei den Mardern einquartiert. Ich nahm einen Schluck aus der Wasserflasche und stieß die Gazetür auf.

Das Windrad stand unbeweglich vor dem heller werdenden Horizont. Die Sonne fraß sich in den neuen Tag. Wieder nahm das Land Anlauf, auch heute der Hitze zu widerstehen. Das dritte Jahr schon ohne nennenswerten Regen, meinte Ritzdorf, hier am Rande der Otaviberge, von denen das Wasser in guten Jahren nur so herabschoss.

Ritzdorf und Vinzenz hätten sich nie in Eintracht treffen können. Nicht hier auf der Farm und nicht im Claim am *Rivier* des Huab. Das gibt es nur im Traum. Aber es gilt immer noch sein

Satz: sieh sie dir gut an, höre ihnen zu, schaue ihnen in die Augen und auf die Hände. Bei allen, Vinzenz, die ich treffen werde, wird es so sein. Ich werde das Bernsteinzimmer zusammentragen. Ich weiß, das ist für dich kein Bild. Aber für mich. Ein Stück wird immer fehlen. Nur musst du mir nicht im Traum erscheinen. »Lachen im Traum zu zweit, bedeutet Eifersucht und Träumers Büßerkleid.« Einer der Sprüche, die du vom Farmer übernommen hast, was einzugestehen dir nicht schwer fiel. Andere Sprüche deiner Sammlung sind eindeutig schwarzer Herkunft: »Liebe und Husten lassen sich nicht verbergen« - von den Umbundu aus den Bergen bei Huambo. Du nanntest sogar den Namen der Alten, aus deren Mund du ihn vernommen hattest. Ich denke, da gehörte noch eine Frauengeschichte dazu. Auf einer Fahrt von Huambo nach Caconda. Oder jene der Weisheiten, mit der du uns beschwichtigt hast in Kwanza Sul, den aufkommenden Verdacht auf eine Revolte zerstreuen konntest, als die Burschen aus dem Boyscamp nach Luanda ins Kino wollten. Vorbei an Minenfallen und UNITA-Posten wollten sie ins Kino. Du nahmst ihren Protest gegen das triste Lagerleben ernst, warst gleichzeitig von einer ansteckenden Gelassenheit und Zuversicht. Comrades, lasst uns Tee trinken und erinnert euch, so deine Aufforderung an uns, die wir zur Stabsbesprechung vor deinem Zelt hockten und nun von den zerlumpten, ungewaschenen Jungen aufgestört, nervös mit den Papieren raschelten. Und dann dein Spruch: »*Aana yandimba ihaakala shiwa shimwe*«. Junge Hasen hält es nicht unter einem Busch. Zweitausend Boys hatten sich zusammengerottet. Junge Hasen, die im Boyscamp löchrige, halbverfaulte Zelte bewohnten.

Zwei Tage nach meiner Ankunft war ich zu ihnen gegangen, hatte den Bauplan für den Kindergarten, den wir, die Workers Brigade, in den Busch setzen wollten, unter einem Schattenbaum ausgebreitet, um ihre Meinung zu erfahren. Ich wollte ihnen sagen, dass nun die Häuser gebaut werden, die sie sich so lange schon wünschten. Das Gedränge um mich herum war beklemmend. Ein kleiner Kerl sprang nach vorn, fuhr mir unter Gejohle der anderen blitzschnell mit einem schmierigen Lappen über die Glatze und tauchte flink in der Menge unter. Ich rückte die Quadratmeter große Zeichnung zurecht, suchte nach den so wichtigen, ersten Worten. Da fingerte ein schlaksiger, kahlgeschorener Bursche seinen Schwanz aus der Hose und pinkelte auf das Papier. Frenetisches Klatschen und Kreischen und Johlen stieg zum Himmel auf, breitete sich über die Lagerstraßen bis in die grüne Ebene aus, schlug als Gelächter zurück, mir ins Gesicht. Alle Welt hörte zu. Die Wut über die Missachtung meiner Arbeit lebte ich im abendlichen Fußballspiel aus. Entgegen der Gewohnheit behielt ich die schweren Baustellenschuhe an den Füssen. Dem Schlaksigen mit dem markanten Geschlecht in der zerschlissenen Hose knallte ich, den eigenen Knöchel riskierend, vor dem Tor die Beine weg. Betroffenheit heuchelnd, half ich ihm auf. Er nahm die Geste an. Wimmernd humpelte er vom Platz. Die Gerechtigkeit war nach dem Gesetz des Urwalds, in dem wir lebten, wieder hergestellt. Am nächsten Tag hockten wir vor dem Bauplan mit dem Urinfleck in den Konturen Südamerikas und schritten im Pulk die zukünftige Baustelle ab. Vinzenz hatte von alldem nichts erfahren.

Irgendwo müssen sie ja geblieben sein, die Jungs aus dem Boyscamp, die Frauen vom Camp E. Sie sind hier irgendwo im Lande, als Nachbarn von den Wietersheims, von den Ritzdorfs.

Ich schrieb dem Alten einen Gruß, klemmte ihn unter das Gestell der Leselupe neben dem zerlegten Vergaser und trollte mich bei Sonnenaufgang vom Hof.

An der Tankstelle hatte mir ein schmaler, schüchterner Junge von vielleicht zehn Jahren frischen Maiskolben angeboten. Ich griff zu, und für zehn Cent Aufschlag gab es aus einem Fetzen Papier noch ein paar Krümel Salz dazu. Als wir das Geschäft machten, stand er mit nackten Füssen in einer Benzinpfütze, die sich unter einem mit Ziegen beladenen Pickup langsam ausbreitete. Der Junge müsste längst in der Schule sein. Er beobachtete, wie ich den Kolben abnagte und wandte sich verlegen ab, als unsere Blicke sich trafen.

Es waren wenig Autos unterwegs. In zwei Stunden war ich einem Donkeykarren, zwei Viehtransportern und einem überladenen, schiefhängenden Pickup mit Holzkohlesäcken begegnet. Auf einsamer Tour ohne Gegenverkehr kam es vor, dass wir Europäer uns plötzlich, Macht der Gewohnheit, auf der rechten Seite der Chaussee wiederfanden. Ich hatte mich durch das Morgenprogramm von NBC gezappt und war in der Talkrunde des deutschsprachigen Dienstes von NBC, der Chatshow, hängen geblieben. Wer ein Telefon in Reichweite hatte und geduldig genug war, konnte direkt die Moderatorin anrufen, war mit dem Anruf sofort auf dem Sender und durfte seinen Beitrag in den Kummerkasten werfen. Die Sprecherin, mit angenehmer warmer, nicht mehr so junger Stimme, legte den Anrufern nahe, sich kurz zu fassen, nun doch die Frage zu formulieren. Selten mit Erfolg. Ventil, Sprachrohr der Unbelehrbaren, zu bewahrendes Kulturgut, Relikt aus Zeiten der Buschnazis, Ausdruck der Meinungsfreiheit. Dieser morgendlichen Stunde wurden immer neue, aber im Grunde recht alte Etiketten verpasst. Dem Farmer hörte man den nächtlichen Ärger mit der Frau an, wenn er sofort eine Stellungnahme des Verkehrsministers forderte, weil auf der B1 zwischen Rehoboth und Mariental die Trennlinien immer noch nicht erneuert waren. Wenn der Minister sich nicht gleich meldete, fand sich jemand, der noch vor dem Ende der Sendung per Anruf feststellte, dass die Regierung feige sei, wie alle Regierungen in Schwarzafrika, und sich nicht den Problemen stelle, ja sich vom Volk weiter entferne, die Sache mit der B1 sei ein typisches Beispiel. Schlenderte man am Vormittag durch vorwiegend weiße Viertel Windhoeks und auch Swakopmunds, plärrte einem der Germantalk durch jede Hecke entgegen. Mann und Frau lauschten mit nahezu voyeuristischer Gier. Viele, viele hörten, doch wenige gaben es zu. Heute hatten sie die städtische Polizei von Windhoek beim Wickel. Es wird Zeit, dass dieses Kommando, der Anrufer sagte Kommando, endlich die Arbeit aufnähme, was soll denn noch alles passieren! Hörbar nach Fassung ringend, ging nach dem Kritiker aus Oshakati Frau Hehlmholz, mit drei »h«, wie sie richtig stellte, aus Windhoek auf den Sender. Jetzt arbeiten die schwarzen Banditen sogar schon mit der Portugiesenmafia, die illegale Taxis unterhält, zusammen. Ein glatzköpfiger Portugiese hätte vor Tagen erst zwei in Not geratene deutsche Filmkünstler, die einen Film über die Leistungen der Deutschen in Südwest machen wollen, mit dem Angebot, sie zu einem Dumpingpreis nach Walfish Bay zu fahren, in sein Auto gelockt. Unterwegs habe er ihr Gepäck auf die Straße gesetzt, sie aus dem Wagen gestoßen. Offensichtlich verabredet, kam ein Landrover daher. Es heißt, mit grüner Regierungsnummer. Der Beifahrer hat den Alumiumkoffer mit Fotoausrüstung und wertvollen Papieren von der Fahrbahn gerissen und sei dann, dem illegalen Taxi folgend, über die Küstenstraße auf und davon. So weit sind wir schon! Die Weißen tun sich mit den Schwarzen zusammen. Auf die zaghafte Frage der Rundfunkfrau, ob der Vorgang der Polizei gemeldet worden sei und woher sie ihre Informationen hätte, antworte Frau Hehlmholz, dass ihr Verwandter in Hentiesbay einen Meeresangler aus Kiel zu Gast habe, und der hat von der Sache im Europahof, Swakopmund, durch einen amerikanischen Touristen aus Kapstadt erfahren. Hier geht es doch um unser internationales Ansehen, was sollen die Amerikaner von uns denken, schloss die Anruferin und wurde vom Zeitzeichen des Senders übertönt.

Mein Unwohlsein während der Fahrt rührte nicht nur vom halbgegarten Maiskolben her. Ich kann den Koffer nicht so einfach spazieren fahren. Diese Hehlmholz löst mit ihrem Gerede möglicherweise noch eine Fahndung aus, denn morgen wird der Sprecher der Polizei sich zu ihrer Darstellung äußern müssen. So ist das ist hier im Lande Sitte.

Die Distriktstraße war schnell erreicht. Zwischen den Strauchskeletten flirrte ockerfarbener Staub. Im Sonnenwind aufstiebende Last der letzten Tage, Wochen, Monate. Schwebehölzer weit entfernter Kampzäune, zerfasert in der aufkommenden Hitze. Seltsam schwimmende, flimmernde Inseln, über der flachen Erde zitternd, erhoben sich gespenstisch vor dem Horizont, lockten an palmenumsäumte Ufer und lösten sich im nächsten Moment auf. Vergängliche Trugbilder der sonnenverbrannten Savanne. In gleichmäßigen Wellen durchschnitt die Schotterstraße das knisternd trockene Grasland. Gegenverkehr lauert hinter jedem der steil ansteigenden Hügel.

Ein Donkeykarren, ein Viehtransporter, ein Jeep der Behörde. Keine *Pad* zum Träumen. Unerwartet warf mich die letzte Bodenwelle in eine von fernen, blauen Bergen eingefasste, smaragdgrüne Ebene. Welch wunderbares Land!

Zuerst war er ein dunkler Punkt am Horizont, nach fünf Minuten dann ein mittelgroßer Mann mit tiefheruntergezogenem Filzhut und schwarzer Jacke ohne Hemd, der seinen rechten Daumen energisch noch oben stieß. Ich klinkte ihm die Tür auf, er aber zeigte, undeutlich grummelnd, auf den Straßengraben. Und so rückten wir mein Gepäck zur Seite und verstauten die Säcke mit Holzkohle im Kofferraum. Dieser alte Trick der Anhalter. Nichts gegen einen Lift, zumal in dieser einsamen Gegend, aber das Gepäck, auch hier zunächst vor den Blicken des hilfsbereiten Drivers verborgen, war fast immer eine Zumutung. Wieder war ich auf den Leim gegangen, belohnte sogar noch die Täuschung. Andererseits, geschickt hatte er es angestellt, der Kerl. Ich ließ arrogant die Kupplung springen. Erschrocken klammerte sich der Mann mit beiden Händen an den Türgriff. Er suchte unsicher meinen Blick. Ihm war mein Unbehagen nicht entgangen. Und er ahnte wohl, dass es nicht am Geruch von kaltem Rauch und Ziege lag, den er in den überhitzten Blechkasten eingeschleppt hatte.

»Wegen der Säcke, Mister, entschuldige!« Nach zehn Kilometern gemeinsamer, stummer Fahrt hatte er sich zu diesem Satz entschlossen. Mein Unmut war wie weggeblasen. Ich sah nun wieder diese wunderbaren blauen Berge, sah das vom Grau ins Grün, ins Silberne wechselnde Gras, das der Wind verspielt, wie ein Meer, bewegte. Er beobachtete mich. Als ich mich ihm für einen Moment zuwandte, fühlte er sich ertappt, zog den speckigen Filzhut vom Kopf und lächelte.

An manchen Tagen fürchtete ich mich vor solch einem Lächeln, weil ein zahnloser Mund mich immer noch an die zum Himmel schreiende Armut, an die Schande der Trennung von Schwarz und Weiß erinnerte. Ich bekomme das nicht aus dem Schädel. Ich erklärte, dass ich den Mister mit der Buschmannschule besuchen werde. »Aha«, antwortete er. Ob er mich verstanden hatte, war nicht sicher.

Nach zwei Stunden Fahrt mit offenem Fenster und Staub auf den Lippen, hielt ich im Schatten eines Kameldorns, um Wasser abzuschlagen und ein paar Schritte zu gehen. Das Hemd klebte mir am Rücken und die Schultern schmerzten. Er blieb, die Knie an die Brust gezogen, die nackten Fersen auf der Vorderkante des Sitzes, im Auto hocken und schien zu schlafen. Als ich anfuhr, hob er den Kopf, schaute mich an.

»Du bist kein Jäger«, sagte er bestimmt.

»Ich bin kein Jäger.«

»Du bist auch kein Lehrer.«

»Warum sollte ich kein Lehrer sein?«

»Du bist ein Tate, aber du bist nicht ernst genug. Der Lehrer ist eine wichtige Person. Ein Lehrer ist immer ernst, ein Lehrer lädt keine fremden Kohlesäcke in sein Auto.«
»Das ist nicht mein Auto. Ich habe es nur geliehen.«
»Du bist ein Berater.«
»Wäre es gut, wenn ich ein Berater wäre?«
»Für dich ja, du kannst dir ein Auto leihen, für uns nicht.«
»Was ist am Berater schlecht?«
»Ich sage es dir. Wenn du mir eine Zigarette gibst.«
»Ich rauche nicht.«
»Gut. Ich spreche trotzdem. Ein Alter war mit seinem Enkel und dem Esel unterwegs nach Hause. Sie liefen beide neben dem Esel her. Da trafen sie einen Mann der sagte, ihr habt einen Esel und lauft nebenher, einer könnte doch reiten und seine Kräfte schonen. Wofür ist denn der Esel da? Da hob der Alte den Enkel auf den Esel und sie gingen weiter. Da trafen sie einen anderen, der sagte, das ist nicht gut. Der Alte mit seinen müden Beinen läuft, und der Junge läßt sich tragen. Der Alte hob den Enkel vom Esel und stieg selbst auf. Bald begegneten sie wieder einem Mann, der meinte zum Alten, du läßt den Jungen, der die Zukunft des Landes ist, zu Fuß gehen, während du dich schonst, das ist nicht in Ordnung. Sagte es und verschwand. Nun waren Enkel und der Alte sehr verwirrt. Aber sie mussten weiter und so luden sie sich den Esel auf die Schultern. Der Enkel schleppte vorn, der Alte hinten. Als die drei ihr Dorf erreichten, schlugen die Leute die Hände vors Gesicht und schrien, da kommen drei Verrückte, da kommen drei Verrückte.«

Er zog umständlich ein rotkariertes Tuch aus der Jacke, schnäuzte und zeigte nach vorn. »Wo der Stein liegt, da steige ich aus. Der, zu dem du willst, den findest du eine Stunde weiter. Mit einem großen Fisch am Tor. Immer geradeaus.«

An dem Fleck, an dem er mich anhalten hieß, zweigte kein Weg ab, stand kein Schild, erhob sich kein Baum. Es war ein einsamer Platz ohne Schatten inmitten der blonden, vom leichten Wind durchkämmten Savanne. Er stand zwischen seinen Holzkohlesäcken, lüftete flüchtig den Hut, rief mir beim Anrollen etwas zu, das ich trotz des offenen Fensters nicht verstand. Wahrscheinlich hielt er mich doch für einen Berater.

Er ist da, der lebendige Gott, auch wenn du ihn nicht sehen kannst

Zwischen den groben Stämmen der Einfahrt von KOUKAS hing in drei, vier Metern Höhe ein handgeschmiedeter, großer Fisch. Hinter dieser Pforte werde ich dem Zeichen immer wieder begegnen. Alte Karten vermerkten für die Gegend zahlreiche *Vleis*, Senken, die zur Regenzeit Wasser führten, und einen fischreichen Teich. So war mir der stilisierte Fisch zunächst Willkommensgruß, der gleichzeitig auf das Besondere dieser Landschaft verwies. Wasser, Fische, wenn auch nur in den Regenjahren. Wir leben am Ufer der »Fischpfanne«, wird mir der Farmer, ein hagerer, mittelgroßer Mann mit gepflegtem, eisgrauem Vollbart und dem Habitus eines Asketen, bald erklären. So heißt sie, die Senke, an der unser Haus steht. Kein Zufall, eher Wink des Schicksals, für den Farmer ist der Fisch das Symbol der Urchristen.

Fisch und Brotlaib auf alten Ziegelstempeln, auf Papyrusdokumenten des Kaisers Trajan. Der Fisch als Zierrat antiker Bronzelampen. Der Fisch als Schlüsselzeichen für Jesus Christus. Dass sich hier auf KOUKAS die naturgegebene äußere Gestalt seiner Heimat und das urchristliche Symbol einander berühren, hält Farmer Kirchner für ein Geschenk Gottes, dessen er sich würdig erweisen wird. Komme was wolle. Und so bewirtschaftet er an der Schwelle zum heißen, trocknen Buschmannland fünftausend Hektar gerodeter Savanne, so gut er es vermag.

Verbuschte *Kamps* zwischen weiten Flächen hoher Weide mit Windrad und Viehposten. Das Land trägt in diesem Sommer dreihundert Rinder. Zweihundert Kilometer entfernt von der unruhigen angolanischen Grenze. Zweihundert Kilometer getrennt vom wasserreichen Okavango. Könnte doch ein wenig nur von seinem Wasser auch uns erreichen. Ein heftiger Wunsch, eingeschlossen in den Gebeten.

Achtzehn Familien wohnen hier, das sind siebzig Seelen, meinte Farmer Kirchner.

Ich hatte am Rande der Fischpfanne auf ihn gewartet. Umsäumt von halbhohen Blutbäumen, von Kameldorn und niedrigem Strauchwerk, lag sie wasserlos grau und rissig als flache Schale vor mir. Dreihundert Schritt, kaum mehr, von Ufer zu Ufer. Jenseits im Schatten einer Gruppe auseinanderstrebender Makalanipalmen verharrte ein Sprung Riedböcke. Auf den Wipfeln der Palmen goldenes Abendlicht, ein letztes Aufflammen, bis Nacht sich der Farben bemächtigte.

Mir zu Füßen unruhig atmend ein Ziegenbock, dem man eine Astgabel um den Hals gebunden hatte, um ihn daran zu hindern, durch ein Loch im Zaun in das *Kamp* der Ziegen einzudringen. Auch er schaute abwechselnd zum Farmhaus und zur Senke. Er wartete auf seine Lecke. Es gierte ihn nach dem Gesundheitsstein, den Händler mit den guten Manieren in jedem Winkel des Landes anbieten, um die Böcke und Ziegen, Kühe, Färsen und Bullen heiter zu stimmen, sie gesund zu ernähren, sie von Parasiten frei zu halten und was die Packungsbeilage sonst noch verspricht.

Kirchner konnte sich nicht um uns kümmern, er hatte zu tun. Er saß mit einem Beamten der Schulbehörde auf der Terrasse am Tisch. Gesprächsfetzen trieben im Abendwind herüber.

Das zinnengekrönte, sich aus dem Grün reckende Haus, könnte sich auch Burg nennen. Durch die schmalen, schießschartenähnlichen Fenster des vorgeschobenen Eckturms fiel der Blick in den Wirtschaftshof. Der war von einer weißen Mauer umgeben. Das breite Tor schwarz-weiß-rot gestrichen. Die Farben des Norddeutschen Bundes. Die eigentlichen deutschen Farben, wie der Traditionsverband der Schutztruppler es ganz sicher und jedes Jahr von neuem zu wissen glaubt. Die Streifen im Fischgrätenmuster gezogen, wie einst an den Schilderhäuschen der Schutztruppe, wie an allen Außenportalen der Farm. Türen mit stabilem Eisen beschlagen. Solide, sicher. Die weiße Burg derer von KOUKAS. Für jedermann sichtbar, dies ist der Wohnplatz eines Grundherrn. In Sichtweite der weißgetünchten Gebäude gegenüber dem Wirtschaftshof, die beiden Häuser der Farmschule. Die Schule ist in aller Munde. Aus vielen Gründen. Sie ist privat, aber sie versteht sich nicht als Refugium deutscher Sprache und Kultur. Sie ist lebendig, keine Anstalt der Zucht und Sitte. Sie päppelt über das Wissen unruhige Geister auf.

Und - ihre Existenz fügt sich nicht ein in das flüchtig skizzierte Bild vom bärtigen Deutsch-Nationalen. Vor fünf Jahren für die Kinder der Farmarbeiter in den Vorhof der Burg gesetzt, hieß sie bald »Dai Bor Gé«. Eine Wendung, die den Sans hier im Norden mehr beiläufig von der Zunge geht, wenn sie ihren Kindern nahe legen, sie mögen nicht dumm bleiben. Die ersten Lehrer waren deutsche Studenten, so war die Unterrichtssprache Deutsch. Dann wurde eine afrikaanse Lehrerin gefunden, nun sprach man im Unterricht Afrikaans. Mit Händen und Füßen, denn für die Kinder war jede Sprache fremd, ob Deutsch, Afrikaans oder Englisch. Die sprachen San.

Das Land, das ein Wasserloch umgibt, nennen sie *n!ore*, und *!khutse* ist in der Welt ihrer Ahnen ein gutes Wesen. Nach der Tageszeit gefragt, antwortete mir ein Junge, *I nui ma I Sû*, der Mond sei aufgegangen, es war drei Uhr nachmittags. Das Zwirbeln mit dem Feuerstock bis die Funken stieben, hatte ich längst gelernt, aber meinem jungen Freund Nathan in seiner Sprache verständlich zu erklären, der Mond sei aufgegangen, war mir noch nicht gelungen.

Den Kirchners schien es wichtig, dass die Kinder die Schule zunächst als Ort der Geborgenheit und der Begegnung erlebten und dass aus gemeinsamem Spiel Lust aufs Lernen wuchs. Sie dachten an Lesen und Schreiben und an Rechnen bis Hundert, dazu eine Mahlzeit in der Mitte des Tages. Im gewaltigen Eisentopf, dessen Füße in der Glut standen, auf dem Platz vor der Schule gekocht. *Miliepap* mit Zucker und Milch, seltener schon mit Fisch aus dem *Vlei* oder mit Fleisch von der Ziege.

Kinder der San, die auf der Farm arbeiteten, waren mit Kirchners Kindern aufgewachsen, hatten miteinander gespielt, Buschfeuer und Dürrejahre gemeinsam durchlebt, diese Kinder waren den Farmern besonders nah. Sie mit dem Buch, mit den Rechenkugeln vertraut zu machen, damit hatte alles begonnen.

Mancher der Heranwachsenden schreibt nun für die Alten Briefe, liest ihnen aus der Zeitung vor, erklärt, was ein Handy ist, das Sanwort dafür ist noch nicht gefunden. Inzwischen werden einhundertzwanzig Kinder unterrichtet, nach staatlichen Lehrplänen mit Unterstützung der Behörden. *Dai bor gé!* Nun war jemand aus Windhoek gekommen, ein freundlicher Mann, der den Schülern über die Köpfe strich. In der Welt der Symbole ein gutes Zeichen. Wäre es nicht gut, den Kindern Hütten zu bauen, in denen sie wohnen? Viele kommen von weit her, übernachten in Obhut der Farmarbeiterfamilien. Achtzehn Familien und einhundertzwanzig Kinder.

Darüber wird auf der Terrasse geredet. Vom Abgesandten der Behörde aus dem reichen Windhoek wird viel erwartet.

Wenn er zurückfährt, kommt mir in den Sinn, könnte ich ihm den Aluminiumkoffer für die Polizei in der Hauptstadt mitgeben, damit das Gerede im Radio aufhört. Ich kraulte dem Bock das Fell zwischen den Hörnern, genüsslich schloss er die Augen. Die Lichter in den Fächern der Palmen waren erloschen, die Riedböcke weitergezogen. Aber die Gerüchte um den Koffer muss ich wohl selbst aufklären. Ein Deutscher setzt Deutsche an die Luft! Mit welch einer Begründung! Wegen eines vulgären Satzes. Sexistisch, rassistisch gleich noch dazu. Mein Gott, wieder ein solch weltfremder Besserwisser von drüben. Ich höre sie jetzt schon, die Anrufer im Radio. Mister Hamavindu, Miss Gotthardt und all die anderen würden sich erstaunt die Augen reiben. Ihnen war ich als besonnener Mann erschienen, und nun diese pikante Angelegenheit. Die sicher noch ein Nachspiel hat. So der erste Anrufer. Die Presse in Deutschland. Mit Auswirkung auf den Tourismus. Der sich gerade erst entwickelt. Ausweisen sollte man ihn. Einreiseverbot für die nächsten sieben Jahre. Seinen Namen streichen aus der Liste der Freunde Namibias. - Ich werde den Gast des Farmers nicht behelligen.

Nur, den Koffer gesenkten Hauptes dem Besitzer übergeben, das wäre das Letzte.

Beowulf Stübel-Kirchner
Jahrgang 1943, Farmer

Mit sieben Jahren kam ich nach Südwest. Mit meinen Eltern, 1950. Mein Vater bekam eine Stelle als Farmverwalter, nachdem wir in Mecklenburg alles verloren hatten. Ich war zwei, als wir in Deutschland vom Gut vertrieben wurden. In der Nähe von Fürstenberg, Mark Brandenburg, war unser Gut. Kleinmenow, wunderschöne Seen dort, der Menowsee, an den erinnere ich mich besonders. Vater musste damals innerhalb von zwölf Stunden alles stehen und liegen lassen, und ich kann mich überhaupt nicht entsinnen, nur nach Erzählungen, und deswegen war ich natürlich mein Leben lang sehr neugierig, zu sehen, wie es da aussieht. Und dann sind wir vor zwei Jahren nach drüben gefahren, haben unser Anwesen auch gefunden. Das Schöne war, dass wir einen Mann trafen, der mit meinem verstorbenen Bruder zusammen zur Schule gegangen war und der mir viel erzählen konnte. Die Leute im Osten dort waren sehr nett, unheimlich nett. Irgendwie fühlte ich mich wohl bei dem, was er so erzählte, der Mann. Ja und dann sind wir weiter, drei Kilometer weiter südlich an den Ellbogensee, ein Campingplatz, wunderschön gelegen, eine Ruhe. In der Nacht aber, da hat Gott mit mir gesprochen und gesagt, höre auf, dir hier etwas auszudenken, du gehörst nach Namibia. Ich habe die ganze Nacht nicht geschlafen, und mir war auf einmal so düster geworden und so finster, ich wollte einfach nur weg, weg, weg, weg. Da habe ich ganz stark gemerkt, ich gehöre hierher, auf die Farm. »Und sollte man dich fragen, was hält dich denn hier fest, könnt ich nur sagen, ich liebe Südwest« - das ist wirklich so. Was das ist, weiß kein Mensch. Das geht so tief in eine Seele hinein, dass du es eigentlich nicht beschreiben kannst.

Vater war erst Farmverwalter, und 1957 hat er sich dann selbständig gemacht. Nahe Outjo hat er eine Farm gepachtet. Nur hieß es im Pachtvertrag, wenn Trockenheit kommt, muss der Pächter weg, weil der Verpächter die Weide dann selber braucht für seine Rinder. Vater hatte die Farm zwei Jahre, da kam eine große Dürre, und es kam der Eigentümer und sagte, Herr Kirchner, tut mir leid, ich brauche die Farm jetzt selber, sie müssen einen anderen Plan machen. Schluss von einem Tag auf den anderen. Wir sind dann hier hoch nach Norden, Buschmannland, auf die Notweide, die der Staat angeboten hatte. Nach vielem Hin und Her an drei oder vier verschiedenen Stellen, sind wir dann mit Gottes Hilfe hierher gekommen, und das ist unser Eigenes geworden. Wenn ich mir im nachhinein so überlege, merke ich und weiß ich, dass Gott uns damals schon hierher geschoben hat, hierher auf diesen Fleck, der unsere Heimat geworden ist. Erst vor Wochen war wieder einer hier, hat mir drei Millionen geboten, cash down.

Dem habe ich gesagt, nein, das ist meine Heimat, die verkaufe ich nicht. Ja, so ist das manchmal im Leben.

Hier oben war freies Land, das brach lag. Der Staat hat das Land alle vier Kilometer markiert, aber es war nicht in Farmen ausgemessen. Die vom Staat geschlagenen Bohrlöcher, die musste man dann ausbauen, um Wasser zu bekommen. Die Weide ringsum konnte man nutzen. Wir haben die Tiere gehütet, so wie man eben Ziegen und Schafe hütet. Abends dann alles wieder in einen *Kraal*, den man erst notdürftig aus Dorngestrüpp gemacht hat. Morgens ist man dann wieder auf die Weide gegangen. Später wurde das ordentlich vermessen und uns zum Kauf angeboten. Mein Vater, der grundlos oder bodenlos war, keine Farm hatte, bekam Gelegenheit, die Farm zu kaufen. Da wir hier schon auf Notweide waren, hatten wir das Vorkaufsrecht. Ich fand es vom südafrikanischen Staat sehr großzügig, dass wir kaufen durften, damals 1959, da mein Vater Reichsdeutscher war und nicht neutralisiert. Er empfand sich immer als Reichsdeutscher, aber mit dem neuen Staat da drüben wollte er nichts zu tun haben, keine zehn Pferde bringen ihn wieder zurück nach Deutschland, hieß es. Ich weiß nicht warum. Er hat immer gesagt, er ist Reichsdeutscher, so habe ich es in Erinnerung.

Die Bindung unserer Familie an Südwest ist schon sehr alt. Mein Großvater, Oberleutnant Stübel, war 1904 schon bei der Kaiserlichen Schutztruppe hier im Lande und viele Jahre Distriktkommandant in Rehoboth. Durch ihn hatte Vater so viel Positives von Deutsch-Südwest gehört und wollte unbedingt hierher. Er wollte schon viel früher auswandern, weil er mit den Nazis schlecht zurechtkam, und so war er 1937 schon mal hier, um sich nach Grund und Boden umzuschauen. Gutwillige hier haben ihm damals gesagt, Herr Kirchner lassen sie ihre Familie kommen, fahren sie nicht selber nach Hause. Nein, sagte mein Vater, ich habe solch ein gutes Verhältnis zu meiner Frau, will mit ihr die schöne Schifffahrt hierher gemeinsam machen. Lassen sie ihre Familie kommen, bleiben sie hier, hatte man ihm geraten. Die Männer wussten was bevorstand, 1938. Da ist er dann zurück, wollte mit meiner Mutter wiederkommen. Aber da durfte schon kein Geld mehr außer Landes gebracht werden, und den Pass haben sie ihm auch abgenommen. Und 1939 brach der Krieg aus.

Großvater kenne ich nur aus Erzählungen. Der war ziemlich jung, als er hierher kam, als Schutztruppler. Und bald bekam er diesen Posten in Rehoboth. Sein erster Auftrag war, Verbrecher zu fangen, die sehr viel Schaden gemacht hatten und sehr kriminell waren, und der Vorgänger, der schon jahrelang probierte, sie zu erwischen, kriegte sie nicht in die Hände. Das war auch ein deutscher Kommandeur. Großvater hat etliche Bastardhäftlinge zu sich geholt und hat gesagt, hört zu, kennt ihr den und den? Ja, den kennen wir. Hört zu, hat er gesagt, ich lass euch raus, wenn ihr mir den kriegt. Euer Wort, mein Wort. Das war ja eine ziemliche Verantwortung, die er übernahm. Stell dir vor, damals in solchen Zeiten, wenn die nicht wieder gekommen wären! Ja, haben die gesagt, ist okay, wir bringen ihn dir.

Und innerhalb einer Woche hatten sie den, nachdem der vorige Kommandeur jahrelang erfolglos gefahndet hatte. Der hat sich unheimlich geärgert, der Vorgänger, solch ein junger Schnösel kommt und ist gleich erfolgreich. Und sie sind doch tatsächlich wiedergekommen. Hier sind wir, haben die gesagt, sie können wieder zuschließen. Aber Großvater hat sein Versprechen gehalten. Das war 1906, denke ich.

Rehoboth war damals ein kleiner Ort. Großvater wohnte in einem bescheidenen Haus. Es soll sehr gemütlich gewesen sein, nach einem Foto zu urteilen. Die Rehobother Bastards waren meistens mit angeheirateten weißen Frauen aus Südafrika gekommen. Ehemals Holländerinnen und so weiter. Sie haben das Land von den Namas gekauft, nehme ich an. Eigentlich wollten die Rehobother immer ihren unabhängigen Staat haben, aber auch die heutige Namibiaregierung lässt es nicht zu. Die waren schon immer ein eigensinniges Völkchen für sich, auch zur deutschen Zeit. Die haben sich nie untergeordnet, warum, fragen die sich jetzt, sollten sie nun Namibia, der namibischen Regierung unterstehen, wir sind doch unabhängig geworden.

Aber zurück zur Farm. Als die Farm hier uns dann gehörte, war Vater schon fünfundsechzig. Er wollte nun richtig loslegen, sah seine Chance, aus Nichts was Ordentliches zu machen. Das fand ich gut. Er hatte das know how, ich hatte den gesunden Körper. Wir waren nicht von Anfang an auf diesem Fleck Erde. Zuerst haben wir am Regierungsbohrloch gewohnt, das ist drei Kilometer weiter östlich in einem Hartebeesthaus. Selbst gebaut.

Ein Haus aus Geflecht, mit Lehm und Kuhmist beschmissen, mit rundem Dach, Lehmfußboden. Sieben, acht Jahre haben wir dort gelebt. Es war eine schöne Zeit. Wir haben vor dem Haus Blumen gepflanzt, es uns immer schön und nett gemacht, egal wo wir waren in Südwest. Manche der Siedler sagten, das gehört uns ja noch nicht, also lassen wir das wie es ist. Das war dann oft ziemlich dreckig. Wir haben es uns immer gemütlich gemacht.

Geld hatten wir absolut nicht. Dreißig eigene Kühe standen draußen, mehr nicht. Mit einer Anleihe von der Landbank haben wir uns dann noch Rinder gekauft, Gerät und auch diesen Grund und Boden hier, und dann haben wir einen Kamin gemacht, aus einem alten Ölfass. Gemütlich und im Winter schön warm. So hat es angefangen. Ach wissen Sie, es ist toll, wenn man anfängt und man weiß, für was man etwas tut. Du hast immer gewusst, wir haben eine Zukunft. Heute frage ich mich, bist du nächstes Jahr noch hier. Ja oder nein, das weiß man heute nicht.

Meine Schulzeit, die habe ich in Outjo verbracht, von 1957 an, als Vater die Farm pachtete. Sonst ging ich in Grootfontein, in Windhoek und Otjiwarongo zur Schule. Das hing von Vaters Arbeit als Farmverwalter ab, da bin ich immer mitgegangen. Und gelebt habe ich fast immer im Internat, ich würde sagen zu 99 Prozent. Der Abschied ist mir immer sehr schwer gefallen, wenn ich ganz ehrlich bin. Gut, ich bin selbständiger geworden, aber zu Hause ist eben zu Hause. Ich hatte Zwerghühnchen, hatte zwei weiße Mäuse, auch Schildkröten.

Als Vater in Kalkwitz arbeitete, da musste ich nicht ins Internat. Dort ging es mir gut. Dort hatte ich einen Esel, mit dem ich jeden Tag zur Schule geritten bin. Nach Deutschland habe ich mich nicht gesehnt, nie. Ich hatte an Deutschland auch keine guten Erinnerungen als Kind. Es gab nichts zu fressen. Wenn der Schnee taute, versank man als Kind im Schlamm. Oder wenn ich dann bei den Bauern vorbeilief, die schönen Bratkartoffeln roch, aber selbst nichts zu fressen hatte als Flüchtlingskind, ich habe es nur negativ in Erinnerung, dieses Deutschland.

Glücklicherweise hat mich vor zwölf Jahren ein ehemaliger Nachbar eingeladen, da war ich das erste Mal wieder drüben, und da fand ich es eigentlich landschaftlich sehr schön und die Leute sehr nett, das war unten in Bayern.

Was ich furchtbar fand, das waren diese wahnsinnig vielen Menschen. Man musste auf der Straße seine Ellbogen gebrauchen, um gegen die anderen anzulaufen, wenn du nicht im richtigen Strom bist. Wahnsinn, Wahnsinn. Und was ich noch furchtbar fand, war diese Verschwendung. Überall brannten Lampen, Tag und Nacht. Hier löscht man das Licht, wenn man das Zimmer verlässt, um Strom zu sparen, und da brannten sie sinnlos. Wahnsinn. Wahnsinn. Das, diese Art im Überfluss zu leben, hat mich ein bisschen, wie soll ich sagen, hat mich deprimiert. Ja.

Wir wußten genau, dass es zwei Deutschländer gab. Ganz genau wussten wir das. Meine Eltern sind beide in Dresden geboren und mein Großvater hatte ein Gut in der Nähe von Dresden bei Oschatz nahe einer kleinen Bahnstation. Da kam der König immer an, zu Pferde, und dann hat er sich unter die Kuh gesetzt, sich die Milch in den Mund rein gemolken. Mindest ein- oder zweimal in der Woche, sagte mein Vater, ja.

Kurz vor der Unabhängigkeit 1990, da war ich in Südafrika zu Besuch, und da hörten wir auf einmal im Rundfunk, dass sie wieder zurück sind ins Reich, die Ostdeutschen, dass wir wieder vereinigt waren. Wir waren an dem Tag sehr glücklich und haben uns sehr gefreut. Die Ostdeutschen haben die Fahne eingezogen, und wir sind im gleichen Jahr Republik Namibia geworden. Dass das Leben hier leichter geworden ist, glaube ich kaum. Der Druck auf die Farmer ist stärker. Immer wieder wird behauptet, dass grundsätzlich die Weißen die fetten und die Schwarzen die schlechten Böden haben. Aber schauen sie doch mal in den Süden. Da haben die Südafrikaner für ihren Odendaalplan 1964/65 von weißen Karakul- und Schaffarmern Land gekauft und es den Schwarzen übergeben. Mit Haus und Hof und Viehposten.

Fährt man heute in diese Gegend, dann sieht es traurig aus. Die meisten der Farmhäuser sind Ruinen, ihre schwarzen Besitzer leben in Blechhütten daneben. Die Zäune liegen platt, die Windmotoren sind Schrott, funktionieren nicht mehr.

Und das schlimmste: das Land ist nackte Wüste, total überweidet, die Leute sind arm. Oder nehmen Sie das Gebiet am Okavango. Ein herrlicher Fluss mit starkem Wasser. Es wird nicht vernünftig genutzt, weil den Weißen das Siedeln schon zu Zeiten der Südafrikaner dort oben verboten war. Hätten Farmer sich dort niederlassen können, hätten die bei dem Wasser soviel produziert, dass wir nichts aus Südafrika hätten einführen müssen. So sieht die Wahrheit aus. Es geht um produktives Arbeiten für alle, nicht um irgendwelche Politik. Oder das Gerede um den Landerwerb durch Lüderitz. Der hat das Gebiet richtig geldlich erworben. Gut, mit diesem Trick, was die Meilen betrifft. Aber es wurde ordentlich bezahlt, mit Gewehren und Geld. Für heutige Verhältnisse natürlich kein Gegenwert. Aber damals war das Zeug was wert. Und der Häuptling, der diesen Grund und Boden verkauft hat, der hat das nach den gültigen Regeln gemacht, er war dazu befugt. Heute wird immer gesagt, wir haben ihnen das alles weggeraubt, das stimmt nicht. Das stimmt wirklich nicht, ich meine, wo wollen wir anfangen. Die Amerikaner müssten das Land an die Indianer zurückgeben und die Australier an die Aborigines und so weiter. Ich weiß, die Hereros wollen Geld, sie wollen entschädigt werden. Aber wie soll das passieren, was sagen die anderen dazu, die Namas, Damaras und so weiter? Da wird Neid geweckt, Unfriede gesät.

Wir leben hier in unserer Gegend gut mit den Buschleuten zusammen, mit den Sans. Nicht erst heute, etliche von ihnen waren bei uns zur Terriezeit beim Militär. Die hatten sich freiwillig angeschlossen als Fährtenleser. Die haben sich toll bewährt, muss ich ehrlich sagen. Obgleich manche, wenn es heiß wurde, plötzlich sagten, also die Spur finde ich nicht mehr. Dann hab ich gesehen, dass europäisch Ausgebildete, die auch das Training zum Spurenlesen hatten, ganz anders durchziehen. Die sind dann weiter auf der Spur. Nicht weit von hier kam eine Terroristengruppe, hat die Arbeiter in einem Haus zusammen getrommelt und sie gefragt, wo ist euer Mister? Der ist nach Grootfontein gefahren, haben die gesagt.

Aber vor der Tür steht doch sein Wagen! Der hat zwei Autos, haben die Schwarzen gesagt. Dann haben die Terries den Schwarzen verboten, aus dem Haus zu gehen. Bis einer sagte, also er kann es nicht mehr aushalten, er muss auf die Toilette. In Ordnung, in zwei Minuten bist du aber wieder zurück. Und dann ist der zu seinem Arbeitgeber gerannt, nachts, hat ans Schlafzimmerfenster geklopft und gesagt: macht, dass ihr wegkommt, es sind Terroristen bei uns. Und die sind dann weg, ohne Auto, zu Fuß, durch den Busch gelaufen, zum Nachbarn und haben von da aus die Wehrmacht alarmiert. Am nächsten Tag haben die dann die Leute verfolgt. Was ich eigentlich so toll fand, das war die Zusammenarbeit von Arbeitgeber und Arbeitnehmer. Das war eigentlich immer ein tolles Verhältnis hier gewesen. Es kann hier und da Fälle gegeben haben, wo es nicht mit rechten Dingen zuging. Das passiert auf der ganzen Welt. Aber im Großen und Ganzen war das immer eine gute Zusammenarbeit zwischen Arbeitgeber und Arbeitnehmer. Die Fährtensucher bei uns im Militär waren auch aus unserer Gegend. Ein Teil von ihnen ist bei der Machtübernahme durch die SWAPO nach Südafrika. Neulich hörte ich, dass die gesagt haben, die San könnten wieder zurück, ohne dass man ihnen etwas antut. Sie sehen sicher auch, dass wir hier weiterleben, obwohl unsere Farm zeitweise ein Kommandopunkt war und hier eine fahrbare Funkstation im Hof stand. Dass wir in den Terrorzeiten permanent Angst hatten, kann ich eigentlich nicht sagen. Angst hatte ich, dass die kommunistische SWAPO mich von der Farm vertreiben wird, wie es meinem Vater damals unter den Russen passiert ist. Das hätten sie auch getan, wenn die Mauer nicht gefallen wäre. Es war wunderschön und unser Glück, dass alles so zusammen kam und der Kommunismus ausgespielt hatte. Ich weiß von einem zuverlässigen Bekannten, dass zweitausend ostdeutsche Beamte auf ihren Koffern saßen und nur auf den Befehl warteten, ins Flugzeug zu steigen. Stellen Sie sich das vor, zweitausend Kommunisten aus der Ostzone, und jeder einzelne kannte schon seinen Posten als Bürgermeister, Polizeichef, Minister, hier in Südwestafrika. Alles hätten sie kommunistisch besetzt, und uns hätten sie von der Farm getrieben, hundertprozentig. Die haben ja solch einen Hass gehabt auf die Großkapitalisten.

Und die hätten das perfekt, hätten das super gemacht, die Ostdeutschen, ich habe es in Mecklenburg gesehen, die können organisieren. Und die hätten auch unsere eigenen Schwarzen gegen uns aufgebracht. Ja, ich halte das für möglich, weil der Mensch politisch leider schnell aufgehetzt werden kann.

Wir waren damals gegen die Resolution 435, total dagegen. Da haben hohe südafrikanische Militärs gesagt, seid klug Männer, beim kleinsten Verstoß der SWAPO kehren wir zurück. Dann kam da der 1. April 1989. Da ist die SWAPO, bis obenhin bewaffnet, einmarschiert. Wir aber waren nackt, wir mussten sämtliche Waffen abgeben. Gut, ganz so konsequent waren wir doch nicht. General Dreyer drückte ein Auge zu, und wir haben unsere Handfeuerwaffen behalten, vorsichtshalber. Und dann auf einmal kamen die über die Grenze, waren hier, und es gab harte Gefechte. Nun ja, und was ist passiert? Nichts. Die Resolution 435 ging weiter. So ist Politik. Es sind viele umgekommen. Es hält sich das Gerücht, das die SWAPO-Führung an der Sache nicht unschuldig war. Sie haben von den Verhältnissen an der Grenze gewußt. Sie wollten bei der Gelegenheit ein paar unliebsame Leute aus den eigenen Reihen loswerden. Fraglich ob das stimmt, aber Politik ist immer schmutzig.

Ich persönlich lese jeden Morgen vor der Arbeit mit den Leuten in der Bibel. Um sieben kleine Andacht, jeden Tag, außer sonntags. Ich trage den Text vor, und dann reden wir kurz über das Thema, worüber ich gelesen habe. Dem folgt das Gebet. Und danach wird Tee getrunken, und dann gehen wir ans Werk. So fangen wir die Arbeit an mit der Kraft Gottes. Denn ich denke immer, mit der Kraft Gottes kann man eine ganze Menge mehr leisten, als wenn man alles allein fertig bringen möchte. Bis jetzt ist uns das immer gut gelungen, und wir sind sehr gesegnet hier. Wir feiern auch gemeinsam unsere Feste. Die mögen das sehr. Wir hatten früher Weihnachten immer sehr große Probleme, Weihnachten war nie richtig Weihnachten. Es kamen welche mit dem Messer im Kopf, das Blut strömte und spritzte, oder einem wurde mit dem Beil die Nase abgeschlagen. Immer Saufen und Keilerei. Die betrachteten Weihnachten als ein großes Sauffest, ein großer Teil zumindest. Und das ist leider bei den Afrikanern, Südafrikanern, auch so. Große Party, trinken, das ist nicht so schön, ist nicht so harmonisch wie das bei uns Deutschen meistens üblich ist. Seit unsere Arbeiter zum Glauben gekommen sind, ist es jetzt schon das fünfte Jahr, wo es so harmonisch zuging. Die haben Weihnachtslieder gesungen. Einfach phantastisch, das war so schön, ich hab mich so gefreut, ja. Die Nähe zum Glauben ist unseren Leuten zum Bedürfnis geworden. Viele sind schon über vierzig Jahre bei uns, sie sind hier aufgewachsen, die Eltern sind mittlerweile gestorben, und sie haben Verschiedenes erlebt, das sie in ihrem Glauben bestärkt.

Es brannten einmal große Flächen auf der Nachbarfarm. Die Frau rief an, ob wir zum Löschen kommen könnten, sie war total in Panik, hatte die Wehrmacht in Windhoek alarmiert. Auf dem Weg zum Feuer hin habe ich mir gesagt, man, alle sind sie jetzt da, und es brennt schon zwei Tage und keiner kann löschen. Der Einzige, der löschen kann, ist der Herr im Himmel. Und da hab ich während der Fahrt gebetet. Herr, bitte, wenn es dein Wille ist, lass doch das Feuer ausgehen, alle sind sie jetzt alarmiert worden, und der Farmer ist so verzweifelt, lass doch bitte das Feuer ausgehen! Und so wahr ich hier sitze, erst war keine Wolke da, auf einmal kam eine kleine Wolke, und es regnete. Und wie ich dahin kam, kamen mir die Leute von der Stelle, wo das Feuer war, alle strahlend entgegen und sagten, du, du kannst wieder nach Hause fahren, das Feuer ist ausgeregnet. Und dann hab ich unseren Arbeitern gesagt, Leute, während wir hierher gefahren sind, habt ihr Wolken gesehen im Himmel? Nein, Mister, wir haben keine gesehen. Und da erzählte ich ihnen, dass ich dafür gebetet habe. Das fanden sie so toll, und da haben wir uns an den Händen genommen und haben dem Herrn gedankt. Ich glaube, solche Erfahrungen und solche Erlebnisse hat die Leute begierig gemacht, mehr vom Christentum zu wissen. Er ist eben doch da, der lebendige Gott, auch wenn du ihn nicht sehen kannst.

Selten ist es, dass sie öffentlich beten, sie sind eigentlich unheimlich scheu. Ich musste es auch erst lernen, in der Öffentlichkeit zu beten, vor anderen.

Wenn sie beten, dann wohl in der Buschmannsprache. Ich bete in Afrikaans, sie in ihrer Sprache, ich kriege nicht immer alles mit, weil ich die Sprache nicht so gut beherrsche. Ich kriege aber schon mit, dass sie für Regen bitten und dass es ihnen gut geht und dass sie danken. Das verstehe ich gut.

Und obwohl wir kaum über Politik reden, gibt es auch Fragen zum Boden, zur Reform, die immer ins Gespräch gebracht wird, übers Radio und so. Keiner von uns Deutschen wird sich fairen Reformen verschließen. Wir wollen ja hier bleiben, das ist unser Zuhause. Wir werden hier wirtschaften und werden auch unsere Kultur erhalten. Ich bin ganz fest der Meinung, wenn es in der Landfrage zu akzeptablen Regelungen kommt, dass dann auch unsere Kultur erhalten bleibt. Das hängt miteinander zusammen. Viele der Deutschen hier haben bemerkt, dass unsere Kultur etwas Eigenes, etwas Besonderes ist, dass sie unbedingt zu unserem Leben gehört.

Als meine Frau hierher kam ins Land, 1985, da hat sie gesagt, Deutsche bin ich nicht, ich bin Holsteinerin. Sie hat sich ein bisschen geschämt, Deutsche zu sein, nach dem, was sie auf der Schule gelernt hat über die Nazis und dieses und jenes, da hat sie sich geschämt, Deutsche zu sein. Jetzt sagt sie, nun weiß ich endlich, was es heißt, Deutsche zu sein, und sie sagt, dass sie stolz darauf sein kann, dass sie Deutsche ist, weil wir eben so viele Werte haben, die ein anderes Volk nicht hat, was sie schön findet. Und deswegen glaube ich, dass die deutsche Sprache und die deutsche Kultur hier weiter erhalten werden, weil viele so denken, und dass es doch etwas Besonderes ist. Es ist doch auch viel schöner, ein Land zu besuchen mit verschiedenen Kulturen, als wenn alles ein Mischmasch ist, so wie das ja gerne propagiert wird - »one world, one nation«. Wenn alle nur eine Nation sind, dann weiß ich nicht, ob es noch so viel Spaß macht, überall hinzufahren. Der kulturelle Unterschied ist es ja gerade, der das so interessant macht. Man soll nicht alles in einen Topf schmeißen. Kultur hat natürlich auch mit dem zu tun, was vor unserer Zeit geschah, das stimmt schon. Sie haben sofort die Schlacht am Waterberg im Sinn und den Trotha. Erst einmal habe ich damit nichts zu tun, ich als Mensch, der ich heute hier als Farmer lebe. Gut, vielleicht ein bisschen, weil mein Großvater ja auch da war am Waterberg. Aber es ist ja nun nicht so, dass Deutsche einfach hingegangen sind und die ganzen Hereros totgeschlagen haben.

Sicher gab es unter den Händlern, die früher hier waren, Halunken. Die haben das einheimische Volk verschuldet, und auch die Häuptlinge haben sich verschulden lassen, indem sie sich die schönsten Waren, die schönsten Sachen gekauft haben und haben gesagt, ach schreib mal auf, schreib mal auf. Dann kam der Händler nach ein oder zwei Jahren wieder, und sie wussten eigentlich gar nicht mehr, was sie gekauft hatten, wie viel Blaudruck, wie viel Schnaps, wie viel Salz, so wurde die Schuld doppelt und dreifach. Das haben jüngere, klügere Hereros gesehen und gesagt, so geht das nicht mehr weiter. Irgendwann ist unser Grund und Boden weg, weil die Häuptlinge die Schulden mit Grund und Boden bezahlen.

Die Wut der jungen Hereros kann ich verstehen, dass sie sagten, also so geht es nicht. Im Untergrund haben sie dann alles organisiert. Als es losging, war selbst ein Teil der Häuptlinge überrascht.

So gesehen gab es für die Hereros einen oder mehrere Gründe, warum sie den Aufstand angefangen haben. Dass die Deutschen dann stärker waren, das ist nun eben so ausgelaufen, irgendeiner musste ja siegen.

Ich sage Ihnen, wenn die Hereros gesiegt hätten, dann würde heute nicht so viel darüber geredet werden, meinen Sie nicht? Der von Trotha, ich weiß nicht, ich habe so verschiedene Sachen von ihm gelesen, der ist auch nicht gerade mein Mann, der ist unheimlich rabiat vorgegangen, Tiere hat er verdursten lassen, hat den Leuten das Wasser abgeschnitten und so weiter. Das war schlimm. Es hätte vielleicht ein bisschen anders sein können. Aber diese Erblast, die mir so massiv aufgebürdet wird, die nehme ich nicht an.

Kumkauvas, Station Elefantenberg

Das Haus mit dem Lagerraum war aus rostbraunem Lehm gebaut. Zeuge der ersten Versuche hier auf dem Hof, nicht nur ein Holzgeflecht mit Lehm zu bewerfen, wie es bei den Hartebeesthäusern der Gründerzeit üblich war, sondern dicke Mauern hochzuziehen. Aus Lehmquadern, luftgetrocknet zum Beispiel. Der größte Feind der Lehmmauern ist der Schlagregen. Selten genug hier am Rande der Otaviberge, aber wenn ein richtiges Wetter über das Land kam, weichten die unteren Quader, wenn sie nicht geschützt waren, schnell auf. Durch nichts als durch Lehm gehalten, stürzten solche Häuser unter der Last des Daches ein.

Der freundliche Pfarrer Wiesenmüller mit seinen Flaschenhäusern riet mir nach Kumkauvas zu fahren. Diese von Alvensleben, die wohnten gesund und sicher in Lehmhäusern, auch bei Sturzbächen. Sie präparierten die Spritzwasserzone mit Robbentran, den sie aus Cape Cross bezogen. Stinkt ein wenig, aber es hilft. Wenn Sie sich für Lehmbauten interessieren, dann finden Sie dort die richtigen Leute.

So brachten uns die Lehmbauten zueinander. Wir wären uns sonst in jener Zeit der Brüche, der Hoffnung und Verzweiflung wohl kaum begegnet. Er, der mit angehaltenem Atem das Aufziehen der neuen, der Schwarzen-Flagge wahrnahm, der sich in schlimmsten Träumen schon mit Frau und Kindern, sie hatten damals vier, auf einer schwarz-weiß-roten Planke schwimmend, mittellos und schiffbrüchig in die alte Heimat rudern sah. Und ich, der ich ihm als tiefrot Verbündeter der Schwarzen, der Sieger, galt, denen die Waffen geschmiedet, das Bombenlegen gezeigt und das Umstülpen des weißen Südwester-Staates in der »Ostzone«, wie sie die DDR nannten, eingetrichtert hatte. Wir hätschelten in den ersten Tagen des wechselseitigen Ausforschens auf Distanz unsere Vorurteile.

Er hatte von dem, was in mir tobte, mir Schlaf und Heiterkeit nahm, keine Ahnung. Die Seele des anderen zu erkunden, ist ohnehin nicht des Südwesters Art, werde ich später von anderen hören. Eben noch war ich durchaus dafür, dass das einst »schwarze« Land ein solches wieder werden müsse. Der historischen Gerechtigkeit eine Chance. So nannten wir das im Flüchtlingscamp, im Splittergraben hockend, den Angriff der UNITA erwartend oder den der Südafrikaner.

Dann aber, Jahre später, stand die Meute vor meinem Fleck Erde, in meinem gewendeten märkischen Dorf. Sie wollten das Haus, dass ich als Ruine erworben und in langen Jahren Stein um Stein in mein Zuhause verwandelt hatte. Die nassen Mauern gekauft, das Land auf Dauer gepachtet. Nun aber belagerten sie lärmend die Straße, rüttelten nachts an Tor und Tür, schritten frech den Garten ab mit langen Schritten und in Mänteln aus guter Wolle. Das ist uns gestohlen worden, vor dreißig Jahren. Er war es! Er! Sie sagten nicht: das löchrige Dach, Ratten auf Schrank und Diele, blühende Wände in Kammer und Keller haben die verwitwete Tante zur Schwester in den Westen ziehen lassen. Dort gab es den Lastenausgleich und andere Segnungen für Zonenflüchtlinge. Der Arbeiter- und Bauernstaat übernahm der Tante Behausung in Treuhandschaft, die ihm bald lästig wurde. Ein Vogelzüchter und Schweinemeister kaufte den skorbutischen Bau und gab ein Jahr später auf. Sich mit jedem Wind vergrößernde Löcher im Dach, immer noch Ratten zuhauf, Schwamm und Balken, die wie Pfefferkuchen zerbröselten. Und alle waren dann froh, als ein Idiot aus Berlin kam, die Ruine erwarb und ihr wieder Leben einhauchte. Weg das Rattennest, weg der Schandfleck, weg der Unort, in dem die Dorfjugend kollektiv kopulierte. Schöner unsere Gemeinden und Dörfer. Bis Eigentum Karriere machte und der vor zehn Jahren zugezogene freundliche Mann zur roten Umweltsau umdeklariert wurde. Der, man erinnerte sich, nervend gegen Gülleverklappung gewettert hatte und über das Verfüttern subventionierten Brotes an Schweine sich öffentlich empörte. Und der nun frei gewählt im letzten Parlament des jetzt wohlfeilen Landes Platz nahm. Dem konnte man es zeigen, dass man schon immer dagegen war. Raus, verschwinde, hau ab! Ich sprach in meiner Angst mit den Bäumen, die ich vor einem Jahrzehnt gepflanzt hatte. Lehnte mein Gesicht an den Dachstuhl, dessen Balken ich herausgeschält hatte aus schlankgewachsenen Kiefern aus dem Wald über den Fluss. Sie waren mir jetzt in ihrer Rauheit mehr als die Haut der Liebsten und würden den Strick schon halten. Lebend gehe ich von hier nicht weg. Ich dachte es selten, aber manchmal schon, wenn ich mich, vor einer neuen Attacke der Sprüche skandierenden Glatzen fürchtend, mit dem abgesägten Stück Wasserrohr im Nebengelass verbarg. Ich lernte unmerklich in diesen Nächten, wie es sich anfühlt, wenn man unter der Fahne frisch und frei definierter Gerechtigkeit um sein Zuhause gebracht werden soll. Unsere Heimat, das waren nicht mehr die Städte und Dörfer.

Dass ich den hageren Mann auf Kumkauvas mit seinen Ängsten schon am ersten Tag besser verstand, als er es ahnte, wollte ich ihm nicht erklären. Ich wollte mich nicht mit ihm gemein machen. Nicht mit schwarz-weiß-rot. Und ruhigen Blutes besehen, waren die Trittsiegel der Geschichte im märkischen Sand wohl entschieden kleiner als jene in der Namib, und nur in den Ausdünstungen der Angst waren wir uns wohl für eine bemessene Zeit ähnlich gewesen sein. Der Farmer und ich, der Mann aus der Mark. Und so dauerte es, bis wir einander akzeptierten und das Visier hochklappten.

Ich war heute mehr als eine Stunde zu früh gekommen. Die Farmersfrau arbeitete mit Frieda, ihrer »rechten Hand«, an der Milchzentrifuge, und von Alvensleben hatte es übernommen, am Tresen des kleinen Farmladens zu stehen. Der Store, oder im Süden des Landes Farmstall genannt, ist auf Kumkauvas in jenem Lehmgebäude eingerichtet, das als erstes auf dem Hof stand. Der brusthohe Tresen teilte den dämmrigen Raum in die Hälfte mit Regal, Maismehltonnen und Kasse und in das Geviert für die Kunden mit den Petroleumfässern in der Ecke. Hier wird montags, mittwochs und freitags verkauft. Ab 17 Uhr, eine Stunde. Otavi mit dem Supermarkt ist knapp zwei Stunden Fußmarsch weit entfernt. Der alte Johannes, längst über sechzig, hochgewachsen und eher dürr als schlank, war der erste Kunde. Einen Liter Petroleum. Er pumpte das Lampenöl eigenhändig aus dem Fass in eine angeschlagene Flasche. Ein Pfund weißen Zucker. Zwei Taschenlampenbatterien. Ein Päckchen Kerzen. Fünfundzwanzig Feuersteine, es sind die letzten aus der Packung. Zwölf Leckis, Lakritzenbonbons, abgezählt aus einer handelsüblichen, bunten Tüte. Alles zusammen neunzehn Namibiadollar. Die Scheine hielt er fest in seiner Altmännerfaust. Petrus, der Treckerfahrer, kaufte eine Tüte Knorr-Fertigsuppe, ein Stück Seife und zehn Leckis. Für die kleine Maria, die kaum mit der Hand die Tresenplatte erreichte, zählte der Farmer fünf Schachteln Streichhölzer ab und sieben Leckis. Es gibt gekühlte Cola und Fanta, Damenbinden und Kopfschmerztabletten, Reis, Nudeln, Nähzeug. Und was alles noch in Schränken und Regalen verborgen sein mag. Der Andrang nahm zu. Die Frauen lachten, weil ich ihnen und dem Mister beim Geldzählen zuschaute. Sie zupften die Scheine aus dem Blusenausschnitt, pflückten sie aus den Falten und Knoten ihrer Tücher. Ich schob mich an ihrer warmen, prallen Weiblichkeit vorbei in den Abend.

In der Nacht crst hatten wir Zeit miteinander zu reden. Von Alvensleben und ich. Das breite, strohgedeckte Farmhaus als dunkler Schatten neben den mächtigen Eukalyptusbäumen. Fernes Hundegebell. Der Farmer rieb die harten Hände aneinander, setzte sich auf dem flachen Hocker zurecht. Eine für ihn ungewohnte Situation. Das war ein guter Tag heute, die Tiere satt, trotz der schlechten Weide.

Eine Kuh hatte gekalbt, ohne Probleme, und wie es aussähe, brächten die nächsten Tage Regen. Aber der könne auch ausbleiben, der Regen. Wie so oft. Dann müsse man einen anderen Plan machen.

Gebhardt von Alvensleben
Jahrgang 1947, Farmer

Sie kannten einander nicht, meine späteren Eltern, als sie nach Südwest kamen. Vater kam 1929 hierher, arbeitete zunächst als Farmverwalter bei der O.M.E.G., der Otavi Minen- und Eisenbahngesellschaft. Die Gesellschaft baute Obst und Gemüse an, versorgte durch ihre Farmen den Norden mit Getreide und Obst. Mutter kam im gleichen Jahr. Sie besuchte eine Freundin, wollte sich das alles anschauen, aber auf jeden Fall wollte sie nach zwei Jahren wieder zurück. Sie hat sich hier als Hauslehrerin und Haushilfe ihr Brot verdient. Sonnabends traf man sich bei Löwen-Böhme, auf seiner großen Farm in Otavifontein. Hier kamen die Deutschen zusammen, es war Treffpunkt auch der Jungen. Es wurde Quadrille geritten, geschwommen und getanzt. Dort haben die Eltern sich kennen gelernt, sich 1932 verlobt. Noch im gleichen Jahr fuhren sie rüber, haben drüben geheiratet und danach die Nachbarfarm HAGESTOLZ vom Schwager des Vaters gepachtet. Die lag günstig, die lag an der Eisenbahnstrecke nach Tsumeb. Durch Zukaufsland hat Vater dann die Fläche vergrößert, das neue Land nannte er KUMKAUVAS. Mein Vater wollte solche Namen wie »Tirol« oder »Deutsche Erde« nicht. Da hat er die Schwarzen, die hier durchzogen, Klippkaffern eben, Honigdamaras und Klippdamaras, gefragt, wie nennt ihr diesen Platz hier. Sie nannten ihn in ihrer Sprache »Viel Busch«, das entsprechende Damarawort aber war sehr schwer auszusprechen, und so ist er auf »Kumkauvas« gekommen. Viel Busch haben wir wirklich, bis heute.

Es war nichts eingezäunt, es gab kein Wasser. Alles was hier steht, ist von den Eltern aufgebaut worden. Sie haben die Flächen entwickelt. 1937 sind sie hierher gezogen, haben im Oktober den Eukalyptus gepflanzt und sich dieses kleine Haus gebaut, das heute ein Nebengebäude ist. Ohne Blechdach, das wurde für das Haupthaus gebraucht, das war ein Jahr später fertig. Zuerst mußte nach Wasser gebohrt und ein Bassin gebaut werden, damit die Viecher saufen konnten.

Die Einnahmen erzielten die Eltern mit den Rindern. Jeden Morgen wurde gemolken, am Anfang auch abends. Der »Sahnescheck« von der Molkerei deckte die wichtigsten Unkosten. Wenn man die Rechnungsaufstellungen von damals sieht, mit welch kleinen Zahlen die Eltern gerechnet haben, wie sie sparen mussten! Die Arbeit war wirklich mühselig, sie wurde zu Fuß erledigt. Pferd und Ochsenwagen, das waren so die gängigen Beförderungsmittel. Ein Lastauto hatten wir erst 1964, das war ein VW Pritschenwagen. Vorher, ich glaube seit 1949, fuhren die Eltern einen DKW Meisterklasse 37er Modell. Alle Fracht - also Lecke, Salz, irgendwelche Teile - kam hier auf unsere kleine Bahnstation Elefantenberg. Dort stand ein kleines Häuschen, das war verschlossen. Wir und die Post hatten einen Schlüssel. Manchmal wurde der Postsack einfach an die Tür gehängt mit einem Schild dran. Am Sonntag holten wir den Sack ab, und am Freitag wurde er wieder angehängt.

Alles passierte mit der Bahn. Auch die Sahne wurde von ihr transportiert. An bestimmten Tagen wurde sie an die Station gebracht, ein nasser Sack wurde drübergehängt, damit sie schön kühl bleibt. Sie wurde dann zur Molkerei nach Rietfontein transportiert. Das mit der Sahne, das haben wir noch bis Ende der 50er Jahre gemacht. Dann ging es mit den Preisen abwärts und der Farmer hat sich gesagt, die Milch lass ich lieber den Kälbern, die leiden doch sehr unter dem Entzug, die kriegen einen zu großen Knacks. Meine Mutter hat auch noch Eier weggeschickt in akkurat beschrifteten Eierkisten. Kisten mit sechs Dutzend oder zwölf Dutzend, die wurden auch an die Bahn gebracht. KUMKAUVAS hat 3.452 Hektar und HAGESTOLZ 3.402 Hektar. HAGESTOLZ habe ich 1986 dazugekauft.

Und dann kam 1939 der Krieg, Vater wurde von heute auf morgen nach Südafrika interniert, und Mutter hat sechs Jahre die Farm allein geführt. Er war erst in Andalusia, das ist nahe Kimberley, und später in Baviaanspoort bei Pretoria. Sie hockten da nicht rum. Wenn jemand was lernen wollte, der konnte das, im Camp waren ja alle Berufsschichten vertreten. Sie haben die tollsten Sachen gemacht, Theater gespielt, Bier gebraut, Nachrichten abgehört. Sechs Jahre hinter Stacheldraht waren um, als sie nach Kriegsende zunächst zu deutschen Familien in Südafrika entlassen wurden. Da mussten sie erst einmal bleiben. Meine Mutter hat ihn dort mit meinen beiden Schwestern, die vor dem Krieg geboren wurden, besucht. 1946 ist Vater dann zurückgekommen. Eine Schwester ist später gestorben.

Ich bin 1947 geboren, bin sieben Jahre hier in Otavi zur Schule gegangen. Wir Farmkinder kamen im deutschen Privatschülerheim unter.In der deutschen Abteilung der afrikaansen staatlichen Schule waren meistens drei deutsche Lehrer tätig. Wir waren so an die fünfzig deutsche Kinder, einmal sogar mehr als siebzig. Diese drei deutschen Lehrer waren Teil des Lehrkörpers, und die haben die Fächer alle in deutscher Muttersprache unterrichtet. Das Internat, also das Schülerheim, das wurde privat von den Eltern aufgebaut und unterhalten. Die Staatsschule mit der deutschen Abteilung, die wurde vom Staat finanziert.

Nach der Schule in Otavi war ich bis 1965 in Swakopmund in der Oberschule. Auch hier im Internat. Wir kamen nur vier mal im Jahr nach Hause. Ich meine, mein Schwiegervater hatte es ja noch schwerer, die sind nur zweimal im Jahr gekommen. Aber trotzdem, die ersten zwei Jahre, das war eine ziemliche Umstellung. In der Schule mussten wir uns für die Unterrichtssprache Englisch oder Afrikaans entscheiden. Ich habe die Schwierigere gewählt - Englisch. Manchmal denke ich, es war ein Fehler, ich musste viel Englisch pauken, Afrikaans war einfacher. Es waren alles deutsche Jungen, nach dem Eingewöhnen haben wir uns sehr wohl gefühlt. Vor allem vom Klima her war man dort am Meer immer unternehmungslustig, vor allem im Sport, nicht nur im Sportunterricht, sondern auch abends. An der Schule waren ungefähr vierhundert Schüler, alles weiße Kinder. Achtzig Prozent davon Deutsche. Die anderen waren afrikaans und englisch Sprechende aus Swakopmund und Umgebung.

Natürlich waren Schwarze und Weiße in dieser Zeit nicht zusammen. Das ist bei uns separat zugegangen, die wohnten für sich, wir wohnten für uns. Ich denke, hier auf den Farmen hat man die Apartheid nicht so direkt gespürt, man hat es sicherlich bemerkt in den Orten, wo entsprechende Schilder angebracht waren. Als Kind - so wie ich in Swakopmund - waren die Unterschiede für uns kein Problem, denn es war schon immer so, und man hat es weiter so gehandhabt.

Ich bin in der elften Klasse hocken geblieben, zog vom Internat wieder auf die Farm, und im folgenden Oktober, das war 1966, musste ich für neun Monate zum Militär. Als Bürger des südafrikanischen Mandatsgebietes mussten wir alle den Dienst machen. Ich war in der Gruppe der einzige Deutsche. Wir kriegten einen Schrieb, eingezogen zu der und der Einheit, dann und dann, mit Bahnfahrkarte dabei. Wir setzten uns in den Zug und fuhren drei Tage nach Südafrika. Wir wurden von einem Unteroffizier empfangen. Dort wurde an einem Tag englisch kommandiert, am anderen Tag kamen die Befehle auf afrikaans. Afrikaans ist ja für uns Deutsche relativ leicht zu verstehen, aber am Anfang dieses Englisch, wenn die da losbrüllten, da drehte sich alles in die verschiedenen Richtungen, weil keiner ein Wort verstand. Aber das kriegt man nachher hin, später habe ich beinahe in Englisch geträumt.

Ich war zur Luftwaffe eingeteilt worden, leider habe ich von Flugzeugen nirgends etwas mitgekriegt, die haben uns als Wache eingeteilt. In Durban zum Beispiel, wo wir Flugzeuge und den Flugplatz bewachen mussten. Nach drei Monaten hat mein Vater sich beschwert, dass wir jungen Kerle solange Wachdienst machen mussten, das hielt er für vergeudete Zeit. Er schrieb an den südafrikanischen Verteidigungsminister und an den Premierminister. Die schrieben zurück, das sei nötig. Aber daraufhin wurde bei uns eine Übung befohlen. Bei dieser Übung mit zwei Parteien, in der wir uns gegenseitig angreifen mussten, ist dann das Blöde passiert. Ein Mitkamerad kommt von hinten auf mich zu, und wie ich mich umdrehe, da drückt der ab und feuerte mir die Platzpatrone ins Gesicht. Rechtes Auge Linse kaputt, drei Monate Militärhospital. Anschließend, nach Militär und Augendrama, das war 1967, bin ich für ein Jahr, etwas über ein Jahr, nach Deutschland gegangen. Mein Vater meinte, wir kämen ja ursprünglich von drüben, da muss ich Verwandtschaft und Land und Leute kennen lernen. Erst zu meiner Tante nach München. Ich war auch drei Monate auf einem Bauernhof. Danach hat mich ein sehr wohlhabender Patenonkel drei Monate zum Segeln auf der Ostsee eingeladen. Deutschland war eigentlich eine sehr schöne Zeit.

Von Juli 1969 an bin ich als Farmlehrling nach Otjiwarongo auf eine deutsche Farm gegangen. Ein Riesenfarmereibetrieb mit achtzehntausend Hektar. Reiner Rinderbetrieb und eine kleine Karakulzucht. Das war eine sehr harte Ausbildung.

Dort bei Hoffmann haben es die meisten Lehrlinge nur zwei, drei Monate ausgehalten, dann sind sie abgehauen. Der war irrsinnig penibel, genau, es ging nur um Farmerei. Aber der war in allem auch perfekt. Ich sagte mir jeden Tag, wenn ich dieses Jahr hier abgeschlossen habe, dann kann ich überall im Lande hingehen und sagen, ich war ein Jahr bei Hoffmann, dann nehmen die mich sofort.

Dem Jahr folgte für ein Jahr die Landwirtschaftsschule in Neudamm, nicht weit weg von Windhoek. Das war eine schöne Zeit, ich habe viel gelernt, weil diese Landwirtschaftsschule wirklich zugeschnitten war auf unser Land. Hier wurde gesagt, wie man farmt unter den hiesigen Bedingungen. Viele der Farmersöhne sind nach Südafrika auf die Landwirtschaftsschule gegangen, da wird vielfach Ackerbau und Obst und solche Sachen gelehrt. Aber das ist nicht auf das Land hier zugeschnitten.

Ab 1972 habe ich Farmvertretung bei meinem Schwager gemacht, bin so langsam in die Sache hineingewachsen. Mit dem Jahr 1973 fing ich an, auf der Farm mit meinem Vater zu wirtschaften. Eigentlich war ich ab 1974 permanent hier, wir haben uns immer abgewechselt. Wenn einer wegfuhr oder so, dann hat der andere den Betrieb gemacht. Das ging gut. Das Schöne war bei meinem Vater, er kannte irrsinnig viele Pflanzen und Vögel und Tiere. Wir haben eine große Bibliothek, Vater war sehr belesen, und ich habe dadurch auch viel mitgekriegt. Er hatte viele Interessen, Musik und Korrespondenz, der war eigentlich sehr rege, hatte immer etwas zu tun. Wenn wir uns in die Wolle kriegten, widmete er sich seinen Hobbys. Von ihm wusste ich, das Schöne im Leben ist die Vielseitigkeit, die macht das Leben erst bunt. Die Farmwirtschaft hat er regelrecht erforscht, was er wusste, hat er seinen Männern schon im Internierungslager gepredigt. Er fragte sie, was steckt ihr in dieses Land? Die antworteten, das ist jungfräuliches, ausgeruhtes Land, hier braucht man nur rausholen. Nein, hat er gesagt, das gibt es in keiner Landwirtschaft, nur »rausholen«, auch nicht in Südwest. So war er. Er hat genau beobachtet, was fressen die Tiere, und da hat er gesehen, hier sind verschiedene Gräser, süße Gräser, saure Gräser, mittlere Gräser, die guten Gräser waren natürlich immer rausgefressen. Und draußen ändert sich von hundert Meter zu hundert Meter das Gelände und mit ihm der Bewuchs. Da hat er gesagt, hier muss gezäunt werden, da muss abgezäunt werden, damit die Rinder gezwungen werden, auch an den schlechten Stellen zu fressen. Und er hat angefangen einzuzäunen. Jetzt haben wir, HAGESTOLZ und KUMKAUVAS zusammengenommen, so an die 140 Kilometer Zaun zu unterhalten.

Vater und Sohn zusammen auf einer Farm ist hier nicht so üblich. Viele wagen das nicht, oder die Väter und Söhne können nicht zusammen, weil die Interessen auseinander liegen. Oder die jungen Leute haben zu phantastische Ideen. Ich sage immer, das gute Alte halten und neue gute Sachen darauf aufbauen, ich sage nicht, den alten Ballast muss man abwerfen.

So um 1974 wurde es im Norden unruhiger, in Angola wollten sie unabhängig werden, viele Portugiesen kamen zu uns ins Land. 1978 oder 1976 fing das mit den Terroristen an, die ins Land kamen und Farmer überfielen. Wir hatten hier für den Schutz unserer Farmen ein Heimatschutzkommando. Vom Militär organisiert. Wir machten Übungen. Überall auf den Farmen waren Funkgeräte installiert. Wir haben uns immer morgens oder abends gemeldet. Wenn einer sich nicht rührte, sind wir hin, haben nachgeschaut. Mit Militärfahrzeugen mussten wir Grenzpatrouillen fahren. Von einem Lager aus machten wir unsere Patrouillen oder so etwas. Manchmal waren wir eine Woche oder zehn Tage weg, das war dann nicht so leicht für die Frauen, der Farmbetrieb musste ja weitergehen. Wir fuhren die angolanische Grenze ab, suchten nach Spuren der Terroristen, die wir dann verfolgten. Oder wir besetzten die Wasserstellen und wussten, hier müssen die vorbei, hier erwischen wir sie, woanders gab es kein Wasser. Das waren oft aufgeputschte Leute, auch manchmal mit Drogen. Die haben natürlich auch Racheakte verübt, zum Beispiel hier in Tirol, den Buchholz, den sie da erschossen haben, unter seinem Auto erschossen, und dann haben sie gesagt, dass ist für die, die er ermordet hat. Aber nach der Unabhängigkeit gab es keine Racheakte. Unsere Waffe war vor allem dieses G3 Gewehr, und in Otavi lag unser Hauptkommando.

Aufgeteilt waren wir in Gruppen. Ich war Korporal, also Unteroffizier mit zwei Streifen.

Insgesamt waren die Kommandos gemischt. Auch mit afrikaans Sprechenden. Wir haben später auch unsere Farmarbeiter ins Kommando genommen. Die wurden ja auch bedroht. Meistens sind die Terroristen zu den schwarzen Siedlungen gegangen. Das war der erste Kontakt, da haben sie Informationen gesammelt, für sie war es natürlich immer günstig, wenn das Ovambos waren. Denn die Terroristen waren auch meistens Ovambos. Wir auf der Farm, wir hatten keine Ovambos. Wir hatten und haben Damaras. Nach einem Überfall haben wir meistens festgestellt, dass die Informationen an die Terroristen von den Hausangestellten oder von den Arbeitern kamen. Wann fährt der Farmer in den Ort, was macht der jetzt, wo ist er im Moment. Das war fast immer so. Wir haben den Dienst ernst genommen, denn die kamen hier rein, die wollten Terror machen, damit wir abziehen. Ihr Befreiungskampf hieß wohl, das Land hier befreien von den Weißen, damit sie das alles übernehmen können, das war sicherlich die Idee.

Das Jahr 1989 war der Höhepunkt, dann aber kam die ganze Wende, ziemlich plötzlich, denn im Dezember davor sind die Südafrikaner noch mit Panzern in den Norden gefahren. Es kamen die Wahlen, eigentlich ging es nur um DTA oder SWAPO. Die Wahlergebnisse und alles danach wurde überdeckt von den Ereignissen in Deutschland. Mauerfall, die Deutschen wieder ein Volk, der Ostblock war kaputt. Wir waren ziemlich perplex. Diese Entwicklung, eigentlich weit entfernt von hier, die war für uns wohl das eigentliche Glück. Als es drüben umkippte, förderten die Ostländer die SWAPO nicht mehr. Feierabend. Nun mussten sie sich anders verhalten. Keiner weiß, was passierte wäre, wenn die Mauer nicht gefallen wäre.

Nun aber zurück zur Familie. 1982 habe ich meine Frau Christa geheiratet. Von den Farmen her waren wir Nachbarn. Christa kam schon als Kind hier vorbeigeritten. Auch mein Vater war ein passionierter Reiter. Am Ende ihrer Schullaufbahn haben wir uns öfter gesehen, dann hatten wir ein großes Turnier zum fünfundzwanzigjährigen Bestehen des Otavi-Reitvereins. Danach wurden unsere Beziehungen enger. Wir waren nur kurz verlobt. In Tsumeb die kirchliche Trauung, die Feier in Otavi im Club. Unsere ersten Kinder sind Zwillinge. Algo und Dieter. Das war eine Überraschung, damals gab es noch keinen Ultraschall, und wie der erste da war, der Algo, da sagte der Arzt, da kommt ja noch einer. Der nächste war Guido, dann kam Ingrun. Danach neun Jahre Pause. Und weiter ging es mit Siegbert, Mechthild, Albrecht. Und nun noch die Kleine - die Sigrun. Die Jungen sind in der Ausbildung in Deutschland, in Bremen. Der Algo lernt Industrieelektroniker, und der Dieter macht Lastwagen bei MAN. Nach dem Willen der Regierung sollen vor allem Farbige die wenigen Ausbildungsplätze bekommen. Dadurch wird es für uns Europäer hier immer schwieriger, die jungen Leute unterzubringen. Ich denke auch, für unsere Kinder ist es gut, das Land auch von außen kennen zu lernen. Einige von ihnen werden auch zurückkommen. Das ist dann gut für das Land hier, es fehlt ja immer an Fachkräften.

Wie es mit dem Deutschsein hier weitergeht, ist schwer zu sagen. Das hängt von uns Deutschen selber ab. Wir haben immer kämpfen müssen, immer wollte man uns in die Ecke drücken, wir haben nicht aufgegeben. Schon unsere Vorfahren haben gesagt, wir integrieren uns nicht, dann geht unsere schöne deutsche Sprache unter. Bis 1994 oder 1995 ging das mit der deutschen Sprache an den Schulen noch ganz gut. Wir zum Beispiel hatten einen sehr guten deutschen Schulleiter. Der hat sich gesagt, wenn wir die Schulen für alle Sprachgruppen öffnen, hole ich mir die guten Schüler aus der schwarzen Schule, die müssen Aufnahmetests machen, und die integrieren wir an unserer Schule. Er konnte das nicht verwirklichen.

Der Unterschied zwischen den schwarzen und weißen Schülern ist krass. Man muss dabei immer bedenken, diese ganze Zivilisation, diese ganze Entwicklung, die wir Europäer über Jahrhunderte durchgemacht haben, die müssen die Schwarzen jetzt erst verarbeiten, nachholen, und das ist nicht so einfach. Sicher wird sich der Niveauunterschied irgendwann ausgleichen, denn es gibt ja unter den Schwarzen, wenn die Schicht auch viel dünner ist, welche, die auch schlau sind und intelligent. Wir Deutschen mussten immer irgendwie kämpfen, wir waren immer eine Minderheitengruppe hier. Es wird weiter gehen. Dazu kommt, dass Südwest eine deutsche Kolonie war, dass viele Geschäftsleute doch Deutsche sind, das macht auch viel aus, ökonomisch, das stärkt uns.

Wie gesagt, es hängt schon von uns selber ab, was wir daraus machen, und wie lange wir das noch erhalten.

Von Sanja Juu über Neuengamme nach Oshakati

Auf dem gescheuerten Tisch der Alvenslebens stand die große, weiße Emailleschüssel mit dampfendem *Miliepap*, dazu Milch, Zucker und Honig, und wer mochte, konnte sich von der geräucherten Kudukeule abschneiden lassen. In den Maisbrei mischte ich mir frischgemolkene Milch. Zwei Löffel Honig dazu. Recht so, nickte die Farmersfrau. Sie sah mich mit großen, geröteten Augen an, möge es schmecken. Ich weiß, ihr schien der Frühstückstisch für einen Gast von drüben zu ärmlich gedeckt. Sie dachte wohl an frisch gepressten Saft, drei Sorten Käse, Joghurt linksdrehend mit Müsli aus dem Reformhaus. Wenn sie es doch nur erleben könnte, wie in dieser Stunde die Freunde zu Haus mit einem Schluck Kaffee im Bauch, das Brötchen noch in den Backen, zur S-Bahn hetzten.

Wir hatten uns vor dem Frühstück mit gesenkten Häuptern an den Händen genommen, waren stimmlos dem Gebet der Farmersfrau gefolgt. »Fürchtet euch nicht vor dem kommenden Tag. Auch morgen wird Gott für euch da sein. Guten Appetit!« Dann war es still am Tisch, nur das Schnaufen der Rinder an der nahen Tränke und leises Kettengeklirr waren zu hören. Jeder webte den Gedanken des behutsam, mit belegter Stimme gesprochenen Gebets auf seine Weise fort. Ein Hauch von Verlorenheit und Melancholie schien selbst die fünfjährige Sigrun erfasst zu haben, die still den Arm um ihren kleinen Bruder Albrecht legte und ihm den Teller mit Brei zurechtrückte.

Der erwartete Regen war wieder nicht gekommen, obwohl in der Nacht ein träger Wind von den Elefantenbergen her hoffen ließ. Früh um drei, als wir das Feuer austraten und der Farmer mich zur Schlafhütte begleitete, war er noch voller Zuversicht. Das dritte Jahr mit viel zu knappem Regen. Wie soll das nur weitergehen, die Herden wieder und wieder verkleinern?

Ich schleppte die Traurigkeit vom Frühstückstisch mit auf die Fahrt zu den Klippplattenbergen. Dort könnte ich ihn treffen, ihren

Mann, den Wasserbauingenieur, so dessen Ehefrau am Telefon. Am Abend werde ich wissen, wer Oshakati den Namen gab und wer am Reißbrett den ersten Strich für das Projekt »Bewässerungskanal Ovamboland« gezogen hatte. In der Familie soll es eine Frau gegeben haben, die als erste sich durch Hitze und Eis hinauf zu den Schneefeldern des Kilimandscharo gequält haben soll, fast sechstausend Meter.

Als erste Frau wollte sie den Eiskrater des Dachs von Afrika berühren. Während die Männer der Begleitmannschaft sich in den Schutz der Meyer-Höhle zurückgezogen haben sollen, um an ihren klammen Fingern zu lutschen und den letzten heißen Tee zu schlürfen, habe sie es allein mit einem tapferen Guide gewagt. Und gewonnen.

Die Schilderungen dieser weit zurückliegenden Bergbesteigung an der stark frequentierten Cafébar von »Wecke & Vogt« in Windhoek waren so bunt und so verschieden, dass ich das Ganze für eine schillernde Erfindung aus der südwester Frauenszene hielt. Ich werde den Ingenieur danach fragen.

Im deutschsprachigen Programm die Nachrichten. Terror gegen Terror in Nahost. Verfall der Maispreise zu erwarten. Gestattungsproduktion von Aids-Medikamenten in Aussicht gestellt. Ampelanlagen auf der Independence Avenue durch Ratten im Kabelschacht ausgefallen. Kofferraub unmittelbar vor der Aufklärung. Es folgte das Wetter.

Ich schaute in den Rückspiegel. Kofferraub vor der Aufklärung! Polizeisprecher und die Chatshow-Redakteure von NBC wollen sich die Frager vom Leib halten. Der Koffer fährt durch Namibia und keiner weiß, wo er wirklich ist. Das ist die Wahrheit. Wie bestellt standen am Ortsschild Otavi rot-weiße Sperrkegel auf der Fahrbahn. Ich atmete tief durch, stellte das Radio ab und rollte langsam an die Sperre heran. Ein junger Polizist, ein schmales Kerlchen, fast ein Kind noch, erklärt gestenreich einem lächelnden Mädchen mit braunen Rastalocken die Welt. Für einen Moment ließ er von ihr ab, zog den Kegel zur Seite und beugte sich zu mir herab.

»Morning! You portuguese speaking?«

»No - German.«

»Okay, 'bay.«

Die Welt konnte sehen, wie cool er als Polizist agierte. Er legte beide Hände auf die Schultern des Mädchens und führte sie vom Straßenrand fort. Der Koffer in seinen Händen hätte ihm den Tag mit der Liebsten verdorben. Aber es wäre ein gutes Gefühl gewesen, den Kasten endlich loszusein. Vorbei. Es wird eine nächste Gelegenheit geben.

Ein Junge in ausgefransten Hosen trieb mit Geschrei Ziegen über die Straße. Im Radio immer noch die Chatshow. Die deutsche Sprecherin erteilte einer Frau Hofbach das Wort. Es sei richtig, sagte sie, Hauptkläger sei der Hererochef Kuaima Riruako im Auftrag der Herero People's Corporation. Die Papiere wurden am 19. September 2001 beim US-Bezirksgericht Columbia eingereicht. Als Entschädigung für Sklaverei und Genozid wird eine Wiedergutmachungszahlung von zwei Milliarden US-Dollar gefordert. Angeklagt sind die Bundesrepublik Deutschland, die Deutsche Bahn, die ehemalige Woermann-Schifffahrtslinie und die Deutsche Bank. Kurz, die Nachfolger der entsprechenden Einrichtungen in der Kolonialzeit. Ein Hörer bedankte sich für diese grundsätzliche Auskunft. Der nächste, ein Mann, der von sich sagte, er sei Lehrer in Rundu und kenne Deutschland sehr gut, und er wolle auch gleich sagen, er sei schwarz, falls das jemanden interessiert, er möchte eine Wortmeldung zur Landreform ergänzen. Eilfertig, als fürchte sie, der Mann aus dem Volke könne sich das noch überlegen, jetzt in der deutschen Sendung zu sprechen, ermunterte ihn die Moderatorin, er möge nur sprechen, er solle nur frei von der Leber weg erzählen, das sei sicher sehr interessant.

Er persönlich glaube, sagte er, dass die schwarze Gesellschaft die jahrhundertlange Demütigung durch die Weißen noch nicht überwunden habe. Das sei das eigentliche Problem. Für zwei lange Sekunden versagte ihm die Stimme, dann räusperte er sich und fuhr betont ruhig fort. Weil die Leute, die Weißen, von denen man Buße und Einsicht erwarten könne, sich dem öffentlichen Gespräch geschickt entziehen. Ob er gut zu verstehen sei, mit seinem Deutsch, fragte er besorgt. Ja, sehr gut, beteuerte die Moderatorin, kommt noch etwas? Ja, sagte er.

Da sei über Jahre solch ein Gefühl gewachsen, das einem sagt, man muss die Weißen dort treffen, wo sie wirklich zu treffen sind. Und das ist ihr über Jahrzehnte gepflegtes, mit Entbehrungen durch Kriege gebrachtes Land, das sie ganz selbstverständlich ihr Eigentum nennen. Ob das nun hieße, alle sollten das Land zurückgeben, will die Moderatorin mit mühsam beherrschter Stimme wissen. Er wolle niemand etwas wegnehmen, er spräche nur von dem, was in vielen Köpfen wohnt. Man möge ihm verzeihen, aber er will das durch einen Vergleich besser erklären.

Wenn du an den bösen Nachbarn nicht heranreichst, weil sein Zaun zu hoch, seine Hunde zu scharf, seine Freunde zu mächtig sind, dann schwängerst du des Bösen Tochter, damit triffst du ihn ins Mark. Dem anderen Schmerz zufügen, um an den eigenen Schmerzen nicht zu verzweifeln. Auch um Genugtuung zu erfahren.

Ob sie ihn verstehe? Und wenn er noch etwas hinzufügen darf: Dafür werden ihn seine Freunde zwar prügeln, trotzdem - er kenne nur sehr, sehr wenige Leute hier oben, die gern zur Arbeit auf riesige Felder ziehen würden, deren Hirse und Mais und Bohnen nicht für die Familie wächst, sondern für die fremden Leute hinter den Bergen, für die in der Stadt, die niemand kennt und die sie, vom Lande, nicht grüßen.

Das sei ja sehr interessant, stellte die Moderatorin fest. Wo er denn dieses ausgezeichnete, ja druckreife Deutsch gelernt habe, wollte sie wissen, das höre sich ja wirklich gut an. An der Universität vor fünfzehn Jahren in Rostock. So, aha, in Deutschland also. Danke. Ich danke Ihnen, allen, danke. In die letzten Silben der Frau drängt sich die Erkennungsmelodie der Nachrichtensendung von NBC. Terror gegen Terror in Nahost. Verfall der Maispreise zu erwarten. Gestattungsproduktion von Aids-Medikamenten in Aussicht gestellt. Ampelanlagen auf der Independence Avenue durch Ratten im Kabelschacht ausgefallen. Kofferraub unmittelbar vor der Aufklärung.

Günter Ruppel
Jahrgang 1924, Ingenieur

Geboren bin ich in Friedberg bei Frankfurt, das ist in Hessen. Merkwürdigerweise im Hause von Sir Ernest Oppenheimer, dem Diamantenkönig, einem der reichsten Menschen der Welt. Der kommt aus Friedberg. Als Oppenheimer nach Südafrika auswanderte, kaufte mein Onkel das Haus. Ich war gerade geboren, da wanderten auch wir nach Ostafrika aus. Zuerst der Vater, um eine Bleibe für uns zu finden. Meine Mutter ist dann mit mir per Schiff hinterhergereist. Sechs Wochen waren wir unterwegs, wurde mir später erzählt. Ich war anderthalb Jahre alt, als wir in Ostafrika ankamen. Meine Eltern betrieben am Fuße des Kilimandscharos eine Kaffeepflanzung. Die Farm war auf 99 Jahre gepachtet, Kauf war laut internationalem Recht nicht erlaubt, weil Ostafrika englisches Mandatsgebiet war, ähnlich wie Südwestafrika, über das Südafrika das Mandat hatte. Es war sehr teures Land. Ein Hektar kostete damals 1.000 Pfund, das war 1924/25 sehr viel Geld. Wir hatten 240 Hektar gepachtet. Das Areal war zunächst vorwiegend Urwald, nur ein kleiner Teil war mit Kaffee bebaut. Jedes Jahr wurden zehntausend Kaffeebäume dazugepflanzt. Viel Arbeit. Die Farm lag zwischen Moshi und Arusha Sanja. Ganz nahe beim heutigen internationalen Flughafen. Der ist in Sanja Chini. Chini heißt »unten im Tal« oder »in der Ebene«. Und »Juu« heißt »in der Höhe«. Wir kommen vom Sanja Juu, das war am Hang des Kilimandscharo. Üppiges Grün soweit das Auge reichte. An den meisten Tagen des Jahres war der schneebedeckte Gipfel des Berges zu sehen. Dieser Anblick muss meine Mutter besonders fasziniert haben. 1926 machte sie sich als Siebenundzwanzigjährige mit sechs Mann auf den Weg und erreichte nach einer guten Woche als erste deutsche Frau die Kaiser-Wilhelm-Spitze, wie die Deutschen den heutigen Uhuru Peak in 5.895 Metern Höhe nannten.

Sanja Juu war ein großer Distrikt mit sechzig Kaffeepflanzungen, davon gehörten etwa fünfundfünfzig deutschen Farmern. Kaffeepflanzungen erforderten sehr viel Einsatz an Geld und Arbeit. Man pflegte und wartete sechs Jahre bis zur ersten Ernte. In dieser Zeit musste der Pflanzer und auch seine Arbeiter irgendwie über die Runden kommen. Bei uns waren einhundertzwanzig Leute beschäftigt, die mit ihren Familien auf der Pflanzung wohnten. Jeder hatte sein eigenes Häuschen, einen kleinen Garten dazu. Das Verhältnis von Schwarzen und Weißen in Ostafrika war ganz besonders gut.

In der Rückschau muss ich sagen, Ostafrika war total anders als Südwestafrika, auch in Hinblick auf das Verhältnis zur schwarzen Bevölkerung. In Südwestafrika war Land schon in der Zeit vor dem Ersten Weltkrieg sehr billig zu erwerben gewesen. Viele Soldaten, die dort blieben, konnten günstig beginnen, hatten sofort Vieh und auch Einnahmen aus der Wirtschaft. Während die Deutschen in Ostafrika mit Kaffee und Tee und Sisal einen langen Atem brauchten.

Ostafrika - Tanganjika - war damals weltweit der größte Exporteur von Sisal. Die Faser war wirtschaftlich von ziemlicher Bedeutung, weil daraus zum Beispiel Taue für Schiffe, Industrietextilien und anderes hergestellt wurde. Die riesigen Sisalpflanzungen waren fast alle in deutscher Hand, nur wenige gehörten Indern. Ähnlich war es bei Kaffee und Tee. In Ostafrika waren die Deutschen vorwiegend Pflanzer, in Südwest arbeiteten relativ viel Handwerker aus Deutschland, die ein Vermögen machten, weil es sonst keine geschulten Leute gab, aber Verkehr, Wasserbau, Bergbau, Eisenbahn in Schwung kam. Während in Ostafrika unsere Handwerker hauptsächlich Inder waren. Auch die Geschäftswelt wurde von Indern beherrscht. Die normale Geschäftswelt. Bis auf große Unternehmen, sagen wir einmal Autoeinfuhr oder solche Sachen, die wurden auch von Deutschen geführt. Aber Geschäfte, die Lebensmittel et cetera verkauften, waren meistens indisch. Inder sind ja sehr, sehr begabte Händler. Die Viehwirtschaft lag hauptsächlich in den Händen der Araber, da die Araber Mohammedaner sind. Ich würde sagen, siebzig Prozent der Schwarzen Ostafrikas waren Mohammedaner, und die hätten nie ein Rind von einem Christen gekauft oder gar schlachten lassen. Das musste auf mohammedanische Art geschehen. Die Schlachterläden waren aus diesen Gründen hauptsächlich in der Hand von Mohammedanern, und das waren Araber. Aber ich will Ihnen etwas zu dem wohl größten Unterschied zwischen den Deutschen in Ostafrika und denen in Südwestafrika sagen. Sehr viele unserer Deutschen in Ostafrika waren aus Deutschland Weggezogene, ich sage das so umständlich, weil die meisten sich nicht als Flüchtlinge im allgemeinen Sinne sahen, sie sind dem aufkommenden Naziregime ausgewichen. So auch mein Vater: In unserem Hause hing kein Hitlerbild, sondern da hingen der Bismarck und Kaiser Wilhelm. In den meisten Häusern. Deutsche in Deutschland, die Industrien hatten, veräußerten die und wanderten aus. Unser Nachbar zum Beispiel hatte eine große Fabrik in Ulm, eine

Stromfabrik, die hat er verkauft und hat für das Geld eine Kaffeepflanzung erworben. Er entfernte sich aus dem Dritten Reich, weil er ahnte, was da passieren würde. Daher waren die meisten Deutschen in Ostafrika Anti-Nazis.

Mit dem Mandatsträger England gab es zunächst keine Probleme, im Gegenteil. Einer unserer besten Freunde war der Districtofficer, der Districtgovernor unseres Kilimandscharo-Bezirks, ich vergesse auch nie seinen Namen, Bruce Hout, ein Engländer. Er kam sehr oft zu uns, denn wir hatten einen Fluss auf der Pflanzung, in dem sich Forellen tummelten. Er kam am Wochenende zum Angeln und trank mit Vater seinen Sundowner, sie waren gut befreundet. Mein Vater fragte: »Bruce, was machen wir, wenn ein Krieg ausbricht?« Und er: »Macht nur weiter mit euren Kaffeepflanzungen.« In Ostafrika war kein Deutscher daran interessiert, eine Waffe in die Hand zu nehmen und das Land gegen England zu verteidigen. Jeder war bestrebt, sein Leben auf der Pflanzung in Ruhe weiterzuleben.

Darum war es ganz schrecklich für uns, als von einem Tag auf den anderen alles anders wurde. Ich war 15 Jahre alt, besuchte die deutsche Schule am Kilimandscharo, und es war Wochenende. Für uns begann das Unglück am Sonntag, dem 3. September 1939. Um zwölf Uhr mittags erklärte England Deutschland den Krieg. Abends um achtzehn Uhr fuhren Lastwagen mit englischen Soldaten auf unseren Hof. Sie haben erst einmal unsere Hunde abgeschossen. Mein Vater hatte eine Hundezucht, er war sehr bekannt für seine Schäferhunde. Die Soldaten fuhren weiter von Pflanzung zu Pflanzung und haben die Deutschen kassiert. Erst einmal die Männer. Den Frauen wurde verboten, ihre Pflanzung weiter zu bearbeiten. Wir sollten auch unsere Schwarzen alle entlassen. Der Kaffee stand gut, jetzt im September stand er kurz vor der Ernte. Die Frauen und wir Kinder durften die Pflanzungen nicht verlassen, bis ein Internierungslager aufgebaut war. Und das stand zwei Monate später, im November 1939. Unsere Schule, die deutsche Schule am Kilimandscharo, wurde mit Stacheldraht umgeben, und da wurden die Frauen mit ihren Kindern hingebracht. Die Schule war zwölf Kilometer von Moshi entfernt, am Berghang. Der Internierung folgte die Enteignung. Sofort. Ohne Entschädigung, das sollte später ein Friedensvertrag klären.

Nach mehr als siebenjähriger Internierung, letzte Station war Südafrika, wurden wir dann gegen unseren Willen nach Deutschland deportiert. Auffanglager war das ehemalige Konzentrationslager Neuengamme bei Hamburg. Obwohl wir mit den Nazis nichts zu tun hatten, sollten wir entnazifiziert werden. Nach unserer Entlassung kamen wir bei einer entfernten Verwandten in Hirschhorn am Neckar unter. Dieses Hirschhorn war nur zwanzig Kilometer von Heidelberg entfernt. Die Stadt war nicht zerstört, aber vollgestopft mit Flüchtlingen, die meisten waren aus dem Sudetenland gekommen. Für uns aus Ostafrika gab es ein Zimmer mit zwei Betten für zwei Erwachsene und drei Kinder. Wir haben uns leidlich durchgeschlagen und furchtbar gehungert.

Ich hatte im Krieg in der Internierungshaft mein Abitur gemacht. Wir hatten im Lager eine deutsche Schule. Unser Lagerführer Herr von Brandis war ein sehr couragierter Mann, er intervenierte beim Roten Kreuz. Wir sind zivil interniert und unsere Kinder haben das Recht, eine deutsche Schule zu besuchen, so seine Worte.

Inzwischen war ich sechzehn Jahre alt geworden, war im Lager der Männer gefangen. Über das Rote Kreuz wurden uns aus Deutschland Schulbücher geschickt und die Programme für das Abitur beziehungsweise für die entsprechenden Klassenziele. Lehrer hatten wir genug, denn in Ostafrika gab es mehrere deutsche Schulen, und die Lehrer waren mit uns eingesperrt worden. Auf diese Weise bekam ich im Lager eine ausgezeichnete Ausbildung. Das war von 1940 bis 1947. Mein Abitur habe ich 1945 gemacht. Eigentlich wollte ich Musik studieren, aber das war nicht möglich, weil wir im Internierungscamp nur ein einziges Klavier hatten und wir waren 300 Schüler. Für intensives Üben war einfach keine Zeit, andere wollten ja ebenfalls spielen, auch die Erwachsenen. Mit uns im Lager saß der Dirigent des Wiener Prater-Orchesters, Konzertmeister Herr Maler, ein Wiener. Als der Krieg ausbrach, war er zufällig zu Besuch in Rhodesien und wurde dort festgesetzt. Pech gehabt. Er baute aus Apfelsinenkistenholz Geigen und Gitarren. Maler hat uns Jugendliche zusammengeholt und gesagt, kommt, wir machen Musik. Irgendwann bekam er durch das Schweizer Rote Kreuz ein Akkordeon, ein italienisches, funkelnagelneu. Um dieses Akkordeon habe ich mich beworben, es klappte auch. Ich hatte dann vier Jahre Unterricht und habe alle Examen darauf gemacht. Das war mein Glück, denn ich konnte später in Deutschland Unterricht geben. Abends habe ich in Restaurants Musik gemacht. In Cafés oder auch bei den Amerikanern. Dafür gab es etwas zu Essen und manchmal Geld und bei den Amerikanern immer eine Schachtel Zigaretten, die man für teures Geld verkaufen konnte. Lucky Strike - auf dem Schwarzmarkt eine Zigarette zwölf Mark. So konnte ich dann mein Studium finanzieren.

Ich habe Vermessung studiert, Geodäsie. Mein Ziel: unbedingt wieder zurück nach Afrika. Weil ich in Afrika groß geworden bin. Ich bewarb mich wieder und wieder nach Ostafrika, aber die Engländer haben das abgelehnt. Ostafrika war noch unter englischer Herrschaft bis zur Unabhängigkeitserklärung von 1961. Die Engländer wollten uns nicht wiederhaben. Einige wenige Deutsche haben sie wieder zugelassen. Aber das waren solche, die noch nie dort waren. Aus englischer Sicht verständlich, Deutschland war gerade besiegt worden, und es wäre wohl kein gutes Bild gewesen, wenn die Schwarzen uns »alte« Deutsche mit Freude begrüßt hätten.

Aber ich hatte Glück! Mein Lehrer und Schulleiter der deutschen Schule am Kilimandscharo, Herr Schrader, bekam eine Lehrerstelle in Südwestafrika, in Swakopmund. Mit dem stand ich auch nach der Internierungszeit in Verbindung. Im Lager war er wie ein zweiter Vater zu mir, hat sich sehr viel um mich gekümmert. Und als er dann in Swakopmund als Lehrer fungierte und ich mein Studium vollendet hatte, habe ich ihm geschrieben, bitte, ich suche eine Stelle in Südwestafrika, um wieder nach Afrika zu kommen.

Er bekam eine Stelle für mich. Das war im Jahre 1954. Ich hatte inzwischen geheiratet. Meine Frau lernte ich während meines zweijährigen Praktikums kennen. Ich musste eine praktische Lehrzeit vor dem Studium machen. Das wurde damals verlangt, weil die Universitäten und Ausbildungsstätten überfüllt waren. Die sagten: arbeite erst einmal zwei Jahre praktisch, dann kannst du dich wieder melden. Das Praktikum habe ich in Hannover gemacht in einer großen Vermessungsfirma. Das war für mich eine sehr interessante Arbeit. Nebenbei besuchte ich die Abendschule. Ingenieurswesen, Maschinenbau. Ich wollte soviel wie möglich lernen.

Im Mai 1954 wurde mein Sohn Hartmut geboren, der hier in Namibia sehr bekannt ist. Mitte 1954 verließ ich Deutschland. Mein Lehrer Schrader hatte mir eine Stelle bei einem Landmesser, der seit 1904 in Südwest tätig war, vermittelt. Nachdem alles einigermaßen geregelt war, kam meine Frau mit unserem sechs Monate alten Sohn nach. So fing unsere Laufbahn in Südwestafrika an.

Die erste Station war in Windhoek. Wir wohnten bei meinem Chef, der ein großer Pferdeliebhaber war und neben dem Stall ein kleines Zimmer frei hatte. Das war für uns. Nachts keilten die Pferde manchmal kräftig gegen die Wand, aber wir hatten erst einmal eine Bleibe. Später baute er für uns ein Rundhaus, das wir mieteten, und alles wurde schon ein wenig besser. Ich arbeitete hauptsächlich im Büro. Der Chef war mit drei weiteren Landmessern eng verbunden. Da musste ich all die Berechnungen machen. Von morgens bis abends, bis spät in die Nacht hockte ich an der Rechenmaschine, rechnete und rechnete. Das, so habe ich gedacht, das kann ich auch in Deutschland. Mich hat dieser Beruf gereizt, weil man in der freien Natur arbeiten kann, im Busch unterwegs ist. Dann bekam ich ein finanziell nicht so verlockendes, aber ein sehr interessantes Angebot vom Wasserbauamt. Die brauchten dringend Leute, weil Wasserbau in diesem Land von großer Wichtigkeit war. Unsere nördlichen Gebiete, in denen unsere Schwarzen, die Ovambos, wohnten, litten unter Wassermangel. Dort oben verdursteten jedes Jahr viele Menschen, weil kein Wasser da war. Da hat das Wasserbauamt angefangen, im Norden das Wasser zu entwickeln. Ein Herr Stengel, der sehr bekannt in diesem Lande ist, war Ingenieur für Wasserbau, der hatte mich geangelt. Mein alter Chef, der inzwischen achtzig geworden war, ließ mich ziehen. Auch er sah beim Wasserbauamt die Zukunft für mich. Das war sehr fair. Und da fing meine wahnsinnig interessante Laufbahn an. Sehr hart, aber interessant.

Herr Stengel war ein sehr strenger Lehrer. Ich glaube, bevor ich bei ihm anfing, hatte er schon acht andere Angestellte verbraucht, die haben das nie länger als zwei oder drei Monate bei ihm ausgehalten, weil für ihn das Leben nur Arbeit war.

Wir sind nachts gefahren und haben tags gearbeitet. Einer konnte im Auto schlafen, während der andere fuhr. Er sagte: »Geschlafen wird nachts im Auto und tags wird gearbeitet.« Dass wir nachts irgendwo ein Lager machten, das gab's bei ihm gar nicht. Wir mussten ja diese großen Entfernungen überwinden. Es gab keine Teerstraßen im Norden. Nur Sandwege, die manchmal nicht mehr als eine Fahrspur waren. Eine Reise von Windhoek ins Ovamboland dauerte mindestens zwei Tage.

Begonnen habe ich dort 1955. Zu dieser Zeit gab es im Ovamboland ganz wenig Weiße, Ovamboland war für Weiße tabu. War total verboten. Man musste ein Permit haben, um da reinzukommen. Ein normaler Mensch kam überhaupt nicht rein, sondern nur einer, der da Arbeit hatte und beweisen konnte, dass es eine wichtige Arbeit war.

Alle Schulen und Hospitäler wurden nur von Missionsstationen betrieben. Die südafrikanische Regierung hat überhaupt nichts gemacht. Dafür wurde sie von den Vereinten Nationen immer wieder kritisiert. Missionen haben die Schwarzen ausgebildet, ihnen das Einmaleins und das ABC und die Bibel beigebracht. Viel mehr gab es da nicht. Auch die ärztliche Betreuung erfolgte, wenn überhaupt, mit Hilfe der Missionen. Missionen waren dort, wo es Wasser gab, aber diese Plätze waren oft vierzig, fünfzig Kilometer voneinander entfernt, so dass viele Schwarze, die zwischendrin wohnten, nicht zur Schule gehen und die Vorteile der Mission nicht genießen konnten. Das Ovamboland war sehr, sehr dünn besiedelt. Der Ovambo kannte keine Ortschaften, sie haben sich einmal im Monat oder in bestimmten Zeitabständen mit ihren Häuptlingen getroffen. Diese Versammlungen fanden unter einem großen Baum statt. Da oben gibt es ja riesige Bäume. Und bei den Missionen traf man sich sonntags zur Kirche, die Ovambos sind sehr fromme Leute. Die Missionen haben den Ovambos immer sehr geholfen, bei Krankheiten, bei Wassernot, und da war es nicht so schwer, sie zu Christen zu bekehren. Hier katholisch und dort evangelisch. Die evangelischen Missionen wurden von Finnen betrieben, das waren calvinistische Missionen, die waren sehr streng, wohl etwas zu streng in ihrer christlichen Ausführung. Die Katholiken haben sich mehr den Schwarzen angepasst. Ihre Geistlichen waren meistens deutsche Pater, die kamen aus Deutschland oder Holland. Die haben unheimlich viel getan. Außer dass sie Schulen und Hospitäler hatten, haben sie Gärten angelegt, Sägewerke errichtet, den Schwarzen das Tischlern beigebracht. Aber die Regierung hat herzlich wenig getan.

Zu der Zeit, also 1955/56, als ich schon dort oben arbeitete, war der Hauptort des Ovambolandes Ondangwa. Acht Häuser und vielleicht ein Dutzend Leute. Die Leute lebten traditionell weit verstreut mit ihren sehr großen Familien in *Kralen*.

Es gab im ganzen Ovamboland nicht ein einziges Geschäft. Wenn ich sechs Wochen da oben war, musste ich für diese Zeit die Verpflegung mitnehmen. Wir hatten keine Eisschränke, man konnte kein Brot mitnehmen, wir haben nur Büchsen eingepackt und aus diesen Büchsen gelebt. Man konnte da oben nichts kaufen, selbst in Angola nicht.

Ich war von unserem Wasserbauamt beauftragt worden, eine große Ausmessung vom ganzen Ovamboland zu machen. Das Ovamboland ist eben wie ein Tisch. Und weil es so flach ist, hat man nie gewusst, wie fließt denn hier das Wasser, fließt es von Ost nach West oder von Südwest nach Südost. In der Regenzeit steht alles unter Wasser, und man kann kaum feststellen, wohin das Wasser fließt. Letzten Endes fließt es in Richtung Etosha-Pfanne, aber genau kannte man die Flussrichtungen und vor allem das Gefälle nicht.

Der damalige südafrikanische Administrator für Südwestafrika hieß D.T. Viljoen. Der Mann war wohl einer der wenigen südafrikanischen Politiker, der sich wirklich für die Menschen in Südwest interessiert hat, er wusste wohl auch von unseren Vermessungsarbeiten dort oben. Eines Tages ließ er mich holen und sagte, »Du suchst im Norden einen Ort, an dem es genügend Wasser gibt, dort soll die Hauptstadt für das Ovamboland entstehen, wir wollen Hospitäler und Schulen bauen.« Für eine Stadt mit allem drum und dran gab es bei den Ovambos, wie schon gesagt, keine Tradition, eine Stadt entsprach nicht ihrer Lebensweise, so kannten sie auch keine Polizei, sie hatten ihre eigene Stammespolizei, die den Häuptlingen unterstand und sehr streng war. Wenn einer gestohlen hatte, wurde ihm die Hand abgeschlagen, oder ein Auge ausgestochen, das waren bis in die sechziger Jahre hinein noch die Strafen. Ich habe es selbst erlebt. Einer meiner schwarzen Angestellten hatte mich bestohlen. Um das nicht ausufern zu lassen, habe ich das dem Häuptling gemeldet und ihn gebeten, mit dem Mann gnädig zu verfahren. Okay, sagte der und ließ den Dieb mit einer fünf Meter langen Kette für einen Monat an einen Baum binden. Der Gefesselte bekam nichts zu essen und nichts zu trinken. Bewegen konnte er sich nur im Radius der Eisenkette. Versorgt wurde der Mann von seinen Verwandten, die sich nachts heranschlichen, ihm Brei und Wasser brachten.

Erst in den sechziger Jahren, als die ersten Freiheitskämpfer der SWAPO, damals noch Terroristen genannt, von Angola aus ins Land kamen, das war 1966, da kam südafrikanische Polizei ins Ovamboland, bis dahin gab es keine.

Im Rahmen meiner Erkundungen für den wasserreichsten Platz im Ovamboland war ich auch in Angola. Interessant ist, dass der Okavango und alle unsere großen Flüsse des südlichen Afrikas oder des mittleren Südens aus dem Hochland Angolas kommen. Besonders interessant war für mich der Kuvelei. Der floss aus Angola kommend in der Mitte des Ovambolandes nach Süden in die Etosha Pfanne, seit Tausenden von Jahren war das so. Die Etosha war einst ein See, der austrocknete und das Flussbett des Kuveleis verschlickte. Und dann fing das Wasser an, über die Ufer zu gehen und bildete überall neue Wasserläufe, die *Oshonas* genannt werden. Wenn es jetzt in Angola gut regnet, dann fängt der Kuvelei wieder an zu laufen; durch sein altes Flussbett in die Etosha-Pfanne. Darum habe ich den Ort Oshakati, den ich gegründet habe, er ist heute die Hauptstadt des Ovambolandes, an den Kuvelei gelegt. Das war 1957. Ich bin ein wenig stolz, wenn in unseren Geschichtsbüchern steht, der Ingenieur Ruppel hat diesen Platz für die Hauptstadt des Nordens ausgewählt. Wie gesagt, er war eigentlich nur gedacht für Schulen und Hospitäler. Dann aber gerieten wir in den Krieg, auch Oshakati bekam viel Militär. Südafrikaner mit vielen Kompanien, mit sehr vielen Soldaten, Tanks, Flugzeugen und allem, was so ein Krieg mit sich bringt. Ich arbeitete dann dort schon nicht mehr. Aber ich habe gesehen, wie Südafrikaner die Ovambos behandelten, das war schrecklich, für sie waren die Schwarzen einfach Untermenschen. Die Ovambos sind damals angeworben worden, um im Süden des Landes zu arbeiten, auf Farmen und in den Minen. Sie bekamen ihren Einjahreskontrakt, den sie auf zwei Jahre verlängern konnten, wenn sie wollten. Und sie bekamen sehr geringen Lohn. Da aber der Ovambo von Natur aus sehr sparsam ist, hat er diesen Lohn gespart, um sich nach zwei Jahren ein Fahrrad zu kaufen und für seine Frau eine Nähmaschine. Das war das größte, was er überhaupt nach zwei Jahren Schinderei erreichen konnte. Fahrrad, Nähmaschine. Meiner Erinnerung nach war das bis 1967 so.

Wenn die Ovambos ihren Kontrakt erfüllt hatten, wurden sie in großen Bussen zurückgefahren, durch tiefen Sand, Straßen gab es im Norden noch nicht. Diese Busse wurden von Südafrikanern gefahren, und wie mir nachher erzählt wurde, waren das Ex-Gefangene, also Leute aus Gefängnissen, die entlassen worden waren. Die waren gut genug, um mit den Bussen durch Hitze und Staub zu fahren.

Kamen die Ovambo-Männer zurück, dann waren die Frauen manchmal mehr als einhundert Kilometer ihren Männern bis zum Busstop entgegengegangen, um sie abzuholen mit ihren Schätzen aus zwei Jahren Arbeit. Das Gepäck war immer oben auf dem Busdach. Beim Halt stieg der südafrikanische Fahrer aufs Dach und hat das Fahrrad von oben runtergeworfen und hat die Nähmaschine genommen und hat sie oben aufs Fahrrad geschmissen. Da war beides hin, beides kaputt. Und der Ovambo hatte dafür zwei Jahre gearbeitet. Das habe ich beobachtet und auch fotografiert.

In Windhoek bin ich zum Eingeborenenhauptkommissar für ganz Namibia gegangen, damals gab es ja diese sogenannten Eingeborenenreservate, habe geschildert, was ich gesehen hatte. Ihr müsst das abstellen, habe ich gesagt, und ihm auch von der Situation der katholischen Pater und deren Kirchengemeinden erzählt. Auch über den wachsenden Einfluss der SWAPO sprach ich. Aber der Kommissar bedeutete mir, dass sie mehr Probleme mit diesen Katholiken hatten als mit den Freiheitskämpfern. Er machte mir klar, dass ich mich um die Ovambos nicht zu kümmern hätte.

Und plötzlich bekam Herr Stengel, mein Chef, den ich wie gesagt sehr verehrte, einen behördlichen Brief. Darin stand, dass ich unerwünscht sei im Ovamboland. Stengel war auch ein Deutscher, aus Thüringen, aus Gera. Ein unglaublicher Mann, der lebte nur für sein Wasser und für die Entwicklung des Landes. Politisch waren wir damals eigentlich sehr wenig engagiert.

Uns, wie viele Ingenieure, uns interessierte der Aufbau des Landes. Im Norden war das Land total unterentwickelt. Alles hing am Wasser. Herr Stengel, dieser große Wasserbauer, der hat gesagt:

»Wir können Ovamboland nur retten, wasserbautechnisch, wenn wir quer durch Ovamboland einen Kanal legen, von dem aus dann rechts und links, Nord und Süd die Menschen mit Wasser versorgt werden, mit einem kleinen Nebenkanal oder mit Wasserleitungen. Aber erst einmal müssen wir vom Kunene Fluss, der ja immer Wasser führt, einen Kanal ins Ovamboland legen.« Das war die Idee von Herrn Stengel, ein Kanal. Südafrika gab uns so wenig Geld, dass wir uns entschlossen, mit dem Kanal am Kunen nahe der Grenze zu Angola zu beginnen. Wir fingen den Kanal von hinten an. Jedes Jahr, wenn Südafrika uns Geld gibt für die Wasserentwicklung, nehmen wir einen Teil des Geldes und bauen per Hand und mit einfachen Maschinen ein Stück Kanal. Und wenn es dann schwer regnet, läuft der voll, bringt schon Wasser von Ort zu Ort. Und wenn dann vielleicht fünfzig Kilometer Kanal fertig sind, wird Südafrika sagen, na ja gut, jetzt machen wir ihn auch weiter. So war es dann auch. Der Kanal war oben cirka acht Meter breit, die Kanalsohle maß zwei Meter. Und zwei Meter ist er auch tief. Meistens. Manchmal auch drei, vier Meter, das hing vom Gelände ab. Das Gefälle betrug 1:8000 bis 1:9000. Also, ein Meter Gefälle auf acht Kilometer Kanal, das ist natürlich wahnsinnig wenig. Dazu noch zahlreiche Windungen. Am Kanal entlang haben wir eine Straße für die Wartung gebaut, denn zum Kanal gehörten zahlreiche kleine Schleusen, von denen Wasser in Seitenkanäle geführt wurde. Ein Stück, dann folgten kleine Stauanlagen, die voll liefen. Auf diese Weise gab es in einer solchen Stauanlage für ein paar Monate Wasser. So haben wir das langsam entwickelt. Mit wenig Geld. Wir haben auch den Kanal damals noch nicht betoniert, das ist jetzt erst geschehen, denn wir hatten kein Geld dafür. Wir haben uns gesagt, zuerst müssen wir das Wasser ans Laufen kriegen. Das war das Wichtigste. Die schwarzen Arbeiter drängten sich nach Arbeit am Kanal. Jeden Morgen standen vor unserem Arbeitscamp, in dem auch unsere Maschinen waren und unser Büro, drei-, vierhundert Leute. Okay, wir konnten nicht viel zahlen, aber sie waren froh, dass sie überhaupt was verdienten. Geld war damals noch sehr viel wert. Für einen Schilling konnte man schon zwei Hühner kaufen, so etwa. Die Arbeiter kamen auf ungefähr fünf Schilling am Tag. Und damit waren die sehr zufrieden. Wie gesagt, die drängten sich, wir haben nie jemanden angeworben. Es war schwierig, den anderen zu sagen, wir brauchen euch nicht. Darum haben wir auch soviel wie möglich in Handarbeit gemacht, Maschinen nur in Ausnahmefällen eingesetzt.

Es war notwendig, auch größere Dämme zu bauen, um das Wasser zu speichern. Durch den Umstand, dass wir in zwei, drei Metern Tiefe fast durchgehend eine Salzschicht vorfanden, die das Kanalwasser verdorben hätte, konnten wir nicht tief in den Boden hineingehen, sondern mussten eine Art Becken anlegen, dessen Innenwände wir mit der ausgehobenen Tonschicht abdeckten. Diese Dämme wurden vollgepumpt und hielten das Wasser meist über das ganze Jahr. Dabei ist zu berücksichtigen, dass wir im Jahr so um die zweieinhalb Meter Stauhöhe allein durch Verdunstung verlieren. Diese Technologie hatte sich Stengel ausgedacht, und man nennt die Stauanlagen »pump storage dam«. Davon gibt es jetzt sehr viele im Lande, sie sind für uns lebensnotwendig.

Und inmitten dieser Arbeit erreichte unseren Chef Stengel der bewusste Brief vom Eingeborenenhauptkommissar. Ich wurde aus dem Ovamboland herausgeholt und nach Otjiwarongo versetzt, als Regionalingenieur für den ganzen Norden, dort gab es damals, 1961, noch kein Wasserbauamt, ich sollte eines aufbauen. Bei der Gelegenheit traf ich auf einen deutschen Ingenieur. Klaus Dierks, der bekam in Otjiwarongo die Stelle als Regionalingenieur für den Straßenbau. Ich wäre noch viele Jahre beim Wasserbau geblieben, aber die Regierung hat furchtbar schlecht bezahlt.

Ich bin 1964 vom Staat weg zu einer privaten Straßenbaufirma. Nicht nur wegen des Bezahlens, es wurde für uns Deutsche auch immer ungemütlicher in den staatlichen Ämtern. Die Südafrikaner wollten Südwestafrika als fünfte Provinz Südafrikas kassieren. Die haben ja ihre vier Provinzen: die Kapprovinz, Transvaal, Natal und den Freistaat. Und Südwestafrika sollte die fünfte Provinz werden. Das hätten sie auch beinahe fertiggekriegt, wenn nicht die United Nations, die vernünftige Weltöffentlichkeit, soviel Widerstand geleistet hätte. Aber sie waren auf dem besten Wege dazu. Sie haben Südwestafrika überschwemmt mit ihren Beamten. Früher war unser Wasserbauamt total deutsch. Die Ingenieure waren Deutsche, unsere Mechaniker waren Deutsche und wir Landmesser, wir waren deutsch. Bei uns wurde nur deutsch gesprochen. Mit den Jahren haben sie südafrikanische Ingenieure reingedrückt, haben uns verdrängt. Sie haben unsere Arbeit so gestaltet, dass sie uns nicht mehr gefallen hat. Sie haben uns in Arbeiten reingezwungen, die uns keinen Spaß mehr machten. Und alles war von einem Überwachungssystem durchzogen, das einem die letzte Freude an der Arbeit nahm. Die Deutschen verließen einer nach dem anderen die Ämter. So auch ich.

In diesen Jahren von 1950 bis sagen wir mal 1980, da war eigentlich das Verhältnis von uns Deutschen zu den Schwarzen recht gut. Unsere politischen Gegenspieler waren die Südafrikaner. Die Deutschen und die Südafrikaner mochten sich nicht sehr gern. Darum haben wir gerade in dieser Zeit unsere deutsche Kultur nicht nur sehr geschätzt, sondern auch gefördert. Wir haben unsere Kultur gepflegt, gegen die Südafrikaner, nicht gegen die Schwarzen. Allein in Otjiwarongo hatten wir eine deutsche Theatergruppe, wir hatten einen deutschen Männerchor und einen deutschen Frauenchor. Und der Karneval, der gehörte auch dazu, er war auch eine deutsche Einrichtung. Der Karneval war sehr wichtig. Nicht nur aus Fez, sondern da haben die Leute ausgepackt gegen die Südafrikaner. Im Karneval konnten sie die Wahrheit sagen. Da wurde den Südafrikanern so richtig der Marsch geblasen. Das war sehr gut.

Die Südafrikaner und die Schwarzen, das ging nie zusammen, erst recht nicht, als sie die Apartheidpolitik durchsetzten und das Land mit Militär überzogen. Aus meinem Freundeskreis hat auch keiner bei den sogenannten Heimwehren mitgemacht. Einer meiner besten Freunde, damals Farmer, hat sich geweigert bei diesen Selbstverteidigungsgruppen anzutreten, er war ein absoluter Anti-Südafrikaner. So mancher Deutsche hat da nicht mitgemacht. Mein Sohn war schon damals politisch sehr engagiert, anti-südafrikanisch. Bevor er studierte, musste er wie jeder junge Mann in der südafrikanischen Wehrmacht Wehrdienst leisten. Er wurde nach Rhodesien geschickt, dem heutigen Simbabwe. Da fand damals der dortige Freiheitskampf statt. Er hat ganz schlimme Dinge erlebt, über die er gar nicht reden will. Aber in Briefen schrieb er, was da alles so passierte. Diese Zeit, diese Erfahrung, hat den Jungen völlig verändert, er stand dann bald auf der Seite der Freiheitskrieger. Er sagte: »Diese Länder müssen frei werden. Diese Länder müssen nicht unterdrückt oder beherrscht werden von Südafrikanern, von Weißen. Die Schwarzen müssen nicht nur ein Mitspracherecht haben, weil sie weit in der Überzahl sind, sondern sie müssen ihr Land selbst regieren.« Natürlich schwebte uns allen eine gemeinsame Regierung von Schwarz und Weiß vor, und das alle durch sie gut vertreten sind und sich gut verstehen.

Als Idealfall, wie das immer ist, wenn man neu beginnt. So dachten hier nicht wenige Deutsche und auch einige Südafrikaner. Unter denen vor allem die, die schon über mehrere Generationen im Lande lebten.

Ein paar Jahre war ich noch in Otjiwarongo, arbeitete als Bauleiter im Straßenbau. Dann haben wir ein Haus in Windhoek gekauft und sind dorthin gezogen. Die militärischen Auseinandersetzungen, dieser Kampf, dieser Halbkrieg, fand eigentlich im Norden statt, in Windhoek berührte es uns auf direkte Weise wenig. Wir haben eine Gruppe gegründet, die wir den »Press Club« nannten. Da waren alle wir Anti-Südafrikaner drin. Mein Sohn, meine Frau und ich, auch Anton Lubowski, der ja ermordet wurde. Wir waren in dieser Gegenbewegung. Und wir wurden dauernd beobachtet von der Polizei, von der Geheimpolizei. Darum haben wir unsere wöchentlichen Treffs immer wieder an andere Orte verlegt. Wir trafen uns meistens in Restaurants oder in Hotels, nahmen ein paar Drinks und haben über diese ganzen Dinge gesprochen. Bemerkten wir unsere Beobachter, zogen wir weiter.

Mit dem Kontakt zur schwarzen Bevölkerung war es in diesen Zeiten schwierig. Wenn man Kontakt hatte, dann bestand die Gefahr, dass man eingelocht wurde. Ich würde sagen, mein Sohn war dauernd in Lebensgefahr. Er war unser Nachbar, wir wohnten nebeneinander, und seine Frau bekam laufend Telefonanrufe, dass er nun »dran sei« und dass er umgebracht wird, und nachts haben sie das Haus mit Steinen beworfen, sein Auto beschädigt, das war eine furchtbare Zeit. Mein Sohn hat damals als Rechtsanwalt gearbeitet. Er vertrat in Rechtssachen im Auftrag der Firma Lorenz & Bohne die katholische Kirche. Wie gesagt, die Südafrikaner mochten die Katholiken ja überhaupt nicht, und die Katholiken mochten auch die Südafrikaner nicht. Unter irgendwelchen

Vorwänden haben die Militärs in katholischen Schulen Lehrer gefangen genommen und gefoltert. Dann wurde mein Sohn Hartmut ins Ovamboland geschickt, um diese Sachen, Folterung bis zum Tode und so weiter, zu untersuchen. Er ist an geheimen Stellen über die Grenze ins Ovamboland. Wurde von Katholiken, von Schwarzen versteckt, konnte so die entsprechenden Beweise sammeln. Er hatte ein sehr gefährliches und schweres Leben da oben gehabt.

Manchmal werde ich gefragt, ob es damals schon Debatten zur Verteilung des Bodens, zu einer Landreform oder zu etwas Ähnlichem gab. Ich habe solche Gespräche nicht erlebt. Weder im Norden noch in Windhoek. Wissen Sie, der Schwarze wollte in erster Hinsicht frei sein. Es ging erst einmal darum. Unabhängig sein von Südafrika, das war Freiheit. Ich hatte mit meinem Sohn oft lange Diskussionen. Er war sehr konsequent und sehr für die SWAPO. Ich sagte immer: »Wir müssen aufpassen, dass wir nicht vom Kommunismus überrannt werden, dann haben wir nachher eine neue Diktatur.« Da hat er nur gesagt: »Ich bin für einen freien Staat Namibia, für eine unabhängige, freie Republik Namibia, ohne Abhängigkeiten. Dafür kämpfe ich«. Und da habe ich gesagt: »Dafür bin ich auch, das ist sehr schön.«

Wir hatten eben unser sehr eigenes Bild vom Kommunismus. In Angola waren in den siebziger Jahren schon viele Deutsche, Deutsche aus der DDR. Ich kenne sogar einen Herrn, einen Tierarzt, der kam aus Ostdeutschland. Der war in Angola und wartete nur darauf, dass hier das Land frei wird, dass er dann für eine ostdeutsch gesinnte Politik nach Namibia geschickt wird.

Die Südafrikaner haben natürlich von morgens bis abends im Radio und überall den Kommunismus verdammt. Der Kommunismus wird Südafrika überrennen, alle Weißen werden total enteignet, und in jede Stadt kommt ein kommunistischer Bürgermeister. Das hat man hier alles publik gemacht.

Und davor hatten alle Angst. Dann aber ist das kommunistische Regime in Russland genau in der Zeit zusammengebrochen, als wir hier die Selbständigkeit bekamen. Ein bisschen haben wir uns schon gewundert, wie schnell das alles ging mit der Wiedervereinigung und mit dem Zerfall der Sowjetunion ohne Blutvergießen.

Nun haben wir hier im Lande seit vielen Jahren eine absolut veränderte Situation, das betrifft auch die deutsche Kultur. Damals haben wir unsere deutsche Kultur gegen den südafrikanischen Druck verteidigt. Heutzutage, durch diese kosmopolitische Lage, hat sich das Gefühl der Menschen total verändert. Früher gab es kein Fernsehen, kein Radio. Erst wenige Jahre vor der Selbständigkeit gab es hier Deutschen Rundfunk. Deutschland konnte man über Kurzwelle hören, aber nur wenige hatten einen solch teuren Empfänger. Durch das Fernsehen, durch die moderne Kommunikation, auch durch die vielen Besucher ist Deutschland wieder näher gerückt. Die Deutschen haben hier noch ihren Karneval, den sie sehr lieben und regelmäßig veranstalten, aber nicht mehr so streng politisch wie früher. In den Schulen wird noch das Deutschtum hochgehalten wie zum Beispiel in der Deutschen höheren Privatschule, die wird ja von Deutschen mitfinanziert.

Es ist klar, dass man noch deutsche Schauspiele und deutsche Lieder und solche Sachen pflegt. Wäre schade, wenn man das alles über Bord wirft. Das hat ja mit Politik überhaupt nichts zu tun. Sind ja auch viele Schwarze jetzt in deutschen Schulen. Die Kulturen begegnen sich ganz praktisch. Das wird sich positiv auswirken, auch bei der Betrachtung unserer gemeinsamen Geschichte.

In jedem Regime passieren schreckliche Dinge. Sie nennen den Herero-Aufstand. Die Hintergründe, ich kenne sie nicht so genau. Auch von Herero Seite aus sind schlimme Sachen an Deutschen verübt worden. Und die Deutschen waren nicht alle schlechte Menschen. Viele sind hergekommen, um den Leuten zu helfen. Es gibt die guten und die schlimmen Typen, das ist auch heute noch so.

Wenn ich mir meine Zeit anschaue, kann ich nicht ohne Stolz sagen, ich habe mein Leben lang für den Aufbau dieses Landes geschuftet, schwer gearbeitet. Ich hatte ganz schwere Jahre im Ovamboland mit Malaria sechs oder acht Wochen weg von zu Hause im Busch. Da gab es keinen einzigen Weißen, häufig überhaupt keinen Menschen, mit dem ich reden konnte. Wir als Landmesser waren immer im Busch, dort wo noch nichts war, weil wir das Land entwickeln wollten. Wir waren die Ersten.

Man hat unter allerschwersten Bedingungen gelebt. Wie ein Hund. Man hat geschlafen im Freien, da sind die Löwen und Elefanten nachts an einem vorbeigelaufen. Es war ein hartes Leben. Wir haben vom Sonnenaufgang bis Sonnenuntergang gearbeitet. Um dieses Land zu entwickeln. Und heute, das nehme ich unserer Regierung übel, sage das auch meinem Sohn, tut man so, als ob wir Menschen nur unterdrückt hätten, ohne etwas zu tun. Das ist nicht fair. So wurde bei der Unabhängigkeitsfeier vorgetragen, seit der Unabhängigkeit haben wir, die SWAPO-Regierung, den Norden endlich mit Wasser versorgt und das und das gemacht. Wir haben lange, lange vor der Unabhängigkeit den Kanal angelegt. Der Kanal war die Lebensader des Ovambolandes, den haben wir gemacht in der südafrikanischen Zeit. Gemeinsam mit den Ovambos mit Hacke und Spaten.

Später, nach der Unabhängigkeit, wurde das System nach allen Richtungen erweitert. Nur, das Geld für den gesamten Kanal, der dann betoniert wurde, ist von Deutschland gekommen. Die Wasseraufbereitungsanlage in Oshakati, die das Ovamboland mit Trinkwasser versorgt, habe ich für eine Firma gebaut - mit Geld aus der Bundesrepublik Deutschland! Das war vor vier Jahren. Die neuen Straßen, Transkalahari, Transcaprivi, die nach dem Osten führen, sind mit deutschem Geld bezahlt. Die Regierung sagt, wir die SWAPO, wir haben das gemacht. Das ist nicht ehrlich. Es sollte anständigerweise gesagt werden, dass Deutschland sehr viel Geld gibt, damit es bei uns weitergeht. Wenn die Chinesen hier für eine Million irgendwas übergeben, alte Röntgenapparate für die Hospitäler zum Beispiel, das wird groß gefeiert. Wenn Deutschland 200 Millionen dem Land schenkt, da wird kaum ein Wort darüber verloren. Jetzt hat Deutschland die größte Sternwarte der Welt hier in Südwest gebaut - kaum ein Wort darüber. Ich stelle mir nur vor, wenn das die Chinesen gemacht hätten oder die Kubaner, oder die Koreaner, welch lange Reden würde ich da hören. Das verletzt mein Gefühl für Fairness und Gerechtigkeit.

Jetzt arbeite ich im Straßenbauamt. Wir bauen nicht nur Straßen, wir betreuen auch andere öffentliche Bauten. So habe ich auch beim Bau des Heroes Acre mitgearbeitet, das ist der Gedenkfriedhof für die Helden des Befreiungskampfes, und wurde nun in das Projekt »Neues Staatshaus« einbezogen. Als Ingenieur, als

Contract Manager. Auf dem Gelände des Staatshaus-Projektes arbeiten so an die hundert Nordkoreaner, die graben Löcher, spannen Draht, setzen Zäune. Daneben stehen Ovambos und sagen: »Ich suche Arbeit«. Mir absolut unverständlich. Jeder Ausländer, der hier reinkommt, kriegt nur eine Arbeitsgenehmigung, wenn hier kein Mensch ist, der diese Arbeit ausführen kann. Als Ingenieur oder Arzt oder spezialisiert auf Dinge, die Leute hier nicht machen können. Jetzt kommen Arbeiter, normale Arbeiter, die Löcher graben, die kommen aus Korea! Sie können die Sprache nicht. Unsere Schwarzen lachen über sie und stehen daneben und sagen: »Ich suche Arbeit«. Ein solches Befreiungsdenkmal wie der Heldenacker ist sachlich gesehen auch ein Ingenieursprojekt. Die Anlage an der Straße nach Rehoboth wurde von Nordkoreanern entworfen, die auch das Staatshaus projektierten. Man kann im Prinzip nichts gegen Heldendenkmäler haben. Das hat mit der Natur der Menschen zu tun. Es soll etwas bleiben. Wenn wir nicht mehr sind. Denkmäler gibt es in Deutschland, England, Amerika, die gibt es in allen Staaten. Warum sollen wir nicht auch eins haben? Wir haben das deutsche Reiterdenkmal, und wir möchten nicht, dass das weggenommen wird, und genauso hat das neue Namibia das Recht, ein besonderes Denkmal zu errichten. Was ich in unseren Debatten gefragt habe, warum solch ein gewaltiger Komplex mit 174 vorbereiteten Gräbern? Was wird nach zwanzig Jahren, wer kommt in welche Gräber, wenn die 174 Plätze belegt sind? Auch verstehe ich die Grabkultur nicht. Ich bin schon in Ostafrika mit Schwarzen groß geworden, ich spreche ihre Sprachen, kenne ihre Gewohnheiten ziemlich genau. Sie begraben ihre Leute nahe an ihrem Ort, in dem sie leben, denn es ist wichtig, sie zu besuchen, die Toten. Sie mögen nicht gerne weit weg begraben werden, das ist eigentlich fremdes Land. Und dann die Statue! Vor der großen Säule steht dieser Soldat. Links eine AK47 in der Hand und rechts eine Handgranate. Aber das hier ist ein Friedhof. Wenn ich auf einen Friedhof gehe und es schaut mich ein Mann mit einer Maschinenpistole in der Hand an, sehe ich das als nicht angemessen. Aber das ist meine Auffassung. Andere werden anders darüber denken. Die Republik ist ja noch jung und ich empfinde es als wirklichen Gewinn für Afrika, dass wir uns an solchen Sachen reiben können und nicht über Hungersnot und über Krieg im Lande reden müssen.

Der lange Weg nach Haus

Gegenüber dem *Shebeen* war eine Wellblechhütte in den Boden gewachsen, vor der bis Sonnenuntergang eine in alten, verwaschenen Kleidern gehüllte Frau ohne Augen saß. Die Höhlen zwischen Jochbein und Stirn füllten fleischige Klumpen, die den Blick der Vorbeigehenden zwanghaft anzogen, über die man aber schnell hinwegsah, unangenehm berührt. Diese Scham über sich selbst war man versucht, mit Geld zu tilgen. Man musste es der Frau in die ausgezehrte Hand geben, sie berühren. Der magere Junge, der wie auf dem Sprung in ihrer Nähe hockte, verkaufte aus Draht und Colabüchsen gebastelte Lastautos, die bei der leisesten Berührung ins Rollen kamen und an die man Wagen aus Pepsibüchsen hängen konnte. Wenn die Frau Wasser brauchte oder zur Toilette musste, herrschte sie den Jungen an, der schnell einen Sack über seine Auslagen warf und sie in kleinen Schritten hinter die Blechhütte führte. Im Inneren dieses geräumigen, als »Shop« beschilderten Gehäuses, war der Lehmboden fest und blank gefegt. Es roch nach Kernseife, Petroleum und Fisch. Die Regale waren gut gefüllt, auch die Kühltruhen und die Stiegen mit Maniok. Ich irrte im Halbdunklen herum, konnte das Fach mit den Zahnbürsten nicht finden. Sie könne mir helfen, meinte eine ältere, rundliche Frau mit Dutt, mit Einkaufskorb und ausladenden Röcken. Als ich den Shop verließ, war ich zum Kaffee auf Achalm eingeladen und auch zum Streicheln der Gepardendame namens Komtess. In einer Stunde, wenn es mir rechts sei.

Der Ehemann der Rundlichen, ein bejahrter Farmer auf Achalm, hielt sich im Gespräch sehr gerade, beobachtete mich aus der Deckung und sprach in kurzen, klaren Sätzen. Nach dem Kaffee reichte er auf der Terrasse kühles Bier. Und plötzlich fragte er unvermittelt, was ich von der jüngst erfolgten Formierung einer deutsch-französischen Brigade im Rahmen der militärischen Zusammenarbeit hielte und ob man nicht besser daran getan hätte, mehr Unteroffiziere von dieser DDR-Armee, die in der preußische

Tradition ja wohl noch etwas gegolten hatte, in die neue deutsche Armee zu übernehmen. Er war gut informiert. Bei aufmerksamer Betrachtung der Antennen über Haus und Hof hätte ich das schon bei meiner Ankunft vermuten können. Es wurde ein ernstes Gespräch an einem sehr langen Abend. »Lassen Sie uns schauen, wie es in zehn Jahren aussieht«, so sein Gute-Nacht-Gruß gegen Morgen. Ich schlief damals im Zimmer des Sohnes, und vor der Tür lag Komtess. Wunderschön und für den, der sie störte, gefährlich.

Mehr als zehn Jahre waren inzwischen vergangen. Komtess war von einer Baumschlange zu Tode gebissen worden und das Land um ACHALM, nach Norden und nach Süden, nach Osten und nach Westen, war nicht wie befürchtet im Chaos versunken. Wieder war es Abend geworden. Ein Löwe markierte in der Nähe sein Revier. Die Antwort kam von weit her, aber die Nacht trug das Brüllen bis ACHALM.

»Mein Gott, wie lange haben wir das nicht gehört«, der Mann lehnte sich zurück und schloss für einen Moment die Augen. Ich schaltete mein Aufnahmegerät auf Record.

Helmut von Leipzig
Jahrgang 1921, Farmer

In der Gefängniszelle - nach meinem Fluchtversuch in Sibirien mit fast eingefrorenem Verstand - habe ich an Afrika gedacht, an Südwest, die ganzen bitteren Jahre. Ich träumte von der unendlichen Weite wie andere von ihrer Liebsten. Obwohl ich das Land nur als Halbwüchsiger erlebt hatte.

Mein Vater ist 1904 in Lüderitz als Soldat der Deutschen Schutztruppe an Land gegangen. Er ist hier geblieben. Mutter kam 1912 kurz vor dem Ersten Weltkrieg. Von ihren Lebensumständen weiß ich im Grunde wenig. Geboren bin ich 1921 in Keetmanshoop inmitten der Steinwüste im Süden des Landes. Vater trennte sich bald von meiner Mutter, der Stiefvater nahm seinen Platz ein. Mutter unterrichtete mich bis zur dritten Klasse selbst auf der Farm. Dann besuchte ich wie alle deutschen Kinder die Schule mit Internat. Dem Schulabschluss folgten zwei Jahre Arbeit auf der Farm, nicht auf der elterlichen.

Als ich genauer über das verschlungene Leben der Erwachsenen nachzudenken begann, packte Mutter meine Sachen, und ich zog zur Ausbildung nach Deutschland. Damals, 1937, war ich sechzehn Jahre alt. In Nürnberg besuchte ich die Berufsschule und habe Maschinenbau gelernt.

Diese Ausbildung wurde von Deutschland gefördert. Der Volksbund für das Deutschtum im Ausland, der VDA, kümmerte sich darum, es gab sogar eine extra Abteilung im Ministerium dafür. Deutschland hatte sehr starkes Interesse daran, junge Deutsche aus Namibia, damals Südwestafrika, für eine gewisse Zeit nach Deutschland zu holen, um sie dem Deutschtum zu erhalten. In Deutschland hatten wir unwahrscheinliche Vorzüge, sie haben uns gefördert, wo es nur ging. Für die Überfahrt mussten die Eltern kaum etwas bezahlen, ebenso für unser Leben dort drüben. Ab 1933 oder 1934 wurden auch in Südwest Außenstellen der NSDAP gebildet, und es gab zu diesem Zeitpunkt schon einige, die sich sehr stark für den Nationalsozialismus eingesetzt haben. Ich vermute, da waren auch Kräfte aus Deutschland hierher geschickt worden, um diese politischen Dinge zu organisieren. Aber auf der Farm habe ich nichts davon mitbekommen, genauso wenig, wie ich von der Rassentrennung in den Städten wusste, das, was man später Apartheid nannte.

Wir sind auf der Farm groß geworden, die im Süden, im Gebiet der Namas lag. Ich habe dort die Sprache der Namas gelernt. Bevor wir in die Schule kamen, waren wir dauernd mit denen zusammen. Wir waren zusammen im Busch, auf der Weide bei den Schafen. Ein völlig ungezwungener Umgang miteinander. Wenn wir draußen unterwegs waren, dann sind wir zu den Viehhirten an die Posten, an die Wasserstellen, in deren Behausung gegangen, haben Wasser oder Tee getrunken und etwas gegessen. So wie gute Nachbarn, wie Kinder miteinander verkehren.

Aber das war 1937 erst einmal vorbei, ich stieg auf den Dampfer und kam nach drei Wochen in Deutschland an. Gewohnt wurde in Auslandsjugendheimen. Für die Jungens war das in Rheinsberg, Mark Brandenburg, nicht weit ab von Berlin. Die Mädchen wohnten im Schloss, oder war es das Gut, Hohenelse, nicht weit weg von Rheinsberg. Dort lebten wir einige Wochen, manche einige Monate, haben uns langsam an die deutschen Verhältnisse gewöhnt. Schöne Gegend, den See vor der Tür, Arbeit im Garten, im Park. Ich konnte meine Verwandten auf Rügen besuchen, bin mit dem Rad die Insel abgefahren, habe versucht herauszubekommen, wie die Leute so leben. Der Kreidefelsen, die Fischer dort, das ist mir heute noch in Erinnerung. Eine schöne Zeit. Dann bin ich nach Nürnberg zur Ausbildung, habe in Schwabach in einem Jugendheim mit zehn, oder waren es zwanzig, anderen Auslandsdeutschen gewohnt. Dort bin ich dann in die Motorsporthitlerjugend eingetreten. Gemeinsam haben wir unsere Motorsportübungen gemacht, waren viel unterwegs. Rückblickend würde ich sagen, es gab keinen spürbaren politischen Druck auf uns, es war alles auf unser Alter zugeschnitten. Den Reichsparteitag der NSDAP habe ich am Rande miterlebt. In Erinnerung ist mir die Reichskristallnacht in Nürnberg, das hat mich irritiert, ohne dass ich damals wusste warum. Diese rohe Gewalt gegen Leute stieß mich ab und auch die, die sich dort hervortaten, waren nicht mein Fall. Wir haben den Judenstern an der Kleidung der Leute schon gesehen, aber das, was mit denen physisch gemacht worden ist, oder was vorbereitet wurde, davon hatten wir keinen blassen Schimmer. Was mich vom Gefühl her gegen diese Politik eingenommen hat, war der Julius Streicher, der war wohl der Herausgeber dieses antijüdischen Wochenblattes »Der Stürmer«, ein Hetzer, für mich ein völlig unakzeptabler Mensch. In Schwabach, von der Hitlerjugend aus, sollten wir eine Versammlung, auf der er sprach, besuchen. Nachdem ich mir das zehn Minuten angehört hatte, bin ich gegangen. Widerwärtig seine Ausdrucksweise, seine ganze Art, da bin ich weg. Die anderen haben ein bisschen dumm geguckt, aber es passierte nichts, es hatte für mich keine Folgen.

Mit meinem Onkel, mit dem ich drei Tage im Urlaub zusammen war, mit dem konnte ich darüber reden. Er sah das von der anderen Seite. Lass dich nicht von diesen pompösen Parteitagen blenden, sagte er, schaue dir die Gesichter an, höre genau hin. Nach und nach wurde ich dieser Politik gegenüber kritischer, lehnte sie im Grunde bald ab. Was sich nicht änderte, war meine Haltung zu Deutschland, zum Militär. Wenn es um Deutschland geht, dann setzen wir uns dafür ein, ohne Frage.

Das war eine Sache der Ehre. Das hat nichts mit Politik zu tun, das ist Liebe zum Vaterland. Wir waren eben deutsch-national. Dort in Schwabach, das ging bis 1940.

Ich habe die Lehrlingsausbildung abgeschlossen, Mechaniker Maschinenbau. Als der Krieg ausbrach, wurde der Betrieb umgestellt auf Kriegsproduktion. Da haben wir auch Teile für die Panzerproduktion gedreht.

Wir hatten keine anderen Vorstellungen, als dass wir zur Ausbildung nach Deutschland gehen und nach drei Jahren, wenn die Ausbildungszeit vorüber war, zurückkommen nach damals Südwestafrika. Dann aber brach der Krieg aus, und ich habe mich 1940 freiwillig gemeldet, hatte dadurch keinen Arbeitsdienst mitzumachen und konnte mehr oder weniger auswählen, wo ich bei der deutschen Wehrmacht dienen wollte. In Ingolstadt bei München rückte ich ein. Zu den Panzerjägern. Nachdem ich dort ausgebildet worden war, haben die Freiwillige gesucht für Nordafrika, und da war es natürlich für mich selbstverständlich, dass ich mich sofort freiwillig meldete. So bin ich nach Nordafrika zum Einsatz gekommen. Ende des Jahres 1941, Panzer AOK Afrika. Wir sind dann für einige Wochen nach Italien verlegt worden, Neapel. Nachdem wir akklimatisiert waren, wie die meinten, was ich persönlich zumindest nicht nötig hatte, da ich den afrikanischen Kontinent kannte, sind wir nach Nordafrika verschifft worden. Ich kam zum Stab Rommel. Zunächst in der Meldestaffel, ab Anfang 1942 dann bei Rommel selbst, habe ihn zum größten Teil gefahren, bis er von Tunesien aus Nordafrika wieder verlassen hat. Ich fuhr damals den Kübel KFZ15, das war das übliche Fahrzeug. Rommel war sehr aktiv, Besprechungen, Besichtigungen, Gespräche mit den Italienern, ihm unterstand ja auch ein Teil der italienischen Divisionen. Da hatte ich ihn als sein persönlicher Fahrer schnell und zuverlässig hinzubringen. Das Verhältnis zwischen ihm und mir war im Allgemeinen sehr gut. Er hat wohl nie Schwierigkeiten mit mir gehabt und ich eigentlich auch nie mit ihm. Wir haben uns vielleicht auch gut ergänzt in vielen Sachen.

Es war ein hartes Leben in der Zeit mit ihm. Er hat sich nicht geschont, aber auch von anderen viel gefordert. Mir hat das auch Spaß gemacht, muss ich sagen.

März 1943 ist Rommel ja abgelöst worden. In Tunesien. Er ging erst einmal in den Genesungsurlaub. Ich bin von da aus weg zur Offiziersschule, zur Kriegschule nach Deutschland für vier oder fünf Monate. Als Leutnant ging ich von dort ab. Noch 1943 bin ich dann bei der sogenannten Division Brandenburg gelandet. Da waren viele Auslandsdeutsche, vor allem aus Südwest, die meisten meiner Bekannten von hier, die waren alle in dieses damalige Regiment Brandenburg eingetreten. Das war eine Einheit zur besonderen Verwendung, die sich hauptsächlich aus Auslandsdeutschen zusammensetzte. Zu dem Zeitpunkt zumindest, und weil man Fremdsprachen beherrschen musste.

Ich war in Griechenland und dann später in Jugoslawien, in dem Gebiet, wo heute wieder Unruhe herrscht. Dann wurde aus dem Regiment Brandenburg eine Division gemacht, und bei dieser Divisionsaufstellung bin ich in die Panzeraufklärungsabteilung der Division gekommen. Die Division, das war eine reine Wehrmachtseinheit, nur eben zur besonderen Verwendung. In der Stadt Brandenburg hatten wir unsere Kaserne. Das Lehrregiment der Division operierte vielfach hinter den feindlichen Linien. Fallschirmspringen gehörte mitunter auch zur Ausbildung, Absetzen hinter den Linien. Ich persönlich bin nicht gesprungen, mein Schwerpunkt war mehr die Pionierausbildung. Sprengminen verlegen und zünden, Sprengkörpereinsätze und diese Sachen. Die Division war bekannt durch ihre Einsätze in Feindesland. Sie sind gesprungen, irgendwie durchgegangen, in Luftlandeunternehmen abgesetzt worden. Aber Ende 1943 war das immer weniger der Fall, und wir fuhren normale Kampfeinsätze, wie es jede Truppe üblicherweise machte.

1944 wurde mir klar, dass der Krieg nicht mehr zu gewinnen war. Aber man hat trotzdem einfach weitergemacht, ich war zu diesem Zeitpunkt in Ungarn oder Jugoslawien, auf jeden Fall auf dem Balkan. Dort erfuhren wir vom Attentat gegen Hitler, 20. Juni 1944. Das hat mich sehr aufgebracht, schockiert. Das ging einfach nicht, die Offiziere, die Attentäter, hatten ja ihren Eid gebrochen!

Als der Krieg zu Ende ging, war ich als Kompanieführer in der Tschechoslowakei in der Nähe von Brno, wir waren mit unserer Panzeraufklärungsabteilung die Nachhut der Heeresgruppe Schirner. Die sollten versuchen, sich noch über die Elbe nach Westen abzusetzen. Die Kapitulation war am 8. Mai, nachts glaube ich, um vierundzwanzig Uhr. Da haben wir uns erst einmal in die Wälder verpieselt, haben versucht, so langsam nach Westen durchzukommen, aber da war alles verstopft, es war kein Durchkommen mehr. Dann haben uns am 10. Mai Tschechen entdeckt und uns den Russen ausgeliefert. Die erste Station der Gefangenschaft war Brno. Hier waren wir einige Monate, dann wurden wir in Züge gesteckt und nach Osten geschafft. Ab Juli 1945 dann über Ungarn, Rumänien, Constanta. Von dort mit dem Schiff nach Odessa in ein neues Auffanglager. Dann brachte man uns in ein Offiziersgefangenenlager in die Wälder südlich von Moskau. Dort blieben wir ein halbes Jahr. Hier mussten die Offiziere bis einschließlich Major, Oberstleutnant arbeiten. Erst haben wir das gemacht, was der Goebbels uns prophezeit hatte - Steine klopfen beim Straßenbau, da wurde die Offiziersbrigade von uns, an der Rollbahn Moskau, Klim eingesetzt. Steine zu Schotter zerhauen für das Straßenbett. Später waren wir eine Teerbrigade, haben den Teer für den Straßenbelag gekocht. Wir wurden immer an andere Arbeitsplätze gesteckt.

Die Tatsache, dass ich zu den »Brandenburgern« gehörte und Rommels Fahrer war, verhalf mir zu besonderer Aufmerksamkeit. Dazu kam, ich hatte, während des Zugtransportes durch Ungarn Richtung Osten einen Fluchtversuch unternommen. Später habe ich das noch einmal versucht, aus einem Lager in der Nähe von Stalino, Ukraine. Aber das hat leider nicht geklappt, weil mich der deutsche Lagerarzt preisgegeben hat, von dem ich mir Notverbandsmaterial am Abend zuvor holen wollte. Das hat er mir zugesagt, ich war mit ihm gut befreundet. In der Nacht um zwei wurde ich abgeholt, und ab ins Gefängnis. Ich bin sehr viel versetzt worden, sollte nirgends Kontakte knüpfen können, war während meiner Krieggefangenschaft in zweiunddreißig verschiedenen Lagern. Und immer in Straflagern. Meine Kriegsgefangenschaftserfahrung lag dadurch ein wenig abseits dessen, was die meisten anderen erlebt hatten. Die Russen ließen mir keine Ruhe, bis es zur Verurteilung kam. Punkt eins: Ich war von Südwestafrika nach Deutschland gekommen, um den Krieg mitzumachen. Das war ein Anklagepunkt. Dass ich Fahrer beim Rommel war und dadurch ein Spion sei. Das war der zweite Anklagepunkt. Dass ich Offizier bei der Division Brandenburg war, war der dritte Anklagepunkt. Das genügte ihnen. Es hat keine regelrechte

Verhandlung stattgefunden. Wir saßen vorher ein halbes Jahr im Gefängnis. Mit zwei Mann in einer Zelle, hatten überhaupt keinen Kontakt zur Außenwelt außer Klopfzeichen, über die wir versuchten, Verbindung zu halten. Wir wussten nicht, wer noch im Gefängnis ist, haben auch nie einen zu Gesicht bekommen. Weihnachten 1949 wurden wir dann verurteilt. Der Reihe nach. Bei der Gelegenheit habe ich festgestellt, dass in dem Gefängnis so an die zweihundert Kriegsgefangene waren, die verurteilt wurden. In einem kleinen Saal saß das sogenannte Kriegstribunal. Da kam man alleine rein, dann saßen dort ein Oberst und einige Majore. Es wurden kurz die Personalien verlesen. Und dann sagten sie: »Sie sind verurteilt zur Todesstrafe, in Abwandlung zu fünfundzwanzig Jahren Arbeitslager - haben sie noch etwas dazu zu sagen?« Sie wollten wirklich wissen, was ich dazu zu sagen habe, aber ich habe nur gelacht. Ich konnte zu diesem Zeitpunkt schon sehr gut Russisch. Sie fragten, warum ich lache. Ich sagte ihnen, dass ich das ganze als Theater auffasse. Von den genannten Punkten ist keiner auch nur im Ansatz überzeugend. Sie konnten mir nichts nachweisen. Ein Verbrechen schon gar nicht. Dann haben sie mich rausgeschmissen. Sie hatten keine Unterlagen zu meiner Person, ich war ja nie in Russland auf dem russischen Kriegsschauplatz. Ich hätte auch nie etwas gemacht, was ich nicht mit meinem Gewissen hätte vereinbaren können. Für mich war von vornherein klar, ich bin verurteilt worden, weil ich Offizier bei der Division Brandenburg war. Allerdings wussten sie, dass mein älterer Bruder, der sich Anfang 1945 das Leben genommen hat, dass er Ic war bei unserer Division, das heißt, er war Feindnachrichtenbearbeiter, militärische Aufklärung. Das waren natürlich die von den Russen besonders gesuchten Leute. Sie haben anfangs wohl vermutet, dass ich das wäre. Bald aber kamen sie dahinter, dass dies nicht der Fall war. Sie wussten, dass ich ein anderer bin, dass wir zwar Brüder waren, aber ich mit dem Ic nicht identisch sein konnte.

Nach Verurteilung und kurzem Gefängnisaufenthalt kamen wir in ein Wiederauffrischungslager. Im Gefängnis waren wir ziemlich weit runtergekommen. Zwei Mann in einer Zelle, durften uns am Tage nicht hinlegen, mussten stehen oder sitzen, hatten zwei Pritschen, mehr Platz war da nicht. Gut, der Kübel stand noch daneben. Zwei Mahlzeiten am Tage, das war der Rest vom Rest, den andere Gefangene übrig gelassen hatten. Suppen mit Fischköpfen kamen an, zweihundert Gramm Brot, vier Gramm Zucker pro Tag. Ein warmes Getränk irgendwann zwischen Mittag und Abend. Um uns arbeitsfähig zu machen, kamen wir in dieses andere Lager mit besserer Verpflegung. Dann ging es wieder an die Arbeit, bis 1953, in zwei verschiedenen Lagern, einmal im Steinbruch und dann in einer Eisenflechterbrigade. Ich hatte mauern gelernt und wurde als Ofensetzer eingesetzt in Industrieanlagen, das war in Schachti, im Kohlegebiet der Ukraine. 1953 haben sie einen Teil von uns entlassen, etwa die Hälfte von den Abgeurteilten, wir anderen sollten auch entlassen werden, sagten sie. Dann aber wurden wir in Güterzüge gesteckt, die nicht in Richtung Westen fuhren, sondern nach Osten rollten. Gelandet sind wir in Sibirien hinter dem Ural bei Swerdlowsk. In einem Bergwerk. Hier war ich bis Oktober 1955.

Am 15. Oktober 1955 bin ich entlassen worden, nach zehn Jahren. Wir waren die letzten, die der Adenauer geholt hat. Einige Wochen zuvor bemerkten wir, hier tut sich etwas, sie haben etwas mit uns vor. Die Behandlung wurde legerer, wir wurden nicht mehr mit Hunden zur Arbeit gebracht, uns wurde Lohn gezahlt, wenn wir über die Norm etwas geleistet hatten. Die Verpflegung wurde erheblich besser, wir bekamen wesentlich mehr Pakete aus Deutschland. Sie gestatteten uns russische Zeitungen, Prawda und so weiter, so konnte ich erfahren, was sich international tut. Auch in Bezug auf uns Kriegsgefangene, die Verhandlung Adenauers über unsere Freilassung zum Beispiel.

Die erste Station in Deutschland war das Auffanglager Friedland in Niedersachsen bei Göttingen. Von dort habe ich mich zu den Verwandten in Berlin-Steglitz entlassen lassen. Immer mit dem Gedanken, so schnell wie möglich zurück nach Südwest. Zuvor war ich wegen meiner Kreislaufstörungen einige Wochen in Bad Friedrichshof, Wassertreten, Massagen, gutes Essen, ärztlich Betreuung. Durch verwandtschaftliche Vermittlung konnte ich einen Kurs auf der Landwirtschaftsschule Stuttgart-Hohenheim belegen. Vorlesungen in Viehzucht, praktische Arbeit bei der künstlichen Besamung.

Mein Bruder schlug mir vor, zu den Verwandten seiner Frau, einer Deutschen aus Argentinien, nach Argentinien zu gehen. Das war ein Land, das ohne Probleme auch uns Deutsche aufnahm. Gesagt getan, ich fuhr Anfang 1956 rüber. Dort hielt es mich nur ein halbes Jahr, die Produktion war mir zu groß, die Art der Landwirtschaft sagte mir nicht zu, und so bin ich von dort per Schiff nach Kapstadt gefahren und weiter nach Südwest. Ich hatte es geschafft, war nach zwanzig Jahren wieder in Südwest. Mit sechsunddreißig Jahren allerdings nicht mehr so jung.

Zuerst auf der Farm meines Halbbruders, da war meine Frau schon dabei, wir hatten in der Christuskirche zu Windhoek geheiratet. Bald nahm ich eine Farmverwalterstelle im Bezirk Windhoek an, für vier Jahre. Südwest hatte sich in den zwanzig Jahren meiner Abwesenheit stark verändert. Was mir auffiel, war dieses Apartheidsystem, das ich in dieser Ausuferung überhaupt nicht kannte. Bei der Post, bei allen Einrichtungen, musste man getrennte Eingänge benutzen, gab es getrennte Schalter und alles was damit zusammenhängt. Die Kinder spielten nicht mehr miteinander, wurden von den Eltern auseinandergehalten, Schwarz für sich, Weiß für sich. Ja, und dann fand ich plötzlich die Farmen eingezäunt! Als ich weg bin, kannte ich keinen Draht, irgendwo auf einer Anhöhe stand eine Bake, die zeigte die Grenze des jeweiligen Farmlandes an, aber wir sind weit, weit geritten, ohne einen Zaun zu erreichen, das war offensichtlich vorbei.

Auf unsere jetzige Farm ACHALM kam ich 1962. Bis dahin hatte ich gepachtet, wollte aber so schnell wie nur irgend möglich selbständig werden. Hierher sind wir auch deshalb gekommen, weil meine Frau die Kinder in der Schule haben wollte, in Otavi. Alle sechs haben dann auch die Schule besucht. Die afrikaanse Staatsschule mit einer deutschen Abteilung. Die damals regierende Nationale Partei meinte, jede ethnische Gruppe müsse ihre Sprache haben. Auf dieser Basis gab es in den staatlichen Schulen unter den Südafrikanern starke deutsche Abteilungen. Zu Zeiten der Nationalen Partei in Südafrika, so Anfang der fünfziger Jahre, hat man Deutsch auf diese Weise in den Schulen wieder erlaubt. Die ersten sieben Schuljahre konnten unsere Kinder hier in Otavi sein, erst dann haben wir sie weggeschickt nach Karibib, das war die nächste größere deutsche Privatschule. Und von dort ging es in die Deutsche Privatschule nach Windhoek. Eigentlich wollte ich nicht in diese Gegend, weil ich den Busch hier sah. Und die Farm, als ich sie zunächst auf Pacht übernahm, war in einem schlimmen Zustand. Ein altes, verfallenes Farmhaus, Wasser schlecht, Busch über Busch.

Die Schule war hier der Mittelpunkt des deutschen Kulturlebens. Theatergruppen, Chöre in Otavi. Von Deutschland aus haben wir auch in dieser Hinsicht ziemlich viel Unterstützung erfahren. Über das Konsulat, eine Botschaft gab es ja noch nicht. Künstler kamen ins Land, kleine Musikergruppen. Was mir in den vergangenen zwanzig Jahren widerfahren war, führte dazu, dass ich mich sofort für Politik interessierte. Lange Zeit war ich Vorsitzender des Schulvereines, dann auch im Landesverband im Vorstand. Den Deutschen Kulturrat habe ich mit ins Leben gerufen.

Schwieriger wurden die Verhältnisse erst in den siebziger Jahren mit den SWAPOs. Bis Ende der siebziger hat man im normalen Leben von Veränderungen kaum etwas gespürt. Als es dann komplizierter wurde, haben wir uns schnell daran gewöhnt, sind damit fertig geworden. Für mich war klar, dass diese ganze Geschichte von Russland gesteuert wurde beziehungsweise von der ostdeutschen Regierung, dass der Kommunismus dahinter stand. Und da habe ich mich sehr schnell dagegen gestellt. Wir ergriffen örtliche Defensivmaßnahmen, in die wir auch die Schwarzen einbezogen, in unsere sogenannte Bürgerwehr oder Heimwehr, die wir aufgebaut haben. Auf diese Weise waren wir der örtlichen Bedrohung gewachsen. Es sind einige Farmer ermordet worden, das ist die Tragik bei solchen Auseinandersetzungen. Von wenigen Ausnahmen abgesehen, hat keiner der Farmer seinen Platz verlassen, wir führten unser Leben weiter, wie vorher eigentlich, nur mit entsprechenden Vorsichtsmaßnahmen, mit besserer Bewaffnung und Kommunikation untereinander.

Wir hatten Uniformen und bekamen von der Südafrikanischen Wehrmacht alles, was wir brauchten. Wir waren eingebunden in das militärische Agieren der Südafrikaner, aber befehlsmäßig unterstanden wir ihnen nicht direkt. Sie hatten allerdings den jeweiligen Oberkommandierenden gestellt, das waren alles südafrikanische Wehrmachtsoffiziere. Wenn Not am Mann war, dann hatten sie auch südafrikanische Truppen sofort zur Verfügung, auch physisch, auch hier in Achalm, auf der Farm. Ich hatte in unserer Gegend einen Bezirk unter meinem Kommando als Militär. Unser Hauptquartier war in Otavi, dort trafen wir uns mit den Südafrikanern zu Stabsbesprechungen, dort haben sie uns die Feindlage erläutert. Aus unserer Gruppe wurden auch einzelne als Kommandeure eingeteilt, die mit den Südafrikanern zu Besprechungen nach oben in den Norden fuhren. Ich war auch einmal im Ovamboland, oder in Tsumeb, zu Beratungen auf oberer Ebene. Wir haben militärische Kurse besucht. In Otjiwarongo, in Gobabis war ich einmal. Dabei ging es um Terroristenabwehr. In diesen Kommandos haben neben uns Deutschen alle mitgemacht, wie gesagt, auch Schwarze. Ich war einer von denen, die sich dafür besonders eingesetzt haben, Schwarze zu integrieren. Das hat erst fürchterlichen Widerstand hervorgerufen, später hat es sich erwiesen, dass dies das Beste war, was wir überhaupt tun konnten. Die SWAPOs haben bei den Schwarzen sonst immer Wasser und Lebensmittel aufgefrischt, Informationen eingeholt, überhaupt Unterstützung erfahren. Wir haben alle Schwarzen, die dazu bereit waren, und das waren viele damals, die haben wir ausgebildet. Direkt in den Kommandos. Sie wurden auch auf Lehrgänge geschickt. Als dann die ersten Schwarzen, die Postenjungs auf der Farm, die ersten Terroristen erschossen und Angriffe abgewehrt haben, da hat sich das Bild gewaltig geändert. Nun konnten die Terroristen ohne Gefahr zu laufen, erwischt zu werden, nicht mehr so ohne weiteres Kontakt aufnehmen. Sie mussten absolut getarnt sein und bei Nacht versuchen, ihre Ziele zu erreichen. Die SWAPOs operierten bis in Höhe von Otjiwarongo.

Wurden wir alarmiert, wurden Posten an Wasserstellen aufgestellt, und es wurde erhöhte Wachsamkeit befohlen. Je nach Stärke und Bewegungsrichtung der Terroristen hat man dann entsprechende Vorbereitungen zu ihrer Abwehr getroffen. Das haben wir selbst entschieden, wir waren hier örtlich wie ein militärischer Verband zusammengefasst, in Zugbereiche, in Kompaniebereiche und so weiter.

Ich hatte einen ganz lumpigen Dienstgrad, ich war ein OK. Das ist solch eine Art Fähnrich. »OK« hieß in Südafrika der Offizierskandidat. Dazu muss ich sagen, ich habe nie diese Lehrgänge mitgemacht, weil das für mich lächerlich war, das kannte ich ja alles, dieses ganze Zeug. Später haben sie mich zum Leutnant gemacht. Ein Nachbar hier, der war sogar Major. Man musste nur die entsprechenden Lehrgänge absolvieren, ich habe dafür keine Zeit gesehen. Sie hatten bei mir, was die Beförderung betrifft, auch irgendwelche Hemmungen. Vermute ich. Wohl auch, weil ich nicht in der Nationalen Partei war. Ich war nicht einmal Anhänger dieser Partei.

Die SWAPO wurde konsequent abgewehrt, auch politisch, grundsätzlich. Sie war eine rein ideologisch ausgerichtete kommunistische Organisation. Vom südafrikanischen Geheimdienst und von der Feindaufklärung wussten wir, dass sie mit Hilfe der Ostzone schon alles vorbereitet hatten, was für die Übernahme des Landes nötig war. Uns waren die Namen der zukünftigen Bürgermeister in den Ortschaften bekannt, alles kommunistisch, alles SWAPO. Uns war klar, und das haben sie ja auch gesagt, wenn die SWAPO das Land übernimmt, dann werden wir Weißen aus dem Lande gejagt. Wir aber wollten das Land verteidigen bis zum Schluss.

Der innenpolitische SWAPO-Gegenspieler war damals schon die DTA unter Dirk Mugde, mit vielen Schwarzen in ihren Reihen. Die DTA hatte recht großen Anhang, denn ab 1979 wurden die Apartheidgesetze nicht mehr so konsequent angewandt, die erste vorsichtige Annäherung zwischen Schwarz und Weiß war möglich. Es kam viel in Bewegung. Die UNO, die Resolution 435.

Dann das Frühjahr 1989, der erste April. Nujomas Leute kamen bewaffnet über die Grenze. Die SWAPO handelte aus meiner Sicht entgegen der Abmachungen von 435. Ich denke mir, die militärische und politische Führung wollten es darauf ankommen lassen, sie dachten, wir als SWAPO, wir schaffen vollendete Tatsachen und besetzen das ganze Land. Die Südafrikaner haben denen sofort Truppen entgegengestellt, um Haaresbreite wäre es zu einer ziemlichen Auseinandersetzung gekommen. Aber auch so waren die Verluste bei der SWAPO sehr hoch.

Der eigentliche, der große Durchbruch kam erst, als der Kommunismus und dann auch bald Russland zusammenbrach. Plötzlich waren die Voraussetzungen andere. Mit der Staatsgründung, mit der neuen Verfassung wuchs bei uns die Sorge, dass die deutsche Sprache, die deutsche Kultur verdrängt werden. Sie haben mit dem Slogan begonnen, »one language, one culture, one nation«, da stellten wir uns sofort dagegen. Leserbriefe in den Zeitungen, im Rundfunk, auf Versammlungen.

Aber das haben sie dann doch sehr schnell geändert, haben die Parole wieder eingezogen. Der Gesinnungswandel bei der SWAPO setzte sich durch, als sie feststellten, die alten Verbündeten im Osten gibt es nun wirklich nicht mehr. Die Deutsche Demokratische Republik war hin, und die Risse in Russland waren nicht mehr zu übersehen. Da waren die Führer hier sehr pragmatisch, haben sich sehr schnell umgestellt, angepasst. Ihre These, dass sie plötzlich das Potential der Weißen gesehen hatten und sie in den Neuaufbau bewusst einbeziehen wollten, kann ich nicht mittragen. Hören Sie sich die Reden der führenden Leute an, hören sie genau hin, wenn sie vom offiziellen Redetext abweichen, frei von der Leber reden, dann wird das tatsächliche Denken deutlich, dann sind sie immer noch die Alten. Nicht alle, aber die Leute aus dem engeren Kreis des Präsidenten, die haben noch die Vorstellung vom Kommunismus, vom Sozialismus im Kopf.

Der Präsident sagte gerade auf der Konferenz in Johannesburg, und meinte damit den Westen, wenn der die Entwicklungshilfe an Forderungen koppelt, dann wollen wir das Geld nicht, dann sollen sie damit zur Hölle fahren. Allerdings glaube ich, dass er, bevor er so auftritt, sich in der Welt Rückendeckung geholt hat und weiß, wer im schlimmsten Falle weiterhilft. Es stimmt nachdenklich, mit wem unsere Führung verbunden ist. Mugabe ist ein persönlicher Freund unseres Präsidenten, er ist mit Fidel Castro befreundet, hat sehr gute Verbindungen nach Nordkorea, nach Libyen, nach China. Im Kern hat die Führung ihr Denken nicht geändert, sie ist nur klug genug, sich so darzustellen, dass sie die Unterstützung vom Westen bekommen, aus Deutschland und aus Skandinavien vor allem. Aber es darf nicht um Ideologie gehen. Wir müssen aus dem Land etwas machen, die Vorrausetzungen dafür sind doch gegeben. Nehmen Sie die Landreform. Mir scheint, da wird im Grunde politisch manövriert und nicht nach wirtschaftlichen Kriterien versucht zu einer gemeinsamen Lösung zu kommen. Vor kurzem hatten wir in Otjiwarongo eine Versammlung, zu der die Schwarzen eingeladen hatten. Genauer gesagt, der regionale schwarze Distriktkommandeur, oder wie die auch immer heißen. Es ging um die Landreform. Da haben wir deutlich gesagt, was wir denken, was gemacht werden muss. Es ist durchaus richtig, so und so viel Schwarzen Land zu geben, das ist klar. Aber man kann nicht sagen, jeder Schwarze kriegt ein Stück Land, das ist nicht drin, da verhungern die Leute. Es ist auch nicht drin, dass jeder Weiße ein Stück kriegt. Von den 70.000 Weißen, die hier im Lande wohnen, besitzen vielleicht 3.000 oder 4.000 eine Farm. Die Landgeschichte wird unzulässig propagandistisch aufgeblasen, aber sie muss sachlich besprochen werden, sonst geht die Landwirtschaft den Bach runter. Man kann nicht verbreiten, jeder Schwarze hat Anspruch auf ein Stück Land. Es sind viele Schwarze, die nie was mit Farmerei zu tun hatten, die auf einmal aber Farmen kriegen sollen. Farmland, das einen ernährt, ist vor allem Land, auf dem Wasser ist. Hier in dieser Gegend ist das nicht in jedem Falle gegeben, hier ist das Wasser Faktor Nummer eins, der vieles in Frage stellt. Ich kann nicht überall Gemüse bauen, ich kann nicht überall Ackerbau machen, das geht nicht, weil das Wasser nicht da ist. Oder sie bringen Wasser vom Okavango, vom Sambesi, vom Kunene, vom Oranje in solchen Mengen ins Land, dass auf wesentlich mehr Flächen Landbau möglich wird. Das aber ist nicht zu bezahlen.

Denen in Otjiwarongo haben wir gesagt, ihr müsst Farmer aussuchen, die ihr auf das Land setzen wollt, die in der Lage sind, produktiv zu farmen, was die weißen Farmer, das sage ich jetzt mal so, hier in der Regel tun. Die haben zumindest im Laufe der Jahrzehnte so viel gelernt, dass sie wissen, wie ist mit Rindviech zu arbeiten, wie ist mit Schafen zu arbeiten, was muss ich alles berücksichtigen bei Trockenheit, bei Seuchen, was heißt produktive Weidewirtschaft. Unter den Schwarzen gibt es immer noch zu wenige, die das können. Aber sie haben doch im Lande Landbauschulen. Ich habe gesagt, siebt dort die Guten aus, von den hundert oder wie viel Abgängern die ihr da habt, nehmt die, von denen ihr den Eindruck habt, die können das machen und gebt denen ein Stück Land. Um Vorbilder zu schaffen, um zu zeigen, schaut her, auch wir können das.

Hier liegen Farmen brach, die wurden vor zwei, drei Jahren an die Regierung abgegeben, verkauft. Dort ist bis heute nichts passiert, außer dass ein Mann in das Haus gesetzt wurde, der acht geben soll, dass das Haus nicht ganz verkommt. Das ist alles. Von Produktivität keine Spur. Das höre ich auch von einzelnen Agenten der Landbaugenossenschaft, die weiter herumkommen. Die sagen, wir haben heute Mühe, wenn wir Rinder laden wollen, eine volle Ladung über eine vernünftige Entfernung zusammenzubekommen. Wir kommen mit den Lastzügen, fragen vorher, was habt ihr zu verladen in diesem Jahr? Nichts, sagen die, nichts haben wir.

Mit einigen der neuen Farmen hier erleben wir ein ausgesprochenes Fiasko.

Jetzt kapieren sie es so langsam, scheint mir, sie reden zumindest davon, dass es so nicht geht. Sie sagen, wir müssen eine viel strengere Auswahl treffen bei denen, die angesiedelt werden. Ob sie das durchsetzen können, bei ihren vielen Schwarzen, weiß ich nicht. Weil da immer noch ideologische Gründe eine Rolle spielen und nicht die wirtschaftlichen. Sie haben doch ihren Buschkriegern gesagt, kämpft, kämpft, wenn wir siegen, bekommt ihr Land, ein Haus, bekommt Arbeit. Und nun stehen die Politiker da mit ihrer unehrlichen Propaganda von damals. Die Leute fragen, was ist denn nun los, mein Bruder ist gefallen, mir fehlt ein Arm, wir haben immer noch kein Land! Und ein Teil der Leute ist auch finanziell nicht in der Lage, Farmwirtschaft zu betreiben. Sie bekommen Hilfe von der Landbaubank, was sehr gut ist, die haben auch Weiße vorher von der südafrikanischen Regierung bekommen. Billige Darlehen längerfristig, Zuschüsse in Dürrezeiten. Aber so kann man nur verfahren, wenn man Leute hat, die mit Geld und Krediten auch umgehen können.

Hier im Otavibezirk kommt noch dazu, dass gute Farmen mit Wasser und an guten Straßen vor allem an schwarze Minister vergeben wurden, die keine Landwirte sind. Das ist das falsche Zeichen. Wie kann man dann vom einfachen schwarzen Farmer erwarten, dass er sich anstrengt, produktive Maßnahmen trifft, wenn sein Minister, ohne zu produzieren, Farmer auf neuem Land sein darf? Sicher gibt es weiße Farmen, die nicht produktiv genug sind und vor allem als Jagdfarmen existieren. Aber die bringen auch Einnahmen durch den Tourismus. Da kommt Geld ins Land, da werden Leute beschäftigt. Die meisten haben dafür viel in die Infrastruktur gesteckt, Lodges gebaut, Wasserlöcher geschlagen, Wege angelegt und so weiter. Damit die Touristen kommen. Warum werden die nun so scharf unter die Lupe genommen? Und dann dieses andere Argument: die Weißen, die verkaufen wollen, treiben willkürlich die Preise in die Höhe, das heißt, wir würden viel mehr verlangen, als die Farmen wert sind.

Wie ist das nun wirklich? Ein Nachbarfarmer hat das am Beispiel erklärt. 1965 hatte der gekauft. Er hat den Hektarpreis dem gegenübergestellt, was er für dieses Geld ansonsten bekommen hätte, was man sonst noch auf der Farm braucht, sprich Autos, Draht, Windmotore, Lecke für die Rinder, alles was man braucht, um die Farm, die Infrastruktur auszubauen. Als wir den Boden übernahmen, war nichts dort. Nichts. Da haben wir die Infrastruktur geschaffen. Das heißt, wir haben auf jeder Farm etwa achtzig bis hundert Kilometer Draht gespannt, wir haben bis zu zwanzig Wasserstellen angelegt, das war alles nicht da. Und wir haben die Häuser gebaut, haben den Wert der Farm durch Verbesserung der Weideverhältnisse, Entbuschung, *Kamps* und so weiter wesentlich erhöht. Will auch sagen, das, was die Farmen heute darstellen, musste mit wesentlich mehr Geld errichtet werden. Also sollten wir für die Farm heute einiges mehr verlangen können als den gegenwärtigen Marktpreis. Wissen Sie, es sind viel mehr Farmen auf dem Markt, als allgemein angenommen, aber man ist gegenwärtig nicht bereit, anscheinend aus propagandistischen Zwecken, die Tatsachen auf den Tisch zu legen. Wir wissen, dass im Otavibezirk und im Grootfonteinbezirk etwa vierzig Prozent aller Farmen heute bereits in schwarzer Hand sind, aber das sagt keiner. Das wird nirgends bekannt gegeben. Die sagen immer, so und so viel Prozent Weiße halten so und so viel Prozent des Landbesitzes. Dabei bleibt es, mehr nicht. Es muss ehrlich zugehen.

Unsere wirtschaftliche Existenz zu sichern, ist das eine, aber zum Leben, damit man sich wohlfühlt, gehört mehr. Ich bin gegen das Privileg einer bestimmten Sprachgruppe, dass heißt nicht, dass es mich kalt lässt, was mit der deutschen Sprache im Lande passiert. Im Gegenteil, es beunruhigt mich. Wenn wir nachlassen in unseren Bestrebungen, die Sprache zu pflegen, in den Schulen, in den Zeitungen, im Rundfunk, dann wird die deutsche Sprache langsam abgebaut, das denke ich.

Sie hat jetzt im Moment einen verhältnismäßig starken Aufschwung erlebt, auch bei den Schwarzen, durch die vielen deutschen Touristen, die hier reinkommen. Wenn ich das bei einem Schwarzen sehe, ermuntere ich ihn, sage dem Kellner oder dem Jeepfahrer auf der Jagdfarm, prima, dass du Deutsch lernst. Das ist positiv im Moment, aber wenn man es im Großen sieht, stellt man schnell fest, der Deutschunterricht an den Schulen geht landesweit zurück. Die Schule wird kleiner. Was bleibt, ist ein Kern deutscher Privatschulen, die aus der Not ins Leben gerufen wurden. Insgesamt habe ich die Befürchtung, dass die Privatschulen auf Dauer nicht zu halten sind, zumal sich abzeichnet, dass von Deutschland nicht mehr diese großzügigen Hilfen zu erwarten sind, wie es in der Vergangenheit war. Unsere Eltern sind heute schon finanziell sehr stark gefordert, wenn sie ihre Kinder an Privatschulen unterrichten lassen. Dazu kommt, wenn wir hier im Land bleiben wollen, dann müssen wir uns integrieren. Das heißt, unsere Kinder müssen mit den anderen zusammen in die Schule gehen und so weiter. Bei solch einer Entwicklung wird das Niveau niedriger. Die schwarzen Kinder vom Lande liegen im Schnitt im Mittelwert, sie sind bei weitem nicht so gebildet, dass man sie, was die Bildung betrifft, vollwertig akzeptieren kann. Wenn ich nur Schülerzahlen nehme, hier in Otavi, tausendfünfhundert Kinder in der Schule, bei uns in der deutschen Schule fünfzehn. Stellen Sie sich vor, unsere deutschen Kinder kämen in Klassen mit fünfunddreißig Schülern, Kinder, mit ganz anderen Voraussetzungen vom Elternhaus her. Wenn ich die Hefte unserer schwarzen Schulkindern sehe, in dem Heim, das wir in Otavi für sie betreiben, wenn ich da reingucke, dann kommt mir das Grausen. Wenn das der Standard ist, den unsere Kinder eines Tages zu erwarten hätten, dann ist zappenduster, wie wir es im Deutschen sagen. Und Deutschunterricht, der ist dann sowieso nicht möglich, schon rein technisch nicht. Der wird flach fallen. Natürlich weiß ich, dass es bei den Schwarzen viele intelligente Kinder gibt. Ohne Zweifel. Aber sehen Sie, die haben nicht die Möglichkeit, nicht die Mittel, ihre Fähigkeiten auch wirklich zu entwickeln, zu nutzen. Mit den Lehrern, die sie im Moment haben, schon gar nicht. Viele Lehrkräfte sind so schlecht ausgebildet, so wenig begeistert, dass sie vieles einfach nicht weitergeben können, weil sie Grundlegendes selbst noch nicht wissen und verstehen. Die Lehrerausbildung muss ein Schwerpunkt sein, aber die Politik reagiert nur langsam. Und weil ich die Entwicklung so sehe, bin ich unbedingt dafür, dass wir unseren Kindern mit unserer Kultur die deutsche Sprache erhalten müssen. Sie sollten eine Ausbildung hier im Lande bekommen, so dass sie in Europa, an Universitäten, für ihr Leben weiter studieren und sich eine entsprechende Zukunft aufbauen können. Und dann kommen sie zurück, kommen sie nach Hause, vielleicht sogar als Lehrer, arbeiten hier, damit es langsam besser wird.

Mann der Stauchdynastie und Schatzmeister der »Schwarzen Ossis«

Die Welt nahm im Grunde genommen Südwestafrika erst wahr, als Diamanten Geschäftsleute, Abenteurer und Spekulanten ins Land lockten und die Händler in Johannisburg, Kapstadt und London edle Steine unter die Augen bekamen, deren Menge und Qualität sie überraschte. Der Fund der ersten Steine im Wüstensand durch den schwarzen Streckenarbeiter Zacharias Lewala und die Geschäftstüchtigkeit seines Vorgesetzten August Stauch ließen bald das Wort vom fernen, reichen Diamantenlande aufkommen und entzündeten die Phantasien tausender junger Männer, vor allem in Deutschland. Stauch selbst kam schnell zu Reichtum und Ansehen. Es sei ihm zu Gute gehalten, dass er das Geld vor allem im Lande anlegte.

Die Fahrt von Achalm nach Grootfontein ist eine kurze Fahrt von einhundert Kilometern, die durch das grüne Tal am Kupferberg führt, in dem Mais und Luzerne, Soja und Tomaten üppig gedeihen, in dem es fast immer Wasser gibt. Allein hier in dieser Gegend hatte der clevere Stauch so an die 65.000 Hektar Land erworben, dazu die guten Stücke Schafweide im Osten, bei Gobabis. Und dann diese Perle Dordabis, von der heute noch die Alten schwärmen, von der es in den Erinnerungen des alten Farmers H.W von Teichmann heißt:

Diese grosse Farm lag am Schafrivier, war grosszügig und vielseitig. Das besonders grosse Kaufhaus machte die Gegend zu einem wirtschaftlich bedeutungsvollen Wirtschaftszentrum. Die Entfernungen von Farm zu Farm waren gross, aber die Wege, *Pads* genannt, waren leicht zu bauen und instand zu halten. So nahm Dordabis von Jahr zu Jahr an Bedeutung zu. Es wurden auch Schweine in grosser Menge für den Windhoeker Markt gehalten und Ferkel an Farmer geliefert, die sich keine Sauen und Eber anhalten wollten.

Unbedingt wollte ich den Verwandten von Stauch treffen, ihm zuhören, von ihm erfahren wie er lebt. Ich fand ihn, den Verwandten. Als wir uns dann gegenüberstanden, erinnerte ich mich voller Respekt der Umstände unserer ersten Begegnung.

Im Flugplan nicht vermerkt, landete am 31. August 1990 acht Uhr fünfzehn Ortszeit eine Boeing 747SP der Namib Air, von Frankfurt am Main kommend, nach zehnstündigem Flug auf dem Internationalen Flughafen in Windhoek. Der Jumbo hatte zweihundertzweiundsechzig Passagiere an Bord, einhundertfünf davon waren Kinder, die nach Hause zurückkehrten, in das Land, das seit dem 21. März nun Namibia hieß. Eine Woche zuvor, am 23. August gegen drei Uhr morgens, hatte eine Mehrheit von 294 der 363 Abgeordneten der Volkskammer der DDR »den Beitritt der DDR zum Geltungsbereich der BRD gemäß Artikel 23 des Grundgesetzes mit Wirkung vom 3. Oktober 1990« bestimmt. Während Namibia selbstbewusst seinen Platz in der Runde der Staaten dieser Welt einnahm, war das Ende des anderen Staates nun auch durch sein Parlament besiegelt. Beides hatte durchaus miteinander zu tun. Und dieser untergehende Staat machte reinen Tisch. Für die einhundertfünf Kinder, die an diesem Freitagmorgen ein wenig verschlafen in die afrikanische Sonne blinzelten, war dies zunächst unerheblich, sie waren ganz einfach müde nach der langen, ungewohnten Reise. Sie gehörten zum letzten der drei Kindertransporte DDR - Namibia. In der Eingangshalle des Flughafens wurden sie herzlich begrüßt und wenig später mit Omnibussen in die Stadt gebracht. Ein Protokoll beschreibt den weiteren Verlauf des Tages:
Im schwarzen Stadtteil Windhoeks, in Katutura, war durch das ›RRR-Comitee‹ ein ›Reception centre‹ eingerichtet worden. Hier hatten sich Eltern, Verwandte versammelt, erwarteten die Neuankömmlinge. Familienzusammenführung. Die Verwandten wurden schriftlich verpflichtet, die Verantwortung, die sich aus der Betreuung der Kinder ergibt, ernsthaft wahrzunehmen. Kinder, die abgeholt wurden, erhielten eine Schaumstoffmatratze, ein Laken, einen Pullover, ein Stück Seife. Pro Monat soll jedem Kind 50 Rand (1 Rand circa 0,62 DM) und den familiengelösten Kindern 70 Rand gezahlt werden...

Ein Lehrer verdiente in jenen Monaten ungefähr 1.000 Rand, ein Kraftfahrer 700 und ein Handlanger auf dem Bau 350 Rand. Für eine kommunale Dreizimmerwohnung lag die Miete in Windhoek bei 600 Rand. Milch, Butter und Brot für ein selbstzubereitetes Frühstück kosteten um die 5 Rand, ein Liter Benzin 1,60 Rand.

Obwohl die DDR-Kinder nur einen geringen Teil der aus dem Ausland - aus Sambia, aus Kuba, aus dem Kongo und aus der CFSR - zurückkehrenden 4.000 Kinder ausmachten, waren sie das gesellschaftliche Ereignis Nummer eins in Namibia. Als sie später in den Räumen der Deutsch-Namibischen Stiftung für kulturelle Zusammenarbeit, beheimatet in der Windhoeker Bismarckstraße, ihren Club namens »Die Ossis« gründeten, erwogen alteingesessene Stiftungsmitglieder den Austritt. Dabei hatten die jungen Leute mit einer gehörigen Portion Selbstironie unter den favorisierten Namen sich für den nun schon eingeführten entschieden.

Die anderen Vorschläge, »Club der vergessenen Kinder«, »Freie Deutsche Jugend« und »Out of castle«, erschienen ihnen nicht angemessen. August Stauchs ferner Verwandter, Carl Scholz, Namibiadeutscher, Kirchenmann und gewissenhafter Buchhalter, kümmerte sich von der ersten Stunde an um die Kinder. Er war Schatzmeister des Wiedereingliederungsprojektes, organisierte Transporte ins Ovamboland, kämpfte um Heimplätze, und war in den hitzigen Debatten, ob die DDR-Kinder in die Deutsche Höhere Privatschule passen, der kühle Kopf. Damals, als ich mit der letzte Gruppe der Kinder in Katutura ankam, waren wir uns das erste Mal begegnet.

Nun stand er auf der Vortreppe des CAFÉ JAKOB in Grootfontein, schaute auf die Uhr. Es gefiel dem schweren Mann mit dem schütteren, grauen Haar, dass ich auf die Minute pünktlich war.

Carl Scholz
Jahrgang 1930 / Pelzhändler

In Frankfurt am Main lernte ich in der Pelzbranche den soliden Beruf eines Kaufmanns. Zum Studieren reichte nach dem Krieg das Geld nicht, da war Kaufmann für die Familie das Nächstliegende. Namibia oder damals Südwest war bekannt für seine besondere Qualität der Persianer. Am Ende meiner Lehre meinte der Chef, einer muss nach Südwest fahren und sich die Sache angucken. Das Unternehmen in Frankfurt betrieb in Windhoek eine eigene Aufkauf-/Export-/ Reexport - Firma.

So kam ich vor fünfzig Jahren, will sagen, 1952, ins Land. Mit einem alten Dreivierteltonner Chevrolet, den man noch selber reparieren konnte, klapperten wir im Süden Farm auf Farm ab und kauften Karakulfelle auf. In dieser Gegend wurde vor allem Schafzucht betrieben. Wenn ich mich recht entsinne, gab es bis 1960 keine Auktionsgesellschaften, sondern nur freie Aufkäufer und Exporteure. Das war unsere Chance. Ich fragte den Farmer, hast du ein paar Felle? Und die haben wir dann bewertet und bezahlt. Der Fellhandel war dort unten die Haupteinkommensquelle der Farmer. Wir Aufkäufer waren für sie wichtige Leute. Das Karakulschaf ist das erwachsene Schaf, und der Pelz, den es ergibt, wird Karakul oder Persianer genannt. Persianer deshalb, weil die ursprüngliche Zucht aus Persien kam. Nahe Buchara. Es ist ein Mythos, dass das Fell von ungeborenen, aus dem Mutterleib herausgeschnittenen Lämmern stammt. Richtig ist: Die Lämmer, die männlichen auf jeden Fall, und die schwächeren weiblichen, werden innerhalb von vierundzwanzig Stunden nach der Geburt geschlachtet, um den Pelz, der da noch keine Wollbewachsung hat, im Glanz zu erhalten. Schlachten nach einer ganz normalen Geburt. Die Felle werden auf Rahmen gespannt und luftgetrocknet. Die Russen kannten diese Trockenmethode nicht, wohl auch deshalb, weil die Luftfeuchtigkeiten bei ihnen höher ist als bei uns. Dadurch waren unsere Felle auf den Schultern der noblen Damen viel leichter als die russischen, die mit Salz aufbereitet und konserviert wurden. Im Zusammenhang mit dem Aufkaufpreis beurteilten wir Musterung und Glanz, also wollig oder nicht wollig. Und das Gewicht, also Haarlänge. Ursprünglich gab es nur schwarze Felle, sagen wir schwarzgrau, schwarzbraun. Die wurden dann bei der Aufbereitung in Deutschland nachgefärbt, auf schwarz. Dann gab es naturgraue, auch relativ wertvoll, und naturbraune. Das waren Fehlentwicklungen oder Entwicklungen, die dann sogar weiter gezüchtet worden sind. Einige Farmer lieferten schöne graue Pelze und andere braune. Das war hier im Lande eine gut organisierte und einträgliche Industrie. Bis die Grünen in Deutschland aufkamen und das Pelztragen verteufelten.

Bei dieser Arbeit lernte ich den Alltag der Farmer gut kennen. Wir haben bei ihnen gewohnt, haben dort gegessen und geschlafen. Bei den Deutschen musste man immer Skat spielen. Wie es auf den Farmen zuging, erschien mir so fremd nicht. Ich komme aus Schlesien und kenne aus meiner Kindheit größere Güter. Auch da hatten wir Arbeiterkolonnen, die polnischen Schnitter im Sommer und die Kartoffelweiber im Herbst. Das soziale Gefälle auf den südwester Farmen stach mir durch die heimische Erfahrung nicht besonders ins Auge. Das war einfach ein normaler Zustand, da war der weiße Gutsbesitzer oder der weiße Farmer, und manchmal war der auch schon ein bisschen dunkler, wenn er so aus Afrika kam, aber er war weiß, und die Arbeiter waren Schwarze. Das normale Verhältnis war eigentlich das zwischen Herr und Diener in einer gewachsenen paternalistischen Struktur. Das heißt, dem Schwarzen wurde gesagt, was er zu tun und zu lassen hatte, alles natürlich zu seinem Besten, und er wurde den Umständen entsprechend versorgt. Der Lebensstandard des Weißen war ein normaler, nicht luxuriös. Es gab immer einige Großbetriebe, die dann auch reich waren, die hatten aber auch entsprechend viele Arbeiter zu entlohnen.

Man muss dabei wissen, dass ja ganze Familien von einem Einkommen lebten. Ein Arbeiter ernährte im Durchschnitt fünf Personen mit. Wie bei vielen Arbeiterfamilien in Deutschland vielleicht auch. Es war selbstverständlich, dass die Familie mit zur Farm gehörte, will sagen, dort lebte und versorgt wurde. Auf den Farmen ging es streng zu, aber mir ist nicht aufgefallen, dass die Leute geprügelt wurden oder unterdrückt waren. Man kam einfach nicht auf den Gedanken, die Verhältnisse von einem anderen Standpunkt aus zu betrachten. Es herrschte ein strenges Herr - Diener Verhältnis, und ich hatte damals den Eindruck, dass die meisten Menschen mit ihrem Leben zufrieden waren.

Dem halbjährigen, vom Chef in Frankfurt verordneten Aufenthalt, sollten zwei Jahre folgen, so sah es der Vertrag vor. Danach zurück nach Deutschland. Da lief mir die große Liebe über den Weg, und ich heiratete in eine Familie, die für die Südwestergeschichte ziemlich viel bedeutet. Die Familie von August Stauch.

August Stauch, der in unserer Familie Diamanten-August heißt. Der ist immerhin der Entdecker der namibischen Diamanten und Urgroßvater meiner Kinder. Er hat bei der Eisenbahn und auf dem Bau Vermessungen gemacht. Die erste Eisenbahn, die er mitgebaut hat, war in Pommern. Die gibt es heute noch, bei Franzburg. Von dort kommt nämlich seine Frau her, die Ida. Durch die gleiche Eisenbahnbaufirma, die in Pommern gebaut hat, ist er ins südliche Afrika gekommen. August Stauch litt sehr unter Asthma. Er hatte vom warmen und trockenen Klima in Südwest gehört und hoffte wohl, die Krankheit hier loszuwerden. Für seine alte Firma, für »Lenz & Co«, für die hat er am Bau der Bahnstrecke Lüderitz - Keetmanshoop mitgearbeitet. Seinen Arbeitern, die vor allem die zugewehten Gleise vom Sand befreien sollten, hatte er gesagt, wenn ihr hübsche bunte Steine findet, dann bringt sie mir. Der berühmte Zacharias Lewala, der hatte schon in den Diamantminen Südafrikas gearbeitet, der fand solch einen Stein und brachte ihn zu August Stauch. Das war am 14. April 1908, nahe der Bahnstation Grasplatz in Kolmannskupe/Lüderitz. Zwei Monate danach hat ein von der Regierung bestellter Geologe, Paul Range, die Echtheit höchstselbst bestätigt. Dann fing sehr schnell die Sache mit den *Claims* an und dem Häuserbau, wie das bei solchen wilden Zeiten ist - die ersten sind diejenigen, die das meiste Glück haben.

August war ganz der Patriarch der Familie, der Begründer der Stauchschen Betriebe hier in Namibia. Stauch erwarb Farmen, baute Molkereibetriebe, betrieb Schafzucht im Süden und Maisanbau nach Norden hin. August Stauch hat Handwerker aus Deutschland kommen lassen, die in seinen Betrieben die hiesigen Leute anlernten, deren Enkel heute noch in dieser Branche arbeiten. Das sind alles, meine ich jedenfalls, Aufbauleistungen dieser ersten Piониergeneration, die sehr beachtlich sind. Die eigentliche Diamantenzeit, von 1908 bis 1915, war ja relativ kurz. Dann die Besetzung durch die Engländer, Abwicklung der Besitzverhältnisse.

Die »Generation Stauch«, die über nicht wenig Geld verfügte, hatte trotz der politischen Verhältnisse nach dem Ersten Weltkrieg versucht, weiter Aufbauarbeit zu leisten, auch unter Verwaltung der Südafrikaner. Eine Leistung, die ich heute, und das nicht aus irgendwelchen deutsch-nationalen Gründen, für besser halte, als das, was die Entwicklungsgesellschaften mit viel Geldaufwand heute tun. Für die Südwestentwicklung waren Hans und Marianne die entscheidenden Kinder der Stauchs. Aus gesundheitlichen Gründen fuhr August 1939 nach Deutschland und ist dort, ohne noch einmal zurückzukehren, 1947 gestorben. Seine Frau Ida in DORDABIS war das Zentrum der Familie. So lange sie lebte, bis 1972.

DORDABIS, von Stauchs Sohn Hans geführt, war eine der wenigen Farmen der Familie, die nach der Wirtschaftkrise in den dreißiger Jahren vom gesamten Vermögen noch übrig geblieben war. DORDABIS am Schafrivier, ungefähr neunzig Kilometer südöstlich von Windhoek. In unserer Familie, überhaupt in Ida Stauchs Umfeld, wurde die deutsche Kultur sehr bewusst gepflegt. Durch die großen Entfernungen war man sehr auf sich angewiesen, konnte sich selten austauschen, aber wir schmorten nicht im eigenen Saft, lasen Bücher und hörten Musik, das gehörte bei uns zum Standard.

Stauchs Sohn Hans, also mein Schwiegervater, starb 1955. Schwiegermutter hat weiter gewirtschaftet, solange sie konnte. 1957 übernahm ich den Betrieb als Betriebsleiter. Und das bis 1967. Wir hatten ja nicht nur den Landwirtschaftbetrieb, die eigentliche Farm. Sondern das Unternehmen war eines der Zentren, wie es früher hier viele gab. Store, Hotel, Garage, also kleine Autowerkstatt, das gehörte alles dazu. Damals hatte noch nicht jeder ein Auto und konnte seine Besorgungen ohne weiteres in der entfernten Stadt erledigen. Unter diesen Verhältnissen wurden solche Anlaufpunkte zu Versorgungszentren der Farmergemeinschaft. Und bildeten natürlich auch gewisse Kulturzentren. Die meisten der Farmer hingen schon an der Farmlinie, das heißt, sie hatten Telefon, solches zum Kurbeln, aber einmal im Monat kam jeder zum Store und kaufte ein. Hier traf man sich, es wurde geplaudert und getrunken. Hier fand sich die Gemeinschaft zusammen, die in DORDABIS ausschließlich deutsch geprägt war. Es wurde nur deutsch gesprochen. Auch die Angestellten im Store, die natürlich Schwarze waren, sprachen deutsch. Die Kirchen spielten eine wichtige Rolle. In DORDABIS war in der Regel vier Mal im Jahr Kirchentag, da kam der deutsche Pfarrer zu uns. Es ging nicht so sehr um das Evangelium. Damals war den Leuten die Rolle der Kirche zur Pflege ihres Deutschtums ganz wichtig. Dass Kirche auch noch mit dem lieben Gott zu tun hatte, das war Begleiterscheinung, das Primäre war die Verkündigung, die Predigtsprache Deutsch, das deutsche Liedgut. Das war wichtig für die weiße, deutschsprachige Gemeinschaft.

Als ich 1961 auf Dordabis mit einer eigenen Farmschule anfing, geschah das aus ganz praktischen Gründen. Ich hatte mindestens vierzig Kinder, die den Garten plünderten, klauten und Unfug trieben. Um eine gewisse Grundordnung herzustellen, habe ich gesagt, wir eröffnen eine Schule. Ich habe mich bei der Regierung erkundigt. Dass Schwarze Schulen brauchen, wurde dort oben kaum wahrgenommen. Die sagten, wenn du eine Schule aufmachen willst, dann musst du das Gebäude zur Verfügung stellen, musst Lehrer besorgen. Wenn du das hast, dann bezahlen wir den Lehrer, und wir geben denen auch Schulbücher und vielleicht auch ein paar Tische und Stühle. Bei diesem Vorhaben kamen meine ersten Kontakte mit der Kirche zustande, mit der evangelisch - lutheranischen, von der schwarzen Seite her. Die hatten jemand, der sich für die Arbeit eignete, und der wurde dann bei uns Lehrer. Ich fing dann mit den vierzig Kindern an. Irgendwann erzählte ich das im Farmerverein. Die waren entsetzt. Warum müssen die Kaffern schreiben und lesen lernen? Das Ganze erinnerte mich an eine Karikatur im Simplizissimus. Da sagt der Gutsherr zum Pfarrer, na ja, also Rechnen bis hundert, Alphabet und das Deutschlandlied, aber mehr brauchen die nicht. So war auch hier die Grundeinstellung. Wir schrieben das Jahr 1962. Das Pikante war, dass nach drei Monaten jene Farmer, die an mir herummoserten, Kinder zu mir in die Schule schickten. Klammheimlich gewissermaßen. Obwohl es alle wussten, denn so an die hundert wimmelten da auf einmal herum statt meiner vierzig.

In der Kirche gab es relativ frühe Einigungsbemühungen. Schon durch das Zusammentreffen von Weißen und Schwarzen im Kirchenraum wurden ja gewisse Apartheidaspekte aufgehoben. Man verhandelte miteinander, man aß zusammen, man kannte sich persönlich. Es war nicht mehr das Verhältnis Herr - Diener. Die Kirchen waren damals in der Zeit vor der Unabhängigkeit, der »Kampfzeit«, will ich mal sagen, speziell im Council of Churches sozialpolitisch und gesellschaftspolitisch wirksam geworden. Politische Parteien, die den Südafrikanern gegen den Strich gingen, waren verboten. So dass eigentlich die Kirche im Council of Churches ein politisches Element war, ohne Propaganda zu betreiben. Aber jeder Weiße, der da mitarbeitete, war natürlich verdächtig. Ich war damals der Vertreter der deutschen Kirche in diesen Vereinigungsbestrebungen der Vereinigten Evangelischen Norddeutschen Kirche. Es gab große Vorbehalte, aber doch Bereitschaft, gemeinschaftlich ein solches Ziel zu diskutieren, Lösungen zu suchen. Am Ende kam es nicht zu einer Einheitskirche, sondern zu einer föderativen. Wir schließen uns zusammen, aber wir behalten unsere eigene Identität, hieß es.

Es gab auch einzelne Farmer, die bereit waren, sich solchen Gesprächen zu öffnen, manchmal gab es auf größeren Farmen Zusammenkünfte zwischen der weißen Gemeinde und der schwarzen Gemeinde. Das aber erst in den siebziger Jahren. So um 1972 lernten weiße Pastoren schwarze Pastoren kennen, mit denen sie als gleich und gleich an einem Tisch verhandelten. Das gab es in dieser Zeit auf anderen Gebieten des Lebens hier überhaupt nicht. Wir hatten mit Gott eine Basis, von der aus wir eine Zukunftsentwicklung diskutieren konnten. Das war damals ganz hervorragend. Heute beobachte ich einen Rückfall in die Ethnizität. Das ist ein ausgesprochener Rückschritt und für mich eine große Enttäuschung. Die Vergangenheit, die Geschichte wird plötzlich übermächtig.

Die Namas und die Herero sind von der Missionsgeschichte her Rheinische Missionskirche, die Ovambo sind finnisch missioniert. Das sind schon zwei verschiedene Gruppen, die unterschiedliche Kirchentraditionen haben, die einen sind etwas mehr reformiert, während sie im Ovamboland ein Hochluthertum betreiben, wie man es nur noch im Finnland kennt. Sie alle sind schwarz, aber die Ovambos sind doch für sich, die Namas ebenso. Auch die Damaras hier unten haben ihre eigene Kirche. Und dann kommt noch Politik ins Spiel. Neuerdings fordern die Hereros besondere Aufmerksamkeit, die Rehobother wollen am liebsten eine eigene Provinz, im Caprivi gibt es Stunk, die San besinnen sich auf ihre Kultur, das Ovamboland empfindet sich als Kernland des Widerstandes. Wir waren vor der Unabhängigkeit, in der »Kampfzeit«, was die Einheit auch im nationalen Sinne anging, sehr viel weiter als wir das heute sind.

Ein Problem der Kirche besteht wohl im Moment darin, dass mit der Unabhängigkeit der politische Einfluss, den man als Kirche zunächst immer von sich gewiesen hatte, scheinbar abhanden kam, weil man zwar beteuerte, gesellschaftspolitische Interessen zu haben, aber keine politische Partei zu sein. Es sieht so aus, als repräsentiere die SWAPO das gesamte Spektrum der gesellschaftlichen Interessen. Und die Kirche steht auf einmal nur noch mit ihrem Verkündigungsauftrag da. Sie ist nach meiner Beobachtung zwar entpolitisiert, aber sie hat trotzdem eine starke gesellschaftspolitische Komponente, auf die sie sich besinnen sollte. So ist es nicht nur Sache der politischen Partei, über Moralfragen zu sprechen. Da könnte die Kirche sehr viel mehr tun. Sie könnte unter dem Aspekt der gemeinsamen christlichen Grundüberzeugungen die Menschen zusammenbringen, das Gespräch in Gang setzen. Nehmen wir nur die Landreform und das, was uns da bevorsteht. Das schneidet möglicherweise tief in die Lebensweise von Menschen ein. Darüber öffentlich nachzudenken, kann doch nicht nur Angelegenheit der Farmervereine und der politischen Parteien sein. Ich habe noch nichts davon gehört, dass eine Gruppe weißer Farmer, Christen, sich mit einer großen Gruppe zukünftiger schwarzer Farmer, auch Christen, zusammengefunden hat, um sich jenseits von Politik und irgendwelchen Vorbehalten über die praktische Seite der Zukunft unserer Landwirtschaft zu verständigen.

Oder schauen wir uns die Entwicklung des Schulsystems an. Warum brauchen wir jetzt auf einmal wieder kleine, deutsche, weiße Schulen? Aus meiner Erfahrung halte ich das für eine Fehlentwicklung. Das führt zur Isolation, zur Sonderstellung der Deutschen und ist wahnsinnig teuer. Ich habe meine Kinder in die englischsprachige Schule geschickt. Was haben die Deutschen mich beschimpft! Du fällst unserer Kultur in den Rücken, hieß es, du musst deine Kinder in eine deutsche Schule geben. Denen sagte ich, Deutsch lernen sie bei mir zu Hause. In der Schule sollen sie für ihren weiteren Bildungsweg, gemeinsam mit den Altersgenossen, ein ordentliches Englisch lernen. Auch in dieser Angelegenheit könnte die Kirche durchaus Orientierungshilfe geben.

Leider werden die aktiven Kirchenmitglieder immer weniger. Viele der Jungen kommen vom Studium in Südafrika oder in Europa nicht zurück. Die ältere Generation stirbt weg, und es kommen nicht so viele Deutschsprachige oder Deutschstämmige nach. Die Deutsch-Evangelisch-Lutherische Kirche vereint heute noch 4.900 Seelen. Das sind nicht zahlende Mitglieder, sondern das ist die gesamte Gemeinschaft, Kinder und Greise eingeschlossen. Fünfzehntausend Deutschstämmige gab es 1975 unter den Protestanten, jetzt sind es so um die fünftausend. Das ist nichts, gemessen an der großen Gemeinde der Schwarzen.

Die weiße Bevölkerung in Namibia hat noch großen Einfluss, aber innerhalb der Kirche ist sie als gesellschaftspolitisch prägende Gruppe unbedeutend geworden.

Die deutschsprachigen Namibier insgesamt werden eine kleine Minderheit bleiben. Sie werden ihr Deutschtum und ihre Deutschstämmigkeit pflegen, aber sie können nicht erwarten, dass sie vom Staat unterstützt werden. Es wird so sein, wie bei allen Deutschen im Ausland. Nicht ohne Stolz sagen deutsche Farmer, dieser gutgehende Betrieb ist auch das Ergebnis unserer deutschen Tüchtigkeit, unseres Fleißes. Ist das so falsch? Man sollte das auch im geschichtlichen Zusammenhang anerkennen.

Dass die Deutschen sich zu ihresgleichen hingezogen fühlen, ist doch normal und sollte ohne Misstrauen gesehen werden. Der Mensch ist geneigt, sich in der kleineren, ihm bekannten Gruppe wohl zu fühlen. Nur, wenn ich hier als Namibia-Deutscher leben will, kann ich mir hier kein kleines Deutschland einrichten. Das muss man sich klar machen, und das sollte sich die Kirche auch klar machen. Die EKD in Deutschland sollte, wenn sie Pfarrer entsendet, sie nicht mehr in eine deutsche Kirche einsetzen, sondern sie sollte sie in eine lokale nationale Kirche, also in eine schwarze, schicken. Das wäre ein guter Beitrag der Kirche zum National building.

Um aber große Gruppen, nicht nur die der Kirchen, zusammenzuhalten, muss eine tragende Idee da sein, ähnlich wie wir sie im Unabhängigkeitskampf hatten. Der Slogan, die Aufforderung sich zur Nation zusammenzufinden, ist für die meisten zu allgemein, nicht greifbar. Der Staat versucht über Bildung und Erziehung diesen Zusammenhang zu organisieren. Ich finde, das ist der richtige Weg, aber auch nur eine der Möglichkeiten. Viele stört, dass die Ovambos in der Politik so stark präsent sind. Das liegt einfach an den natürlichen Verhältnissen. Die Oshivambo sprechende Gruppe macht ungefähr fünfzig Prozent der Bevölkerung aus, die Namas kommen nur auf zwanzig und die Hereros auf neun Prozent. Von den anderen kleineren Gruppen, wie die San oder wie die Deutschen, nicht zu sprechen. Der Präsident ist ein Ovambo, und solange die Leute im Norden ihn wählen, wird er Präsident bleiben, das ist doch logisch. Es sei denn, die Verfassung des Landes begrenzt die Amtszeit.

Es muss einfach klar sein - jede Volksgruppe muss für das Zusammenwachsen der Nation das ihre tun. So finde ich die Repatriationsforderungen der Hereros aus dem Aufstand von 1904 ein bisschen weit hergeholt. Deutschland gibt Geld in unser Land für Entwicklungsarbeit, mehr als in andere afrikanische Länder. Das ist in Ordnung. Ich würde ein Spezialfall an Wiedergutmachung für die Hereros sogar als ungünstig für dieses Land sehen. Wenn Wiedergutmachung überhaupt, dann nur als Ganzes. Aber nicht an eine bestimmte Volksgruppe. Das würde für den heutigen namibischen Staat mehr Probleme schaffen als Nutzen bringen.

Als im August 1990, kurz vor dem Untergang der DDR, die berühmten DDR-Kinder ankamen, arbeitete ich beim Council of Churches, beim RRR-Komitee. Unter anderem betreuten wir auch Rückkehrer, die aus aller Herren Länder nun in die Heimat kamen. So gesehen war die Anfrage der SWAPO, ob wir sie in dieser Sache nicht unterstützen könnten, ganz normal. Vor allem sollten die Kinder ihre Familien wiederfinden, und für die Waisen musste ein neues Zuhause her. Dabei, so die Leute von der SWAPO, könnte doch die Kirche mit ihren guten Verbindungen zur Basis am ehesten helfen. Was ja auch stimmte. Meiner Erinnerung nach waren es über 435 Kinder. Davon um die dreihundert Schulkinder, die anderen waren im Vorschulalter. Lange vor ihrer Rückkehr haben die Medien einen unverantwortlichen Rummel um die Kinder gemacht, hier und auch in Deutschland. Und dann waren sie plötzlich da.

Die Peoples Primary School in Katutura war nach der Landung ihre erste Station. Die Kinder wurden per Megaphon aufgerufen. Sie zeigten ihre Papiere, Zeugnisse, Urkunden. Und dann kamen Mutter, Vater oder Verwandte an den Tisch und wiesen sich ihrerseits aus. Passte das zusammen, wurde von Kind und Eltern ein Foto gemacht. Diese merkwürdigen Fotos erzählen sehr viel über den Seelenzustand der Kinder. Für die meisten der größeren war das ein regelrechter Kulturschock, dabei hatten sie die Verhältnisse in den Dörfern noch gar nicht kennen gelernt. Es war ein großer Fehler, den älteren Schulkindern nicht die Möglichkeit zu geben, ihre Schulausbildung in Deutschland zu beenden. Wir haben sie aufgemuntert, ihnen gesagt, nehmt euch zusammen, wir helfen euch, aber im Grunde haben wir die Schwierigkeiten der Integration für die Kinder auch unterschätzt. Bald waren sie die »schwarzen Ossis«. Manche hatten immer noch die schöne Zeit von Staßfurt im Kopf, sicher viele Jahre noch, obwohl die DDR nach 1990 auch nicht mehr so schön war.

So um die vierzig Kinder konnten wir in der Deutschen Höheren Privatschule unterbringen. Natürlich gab es da Widerstände. Bei den Eltern, auch bei den Lehrern. Vierzig Schwarze auf einen Schlag in diese Schule, dazu noch aus dieser merkwürdigen DDR. Die Grundbedingung, die für diese Schule galt, die Deutschsprachigkeit, erfüllten sie ja. Da kam das Argument auf: Aber die können ja kein Englisch! Für die Deutsche Gemeinschaft war es schon peinlich, diese Eierei. Nach einem Test wurden sie dann in die Schule aufgenommen. Unter den achthundert Schülern in der DHPS waren nun plötzlich vierzig aus der DDR. Wirkliche Probleme gab es später mit fünfzig oder sechzig der insgesamt über vierhundert Kinder. Gemessen an der Tatsache, dass die älteren von ihnen zehn und mehr Jahre in der DDR gelebt hatten, halte ich den Anteil der schwierigen Fälle für nicht zu hoch. Über die Jahre haben alle ihren Weg gemacht, sind aus der Sonderrolle, in die sie eigentlich die Politik gedrängt hat, herausgetreten. Vielleicht wird man später feststellen, dass diese jungen Leute in den Anfangsjahren der Republik, mehr als wir vermuten konnten, zur Annäherung von Schwarz und Weiß beigetragen haben.

Deutsch und auf hohem Niveau

Das träfe sich gut, sagte sie. Die Farm WHITEWATER läge am Wege zu ihrer Verabredung mit dem Grootfonteiner Schulverein. An Rietfontein vorbei und dann dem Farmschild nach. Wenn ich Glück hätte, bekäme ich die Herde der Grootfonteiner Schule zu Gesicht. Die Rinder stehen bei WHITEWATER mit ein. Die mit dem Zebu verwandten Tiere sind von scheuer Natur, lassen sich bei nächtlichen Raubzügen der Viehdiebe nicht so schnell einfangen. Das ist ein großer Vorzug. Da nimmt der Schulverein die geringe Milchausbeute durchaus in Kauf. So die Schulleiterin aus Otjiwarongo über ihre Nachbarn. Die Leute auf WHITEWATER betrieben die Straußenfarm mehr als Zubrot, ich solle nur hineinfahren ins Farmgelände, der Gast sei dort immer willkommen. Es gäbe passablen Kaffee und wenn man wolle, ein solides Steak. Ein guter Ort für ein entspanntes Gespräch.

Und entspannt sollte es sein, meinte sie hintersinnig. Aber ihre abwehrende, geradezu steife Haltung ließ trotz der warmen, dunklen Stimme keinerlei Illusionen aufkommen.

Carl Scholz hatte mich nach unserem Gespräch noch bis zum Parkplatz vor dem CAFÉ JACOB begleitet. Nach zehn Minuten Fahrt verließ ich die Hauptstraße nach Süden, Richtung Rietfontein. Es war so, wie beschrieben. An Rietfontein vorbei, das Farmschild wies den Weg.

Unter dem Hausbaum, einem dichtbelaubten Riesen mit dem Schild »*Coffeeboom*«, standen auf akkurat geharktem, festgetretenem Boden vier Tische mit Stühlen. Zwei der Tische waren besetzt. Auf dem Tisch, der dem Baum am nächsten stand, hatte ein Pärchen, so um die vierzig, eine Landkarte ausgebreitet. Der Mann, schlank, in blauweiß kariertem Hemd, fuhr mit dem Finger eine Strecke ab. Halblaut verständigten sie sich, in Spanisch oder Portugiesisch wohl. Tsumeb war herauszuhören und Oshivelo und Namutoni. Dabei fiel ihm immer wieder eine dunkle Haarsträhne ins Gesicht, die ihm von der Frau mit zärtlicher

Geste aus der Stirn gestrichen wurde. Als sie ihre Hand auf die Karte legte, zog er sie an sich und küsste ihre Fingerspitzen. Sie rückten noch enger zusammen. Am Nebentisch, so nah, dass die Bedienung mit etwas ausladendem Hinterteil nur mit äußerster Umsicht, das Tablett in den Händen, hindurchgehen konnte, saß eine Familie. Mann und Frau und ein Mädchen. Die Kleine wurde aufgefordert, endlich das Heft aus dem Rucksack zu ziehen, denn sie wollten ja noch weiter. Die Frau steckte in einem khakifarbenen Kleid, das sie stark einschnürte. Man musste vermuten, dass es ihr auch die Luft nahm. Ich sah nur ihren Rücken, die Fettfalte über dem Kragen und das mit einem Streifen Zebrafell nach oben zusammengehaltene Haar von unbestimmter, rötlicher Farbe. Und ich sah, dass sie sich ständig am rechten Ohrläppchen zupfte, eigentlich mehr riss als zupfte. Er trug enganliegende kurze Hosen, aus deren Hosenbeinen blondes Fell wucherte, und zu den Wanderschuhen kaffeebraune Kniestrümpfe. Das an Achsel und Rücken durchgeschwitzte, cremefarbene T-Shirt mit der Aufschrift »Bier formte diesen schönen Körper« umspannte Brust und Bauch und Schulter nahezu faltenlos. Er trank Bier. Am Glas schlug sich Feuchtigkeit in kleinen Perlen nieder. Nach jedem Schluck stöhnte der Mann genüsslich in gebotener Zurückhaltung auf und fuhr sich mit dem Handrücken selbstverliebt über die Lippen. Reflexartig und ohne Scham griff er sich in kurzen Abständen zwischen die Beine, als müsste er sein Gemächt ordnen, das eingezwängt zwischen überbordendem Bauch und Stuhl sicherlich schweißnass war. Der Mann litt. Unter der Hitze, unter der Anwesenheit seiner Frau und seines Kindes. Und er litt an sich selbst, ohne dass er es wusste. Wie es der Frau dabei ging, war schwer zu bestimmen. Der Rücken jedenfalls und das aufgestellte Haar signalisierten angespannte Kampfbereitschaft.

Schon nach der ersten Tasse Tee wusste ich fast alles vom Strauß, zumindest jener Art, wie sie in Namibia am häufigsten vorkam. Dem schmalen, vielleicht neunjährigen Mädchen wurde von der Mutter ins Heft diktiert. Tief über die Seite gebeugt, wartete das Kind auf das Wort der Frau, wie auf einen Schlag. »Schreibe: Der Strauss. Bis einen Meter achtzig hoch. Der Älteste in Namibia ist einundachtzig Jahre alt.« »Achtzig mit ›z‹, nicht mit ›s‹, und schreibe langsam! Nicht über die Linie! Manche bis achtzig Kilo schwer. Hennen legen vierzig Eier. Ein Ei fasst einen

Liter. Wie schreibst du denn ›manche‹?! Nicht mit ›Schule‹, mannomann. Das Männchen brütet nachts, das Weibchen am Tage.«
»Damit der nachts keine fremden Hennen treten kann.«
»Helmut! Schreibe weiter, Kleines. Papa macht seine blöden Witze. Schreibe: Zwanzig Kilogramm Steak und Filet. Pro Tier.«
»Der hat nur Steaks gesagt, nichts von Filets.«
»Natürlich beides! Steaks von der Keule, Filets vom Rücken. Anatomie, mein Lieber.«
»Ach ja, Anatomie. Du könntest ein bisschen abnehmen, mein Liebling.«
»Filet. Wie schreibt man das, Kleine? Na wie? Überlege doch. Nicht mit ›ü‹ und ohne ›h‹ nach dem ›e‹! Möchte wissen, was du mit ihr geübt hast, Helmut.«
»Was ich mit ihr geübt habe, war mein guter Wille, mein guter Wille. Verstehst du! Wer hat denn in unserer Familie die Rechtschreibschwäche? Na, wer schon?«

Ich nahm das Tablett mit dem Teekännchen, der Sahne und der Tasse und verzog mich zur hüfthohen, steinernen Einfriedung, die den Farmhof vom Sitzplatz unter dem Kaffeebaum trennte. Im Schatten der Mauer döste eine Hundemeute. Ein Hundeknäuel. Vier waren es oder fünf. Mit einem schwarzweißen Terriermischling sogar sechs. Eine Dogge dabei, die bei meinem Erscheinen träge den Kopf hob, blinzelte, um sofort wieder einzuschlafen. »Haben wir Sie gestört?«, schrie der Dicke mir nach, »Entschuldigung, Ent-schul-di-gung mein Herr!« Er versuchte sich im Hochdeutschen, aber der Kölner Einschlag war nicht zu überhören. Sein Ton glich dem des dicken Fernsehmannes. Man könnte meinen, es sei das Kölner Bier, dass Männer so in die Breite trieb. Und immer noch fuhr ich diesen Koffer spazieren.

Energisch kämpfte ich den unangenehmen Gedanken nieder. Er liegt im Kofferraum, und dort bleibt er bis zur Ankunft in Windhoek. Schluss mit dem schlechten Gewissen, befahl ich mir.

Auf der anderen Seite des Hofes wurde von zwei Arbeitern die Seitenwand des Melkhauses weiß getüncht. Mit Malerrollen an langen Stielen erleichterten sie sich die Arbeit. Rolle eintauchen, abstreifen, ansetzen, rollen, eintauchen. Wie zuhause. Eine strahlend weiße Wand am Abend. Sie werden das Werkzeug abwaschen und zu ihren Frauen sagen, das war heute ein guter Tag.

Vielleicht werden sie sich auch fragen, was uns aus der Ferne hierher treibt, auf diese Farm, auf der ein Tag wie der andere ist. Gegen fünf treiben die Kinder das Braunvieh zum Melkstand. In vier Melkboxen Zitzen säubern, Melkgeschirr ansetzen. Die Milch pulst in kleinen Blasen durch die Schläuche. Selten mehr als acht Liter je Kuh, in sechs oder sieben Minuten. Nach zwei Stunden sind alle Kühe durch, der Milchtankwagen fährt vor, 1.200 Liter werden übernommen. Durch Quote festgelegt. Dann geht draußen die Arbeit bei den Kälbern weiter, bei den Färsen, bei den Bullen. Vor Sonnenuntergang noch hinaus zu den Luzernefeldern, Draht nachspannen, neue Schwebhölzer setzen. Und am Rande diese lächerlichen Straußenvögel der Misses. Arrogant und mit ihren Krallen auch gefährlich. Und um das zu sehen, kommt der fremde Weiße, der Oshilumbu, das gelbe Ding, von so weit her. Nicht zu fassen.

Nahe am Melkhaus steht unter dem blitzenden Aluminiumdach der Milchtank. Über dem Verschlag, durch den sich die Kühe zur Melkzeit ins Haus trollten, flimmerte die Hitze. Schon nicht mehr in Rufweite des Wirtschaftshofes begann das Straußenkamp. Abseits, im Schatten sitzend, konnte man diese seltsamen Tiere mit den schönen langen Wimpern beobachten, wie sie mit ihren breiten Schnäbeln Steine wenden, Grünes vom Strauch reißen und zwischendurch wehmütig-verträumt in die Ferne schauen. Filets und Steaks und vier Arten Leder.

Aus der Seitentür des Melkhauses waren nacheinander zwei Männer getreten. Groß und schlank beide und in blauen Overalls. Der zuerst ins Freie trat, trug ein Basecap und hielt sich etwas gebeugt, er war wohl der ältere. Er entfernte sich in hastigen Schritten aus der Mitte des Hofes. Mir schien, als trotte der Jüngere nur widerwillig dem Basecapträger nach. Der blieb in einer plötzlichen Eingebung stehen. Das geschah so abrupt, dass sie beinahe zusammenstießen. Der Ältere riss mit einer heftigen Bewegung die Mütze vom Kopf, stieß die Arme himmelwärts, überschüttete den Jüngeren mit einem herausgebrüllten Schwall von Worten. Über die Entfernung hinweg war nichts zu verstehen, aber die sich überschlagende Rede ließ nichts Gutes ahnen. Nun hob auch der Jüngere die Stimme, schrill und verzweifelt schrie er seinen Einwand in das Gezeter des Alten hinein. Wie Kampfhähne standen sie sich gegenüber, die Oberkörper nach

vorn gebeugt, die Arme abgespreizt, als sollten Arme und Fäuste unbedingt herausgehalten werden aus all dieser Wut, als sollten nur Argumente zählen, aber jeder wollte schon das Weiße im Auge des anderen sehen. Das war das mindeste. Höchste Lust und höchste Wut schaffen unerwartet Nähe.
»Vater und Sohn. Kommen Sie, wir gehen dort hinüber.« Als Spanner erwischt, fuhr ich herum, nahm aus Verlegenheit ihre Hand, die sie mir energisch entzog.

Die Schulleiterin folgte in festen Schritten dem Trampelpfad zum Straußenkamp. Vor mir zuverlässige, gutgewachsene Beine. Am Straußenkamp angekommen, rückte ich ihr den Stuhl in den Schatten. Sie erschien mir hier viel zerbrechlicher als in ihrem kleinen, verkramten Schulbüro zwischen Pinnwand und Kopiermaschine. Der tannengrüne Leinenanzug betonte geschickt die keineswegs übergewichtige, aber in den wichtigen Partien sympathisch runde Figur. Ein leichter Wind zauste das offene, füllige Haar. Ein äußerst delikates Frauenzimmer, hätte mein alter Freund Willi es genannt. Gymnasiasten würden ihr nachpfeifen. Sicher nicht in Otjiwarongo und auch nicht in Windhoek, wohl aber in Essen oder Düsseldorf oder Berlin. »Wir wollen über unsere Schule sprechen. Fangen wir an?« Ertappt. Weder war ich ihr, die höfliche Distanz missachtend, zu nahe gekommen, noch konnte sie meinen drei Schläge schneller klopfenden Puls bemerkt haben. Und das Stuhlrücken war lediglich ein verbliebener, bürgerlich genannter Reflex auf die Anwesenheit einer Dame. Denn eine solche war sie wohl. Noch nicht »verbuscht«, noch nicht »verbauert«. Nur warum setzt sie jetzt die Sonnenbrille auf, hier im Schatten?

Jutta Visser
Jahrgang 1963, Lehrerin

Die beiden Großväter waren die ersten unserer Familie, die im Süden Afrikas Fuß fassten. Der eine ist aus Deutschland ausgewandert, der andere kam mit der Deutschen Schutztruppe nach Südwest. Wen wundert es, wenn meine Eltern und auch ich in Namibia geboren sind. Namibia ist mein Zuhause, hier bin ich zur Schule gegangen, hierher bin ich nach dem Studium zurückgekehrt. Und seit kurzem bin ich hier in meiner Stadt Schulleiterin der deutschen Privatschule. Aber vielleicht der Reihe nach.

Meine Geburt ereignete sich gewissermaßen zufällig, während des Urlaubs meiner Eltern in Swakopmund. Groß geworden bin ich in Otjiwarongo. Wir wohnten zwar ein oder zwei Jahre zwischendurch in Otavi, sind aber dann hierher zurückgekehrt. Damals hatte der Ort so um die fünfzehntausend Einwohner, ich schätze dreitausend davon waren Deutsche. In Otjiwarongo bin ich auch bis zum zwölften Schuljahr zur Schule gegangen. Dann an die Uni nach Stellenbosch/Südafrika zur Lehrerausbildung. Dort habe ich erst einmal mein BSc, den Bachelor of Science, naturwissenschaftliche Richtung, gemacht. Dem folgte 1986 das Lehrerdiplom. Das waren politisch ziemlich turbulente Zeiten. Südafrikanisches Militär stand im Norden Namibias, war praktisch überall im Lande. Wir hatten auch hier in der Stadt eine große Militärbasis. Unter den Studenten an der Uni hatte ich liberale Freunde, die teilweise die SWAPO unterstützten. Ansonsten waren die Universitäten in Südafrika weiß und sehr konservativ. In Namibia gab es damals überhaupt keine Universität. In Otjiwarongo hielten sich die Leute konsequent an die Gewohnheiten der Apartheid. Sie kennen ja sicher das Hotel Hamburger Hof bei uns in Otjiwarongo. Da gab es während der Apartheid zwei Türen. Auf der einen Tür stand: nur Weiße, und auf der anderen Seite stand: nur Schwarze. Und dann ist man eben auch in zwei Bars gegangen. Die eine Bar war für schwarze Leute und die andere für weiße Leute. Auch in den Geschäften gab es einen Eingang für die schwarzen Menschen und einen Eingang für die weißen Menschen. Am Postamt das Gleiche. Verschiedene Eingänge für Schwarz und Weiß.

Abends, so gegen zehn Uhr, wurde von der Polizei eine Glocke geläutet, danach durften sich die schwarzen Menschen nicht mehr auf den Straßen aufhalten. In meiner Erinnerung gab es die Glocke zwischen meinem zehnten und fünfzehnten Lebensjahr noch. Ich glaube das Läuten wurde 1975 abgeschafft.
In diese Art getrennten Lebens sind wir ohne große Fragen hineingewachsen.

Zu dem Zeitpunkt entwickelte sich auch hier der sogenannte Terroristenkrieg, ich erlebte mit, dass von meinen Mitschülern die Väter oder Onkel auf ihren Farmen erschossen wurden. Da hat man schon eher die Schwarzen als Feind gesehen. Das waren damals einfach die Terroristen, diesen Begriff haben wir ganz klar mit einer Hautfarbe verbunden. Die wollen unser Land übernehmen, aber wo sollen wir hin? Ich kann mich an ein Gespräch mit meinen Eltern erinnern. Ein sehr ernsthaftes Gespräch, in dem die Eltern uns gesagt haben, ich bin die jüngste von drei Töchtern, wenn ihr eure Schule abgeschlossen habt, und das geht so weiter, dann müssen wir euch ins Ausland schicken. Das war für mich ein ganz, ganz schlimmes Gespräch. Weil das Ausland mir zu der Zeit total unbekannt war. Wir hatten Verbindungen nach Deutschland, Onkel, Tanten, aber die waren uns fremd. Da gehörten wir nicht hin.

Nach dem Studium habe ich dann 1987 in Windhoek angefangen, an einer deutschsprachigen Oberschule zu unterrichten. Mathematik und Biologie. Dort wurde bis zum zehnten Schuljahr in Deutsch unterrichtet. Alle Fächer.

Danach, in der elften und zwölften Klasse, wurde der Unterricht in Afrikaans fortgesetzt, denn die Abschlussprüfungen waren nationale Prüfungen und erfolgten in Afrikaans.

In den deutschen Schulen, in den deutschen Zentren, wurde ausdrücklich deutsche Kultur gepflegt. Deutscher Karneval, Weihnachtsfeste oder Schülerbasare. In Windhoek, am Staatstheater, gab es auch mal eine deutsche Operette oder so etwas.

Kurz vor der Unabhängigkeit, da wurde es dann doch offener, und da war dann auch afrikanische Kultur zu sehen. Tanz, Gesang. Wir waren hier sehr auf die eigenen Probleme fixiert, auch in kultureller Hinsicht. Eine gewisse Offenheit ergab sich eigentlich erst nach der Unabhängigkeit, aber es hängt ja von jedem Einzelnen ab, welche Angebote er nutzt, wie neugierig er ist.

Mein Mann ist mein Schulfreund. Als es ernster mit uns wurde, war diese Bindung für meinen Vater plötzlich nicht mehr so einfach – mein Mann ist afrikaanssprachig. Als wir dann endlich heiraten wollten, hat Vater mir gesagt, du bist 21, ich darf nicht mehr nein sagen. Er hat mit sich gerungen, denn man hat viel für das Deutschtum kämpfen müssen, gerade mein Vater, dem die deutsche Sprache in der Schule so am Herzen gelegen hatte zur südafrikanischen Zeit. Kampf über viele, lange Jahre, da war schon ein bisschen Angst da, dass wir eines Tages durch Verheiratung und so weiter nicht mehr Deutsche sind und vielleicht auch nicht mehr die deutsche Sprache pflegen.

1987 habe ich geheiratet und 1989 aufgehört zu unterrichten, bin an das Staatsmuseum in Windhoek gegangen und habe dort vier Jahre gearbeitet. 1994 sind wir nach Otjiwarongo zurück, ich ging wieder in den alten Beruf, unterrichtete an der Deutschen Schule, der damaligen Deutschen Staatsschule, der heutigen Donateschule. Die Schule war bekannt als DSO, Deutsche Schule Otjiwarongo, aber auf Weisung durfte der Schulname nicht mehr mit einer bestimmten Sprache in Verbindung gebracht werden. Alle Schulen, die entweder deutsch oder englisch oder was auch immer in ihrem Namen hatten, mussten diesen ändern.

Mit der neuen Sprachpolitik hat sich auch um 1994 der Umgang mit der deutschen Sprache in der Schule verändert. Nur noch die ersten drei Schuljahre wurden in der Muttersprache unterrichtet. Die Schuler ab dem sechsten, siebten Schuljahr hatten Deutsch nicht mehr als Unterrichtssprache, sondern mussten Deutsch als Fach, als Fremdsprache belegen. Mit dem konsequenten Einführen von Englisch als Unterrichtssprache wurden die Klassen sehr schnell mit Kindern aufgefüllt, die des Englischen kaum mächtig waren, die sich in der Gemeinschaft von dreißig, fünfunddreißig Schülern gemeinsam mit uns Lehrern durch den Unterricht quälten. Dem einzelnen Kind konnte man kaum noch gerecht werden. Man musste sagen, das ist der Durchschnitt, das ist das Minimum, und nun musst du kämpfen. Ich habe auch Mathematik und Physik unterrichtet. Schüler, die aus verschiedenen Schulen zu uns kamen, formal in einer Klassenstufe standen, brachten extrem unterschiedliche Kenntnisse mit. Es offenbarten sich riesengroße Niveauunterschiede, die innerhalb eines Schuljahres nicht auszugleichen waren.

Ich hatte mich damals schon entschieden, von der Staatsschule wegzugehen, hatte schon gekündigt und bin dann im Zusammenhang mit der Idee für eine deutsche Privatschule angesprochen worden. Zunächst, weil wir selbst noch Kinder im schulpflichtigen Alter hatten. Und dann wurde ich angestellt, erst einmal auf kommissarischer Basis. Wir versuchen immer, eine Kollegin aus Deutschland bei uns zu haben, weil neue Ideen, Denkanstösse von außen, uns wichtig sind. Von dieser einen Ausnahme abgesehen, sind alle anderen Lehrer Namibianer.

Die Geschichte unserer kleinen Schule ist kurz. Die deutsche Privatschule in Otjiwarongo entstand vor drei Jahren. Allein in der näheren Umgebung, in einer Entfernung zwischen hundert und zweihundert Kilometern, gibt es noch drei private. In Omaruru, Otavi, in Grootfontein. Die einzige Annahmebedingung besteht darin, dass das Kind deutsch spricht und die deutsche Sprache versteht. Welcher Haut und ethnischer Herkunft es ist, spielt keine Rolle. Wir haben jetzt momentan zwei schwarze Schüler bei uns. Bis zur fünften Klasse ist die Unterrichtssprache grundsätzlich Deutsch. Mit dem sechsten und siebten Schuljahr wird Deutsch/Muttersprache als Fach belegt und die anderen Fächer werden in Englisch unterrichtet. Mit dem siebten Schuljahr endet nach dem namibischen System die Grundschule, richtiger gesagt, die Primarschule. Einige unserer Schüler besuchen ab der achten Klasse die Staatsschule, die Oberschule Otjiwarongo. Die ist dann durchweg englisch.

Und es gehen Schüler nach Windhoek in die Deutsche Höhere Privatschule, in die DHPS. Dort wird nach dem zwölften Schuljahr das Examen abgelegt, diese Schüler haben dann gleichzeitig noch das deutsche Abitur.

Wenn Sie unsere Privatschule Zwergschule nennen, klingt das ein wenig abwertend, das hat sicher mit Ihrer europäischen Sicht zu tun und ist ungerecht.

Ich werde Ihnen erklären warum. Wir haben vom ersten Schuljahr bis zum siebten Schuljahr ungefähr sechzig Schüler und unterrichten verschiedene Schuljahre gemeinsam in einem Klassenraum. Die Kleinen, die der ersten und zweiten Klasse, sind teilweise allein und teilweise zusammen. Das dritte und vierte Schuljahr belegt einen Klassenraum, das fünfte Schuljahr wird separat unterrichtet. In der sechsten und siebten Klasse sind sie dann wieder zusammen. In jeder Unterrichtsstunde sind vier oder fünf Klassenräume besetzt, und unsere Lehrer arbeiten mit zehn bis fünfzehn Kindern. Ich denke, wir nehmen uns der Kinder auf sehr kindgerechte und moderne Weise an. Der Unterricht erfolgt differenziert und sehr frei und offen. Die geringe Klassenstärke macht das möglich. Natürlich ist der Unterricht sehr arbeitsintensiv, auch für die Lehrer. Innerhalb eines Schuljahrganges versuchen wir, soweit es möglich ist, mit jedem Kind sehr differenziert umzugehen. Die Kinder, die Extrahilfe brauchen, die sollen sie bekommen. Kinder, die zusätzlich intensiv gefördert werden können, die unterstützen wir. Die Deutschbücher bekommen wir aus Deutschland, und die anderen Schulbücher, die wir haben, sind die namibischen, die auch in den Staatsschulen benutzt werden, dazu Arbeitsmaterialien, die wir austeilen. Mit den größeren Kindern arbeiten wir natürlich auch an Computern. Im vierten und fünften Schuljahr richten wir uns zwar nach den Lehrplänen der namibischen Erziehungsbehörde, wir unterrichten aber nicht aus den englischen Schulbüchern. Die Kinder gestalten in einem Heft ihr eigenes Schulbuch.

Sie bekommen von uns Unterlagen, Photokopien, Arbeitsblätter; am Ende des Jahres liegt das selbstgestaltete Schulbuch bei jedem auf dem Tisch.

Die meisten der deutschsprachigen Namibianer haben bei der Ausbildung ihrer Kinder von Anfang an die Möglichkeit eines Studiums im Ausland im Auge. Das heißt, sie wünschen sich hier im Lande für die Sprösslinge eine Schulausbildung auf möglichst hohem Niveau. Sie fürchten, dass durch die vielen schwarzen Kinder, die von den kleinen ländlichen Schulen zwar nicht selten mit passablen Zeugnissen, in der Praxis aber mit oft schlechten Kenntnissen in die oberen Klassen der Staatschulen kommen, das Unterrichtsniveau erheblich absinkt. Jeder soll mitgenommen werden, wünscht die Politik, alle sollen eine Chance bekommen, was ja richtig ist. Wenn aber die namibische Erziehungsbehörde wegen des akuten Geld- und Lehrermangels vorschreibt, dass in den ersten Schuljahren der Lehrer pro Klasse 38 Schüler hat, die teilweise sehr schlecht englisch sprechen, und in den oberen Klassen sind es immer noch 35 Kinder, dann ist es nicht schwer sich vorzustellen, wie schwierig der Unterricht unter solchen Bedingungen ist. Ich denke, dass durch die Zwergschule, wie sie es nennen, dass durch unsere Möglichkeiten, sich auf das einzelne Kind einlassen zu können, bei den Eltern die berechtigte Hoffnung besteht, dass die Kinder bei uns besser ausgebildet werden.

Die ganze Sache ist natürlich nicht nur eine Angelegenheit des guten Willens, unsere realen Möglichkeiten hängen vom Geld ab. Die Eltern müssen Schulgeld zahlen, das sind im Moment sechshundert Namibiadollar im Monat. Für die Kinder, die von außerhalb, von den Farmen kommen, fällt dazu noch das Heimgeld an, tausendeinhundert Namibiadollar monatlich. Zum Vergleich: Ein Farmarbeiter bekommt zwischen vierhundertfünfzig und achthundert, eine Verkäuferin hier in der Stadt so um die zweitausend, ein Bauarbeiter an die dreitausend Namibiadollar. Die genannten Summen bedeuten nicht unbedingt Bares, sie erreichen uns auch als Sachleistungen. Dadurch, dass die Elterngemeinschaft auch eine große Farmergemeinschaft ist, geben sie auch für das Essen, was sie auf der Farm haben. Fleisch oder Gemüse, Obst. Entweder bringt der Farmer zum Beispiel das Fleisch zum Schlachter, und es wird ihm ausbezahlt vom Schlachter, oder er bringt das Fleisch, das dann schon verarbeitet ist, in das Schülerheim, und das wird ihm gutgeschrieben. Nicht selten hat der Schulverein der betreffenden Privatschule auch eine eigene Rinderherde bei einem Eltern-Farmer stehen, von deren Verkaufserlös dann größere Ausgaben beglichen werden. Wir wollen nicht nur Kinder aus deutschsprachigen Familien bei uns unterrichten, wir wollen auch Kinder werben, die die deutsche Sprache sprechen können und einen anderen kulturellen Hintergrund haben. Da gibt es natürlich Familien, die sich das finanziell nicht leisten können. Dafür haben wir in der Schule einen von uns gegründeten Gemeinschaftsfond. Eltern, die das finanziell nicht schaffen, zum Beispiel viele Kinder haben, können einen Antrag auf Ermäßigung ihrer Schulgeldzahlung stellen. Innerhalb des Schulvorstandes gibt es zwei Mitglieder, die dann mit einem Rechtsanwalt solche Anträge durchgehen und entscheiden, ob der Antrag akzeptiert wird oder nicht. Neben den genannten Finanzierungsmöglichkeiten veranstalten wir als Schule Basare, Schülerheimfeste, Geldsammelaktionen, da kommt auch so manches zusammen. Dazu noch Spenden aus dem Ausland, aus Deutschland zum Beispiel. Landesweit gibt es die Arbeitsgemeinschaft der deutschen Schulvereine, die ein wenig koordiniert, vermittelt. Den Punkt, dass wir mit deren Hilfe Verwaltungsarbeit, Buchhaltung und Ähnliches zusammenführen, den haben wir noch nicht erreicht.

Also, ich denke ganz ehrlich, dass man als deutschsprachiger Namibianer, und das muss auch Ziel dieser Schule sein, nicht eine kleine deutsche Insel, ein kleines Deutschland hier darstellen sollte. Wir wollen unsere Kinder nicht weltfremd, nur deutschorientiert erziehen. Und ich sage immer, man muss seine Muttersprache pflegen, man muss aber auch offen sein für Anderssprachige, auch für die Kulturen Anderssprachiger. Deshalb ist es uns so wichtig, dass wir nicht nur Deutschmuttersprachler an unsere Schule ziehen, sondern auch Anderssprachige. Auch deshalb, um unsere deutsche Sprache weiter auszubreiten, mehr Leute mit ihr bekannt zu machen, sie muss unter den Leuten lebendig bleiben, damit sie nicht stirbt. Meinen Kindern setze ich immer noch das Ziel, sie sollen in diesem Land bleiben, sie sollen vielleicht ihre Ausbildung in irgendeinem Ausland haben, aber sie sollen zurückkommen nach Namibia. Und sie müssen lernen, dass wir hier in einem Land leben, in dem es sehr viele verschiedene Kulturen gibt. Und die sollen lernen, diese anderen Kulturen zu respektieren, sich ihnen mit Neugier und Offenheit zu nähern.

Auf dem Weg zu ihrem Auto, ein unauffälliger, eingestaubter Jeep, nahm sie endlich diese verdammte Sonnenbrille ab. »Ich bin sicher, Sie werden uns nun besser verstehen«, strahlte sie mich an und reichte mir die Hand.
»Danke für das Gespräch.«
»Ganz meinerseits.«

Immer Lehrerin. Korrekt, ergebnisorientiert, den Schüler fest im Blick.

Der Platz unter dem *Coffeeboom* war verwaist, der Hof wie ausgestorben. Abgeschirmt hinter dichtem Grün, in Rufweite das Zuhause der Farmarbeiter. Ein rotes und ein blaues Dach waren durch die Bäume hindurch zu sehen und eine lange Stange, an der steif eine Puppe oder eine Vogelscheuche hing.

Später, im Cockpit der Cessna, von Karibib nach Lüderitz, werde ich Startzeit und Flughöhe notieren und noch einmal die Notizen zu WHITEWATER lesen:

»Auf Rufweite vom Farmhaus entfernt, die Hütten der Farmarbeiter. Über der kleinen Siedlung lag seidiger, bläulicher

Rauch. Zehn oder zwölf Hütten, manche halb im Grün versteckt. Über allem schwebte an einer Stange ein Fetisch. Am Rande des Wohnplatzes das gemauerte Waschhaus. Waschrinnen, blanke Wasserhähne, Abfluss in die Sichelbuschhecke hinein. Daneben vier Toilettenhäuschen. Grauer Zement. Mit Lüftungsrohren und rot gestrichenen Türen. Vor einer wellblechgedeckten Hütte hockte ein Mann, so Mitte fünfzig. Er reparierte sein Fahrrad, der hintere Reifen war platt. Er sei hier Melker, sagte er, und heiße Jeremias. Wer ich denn sei, er kenne mich nicht. Er wurde hier geboren, habe hier Deutsch gelernt, denn sein Vater war 1932 mit dem ganz alten Mister nach WHITEWATER gekommen. Da gab es hier für den Mister nur ein kleines Plattklippenhaus. Die Hütte, vor der wir saßen, sei seine Sommerhütte. Wenn der letzte Regen vorbei ist, zieht er in die gemauerte Winterhütte, nur einen Garten weiter. Den kleinen Hof habe er nur wegen der Hühner eingezäunt. In dessen Mitte brannten zwei niedrige Feuer. Im gusseisernen, dreifüßigen Topf garte Gemüse. Daneben kochte ein Eimer Wäsche. In den vergangenen Jahren hatten sie eigentlich keine schweren Krankheiten, sagte Jeremias. Gegen Erkältung und Kopfschmerz hat der Mister Pillen. Wenn es schlimmer war, fuhr der Mister sie nach Grootfontein. Ja, da ist dieses Aids. Die kleinen Mädchen müssen weg von den Männern. Man darf nicht zulassen, dass die Männer mit den kleinen Mädchen spielen. Man muss auf die Schulmädchen aufpassen. Wir gucken, wenn ein Fremder zu uns kommt. Will er bleiben, gehe ich mit ihm nach Grootfontein, der Arzt soll ihm Blut aus dem Finger ziehen und untersuchen, ob er gesund ist. Dann kann er bleiben. Sonst weg. Wir sind fünf, sechs Ältere, die den anderen raten, und wir sitzen auch zusammen und überlegen, was wir machen können, wenn dies ist oder das passiert. Wie jetzt mit dem jungen Mister. Ja, dann man gute *Pad* nach Deutschland.

Am kleinen Schlachtgerüst für Ziegen vorbei, über den Rand des grünen Fußballplatzes zum Farmhaus zurück. Auf dem Hof ungewohnte Bewegung.

Der Farmer senior und zwei schwarze junge Männer zogen ein Stahlbandmaß am Haus entlang, danach machten sie sich an der Einfriedungsmauer zu schaffen. Eine stark schwitzende, junge Frau schrieb, ohne den Kopf zu heben, Zahlen in eine Kladde. Unter dem Coffeebaum erfuhr ich, das sind vom alten Farmer bestellte, staatliche Schätzer, Leute, die Haus und Garten und Hof vermessen. Er will die Farm der Regierung zum Kauf anbieten. Und als ahnten die Rinder was vorgeht, brüllten sie lang und herzzerreißend vom *Kamp* der Färsen herüber. Das Elend ging um.

Wen würde es wundern, träte der Junior mit dem Karabiner vor die Tür, streckte den Alten nieder und legt dann Hand an sich selbst. Eine verirrte Windhose tanzte über den Farmhof, saugte das letzte trockene Laub aus den Ecken. Staub der Zeit regnete auf Jung und Alt nieder. Erbarmungslos. Ein übermütiges Spiel.«

Ich war aus WHITEWATER geflohen, hatte in Grootfontein nahe dem CAFÉ JACOB ein Quartier gefunden. Der Wirt meiner Bleibe, ein englischsprechender, kleiner, wieselflinker Mann, wusste, dass ich auf WHITEWATER war und fragte erst zögernd, dann aber mit einer unverhüllten Gier nach diesem »Drama der Generationen«, wie er es nannte. Schlagen sie sich schon, oder was? Ich erzählte ihm, dass Arbeiter die Giebelwand akkurat gestrichen hatten. Mein Gastgeber sah mich ungläubig, mit schrägem Kopf an. Ihm missfiel, dass ich nicht genauer hingeschaut hatte, auf WHITEWATER.

Nach halbdurchwachter Nacht, mit dem ersten Tageslicht war ich nach Karibib aufgebrochen. Der Stop in Karibib musste sein, bevor ich mich nach Lüderitz auf den Weg machte. Mein zweiundneunzigjähriger Nachbar, der in der fernen Mark Brandenburg einen knorrigen, immer noch tragenden Birnbaum aus Südwestafrika im Garten pflegte und zur schönen Jahreszeit vor seinem grüngestrichenen Hoftor darauf wartete, mit mir die politische Lage zu erläutern, bat mich vor meiner Abreise um eine Gefälligkeit. In seiner sehr fernen Verwandtschaft gab es einst einen Aviatiker, wie sie sich damals nannten, namens Bruno Büchner. Der war mit der ersten Luftpost an Bord am 19. Mai 1914 in einem gewissen Karibib/Deutsch Südwest gelandet. Am Tag zuvor in Swakopmund gestartet, hatte er in Arandis und in Aukas wegen Treibstoffmangels sich hinhocken müssen, so hieß es, um dann am Morgen, kurz nach sieben Uhr, mit dem ersten Sack Luftpost an Bord in Karibib anzukommen. Die Post war für die 180 Kilometer fünfundzwanzig Stunden unterwegs. Aber immerhin mit dem Flugzeug. Eine Postkarte, die eingerahmt das Vertiko meines Nachbarn zierte, war der sichtbare Beleg für dieses Ereignis. »Erste Flugpost Deutsch-Südwestafrika Swakopmund - Karibib« war auf der Karte zu lesen.

Es ginge ihm um nichts weiter als um ein Foto des Flugfeldes, egal wenn auch ein Menschenleben darüber vergangen war. Ein Foto für das Familienalbum, für den freien Platz auf dem Vertiko. Meinen Einwand, dass der Landeplatz vor neunzig Jahren mit der heutigen Sandpiste für Sportmaschinen in Karibib möglicherweise nicht identisch sei, ließ er gelten. Das war aber für sein Gedenken an Büchners Postflug offensichtlich nicht von Bedeutung. Wer macht sich schon die Mühe, den alten Landestreifen aus deutscher Zeit in dieser Wüstenei aufzuspüren? Auch konnte ich nicht erfahren, warum es ein Foto von Karibib sein sollte. Karibib war doch offensichtlich nur ein Zwischenlandeplatz, denn gestartet wurde in Swakopmund und das eigentliche Ziel hieß Windhoek. Mir schien, mein Nachbar hatte einen gewissen Gefallen an diesem Wort »Karibib« gefunden. Karibib, Karibib, das machte die Lippen so weich, klang nach exotischer Ferne. Er sprach es gern aus, ich sah es ihm an. Karibib. Dann aber rückte er mit der Sprache raus. Wichtig war, ein Vorfahre hatte beste deutsche Wertarbeit in die Welt getragen. Kein schwerfälliges Lokomobil aus Halberstadt, das vom Sand besiegt, nun vor Swakopmund dahinrostet, sondern ein Flugzeug, elegant und zuverlässig. Aber es gab auch einen anderen Grund seines Interesses. Dieser Verwandte flog damals einen ganz besonderen Doppeldecker, einen, der durch die Luft geschoben wurde. Soll heißen, das Triebwerk, es waren an die einhundert PS, saß hinter den Tragflächen, die Luftschraube drückte den Pfalz Biplane vorwärts. Die Luftschraube fraß sich nicht wie üblich ins Luftmeer hinein, nein sie drückte. Der Flugzeugführer saß im Freien mit Fliegerkappe und Brille, hinter ihm der Begleiter. Mit einem zeitig entwickelten Sinn für Werbung, hatten die Hersteller die Bordwände des bootsähnlichen Rumpfes mit dem Schriftzug der Fabrik versehen: »Pfalz Flugzeugwerke Speyer a.R. « Und wenn man der Maschine, den Kopf weit im Nacken, beim Flug zuschaute, las man unter den Tragflächen »Rudolf Hertzog«. Ein über die Grenzen Deutschlands hinaus bekanntes Konfektionshaus gleichen Namens hatte diese Demonstration deutscher Ingenieurs- und Fliegekunst in Deutsch Südwest finanziert, den Schiffstransport aus Deutschland eingeschlossen.

In einem als geheim eingestuften Schreiben des Staatsekretärs Jolf aus dem Reichs-Kolonialamt vom 20. 03. 1914 an den Herrn Gouverneur des Kaiserlichen Gouvernements Windhuks wird um Unterstützung für diesen Flug und für weitere derartige Unternehmungen gebeten: ICH ERSUCHE, DIESEN UNTERNEHMUNGEN EBENSO WIE DEN AM 19 APRIL CR. NACH SWAKOPMUND BEZW. LÜDERITZBUCHT AUSREISENDEN FLUGEXPEDITIONEN DER AUTOMOBIL UND AVIATIK UND DER DEUTSCHEN LUFTFAHRZEUG-GESELLSCHAFT DIE GRÖSSTMÖGLICHE UNTERSTÜTZUNG IM RAHMEN DER VORHANDENEN MITTEL ANGEDEIHEN ZU LASSEN.

Die freundlich-zivile Bemalung ließ kaum die ursprüngliche Bestimmung des Flugapparates ahnen. Beim Aeroplan »Rudolf Hertzog« handelte es sich um den Grundtyp des Militäraufklärers Pfalz A II. Ausgerüstet mit einem Umlaufmotor Typ Oberursel UI, erreichte er eine Geschwindigkeit von 145 Kilometer in der Stunde. Drei Monate nach dem ersten Postflug über der Wüste wird in Europa der Erste Weltkrieg vom Zaune gebrochen. Dem Gouverneur in Windhoek legt sein Adjutant ein Telegramm der Reichsregierung vor: KOLONIEN AUSSER GEFAHR, BERUHIGT FARMER.

Eine knappe Woche später mobilisiert der Gouverneur die Schutztruppe, fünftausend Soldaten bringt er zusammen, zwei Drittel davon sind Reservisten. In jenen Tagen aber war der entfernte Verwandte meines Nachbarn nebst Flugmaschine schon in Deutsch-Ostafrika. Per Schiff war er über Lüderitz nach Dar es Salaam am Morgen des vierten Juli abgereist.

Am Rande der gelbweißen Schotterpiste versuchte ich Windsack und die eingestaubten Begrenzungsreiter des Landestreifens günstig ins Bild zu bekommen. Kniend wechselte ich das Objektiv, da trat ein junger Mann an mich heran. Blond und schlank und mit halboffenem Jeanshemd. Freundlich und mit der Frage, ob er mir helfen könne. Ja, er hatte von dieser Postfliegerei gehört, aber es sei für ihn nur eine Episode aus fernen, deutschen Zeiten, die nicht seine und nicht die seiner Eltern waren. Details kenne er nicht, obwohl er in Usakos wohne. Sie kämen ursprünglich aus der Republik, aus Natal. Es ist ihm einfach nicht wichtig, was die Deutschen damals gemacht und gedacht haben. Zu Zeiten seines Großvaters. Was für mich sicher schwer zu verstehen sei, als Deutscher, wie man hört. Eine gewisse Bestimmtheit, ja Distanz war aus seiner so grundsätzlichen Antwort herauszuhören. Auch seine Familie hat ihre Geschichte. Vielleicht ein Burenclan in Usakos. Leben zwischen all den Deutschen. Ein Nest mit Eisenbahndepot und groben Kerlen und dem Hotel Rösemann, an dessen Tresen sich Männer in geistiger Ödnis mit *Jaapies* und *Jerries* und »Schlappohren« beharkten, bis Blut floss. Sich aber einig waren, wenn es um die Schwarzen ging. Der kleinste gemeinsame Nenner war der Schwarze, der Schwarze an sich. Damals, in Usakos, und vielerorts im Lande.

Peer Look, so stellte er sich vor, war Hochspannungstechniker und wollte mit seiner Hundertzweiundachtzig gleich noch nach Lüderitz. Morgen sei er zurück, und dann könnte man sich ja zum Tee treffen, jetzt aber habe er zu tun.

Zehn Minuten später stand ich mit der Tankpistole in der Hand auf der Aluminiumleiter, öffnete den Tankverschluss der rotweißen Cessna und ließ den Kraftstoff in die Flächentanks plätschern. Zwei Stunden vierzig Minuten Flugzeit bis Lüderitz, hatte Peer Look ausgerechnet. Tanken bis zum Rand hieß das. Vorsichtshalber, falls in Lüderitz der Sprit knapp ist. »*Maak asseblief vol!*« (afrikaans: »Bitte voll tanken!«), erinnerte er mich, während er den Inhalt des Schmierstofftanks kontrollierte. Auf meine vorsichtig gestellte Frage, ob denn noch ein Platz frei sei, hatte er mit dem nachdrücklichen Hinweis geantwortet, dass er morgen erst spät zurückkäme. Es war genau die Zeit, die ich brauchte, um mich mit meinen Interviewpartnern zu treffen. Ich sagte ihm das. Er schien verwundert über den Zufall, dass ich ebenfalls in den Süden musste und man sich hier, so ganz zufällig, traf.

Unter Fliegern sind Zufälle nicht sehr geschätzt. Sie möchten die Dinge in der Luft unter Kontrolle haben, aber auch am Boden. Es war zu spüren, mein Anliegen behagte ihm nicht. Ich erzählte ihm von meiner Arbeit, von den Gesprächen, machte den Vorschlag, mich an den Benzinkosten zu beteiligen. Er kniff die Augen zusammen, sah mich kurz an. »Okay!« Den Toyota konnte ich zu seinem Jeep in die Blechgarage fahren und für die Reisetasche war noch Platz im Gepäckfach hinter den Sitzen.

Ein letzter Probelauf vor dem Start. Landeklappen in Startstellung. Trimmung neutral. Drei Minuten nach zwölf hoben wir ab. Ein Aufwindfeld riss an den Tragflächen, kaum dass wir abgehoben hatten, ließ uns dann aber steigen und steigen. Nach zehn Minuten hatten wir die Reiseflughöhe erreicht und die schlimmste Mittagsturbulenz hinter uns gelassen. Look hielt sechstausend Fuß Höhe. Kurs 170 Grad. Das GPS Display zeigte eine Geschwindigkeit von 110 Knoten über Grund an.

Welch ein Glück, statt zermürbender Autofahrt, in einem Sprung nach Lüderitz zu kommen! »Hier hatte es mit euch Deutschen angefangen«, hörte ich Peer Look über das Headset. Er zeigte mit dem Daumen nach unten. Im Dunst eine Ansammlung von Häusern, leichter Hand in die Savanne geworfen. Spielzeugland mit seidigen Rauchfäden als Lebenszeichen. Wir überflogen Otjimbingwe. Hier hatte Missionar Johannes Rath, Abgesandter der Rheinischen Mission, begonnen, die Hereros zum Christentum zu bekehren, 1849 war das. Look schaute mich an, als wollte er sagen, nun mein Lieber, wer hat im Kampf der Kulturen den ersten Stein geworfen. Ein Spruch der Flugsicherung enthob mich einer Antwort. Windhoek Control meldete: gegenwärtig kein Verkehr.

Schon im Sinkflug fing uns das Asphaltband nach Lüderitz auf. Überfliegen der Teerstraße verboten - Sperrgebiet. Peer Look kurvte in Richtung Atlantik, der sich im Dunst nur erahnen ließ. Strandgut zwischen Wüste und Meer - die Diamantenstadt Kolmannskupe. Splitter im grau-gelben Sand inmitten der von den Jahren eingeebneten Halden und Hügel. Von Wind und Sand zu Skeletten geschmirgelte Schuppen und Hütten. Schädel der Zugochsen, sandgestrahlt.

Geisterstadt, in der Wind den Ton angibt und Sand die Formen bestimmt. Häuser bis zum Dach eingeweht. Villen, in denen der Wind durch die Verandatür hineinsprang, übermütig das Innere inspizierte, sich den Sand aus dem Schoß schüttelte und die schaurig leere Hülle durch das Schlafzimmerfenster verließ. Sand, der das Haus wie ein Stundenglas füllte. Erst dieses und dann gleich noch das nächste. Der dickwandige Leib einer Weinflasche des letzten Gelages, von Wind und Sand auf Stärke eines Mädchenhaars geschliffen. Ein Jahr noch oder zwei, dann wird der letzte Hauch von Glas brechen, der Wind heulend, winselnd in die Flasche fahren.

Heulen um die letzte Flasche, neunzig Jahre danach. Die Trinker längst in der Erde. Festgehalten von schweren Grabplatten, damit sie am Ort bleiben und nicht durch die Geisterstadt wehen, nach den anderen suchen. Einer aus der Runde hat sich wohl vor dem letzten Glas auf den Weg gemacht in die Wüste. Sein Arbeitsschuh, das Leder verdörrt, krumm vor Trockenheit, ruht im gnädigen Halbdunkel des Museums der Stadt. Angefüllt mit Sand und Staub und einem bleichen, starken Knochen, gezackt der Bruch am Schaftrand des Stiefels. Beigelegt ein letztes Adieu auf der Rückseite einer verblichenen Visitenkarte. »Diamanten, Durst und Dünen. Das Ende großer Hoffnungen«. »No entry - diamond area«, bis hinunter zur südafrikanischen Grenze, zweihundert Kilometer »No entry«.

Im Blick, am flirrenden Luftschraubenkreis vorbei, das langgestreckte Ballhaus, das Kasino der C.D.M., der Consolidaded Diamond Mines of S.W.A. Einst verbergende, behütende Hülle unzähliger Vergnügungen. Schöne Frauen und Tango. Bier und Wein und süße Trauben vom Cap. Nun als großer Posten auf Abriss in der Wüste. Noch dem Windschliff widerstehend.

Das Bahngleis nach Lüderitz, plötzlich von der Düne verschlungen, unsichtbar nun weniger wert als totes Eisen. Als Peer die Maschine gegen den heftigen Wind auf Kurs zwang, grüßte die Stadt am Meer mit dem Aufblinken der Bucht. Meilen weiter die Schienen, durch den wirbelnden Nachmittags-Südwest hier freigefegt, ein Doppelstrich in der Landschaft. Wir überflogen sie in neunhundert Fuß. Die Maschine wehrte sich heftig gegen den aufdringlichen Wind vom Meer. Lüderitz Tower gestattete den Anflug zur Landung. Landeklappe fünfzehn Grad. Von harten Stößen geschüttelt, näherten wir uns der Bahn. Korrigieren der Richtung. Erhöhen der Drehzahl. Dann doch Landeklappe voll. Fliegen ist immer noch Arbeit.

Wir verschlossen Staurohr, Ölkühler mit rotbeflaggten Hüllen und Kissen. Eiliges Verzurren der Persenning. Noch einmal prüfen der Bremsklötze und Seilsicherung der Maschine, bevor wir ins Taxi stiegen. Ein letzter Blick zurück, die Verankerung wird halten, in der nächsten Stunde schon zieht sich der Wind zum Meer zurück. »Das ist hier immer so«, versuchte Peer mich und auch sich selbst zu beruhigen. »Und morgen sind wir vor dem großen Toben schon in der Luft.«

Ein Preuße im südlichen Afrika

Er hat wirklich die verloren geglaubte Stadt der Kalahari entdeckt. Tief im südlichen Afrika. Vergilbte Papiere der Missionare über die Beschreibung einer steinernen Namafestung hatten ihn erst fasziniert, dann beunruhigt. Damals vor zwanzig Jahren durchpflügte er das Land auf der Suche nach den Wegen der Ochsenwagengespanne. Eingekerbt in die Landschaft konnten die jahrhundertealten Verbindungen Fingerzeige sein für den Verlauf neuer Trassen und Brücken.

Kontraktingenieur Südafrikas auf Zeit, eingekauft für einen im Grunde üblen politischen Plan, war der Mann aus Berlin begierig auf die Erfahrungen der hier Geborenen, die sich als Fuhrleute durch Sand und Geröll gequält hatten, Jahre noch mit langen Eisen Steine aus der Spur kippten, die Furte an den *Rivieren* markierten, Wegmarken in die Felsen schlugen. Solchen Zeichen galt sein besonderer Blick.

Aber im Ingenieur steckte auch der Historiker mit der geheimnisvollen Geschichte um Schans Vlakte, wie die Missionare die Gebirgsfestung nannten, im Kopf. Als Straßenbauingenieur hatte er gelernt, die Sprache der Steine zu deuten. Er suchte am Boden. Vor dem geistigen Auge entstand ein erst unscharfes, dann deutlicher werdendes Bild vom versteckten Wohnplatz der Namas. Flog er mit Leuten wie Peer Look über die zerklüftete Bergwelt des Südens, verglich er seine Vision mit dem tatsächlichen Gesicht der Erde. Er suchte aus der Luft. Wie oft mag er den Jubelschrei unterdrückt haben, wenn es doch nur ein Wolkenschatten, wieder nur der Schatten einer Bodenfalte im Licht der tiefstehenden Sonne war, der Konturen zeichnete, Formen vortäuschte, die es wirklich nicht gab. Es war im Grunde seine Art zu leben, die ihn im unwegsamen Süden die verborgene Stadt IIKhauxa!nas dann doch noch finden ließ. An einem kalten Wintertag im August konnte er notieren: ICH FAND EINEN FLACHEN BERGESRÜCKEN MIT SENKRECHTEN FELSWÄNDEN, DIE MEHR ALS HUNDERT METER STEIL ZU DEM, HIER IMMER WASSER FÜHRENDEN, BACK RIVIER ABFALLEN. DER BACK LÄUFT hier in einer Schleife um den IIKhauxa!nas-Berg herum und schuf so, auch ohne die Stadtmauern am Rande des Abgrundes, eine fast uneinnehmbare, natürliche Festung.

Als wir uns im Coffee-Shop gegenüber dem alten Lüderitzer Bahnhof trafen, hoffte ich auch zu erfahren, welche letzte Spur ihn auf das Plateau, auf die Schans Vlakte geführt hatte. Aber erst einmal sprach er vom Dünensand auf den Gleisen und von den Experimenten der Ingenieure, den Sand am Wandern zu hindern. Wenigstens auf diesen vertrackten Kilometern zwischen Kolmanskupe und Grasplatz. Selbstverständlich werden wir eine Lösung finden, eine zeitgemäße, fügte er hinzu. Selbstverständlich, ergänzte ich für mich im Stillen, er hat ja auch IIKhauxa!nas gefunden.

Dr.-Ing. Klaus Dierks
Jahrgang 1936, Ingenieur, Historiker

Geboren bin ich in Berlin-Dahlem. Ich muss sagen, es gab schon vor dem Ersten Weltkrieg Familienvorfahren in Deutsch-Südwestafrika. Bei uns zu Hause, solange mein Vater noch lebte, er ist 1944 in Frankreich gefallen, war immer die Rede davon, wenn eines Tages die Kolonien wieder zum Deutschen Reich zurückkommen, dann geht mein Vater, der Jurist war, als Richter nach Deutsch-Südwestafrika. Wir hatten eine recht reichhaltige Bibliothek zu Hause mit sehr vielen Büchern auch über Südwestafrika. Ich wusste also schon als Kind sehr viel über dieses Land. Dazu kam, dass ich immer schon außerordentlich fernwehbetroffen war und mich sehr für fremde Länder interessierte. Geographie, Geschichte und Mathematik waren immer meine besten Fächer in der Schule. Das Fernweh war vielleicht auch das entscheidende Motiv dafür, dass ich nach dem Abitur in Eichwalde bei Berlin den Arbeiter- und Bauernstaat verlassen habe und nach Westberlin zum Studium ging. In den Jahren meines Studiums in Westberlin, an der TU Berlin, habe ich schon sehr viele Reisen unternommen. Asien, Afrika, allerdings niemals bis Namibia. In Asien war ich in sehr vielen Ländern. Habe auch an einigen Himalayaexpeditionen in den 50er Jahren teilgenommen. Es war irgendwie logisch, dass sich alles auf dieses Land, auf Namibia, zuspitzte. Eines kam zum anderen. 1960 lernte ich meine Frau kennen, deren Vorfahren aus Namibia kamen, dort Missionare waren. Schon vor 160 Jahren.

Dann kam dazu, dass ich als Assistent an der TU Berlin eine große Talsperre mitentworfen und die Modelle gebaut hatte, den Hardapdamm bei Mariental, Südwestafrika. Damals kam der deutschstämmige Staatssekretär für Wasserbau, das war Dr. Otto Wipplinger, ein Südafrika-Deutscher, des öfteren nach Berlin, auch mit dem deutschstämmigen Ingenieur Stengel vom südwestafrikanischen Wasserbauamt, die ich auf diese Weise recht gut kennen lernte. Ich rede von Anfang der sechziger Jahre. Als ich 1964 an der TU mein Diplom machte, suchte die südafrikanische Regierung für die Umsetzung ihres Odendaalplanes in Südwest Ingenieure. Der Odendaalplan, das war ein sehr rassistisch gefärbter und von der Apartheidpolitik diktierter Entwicklungsplan, mit dem auch die sogenannten schwarzen Heimatgebiete, die Homelands, gefördert werden sollten. In Südafrika fehlten Ingenieure, denn das Land war ja selbst in einer riesigen Aufbauphase in den sechziger und siebziger Jahren. Ich wurde im Rahmen des Odendaalplanes von der Südwest-Administration angeworben, nach Südwestafrika zu kommen. Ich bin mit meiner Frau 1965 dann auch nach Südwestafrika gegangen. Nicht zum Wasserbauamt, wie zunächst vorgesehen, sondern zum Straßenbauamt, weil die auch einen von diesen deutschen Ingenieuren haben wollten. Dort wurde ich sofort in die Brückenentwurfsabteilung versetzt, weil mein Spezialgebiet der Entwurf von Brücken war. Und Wasserbau natürlich. Ich habe sehr viele Abflussentwurfssysteme entwickelt, um in ariden Flusssystemen Wassermengen zu berechnen und die Brücken entsprechend zu entwerfen. Ich kam also sofort in dieses Gebiet, und ich muss sagen, ich war auf dieses Land sehr gut vorbereitet. Ich kannte sehr viele Wüsten und Steppengebiete schon seit vielen Jahren in Asien und Afrika.

Dieses Land, das war Liebe auf den ersten Blick. Wir sind jetzt fast vierzig Jahre hier. Ich glaube, ich habe in diesen Jahren niemals auch nur eine Sekunde nach Deutschland zurückgeschaut.

Politisch war das Land für mich als jungen Ingenieur völlig unbekannt. In dieser Zeit, als ich noch sehr wenig wusste und auch der Rassismus mich ja eigentlich nicht berührte, da war ich eher konservativ eingestellt. Ich glaube, in Deutschland habe ich nur ein einziges Mal gewählt, das war eine Wahl Anfang der sechziger Jahre, da habe ich CDU und FDP gewählt mit meiner ersten und zweiten Stimme. Ich habe mich nicht groß für die Politik in Südwest interessiert. Ich musste erst einmal lernen, ich musste mein Englisch aufbauen, weil ich ja in der DDR zur Schule gegangen bin. Meine erste Fremdsprache dort war Russisch, meine zweite war Latein. Nur die letzten zwei Jahre vor dem Abitur hatte ich Englisch, was ich dann weiter ausbauen konnte im dreizehnten Schuljahr in Westberlin - als ich das Westabitur nachmachen musste. Ich musste auch ganz schnell Afrikaans lernen. Was ich auch in wenigen Monaten geschafft habe. Afrikaans war die Hauptsprache, von Weiß und Schwarz gesprochen.

Nach einem knappen Jahr wurde ich Leitender Ingenieur für die Region Otjiwarongo. Der Straßenbaubezirk Otjiwarongo, der sich damals von Walfish Bay bis zum Kunene erstreckte, war flächenmäßig etwas größer als die damalige Bundesrepublik Deutschland. Es war eine große Verantwortung. Ich musste meine volle Energie darauf konzentrieren, ich musste mich auf neue Ingenieurstandards einrichten. Wir hatten damals noch das imperiale Maßsystem mit Pfund und Zoll und Yards und Fuß, das musste ich ja alles lernen. Ich musste meine Brücken mit Pfund pro Quadratzoll berechnen. Das war für mich eine völlig neue Erfahrung. Und es musste alles sehr schnell gehen. Unter diesen Bedingungen habe ich mich wenig für Politik interessiert. In die Politik kam ich erst sehr viel später. Die Apartheid, so stellte sich bald heraus, das war der Alltag, war völlig greifbar. Ich fand das höchst lächerlich, das habe ich auch immer gesagt. Als ich nach Otjiwarongo versetzt wurde, nach einem knappen Jahr Aufenthalt in Windhoek, da hieß es schnell: der »rote Dierks«, weil ich Kontakte mit Schwarzen hatte. Ich wagte es bei manchen Gelegenheiten, auch einem Schwarzen die Hand zu reichen, zum Gruß. Das war ja damals ein totales Sakrileg. Oder etwa zu Weihnachten, wenn man sich gute Wünsche zukommen ließ. Das war unsäglich, völlig daneben. Damals gab es bei den Straßenbauingenieuren die Einrichtung des sogenannten »*Agteryer*«. Das heißt auf Afrikaans der »Hintendrauffahrer«. Wir hatten jeepartige Kleinlastwagen und da hatte man immer einen schwarzen Helfer dabei, der auch beim Vermessen half, die Meßlatte halten musste oder eben die

Instrumente getragen hat, der auch das Essen zubereitet oder das Bett in der Wildnis aufgeschlagen hat. Und dieser Mann, der hieß Hintendrauffahrer, *Agteryer*, weil der hinten auf der Ladefläche des Lastwagens sitzen musste und nicht vorne auf dem Beifahrersitz, der dann im allgemeinen frei blieb. Bei mir war das natürlich niemals so. Bei mir fuhr der *Agteryer* natürlich neben mir. Auch das wurde mir gelegentlich angekreidet. Ich wurde dann sehr schnell südafrikanischer Staatsbürger. Weil ich in diesem Land bleiben wollte und weil ich auch bürgerliche Verantwortung übernehmen wollte. Natürlich wollte ich als junger Mann auch befördert werden. Ich war eigentlich sehr schnell als Ingenieur hoch angesehen. Meine südafrikanischen Chefs, übrigens sehr liberale, sehr gute, englischsprachige, südafrikanische Ingenieure wie Herr Lewis und Herr Williamson, die haben mir damals dringend geraten, südafrikanischer Staatsbürger zu werden. Bei meiner ersten Wahl 1967 habe ich als Südafrikaner bereits die südafrikanische Opposition gegen die Nationale Partei gewählt. Das war das Linkeste, was es gab.

Das war die sogenannte United Party, die etwas liberaler war, als die National Party, die natürlich voll die Apartheid unterstützte. Ich habe die Apartheid nie sonderlich ernst genommen, aber ich war natürlich ein Nutznießer der Apartheid - wie alle Weißen. Ich konnte ja auch wenig daran ändern. Unsere ersten Kinder wurden geboren, wir waren eine kleine Familie, wir hatten wenig Geld, wir mussten uns einrichten. Politik, das war meine letzte Priorität. Wir waren auch nicht informiert. Es gab damals weder UKW-Rundfunk, noch gab es Fernsehen, es gab nur den südafrikanischen Propaganda-Rundfunk auf Kurzwelle. An Zeitungen bekamen wir eigentlich nur die südafrikanischen Zeitungen und die außerordentlich konservative Allgemeine Zeitung in Windhoek, die voll die Apartheid unterstützte. Der deutsche Spiegel, den ich Jahrzehnte abonniert hatte, der kam mit einem guten Monat Verspätung über den Seeweg an. Da ich mir die Luftpostausgabe gar nicht leisten konnte. Wir waren nicht gut informiert.

Sie fragen nach dem offenen, kritischen Umgang mit der Apartheid. Den gab es nicht. Aber ich muss sagen, na ja, ich war damals Ende Zwanzig, Anfang Dreißig. Meine Frau war gerade mal zwanzig geworden. Ich muss sagen, nach Jahrzehnten politischer, starker Arbeit, sehe ich das etwas beschämt. Ich glaube nicht, dass mich das groß gestört hat. Irgendwie erschien es mir auch natürlich. Man sprach damals auch von der »getrennten« Entwicklung. Das war damals das große südafrikanische Schlagwort. Das fand ich sogar ganz logisch. Ich fand es logisch, dass eben jede Gemeinschaft für sich entwickelt werden soll. Aber ich habe in meiner Naivität angenommen, dass es ernst gemeint war von der südafrikanischen Kolonialherrschaft. Ich habe eigentlich erst sehr langsam und sehr schmerzvoll erfahren, dass das eben nicht ernst gemeint war, sondern dass man nur die weiße Herrschaft verankern wollte. Ich muss allerdings auch sagen, dass wir schon sehr früh, auch in unseren kleinen Kindern, die Achtung vor den Anderen geweckt haben. Unsere zweitjüngste Tochter, die ja nun heute auch schon Mitte dreißig ist, die lernte das Laufen in Benguela in Angola. Wir sind oft nach Angola gefahren. In den Kolonialzeiten. Dort gab es eine völlig entkrampfte Haltung zu den Schwarzen. Da konnten zum Beispiel die Schwarzen in die Schwimmbäder rein. Das wäre in unserem Land eine Heiligtumsschändung gewesen, wenn in einem südafrikanischen oder südwestafrikanischen Schwimmbad Weiße und Schwarze im gleichen Wasser schwimmen. Das wäre ja unmöglich gewesen! Da wäre eher die Welt untergegangen, als das zuzulassen. Aber in Angola ging es, und die Welt ging nicht unter. Das hat uns stark berührt, dass es da eigentlich recht gut funktionierte, obwohl im kolonialen Angola auch viele Dinge im Argen waren und es Anfang der 70er Jahre schon einen sehr starken antikolonialen Widerstandskrieg gab. Ich habe in dieser Zeit schon von der SWAPO gehört. Aber damals war die SWAPO für mich das, was die Propaganda uns jeden Tag eingehämmert hatte. Es war eine kommunistisch gesteuerte, teuflische, schwarze Widerstandsbewegung. Eine politische Bewegung, die jede Zivilisation zerstören würde, wenn sie jemals an die Macht käme. Und dass sie alle Weißen im besten Falle davonjagen würde. So hat man uns das erzählt. Und das hat man auch geglaubt, damals.

Die DDR spielte in meinen politischen Überlegungen keine Rolle, weil ich aus verschiedenen Gründen diesen Staat nicht sehr geschätzt habe. Als ich 1955 als 19-Jähriger wegging aus der DDR, habe ich das auch sehr bewusst gemacht. Weil ich frei sein wollte. Weil ich mich nicht ständig bevormunden lassen wollte. Weil ich auch studieren wollte. Ich war eben kein Arbeiter- und Bauernkind. Ich bin an der TU Dresden eben nicht angenommen worden trotz eines erstklassigen Abiturs. Aber im Unterbewusstsein hat die Erziehung im Osten doch schon eine Rolle gespielt, denn ich würde sagen, in diesen ersten Jahren in der DDR in den vierziger und Anfang der fünfziger Jahre, da war der Sozialismus ja gar nicht so stark ausgeprägt in der Schule, zumal ich auf eine ausgesprochen bürgerliche Schule ging. In einem sehr bürgerlichen Vorort von Ostberlin, in Eichwalde. Der Abiturjahrgang 1955 aus Eichwalde, der hat sich ja auch zu siebzig Prozent nach Westberlin abgesetzt. Daraufhin wurde übrigens die Humboldt-Oberschule geschlossen. Und die Abiturstufe wurde aus diesem Grunde nach Königs Wusterhausen verlegt.

Als ich 1982 in die SWAPO ging, sah ich die DDR aus der Interessenlage Namibias heraus etwas anders. Ich war auch älter geworden. Die ökonomisch nicht sehr starke DDR hat der SWAPO sehr unter die Arme gegriffen. Die westdeutsche Bundesrepublik dagegen hat das Apartheidregime und das Kolonialregime hier in Namibia unterstützt. Ich habe mich damals kritisch von Westdeutschland abgewendet, versuchte ein anderes Verhältnis zur DDR zu bekommen. Einige Male bin ich als Mann der SWAPO nach Ostberlin gereist. Immer noch mit einem südafrikanische Pass vor der Unabhängigkeit. Von den Beamten bin ich sehr höflich behandelt worden, weil natürlich die SWAPO-Botschaft in Berlin-Wilhelmsruh immer dafür sorgte, dass ich am Grenzkontrollpunkt Friedrichstraße gut aufgenommen wurde. Sagen wir es so: es war vielleicht eine Tragödie, dass die DDR keine Gelegenheit hatte, sich voll in die unabhängige Republik Namibia einzubringen. Es war ja plötzlich alles zu Ende, die Weltuhr hat anders geschlagen. Wenn man so will, lebt ein Stück DDR in jenen Leuten aus Namibia weiter, die im Osten Deutschlands studieren konnten. Das sind ziemlich viele Ingenieure, die an den Universitäten in der DDR waren. Mein eigener Staatssekretär, Dr. Peindgeondjabi Shipo, hat an der Verkehrshochschule Franz-Liszt in Dresden studiert und dort auch promoviert.

Er war mein erster Staatssekretär. Wenn meine weißhäutigen Beamten, die oft aus Südafrika kamen, wenn die nicht hören sollten, was wir zwei als Minister und Staatssekretär zu besprechen hatten, haben wir deutsch miteinander geredet. So war das.

Ich will noch einmal auf meine Oberschulzeit, auf meine DDR-Zeit zurückkommen. Die Erziehung in Eichwalde, das sage ich auch mit dem Abstand der Jahre, dafür bin ich dem Schulsystem heute noch dankbar, sie war von einem tiefen Humanismus geprägt. Auch wenn dieses Grundanliegen der Erziehung hinter der realen Politik zeitweise verschwand. Ich glaube, dass diese mir dort vermittelte Haltung zum Menschen mich mein Leben lang begleitet hat, auch in meiner Relation zu den Schwarzen hier. Schwarz, Weiß, ich habe das für mich immer völlig unverkrampft empfunden. Apartheid habe ich als unnatürlich angesehen. Man sprach ja damals von der »kleinen« Apartheid, die auch sehr viele vernünftige Weiße hier als lächerlich ansahen. Dass man einem Schwarzen nicht die Hand geben durfte, nicht in dem gleichen Geschäft an der gleichen Theke stehen durfte oder seine Briefmarken zusammen kaufen durfte mit Schwarzen. Das war die »kleine« Apartheid.

Die wurde von vielen Weißen damals schon abgelehnt. Aber die »große« Apartheid, dass war ja die Politik der getrennten Entwicklung, die haben die meisten eigentlich akzeptiert. Das galt auch für meine Person. Alles war total getrennt. Es gab nur rein weiße Häuser, es gab praktisch nur Einzelhäuser oder Einzelvillen. Jeder hatte sein eigenes Haus. Ich hatte ein sehr schönes Regierungshaus, eben als leitender Ingenieur. Das war reserviert, das stand mir zu. Schwarze konnten nur als Dienstboten in einer kleinen Nebenbude wohnen. Hinten auf dem Hof. Niemals im Haupthaus. Ich habe oft Lichtbilder-Vorträge gehalten, in der sogenannten »schwarzen« Vorstadt. In Orwetoveni. Vorträge über Asien und andere Afrikaländer. Auch oft in kirchlichen Kreisen. Da kam der schwarze Pastor zu uns, sonntags, um sich zu bedanken. Ich weiß genau, den wollten wir dann mal bewirten zum Mittagessen in unserem Esszimmer. Das hat der abgelehnt, er hat gesagt: Nein, das will er nicht, und das ist er nicht gewöhnt, und er bestand darauf, dass er höchstens mit uns in der Küche isst. So war das damals in Otjiwarongo. Wir waren voll integriert in die Gesellschaft von Otjiwarongo, wir hatten viele Freunde, wir waren ja auch viel im Club. Da gab es also einen sozialen Club, den Otjiwarongo-Club, der natürlich rein weiß war. Die Schwarzen waren nur die Dienstboten, die machten sauber und brachten das Bier und servierten das Essen. Es gab deutschen Karneval, es gab einen deutschen Männergesangsverein. Ich wurde vom Präsidenten des Rotary-Vereins gefragt, ob ich in diesen noblen Club eintreten wollte. Ich fühlte mich sehr geehrt, mit Anfang Dreißig in den Rotary-Club! Prima, dachte ich, und stimmte zu. Dann aber war es still um meine Aufnahme. Später habe ich gehört, dass, es mussten ja alle abstimmen, dass sich viele Leute gegen mich gestellt hatten, weil ich als Kommunist angesehen wurde in Otjiwarongo. Ich bin also aus diesen Gründen nicht in den Rotary-Club aufgenommen worden. Aber im Grunde war es eine sehr glückliche Zeit in Otjiwarongo, für uns persönlich. Eine junge Familie, wir haben aufgebaut, wir hatten keine Probleme. Und ich hatte eine Riesenaufgabe.

Ich war einmal in Deutschland während dieser Zeit. Das war 1968, als gerade die Revolution losging an den Universitäten, ich habe das miterlebt. Ich habe vor diesen »roten« Studenten Vorträge gehalten über Südwestafrika aus meiner liberalen Sicht, aber auch eine Liebeserklärung an mein Land. Ich glaubte, die 68er Studenten sind außerordentlich liberal und fortschrittlich, und hinterher habe ich gehört, dass ich dort in Westberlin als totaler Rassist abgestempelt wurde. Auch von Rudi Dutschke. Den ich da das einzige Mal bei einem meiner Vorträge kennen gelernt hatte. Wir waren in Berlin und konnten sehen, wie sich das Leben dort abspielte. Wie meine ehemaligen Studienkollegen lebten und wie unzufrieden und materialistisch sie alle waren. Unter welchen Zwängen sie auch alle arbeiteten. Ich aber war schon ein großer Chef und war gewöhnt, frei zu arbeiten. Ich hatte ein riesiges Arbeitsfeld in diesem Land. Das ist ja der Grund, warum wir dieses Land lieben. Weil man erstens das Gefühl hat, man nimmt keinem anderen etwas weg, für jeden ist Platz, es sind die weiten Horizonte, die große Einsamkeit, die Endlosigkeit, das ständige Gefühl einer endlosen Freiheit, die man hier hat. Und das ist in Deutschland genau umgekehrt. Deutschland habe ich emotional damals völlig abgelehnt. Wir waren drei Monate dort und sind dann glücklich wieder zurückgekommen, und es war mir völlig klar, dass ich in Deutschland niemals Wurzeln hätte schlagen können. Das schloss den Osten ein.

Ich war zwischendurch über acht Jahre überhaupt nicht in Europa. Wir hatten gar nicht das Geld dazu. Es hat uns auch nicht interessiert.

Nach fünf Jahren Arbeit in Otjiwarongo wurde ich nach Windhoek versetzt und dort sehr schnell zum Chefingenieur befördert. Und auch damals war ich noch unpolitisch. Aber so langsam wurde ich etwas kritischer, auch gegenüber der Apartheid. Ich hatte die ersten Kontakte zu progressiven Weißen, die es in Otjiwarongo nicht gab. Damals habe ich mir zum ersten Mal kritische Gedanken gemacht, aber im Grunde war ich immer noch unpolitisch und habe grundsätzlich auch damals noch bis 1975 die große Linie der getrennten Entwicklung Südafrikas unterstützt. Obwohl ich die Nationale Partei der Apartheid nie gewählt habe. Ich habe immer die United Party, die Opposition, gewählt. Wir fühlten uns auch sicher, damals waren wir fünfte Provinz, wir dachten, wir sind ein Teil Südafrikas, Südafrika ist ein mächtiges Land, da kann uns überhaupt nichts passieren. Außerdem waren da ja noch Angola und Mosambik und Rhodesien. Das waren ja damals noch Festungen der weißen Minderheit, Verbündete Südafrikas. Und wir waren ja verbündet mit den USA, Großbritannien, der Bundesrepublik Deutschland und Frankreich - also wir fühlten uns völlig sicher. Das einschneidende Erlebnis war im November 1975, als John Vorster, der südafrikanische Premierminister, nach Namibia kam und im Deutschen Sportclub, im SKW, dem Sportclub Windhoek, seine berühmte Rede hielt.

Jahrelang liefen von den Vereinten Nationen die Bestrebungen, dass Südwestafrika als Mandatsgebiet unabhängig werden sollte mit freien, UN-überwachten Wahlen.

Und damals zumindest ahnte ich schon, dass eine solche Wahl vielleicht von der SWAPO gewonnen werden könnte. Aber wir haben das alles nicht ernst genommen. Bis zu der Vorster-Rede 1975, im November. Das werde ich nie vergessen. Damals sagte Vorster, dass Südafrika niemals Anspruch auf Südwestafrika erhoben hätte, was natürlich eine glatte politische Lüge war, und dass Südwestafrika frei werden wird, unabhängig werden wird, aber natürlich nicht den Kommunisten und der SWAPO zum

Fraß vorgeworfen wird. Damals ging eine Schockwelle durch die weiße Gemeinschaft. Und auch durch mich. Und dann gab es 1975 die erste »Turnhalle«-Bewegung, und zum ersten Mal traf ich Schwarze. Auch gebildete Schwarze. Der erste, der 1975 aus dem Exil kam, von der SWAPO, das war Mburumba Kerina. Den habe ich damals kennen gelernt. Und wir haben gesprochen. Obwohl Kerina, was ich damals nicht wusste, zu der Zeit schon längst abtrünnig war von der SWAPO. Aber er trat hier als der große Freiheitsheld auf, so erlebte ich ihn. Dann lernte ich bald sehr viel andere Schwarze kennen. Schwarze SWAPO-Politiker. Und dann wurde die »Turnhalle« gegründet, das war ja damals eine reine Apartheidbewegung, das hat auch nichts zu tun mit der späteren DTA. Die erste Turnhallen-Bewegung sollte als reine Apartheidbewegung Heimatländer schaffen. Die unabhängig sein sollten. So wie Luxemburg unabhängig ist von Deutschland. Aber es waren Schwarze in der Politik und die hatten zum ersten Mal einen Status, die nahm man ernst, und man konnte zum ersten Mal auch mit denen in ein Restaurant gehen, die wurden sogar bedient. Wenn vielleicht auch zögerlich und auch nur in manchen Restaurants. Es geriet alles ins Rollen. Damals gab es eine Reihe von liberalen, fortschrittlichen Deutschen, die sich Gedanken machten: Was ist unsere Rolle als Deutschsprachige in Namibia, in einem unabhängigen Namibia. Wir gründeten - und ich war mit Gründungsmitglied - damals im Jahre 1977 die Interessengemeinschaft Deutschsprachiger Südwester. Als Gründungsmitglied wurde ich dann auch sehr schnell auf dem ersten Kongress zum Vorsitzenden von Windhoek Stadt und Land gewählt. So kam ich überhaupt in die Politik. Die IG hat sich nie als Partei gesehen, sondern als eine reine Lobbybewegung, die sehr stark finanziert und unterstützt wurde von der Bundesrepublik Deutschland, von der CDU und der FDP. Ich habe damals sehr viele deutsche Spitzenpolitiker kennen gelernt wie Hans-Dietrich Genscher, wie den ersten Gerhard Schröder, den Innenminister der CDU, auch Eugen Gerstenmeier. Als die IG sich mit der DTA verbündet hat, habe ich aus Parteidisziplin zur IG bei der DTA mitgemacht. Ich wurde sogar zum Ortsvorsitzenden der Republikanischen Partei für Klein-Windhoek gewählt. Nach zwei, drei Jahren habe ich gemerkt, dass die DTA im Grunde - weil ich nun Einblick hatte und auch eng mit Dirk Mugde zusammengearbeitet habe - dass die

DTA real die schmutzige Arbeit der Südafrikaner gemacht hat. Und dass sie kein Interesse daran hatte, dass Namibia nach freien und demokratischen Richtlinien, mit freien Wahlen unabhängig werden sollte. Dazu kam, dass ich als Ingenieur zu viele schlimme Sachen erlebt hatte im Norden. Der Krieg eskalierte Ende der siebziger Jahre, Anfang der achtziger Jahre. Wir hatten Zehntausende von südafrikanischen Soldaten hier. Das Land wurde außerordentlich militarisiert und brutalisiert. Und so kam es dann, dass ich mich 1981,1982 innerlich von der DTA getrennt habe. Dann auch 1982 mit einem Riesenkrach ausgetreten bin, mich der SWAPO zuwandte und ihr beigetreten bin. Folgerichtig reagierte der Staat. Obwohl ich unkündbarer Beamter auf Lebenszeit war, wurde ich auf Basis eines neu geschaffenen Gesetzes entlassen, saß von einem Tag auf den anderen auf der Straße. Das war damals sehr schwer, denn wir hatten vier Kinder. Zwei gingen auf die Universität, zwei gingen noch zur Schule. Es waren für uns auch wirtschaftlich harte Zeiten. Aber ich habe mich konsequent der SWAPO angenähert, habe dann für die SWAPO gearbeitet.

In der Zeit gründete ich mein eigenes Ingenieurbüro, wurde aber boykottiert. Das war 1987. Ich hatte zwar meine eigene Firma, Namibia Consult Inc., bekam aber keine Aufträge. Ich bekam nur Arbeit von den Kirchen, die mich unterstützten. Vor allem die evangelischen Kirchen. Nicht von der deutschen, weißen lutherischen Kirche, für die war ich als SWAPO ein Teufel in Menschengestalt. Aber von der schwarzen evangelischen Kirche, von der katholischen Kirche, von der Methodistenkirche, von der Anglikanischen Kirche und natürlich auch von der SWAPO hier im Lande bekam ich kleine Aufträge. Wir hatten in Windhoek ein eigenes Haus, das bezahlt war, wir konnten uns über Wasser halten. Es waren bittere Jahre, es war auch emotional sehr schwierig, meine Frau war mehr als ich Teil der deutschsprachigen weißen Gemeinschaft, wir wurden geschnitten. Karen hat das vielleicht viel stärker empfunden als ich. Ich habe mich in Hass, in einen Widerstand gegenüber den Weißen, den Deutschsprachigen, hineingesteigert, dass die Verachtung der anderen mich überhaupt nicht getroffen hat. Aber meine Frau hat das sehr stark berührt. Wenn Sie mich nach den Kindern fragen, muss ich sagen, die Kinder haben auch unter der Ausgrenzung gelitten. Mein Sohn Alexander, der war 1984 schon in Kapstadt auf der Universität, der hat das nicht so mitbekommen. Die älteste Tochter, die war selbst immer sehr progressiv, sie war auch eine der wenigen weißen Studentinnen, die sich dann der NANSO, der namibischen Studentenorganisation, angeschlossen hat, die auch mit der SWAPO liiert war. Sie hat mich unterstützt.

Meine zweite Tochter Susanne, die war schon in den Endjahren der Schule, ich glaube, sie hat das nicht so erkannt, sie hat es vielleicht auch nicht so gemerkt. Zumal wir ja viele Lehrer aus der Bundesrepublik Deutschland hatten, die nicht so verkrampft eingestellt waren, wie viele von den Namibia-Deutschen, den Südwester-Deutschen hier. Und die Jüngste, Annette, die hat allerdings gelitten. Die kriegte schon mal wegen ihres bösen SWAPO-Vaters eine Ohrfeige von den Lehrern. Auch sie ging in die Deutsche Höhere Privatschule. Alle meine vier Kinder gingen dort hin. Und alle meine vier Kinder haben dann an der liberalen University of Capetown studiert.

Damals war ich natürlich schon ein gefestigtes SWAPO-Mitglied und habe viele Arbeiten gemacht im Ovamboland. Habe Kirchen entworfen und Kindergärten.

1986 gab es die ersten Hinweise auf die Verhandlungsbereitschaft der Südafrikaner. Grund waren ihre militärische Niederlage in Cuito Cuanavale in Angola und der gewaltige Boykottdruck aus der ganzen Welt. Es sah so aus, als könne Namibia auf Basis der UNO Resolution 435 unabhängig werden. Und damals gab es im November 1988 in Tsumeb eine große Demonstration tausender Schwarzer, die mit vielen Plakaten in der »schwarzen« Stadt Nomtsoub demonstrierten. Sie forderten, dass die UNO-Resolution 435 jetzt implementiert werden müsse. Das spielte sich in der »schwarzen« Stadt, in der location, ab. Wenn wir in die »weiße« Stadt gezogen wären, dann hätte es Tote gegeben, denn um uns herum fuhren die weißen bemannten Schützenpanzerwagen, die *Casspirs*, und wir waren auch von südafrikanischem Militär mit schussbereiten Gewehren umgeben. Ich war der einzige Weiße in dieser Demonstration. In der ersten Reihe. Die Demonstration ist friedlich verlaufen, die Südafrikaner haben sich zurückgezogen. Aber mir schwante, dass ich als einziger Weißer Unannehmlichkeiten zu erwarten hatte, denn ich bin pausenlos mit Teleobjektiven von den südafrikanischen Militärs fotografiert worden als der einzige Weiße in der ersten Reihe. Ich habe mich in der Nacht aus Tsumeb davongestohlen. Auf dem Wege habe ich irgendwo im Busch geschlafen. Und am nächsten Tag bin ich nicht auf der Hauptstraße nach Windhoek gefahren, sondern auf Nebenwegen und kam unbehelligt an. Ich habe erst zehn Jahre später Genaueres über die Demonstration erfahren. Vom heutigen Bürgermeister in Tsumeb, Gerson Murorua. Der war damals mit mir Arm in Arm in der ersten Reihe. Er wurde noch in der Nacht von der südafrikanischen Geheimpolizei abgeholt, gefoltert, schwer zusammengeschlagen. Die haben ihn gar nicht so sehr nach der SWAPO gefragt, sie wollten wissen: Wo ist Dierks - wo ist Dierks? Und er konnte das natürlich nicht beantworten, er wusste das nicht. Er hat nur gesagt: Ich weiß es nicht. Der ist weg. Wir wissen nicht, wo der ist. Und ich habe hinterher auch von weißen Farmern in der Umgebung von Tsumeb, Grootfontein und Otavi gehört, dass von den sogenannten Schießkommandos, also von der weißen Heimwehr, die gemeinsam mit der südafrikanischen Armee kämpften, ein Befehl ausging, den Dierks tot oder lebendig zu fangen. Das war eine sehr gut organisierte Heimwehr, jeder weiße Mann zwischen dem sechzehnten und sechzigstem Lebensjahr war da Mitglied, besonders im Norden. Sie waren Teil der South-West-African-Territorial-Forces, also der südwestafrikanischen Territorialarmee, praktisch integriert in die südafrikanischen Wehrmachtsstrukturen. Die waren voll bewaffnet, hatten alle ihre Waffen zu Hause. Die Farmen, also die Heimwehrposten auch, waren durch ein Funknetz verbunden. Wobei es natürlich Angriffe der von der SWAPO geführten Volksbefreiungsarmee, der PLAN, gab, das heißt Übergriffe auf weiße Farmen. Da gab es sehr viele Auseinandersetzungen. Und es wurden sehr viele Schwarze und auch Farmer umgebracht. So kam es zu Kämpfen, zu Vergeltungsschlägen. Es wurden dann auch weiße Farmen, einsame Farmen von den Befreiungskämpfern überfallen. Und da wurden dann auch Unschuldige umgebracht. Es war ein sehr böser Guerillakrieg. Mit Untaten auf beiden Seiten.

Ob ich Angst hatte vor den Guerillas? Nein, niemals. Ich hatte immer einen gesunden Optimismus. Mir schien manchmal, als sei mein Schutzengel immer in der Nähe gewesen. Ich bin in diesen Kriegszeiten als Consulting Engineer alleine durch Ovamboland gefahren. Angst hatte ich vor Landminen, denn die gab es überall. Und dagegen gab es nun kein Mittel. Man sah überall die ausgebrannten Fahrzeuge an den Straßen liegen. Alle paar Kilometer. Davor hatte ich echt Angst. Und nachts habe ich oft bei Kirchen geschlafen. Ich erinnere mich an die katholische Missionsstation Anamulenge, 1987. Ich ging nachts mit dem schwarzen Pater in das Lager der SWAPO. Dort habe ich dann mit den Befreiungskämpfern zusammen im Busch gesessen. Manchmal habe ich auch draußen geschlafen. Da habe ich natürlich auch Angst gehabt, denn nachts kamen die südafrikanischen Flugzeuge ohne Lichter, man hat sie nur gehört. Sie suchten mit Infrarotkameras das Gelände ab. Keiner durfte sich nach Sonnenuntergang draußen bewegen, absolute Ausgangssperre. Haben sie jemanden aufgespürt, wurden sofort die Hubschrauber gerufen, und die haben erst mit ihren Maschinengewehren geschossen und dann gefragt, wer war das. Das war unheimlich.

Ende 1988 gab es die verschiedenen Konferenzen in Genf und in New York und in der Volksrepublik Kongo Brazzaville, und da wurden die Parameter festgehämmert für die Durchführung der Resolution 435. Und dann kam ja das Jahr 1989, nun wurde tatsächlich die UNO-Resolution umgesetzt. Es kamen die ersten großen Entwicklungshilfeorganisationen und auch die ersten Vorboten der diplomatischen Missionen nach Namibia. Da wurde die SWAPO-Führung gefragt, wo gibt es hier ein Ingenieurbüro, das ihr unterstützt? Na, da gab es nur eins in Namibia, das von der Namibia Consult Incorporated, dann kamen die zu mir. Von Stunde an, ab Januar 1989, bekam ich unglaublich viel Arbeit und fing an, auch gutes Geld zu verdienen als Namibia Consult Incorporated. Da habe ich dann auch die Auffanglager für die namibischen Exilanten entworfen. Es waren vier große Camps. Döbra bei Windhoek, Mariabronn bei Grootfontein, Ongwediva und Engela an der Angola-Grenze. Einschließlich der Vermessungen. Das sollten die Zwischenstationen für die zurückkehrenden SWAPO-Kämpfer und die Exilanten sein, mehr als 40.000 Menschen, die nach Jahrzehnten des Exils zurückkamen. Ich kannte natürlich schon vorher die SWAPO-Führer, auch die im Exil, bis hin zum Präsidenten Nujoma. Ich gehörte mit zur SWAPO-Spitze. So habe ich das Jahr 1989 sehr konkret erlebt, hatte engste Kontakte auch zum UNO-Rat für Namibia. Es war für mich also keine Überraschung, dass ich dann als Teil der SWAPO-Fraktion ins erste Parlament gewählt wurde, 1990. Im Dezember 1989 wurde ich vom Präsidenten in sein erstes unabhängiges Kabinett als Vize-Minister für Öffentliche Arbeit, Verkehr und Kommunikation berufen. Und dann war ich zehn Jahre lang Minister. Das war eine äußerst intensive Zeit.

Am 31. März 1989, als Martti Ahtisaari als der Vertreter der Vereinten Nationen nach Windhoek kam, da war ich natürlich draußen am Flughafen. Und am 1. April früh morgens gab es dann eine Riesendemonstration der SWAPO, die in Katutura, der Stadt der Schwarzen in Windhoek, ihren Ausgang nahm. Es waren wohl mehr als 30.000 Menschen, die sich versammelten. Auch damals war ich wieder in der ersten Reihe. Wir glaubten, die UNO ist in Windhoek, Ahtisaari ist in Windhoek, Namibia ist jetzt frei. Wir glaubten, die Apartheid ist zu Ende. Wir waren naiv. Wir zogen also Richtung Stadtzentrum, freudig erregt. Es war eine Freudendemonstration. Die größte Demonstration in der Geschichte des Landes. Wir kamen bis an den Stadtrand, dort, wo die »weiße« Stadt anfing. Und da stand dann eine zehnfache Reihe von schwerbewaffneten, südafrikanischen Polizisten mit entsicherten Maschinengewehren. Die standen da und sagten: wenn ihr einen Schritt weiter geht, dann schießen wir scharf. Und wir waren in der ersten Reihe. Ich mit anderen Gewerkschafts- und politischen Führern, mit Danny Tjongarero und vielen anderen, die unterhandelten. Wir sagten: wir können gar nichts machen. Hinter uns sind 30.000 Menschen, die schieben uns, und die schoben uns auch. Und da zogen sich die Südafrikaner einen halben Kilometer zurück. Dann schon bis in das weiße Gebiet hinein, bis in das Gebiet vom Windhoeker Bahnhof und holten Verstärkung. Es wurde eine zweite Barriere gebaut.

Inzwischen gingen bei uns die Kommandos nach hinten, auch mit Lautsprecher, und ich muss sagen, diese 30.000 Schwarzen waren total diszipliniert, obwohl wir ja kaum Kommunikation hatten. Wir drehten dann um. An meiner Seite war noch die Bundestagsabgeordnete Uschi Eid von den Grünen. Wir stürmen zu Ahtisaari und wollten wütenden Protest einlegen, dass immer noch die südafrikanische Polizei agiert, die hätten längst in den Basen sein müssen. Wir wurden aber nicht vorgelassen zu Ahtisaari. Wir wussten nicht, was sich im Norden an der Grenze abspielte, dass dort SWAPO-Kämpfer nach Namibia hereinkamen mit ihren Waffen, um diese Waffen nach den Richtlinien des Agreements von 435 an den Sammelpunkten der Vereinten Nationen abzugeben und sich dann in die Auffanglager zu begeben. Aber diese Sammelpunkte gab es an dem Tag noch nicht. Und die UNO war im Ovamboland nicht präsent. Was vorhanden war, war die südafrikanische Armee, die schon längst hätte weg sein müssen. Die war aber immer noch da, überall an der Grenze. Es kam zu schweren Kämpfen, und es wurden Hunderte von SWAPO-Kämpfern getötet. Viele Unschuldige.

Ich weiß das. Da wurde ein großes Reinemachen veranstaltet. Jeder, der SWAPO war, auch Zivilbevölkerung, Leute, die gar nichts zu tun hatten mit der SWAPO, selbst Pastoren und Pater sind damals ermordet worden. Ich war ab dem 3. April im Norden. Ich habe das als Augenzeuge miterlebt. Wer sagt, dass die SWAPO kämpfend die Grenze überschritten hat, mit militärischer Absicht, der lügt. Ich war dabei, ich habe mit vielen Augenzeugen geredet. Sie sind nicht kämpfend ins Land gekommen. Gut, die Südafrikaner wussten durch ihren gut organisierten Geheimdienst, unterstützt von den britischen, amerikanischen und westdeutschen Geheimdiensten, die wussten, dass die kommen. Ich habe später als Historiker, ich bin ja auch noch Historiker, ein Fach, das ich als Nebenfach an der TU Berlin studiert habe, ich habe das dokumentiert, wie es wirklich war. Und wie es auch heute keiner mehr groß in Zweifel zieht. Die SWAPO hatte keine ausreichende Kommunikation. Sie hatte kaum Möglichkeiten, sich mit diesen Gruppen zu verständigen, mit diesen Leuten, die da reinkamen. Sie liefen in eine tödliche Falle. Es sind viel mehr SWAPO-Leute umgekommen als Südafrikaner. Das Verhältnis war eins zu zwanzig, also zwanzig tote SWAPO-Kämpfer für einen weißen, südafrikanischen Soldaten. Wenn die SWAPO hätte kämpfen wollen und wenn sie wirklich Angriffspläne gehabt hätte, dann wäre das nicht so tragisch abgelaufen für die SWAPO. Denn es waren ja geübte Buschkämpfer, die da kamen. Es waren ja keine Idioten. Sie liefen in diese Falle, und sie haben sich dann gewehrt. Aber sie hatten keine Chance. Um ein Haar wäre der Friedensprozess 435 gescheitert. Wenn nicht Gorbatschow und die Amerikaner direkt eingegriffen hätten. Es kam zur Mount-Etjo-Konferenz, und da wurde der Friedensprozess dann gerettet. Es wurde vereinbart, dass die SWAPO-Kämpfer unter UNO-Aufsicht ihre Waffen abgeben und zurück nach Angola gehen. Nach zwei Monaten durften sie dann wieder reinkommen. Aber selbst das ist fast gescheitert, weil die südafrikanische Armee immer noch draußen war und weil weiterhin Jagd auf die SWAPO gemacht und Leute umgebracht wurden. Und dann gab es damals, ich war selbst dabei, an der Grenze zu Angola, in Ruacana, einen Kontakt zwischen Carl von Hirschberg, das war der Vertreter der Südafrikaner in Windhoek, und Nahas Angula, dem Vertreter von SWAPO an der Grenze. Die haben sich geeinigt, dass nun endlich Frieden sein muss im Sinne der Mount-Etjo Vereinbarungen. Dann sind die überlebenden, entwaffneten SWAPO-Kämpfer zurück nach Angola gebracht worden. Bald kamen die Flüchtlinge nach Hause. Die aus den Flüchtlingslagern, aus Kwanza Sul zum Beispiel, die kamen im Laufe des Jahres 1989 in Fahrzeugkolonnen. Und die kamen alle nach Engela. Dafür hatten wir vier Kilometer südlich der Angola-Grenze das große Auffanglager Engela gebaut. Da kamen die alle rein und wurden den Vereinbarungen entsprechend durchgeschleust. Ab Juli 1989 gab es dann keine militärischen, schweren Zwischenfälle mehr. Reibereien gab es zwischen SWAPO und der DTA, denn der Hass war natürlich riesengroß. Auch die Südafrikaner störten weiter, um diesen Friedensprozess zu vereiteln. Es gab einen Überfall auf das UNO-Büro in Outjo, bei dem Leute umkamen, Leute von den Vereinten Nationen und auch Namibier. Mein Parteikollege Anton Lubowski wurde in diesen Tagen ermordet, im September 1989. Zwei Tage bevor der SWAPO-Präsident, Dr. Sam Nujoma, am 23. September nach Namibia zurückkam.

Auch dann, als Namibia frei war, gab es noch einzelne Zwischenfälle, auch nach der Unabhängigkeit. Die Unabhängigkeit selbst, nach dem 31. März 1990, ist aber nicht mehr in Frage gestellt worden. Es gab Versuche von weißen Extremisten, das Rad der Geschichte zurückzudrehen. Ich erhielt Hunderte von Drohanrufen, fast immer anonym. Vor der Unabhängigkeit war das an der Tagesordnung. Todesdrohungen an meine Familie und an mich. Und das ging auch noch weiter, auch nach der Unabhängigkeit.

Zu den wichtigsten politischen Botschaften der SWAPO gehörte die der nationalen Aussöhnung. Die SWAPO wollte keine Hexenjagd, kein Großreinemachen. Frieden sollte sein, wirklicher Frieden zwischen allen. Alle Verbrechen der Geschichte müssen eben Geschichte bleiben und sollen nicht weiter verfolgt werden. Die Buschleute zum Beispiel, die den Südafrikanern als Spurenleser gegen die Guerillas dienten, die vom Bataillon 32, gingen mit den Südafrikanern nach Südafrika, zum Teil sogar gegen ihren Willen oder eben weil sie der Propaganda glaubten, dass sie ihres Lebens in einem unabhängigen Namibia nicht sicher wären. Viele sind ja inzwischen zurückgekommen. Ich habe nie gehört, dass es da irgendwelche Zwischenfälle gegeben hätte. Ähnliches geschah mit den Beamten und all denen, die aktiv der Apartheid unter den Südafrikanern dienten.

Die sind alle noch da, jeder weiß, wer sie sind. Selbst als ich dann als Minister in mein altes Roads Department zurückkam, saßen sie dort. Ich kannte ja meine Kollegen. Auch meine weißen, zum Teil deutschsprachigen Ingenieurkollegen, von denen einige hohe Militärränge bis zum Oberst oder Major in der südafrikanischen Armee bekleidet hatten. Die waren alle da. Keinem von denen ist etwas passiert. Viele von denen sind bis zum heutigen Tag da. Der eine ist die rechte Hand des heutigen Verkehrsministers. Ich glaube an die Aussöhnungspolitik. Ich selbst habe nun, was die Buren oder auch die Südafrikaner angeht, längst innerlich Frieden geschlossen. Aber damals, 1990, da hegte ich einen tiefen, bitteren Hass. Damals war ich kein Anhänger der nationalen Versöhnung.

Die SWAPO war gut auf die Unabhängigkeit vorbereitet. Ich habe zum Beispiel für die SWAPO an der sogenannten »Blue Bible« mitgeschrieben. Das war ein Plan, der von den United Nations finanziert wurde für die Vorbereitung eines unabhängigen Namibias. Die »Bible« erschien 1986. Mein Kapitel war das Kapitel elf: Transport and Communication. Damals habe ich schon vorgeschlagen, was in einem unabhängigen Namibia an Ingenieursinfrastruktur realisiert werden sollte. Ich hatte meine »blue prints«; meine Pläne. Die waren fertig. Und dann kam ich ins Ministerium, mit diesen Plänen unter dem Arm und dem Buch in der Hand, vor der Unabhängigkeit noch, als designierter Vizeminister. Als ich meinen Kollegen gegenübertrat, sah ich sehr viele rote und verlegene Gesichter. Alle dachten, jetzt, jetzt kommt die Nacht der langen Messer. Jetzt werden die Ingenieure alle rausfliegen. Damals hatten sie alle Angst, ich würde mir dann Ingenieure aus der DDR holen. Oder aus der Sowjetunion. Oder aus Kuba. Aber das war nicht der Fall.

Ich sagte: Meine lieben Kollegen, es ist eine neue Zeit, die anbricht. Wir haben hier Pläne, die uns alle über Jahrzehnte hinweg beschäftigen werden. Das sind Pläne, die jedes Ingenieursherz höher schlagen lassen. Wir haben riesige Straßen- und Eisenbahnprojekte, Hafenprojekte, wir müssen die Infrastruktur in Südangola aufbauen, wir müssen die großen Ost-West-Verbindungen darstellen, die großen Fernstraßen der Trans-Kalahari, Trans-Caprivi. Wir müssen vor allen Dingen in den total vernachlässigten Gebieten hunderte und tausende Kilometer von neuen Straßen bauen und Telefonleitungen legen. Die Pläne liegen auf dem Tisch!

Als der erste Haushalt vom Finanzminister Dr. Otto Herrigel vorgelegt wurde, da ging fast ein Drittel des gesamten Haushaltes an mein Ministerium. Weil ich die Pläne schon hatte. Und wir haben sofort angefangen.

Da gab es zum Beispiel Gibeon, eine alte historische Stadt, die schon vor fast 200 Jahren als Missionssiedlung eine Rolle spielte. Gibeon war sogar während der deutschen Kolonialzeit eine Distrikthauptstadt. Als die große Teerfernstraße von Windhoek nach Südafrika gebaut wurde, da lief diese Teerfernstraße acht km, fünf Meilen östlich der Stadt Gibeon vorbei. Diese große Siedlung Gibeon war nicht angeschlossen an diese Fernstraße. Warum? Gibeon war eine reine schwarze Stadt. Da hatte man kein Interesse, diese acht Kilometer Asphaltstraße zusätzlich zu bauen. Ich habe gesagt, einen Tag nach der Unabhängigkeit, egal wie ihr das macht, fangen wir an, diese Straße zu bauen. Diese acht Kilometer. Und das ist auch genau passiert. Einen Tag nach der Unabhängigkeit wurde begonnen, und noch 1990 ist diese Straße fertig gestellt worden. Das war mein erstes großes Projekt. Und es ging weiter. Zum Hafen Lüderitzbucht fehlte immer noch ein 100-km-Teilstück Asphalt. Die Südafrikaner wollten den Hafen Lüderitzbucht eigentlich zugrunde gehen lassen, als Konkurrenzhafen zu den südafrikanischen Häfen ausschalten. Der Hafen war klein und unterentwickelt, und es gab keine durchgehende Asphaltstraße nach Lüderitz, und die Eisenbahn, die hat man systematisch, wie ich immer sagte, »zugrunde unterhalten«. Aber 100 km Straße fallen natürlich auch nicht vom Himmel.

Auch diese Straße wurde 1991 begonnen und 1993 fertig gestellt. Das war das zweite große Projekt. Das dritte und vierte große Projekt waren dann die beiden Großprojekte Trans-Kalahari, also die große Fernstraßenverbindung von Namibia über Botswana nach Südafrika, und die Trans-Caprivi-Fernstraße von Namibia Richtung Sambia und Simbabwe durch den Caprivizipfel. Auch das begann bereits 1990, wurde mit großen Finanzmitteln von vielen Geberländern, besonders auch von der deutschen Entwicklungshilfe, finanziert. Aber mein größter Stolz sind diese sechshundert Kilometer Straßensysteme in Ovamboland, die wir bereits in den ersten zwei Jahren der Unabhängigkeit gebaut haben. Und wenn man heute die Entwicklung nach der Unabhängigkeit sieht, diese dreißig, vierzig großen Straßenbauprojekte, dann stellt man fest, die wurden in den ersten Jahren des unabhängigen Namibias realisiert. Das ist in meinen Augen, was die ersten Jahre betrifft, die größte Erfolgsstory der SWAPO-Regierung.

Als Minister konnte ich auch Ideen, die mich als Ingenieur schon immer beschäftigten, durchsetzen. In Ländern mit einem großen ungeschulten Arbeitslosenpotential sollte man große Bauingenieursprojekte möglichst arbeitsintensiv durchführen. Aber die Handarbeit darf im Grunde nicht teurer sein als die Maschinenarbeit. Denn sonst ist das ja volkswirtschaftlich nicht sinnvoll. Man sollte solche Baumethoden entwickeln, dass die Handarbeit durchaus mit der Maschinenarbeit konkurrieren kann. Bestimmte Bauleistungen kann man nicht mit der Hand machen, wie zum Beispiel Verdichtungen. Die müssen mit Maschinen gemacht werden beim Lagenaufbau von Eisenbahnen oder Straßen oder Talsperren.

Aber es gibt viele Arbeiten, die man arbeitsintensiv durchführen kann. Ich hatte diese Ideen schon lange vor der Unabhängigkeit. Auch damals gab es ja schon vierzig Prozent Arbeitslosigkeit in den siebziger, achtziger Jahren in Namibia. Arbeitsintensive Technologien, ich hatte das vorgeschlagen, damals schon. Es wurde von den sehr konservativen, südafrikanisch geschulten Ingenieuren hohnlachend abgelehnt. Aber ich habe es nach der Unabhängigkeit mit ministerieller Gewalt durchgesetzt. Meine Kollegen hatten gar keine andere Wahl. Die mussten sich damit befassen. Wir haben tausende von Kilometern arbeitsintensiv gebaut. Besonders in dem einst vernachlässigten Norden. Wir sind heute, auch mit unseren Forschungen auf diesem Gebiet, Weltführer in diesen Technologien. Ich muss gar keinen Einfluss mehr nehmen, kann mir das alles angucken, weil die ehemals feindseligen Ingenieure heute die größten Befürworter dieses Systems sind, weil es für das Land gut ist. Über die genannten Projekte hinaus war es notwendig, die Infrastruktur insgesamt zu entwickeln. Mit Kommerzialisierung und Privatisierung ist manches nicht so effektiv gelaufen, wie wir es uns gewünscht haben. Da waren wir wohl zu wenig erfahren, zu eifrig und wurden vielleicht auch von manchem Consultant aus Europa verkehrt beraten. Zum Beispiel die Privatisierung unseres Telefonsystems und das Verkehrswesen. Nehmen wir das Telefon. Letzten Endes haben wir doch ein sehr gutes System geschaffen. Es gab vor der Unabhängigkeit keinerlei Telefonverbindungen im Ovamboland abgesehen von den großen Militärbasen Ondangwa, Oshakati und Oshikango. Wir haben 1991 angefangen, ein modernes elektronisches, digitalisiertes Telefonsystem im ganzen Ovamboland aufzubauen. Das Projekt wurde mit deutschen Entwicklungsgeldern in zwei Jahren realisiert. Damals habe ich sogar noch den deutschen Postminister - es war noch Dr. Schwarz-Schilling - überzeugt, Leute, dass ist ein wichtiges, soziales Entwicklungsprojekt, da müsst ihr uns nicht zurückzahlbare Entwicklungshilfe geben.

Das ist auch passiert. Ich habe nie erzählt, ich tue es jetzt zum ersten Mal, dass dieses System so hoch profitabel war, dass Telekom Namibia bereits einige Monate, nachdem das System in Dienst gestellt war, hohe Profite machte. Für die zweite und dritte Ausbauphase des Telefonnetzes, die inzwischen auch längst verwirklicht sind, haben wir von Deutschland nur noch Soft Loans bekommen. Der Bluff mit dem sozialen Telefonsystem, der hat nur einmal gewirkt.

Sie fragen nach dem Grund des Ressortwechsels zum Bergbau. Das habe ich mir nicht ausgesucht. Der Präsident meinte vielleicht, als er mich zum Vizeminister für Bergbau und Energie machte, das wäre eine Beförderung für mich. Weil der Bergbau eine Schlüsselfunktion hat, und er glaubte, dass ich dort auch meine Energie und meine Erfahrung als Ingenieur einsetzen kann. Aber zu dem Zeitpunkt war ich ja nun schon fast fünfundsechzig. In diesem Alter geht man ja nun nicht mehr so gern auf die Schulbank. Als Bauingenieur im Verkehrswesen, Straßenbau und Eisenbahnbau und Hafenbau und Talsperrenbau, da bin ich ein erfahrener und vielleicht auch ein ganz guter Ingenieur. Aber nun im Bergbausektor und auch im Energiesektor, da musste ich vieles neu lernen. Es hat mich oft gestört, dass ich da im Minensektor oder auch bei Energie und Strom mit Experten zu tun hatte, die eben viel mehr wussten als ich. Dinge, die ich nicht so schnell lernen konnte. Ich konnte ja kein neues Elektrotechnikstudium oder ein Bergbaustudium anfangen. Aber trotzdem habe ich zwei Dinge in diesem einen Jahr - ehe ich dann nach 10 Jahren als Minister freiwillig ausschied - gemacht. Ich habe mich intensiv für den Ausbau »grüner« Energie, alternativer Energieformen in Namibia eingesetzt. Besonders für Wind- und Sonnenenergie. Und ich habe es mit hohem persönlichen Einsatz geschafft, die Tsumeb-Mine, die damals bankrott war - eine der größten Bergbaubetriebe Namibias, die große Kupfermine in Tsumeb - wieder zum Leben zu erwecken. Technisch und auch wirtschaftlich. Zu einem äußerst kritischen Zeitpunkt musste die Regierung Garantien unterschreiben, sonst wäre alles vorbei gewesen. Aber ich konnte keine Vollmachten bekommen. Da habe ich ohne Vollmacht der Regierung eine Garantie über einige Millionen Dollar unterschrieben. Voll in privater Haftung, wenn mich der Finanzminister nicht anschließend frei gemacht hätte. Auf diese Weise ging die Arbeit dort weiter, es entstand die heutige *Ongopolo*-Mine in Tsumeb.

Ongopolo heißt auf Oshiwambo Kupfer. Das ist solch ein Projekt, auf das ich sehr stolz bin. Ich hatte auch die Chance bei der Rückführung von Walfish Bay nach Namibia mitzuarbeiten. Unter der Federführung des Außenministers war ich mit der technischen Seite des Unternehmens befasst. Der Hafen war uns wichtig, den Südafrikanern aber auch. So habe ich einen Geheimplan über den Bau eines neuen Großhafens bei Cape Cross entwickelt. Alles war ausgearbeitet. Es gab schon Pläne im Detail. Wenn die Südafrikaner uns Walfish Bay nicht geben, dann werden wir um Walfish Bay nach Berliner Vorbild eine Mauer herum bauen. Und dann können sie da in ihrer Sandoase sitzen, und dann wird nichts mehr passieren. Sie kriegen auch kein Wasser und keinen Strom mehr aus Namibia. Und wir bauen unseren eigenen Großhafen bei Cape Cross. Das war natürlich ein Riesenbluff, der neue Hafen war niemals beabsichtigt. Aber die Ingenieursplanung, die habe zum Teil sogar ich persönlich gemacht, mit Consulting Engineers, die lag vor. Das war eine Studie, da stand Top Secret drauf. Und als ich zu Verhandlungen in Pretoria war, habe ich die Mappe mit der Studie in meinem Hotelzimmer »vergessen«. Als ich von der Verhandlung zurückkam, wusste ich: man hatte sich für den Inhalt der Mappe interessiert. Und das hat auch etwas dazu beigetragen, dass es dann sehr reibungslos ging. Die Rückführung von Walfish Bay nach Namibia.

Eigentlich schon im Ruhestand, habe ich nun für drei Jahre die Arbeit des Aufsichtsratsvorsitzenden für die TransNamib, das ist die namibische Eisenbahn-Gesellschaft, übernommen. Das Unternehmen steckt aus verschiedenen Gründen tief in den roten Zahlen und macht immer noch Verluste. Erstes Jahresziel ist, wir werden es auch erreichen, die Verluste zu halbieren. Wenn unsere Eisenbahn wirklich als kundenfreundliches Dienstleistungsunternehmen umgepolt wird, dann können wir auch im Inland und in Südafrika sehr viel mehr Potential auf die Schiene bekommen. Außerdem gibt es Neubaustrecken, die jetzt im Bau sind. Zum Hafen Lüderitz, das ist eine davon. Und auch im Norden gibt es neue Herausforderungen, wie eine neue Eisenbahnlinie von Tsumeb nach Angola. Jetzt ist Frieden in Angola. Welch ein gewaltiges Potential! Und der alte Traum von der Transkalahari-Eisenbahlinie von Walfish Bay nach Johannesburg, der ist ganz stark wieder auf den Karten - als langfristiges Projekt. Im Tourismus könnte sehr viel mehr gemacht werden. »Abenteuer Eisenbahn« zum Beispiel, obwohl unser Schwerpunkt, fünfundneunzig Prozent, auf dem Güterverkehr liegt. Erz-, Container-, Baumaterialien- und Brennstoffverkehr, das sind unsere Schwerpunkte. Der Passagierverkehr spielt hier - Namibia ist dreimal so groß wie das wiedervereinigte Deutschland, aber hat nur 1,8 Millionen Einwohner - eine geringe Rolle. Wir können im Personenverkehr auch gar keine ökonomischen Dienste anbieten. Das bedeutet, der Transport von Personen wird mehr dem Individual- und Busverkehr vorbehalten bleiben.

Am Ende meiner Amtszeit, dann bin ich siebzig, soll TransNamib nicht nur schwarze Zahlen schreiben. Die namibische Eisenbahn, die auch Teil der deutschen Eisenbahngeschichte ist, soll sich dann so entwickelt haben, dass sie mit Fug und Recht wieder als Stützpfeiler der namibischen Wirtschaft gelten kann. Und weil mit der Eisenbahn auch ein gemeinsames Stück Geschichte zwischen Namibia und Deutschland ins Spiel kommt, eine Bemerkung dazu: Ich stehe dem Umgang mit der deutschen Geschichte hier im Lande zum Teil sehr kritisch gegenüber. Sicher hängt das auch damit zusammen, dass ich mich als Historiker ziemlich genau damit befasst habe und die Fakten kenne. Der deutsche Beitrag zur namibischen Geschichte ist verantwortlich für die schmerzvollste Periode des namibischen Volkes, deren Probleme uns bis zur Gegenwart beschäftigen. Ich weiß aber auch, die Gruppe der Deutschsprachigen hat sich in den letzten hundertfünfzig Jahren in einem sehr harten Land durchkämpfen müssen. Über zwei Weltkriege hinweg, die ja auch der deutschen Gruppe hier sehr geschadet haben. Aber sie hat es immer vermocht, die deutsche Sprache zu erhalten. Und heute in der fünften, sechsten Generation reden wir und unsere Kinder und Enkelkinder ja immer noch genauso gut deutsch wie die Deutschen in Deutschland.

Als bekennender Preuße in Namibia kann man durchaus gewisse Charaktereigenschaften einbringen, wie Pünktlichkeit, absolute Zuverlässigkeit, Arbeitsleistung, mehr sein als scheinen. Das sind sicherlich Vorteile. Auf der anderen Seite habe ich sehr viele Qualitäten von meinen schwarzen Kollegen und Genossen schätzen gelernt. Sie haben andere gute Seiten, die wir Namibia-Deutschen nicht haben. Sie sind, glaube ich, kompromissbereiter, sind viel brüderlicher und menschlicher. Meine Erfahrung ist, dass sie viel sprachbegabter sind als wir, das sie besser verhandeln können, da sie viel sanftmütiger sind. Anders als wir Deutschen sind sie nicht so kurz angebunden und aufbrausend. Sie sind geduldiger, nehmen sich mehr Zeit. Das hat natürlich viele Vorteile, bringt natürlich auch Nachteile mit sich. Denn viele Dinge, die man hätte durchführen müssen, sind nicht durchgeführt worden.

Ich glaube, dass das Deutsche hier erhalten bleibt. Ich würde mir wünschen, dass die Deutschen hier als kleiner afrikanischer

Stamm mit der afrikanischen Stammessprache des Deutschen sich aktiver am politischen Leben beteiligen und die Einheimischen mehr als Landsleute akzeptieren. Und nicht nur die großartige Natur Namibia mit ihren endlosen, herrlichen Landschaften und Weiten und der Sonne und der großen Freiheit und der großen Einsamkeit hochleben lassen, sondern auch die Menschen lieben. In diesem geschichtlichen Zusammenhang sollten wir das Problem Landreform gemeinsam, im Interesse des Landes und seiner wirtschaftlichen Stabilität, angehen. Es ist eine außerordentlich sensible Angelegenheit. Im Grunde müssen wir uns von unserer Verfassung leiten lassen, die ganz klar sagt, die Geschichte kann nicht zurückgeschraubt werden. Man kann keine historischen Ansprüche geltend machen, das ist völlig unmöglich. Denn wo gibt es juristisch gesehen noch jemanden, der auf dieses Land, das ja den Schwarzen mit Gewalt und zu Unrecht abgenommen wurde vor einhundert Jahren, wen gibt es da heute, dem man dieses Land zurückgeben könnte? Es ist wichtiger, Arbeitsplätze zu schaffen, als die Landfrage auf Biegen und Brechen zu lösen. Und es gibt noch sehr viel Land, das man entwickeln könnte, für den, der Land haben will. Für mich ist das eigentlich keine Sache, die man politisch benutzen sollte und damit die wirtschaftliche Entwicklungen in Frage stellt. Was ich beiden Seiten raten würde? Ich würde raten, den Weißen hier, die zum Teil immer noch mit Vorbehalten der schwarzen Mehrheitsregierung gegenüberstehen, sie sollten manchmal besser zuhören, um die Politik zu verstehen. Die Emotionen, häufig ausgelöst durch diese jahrhundertealten Demütigungen, die ja die Schwarzen durch die Kolonialgeschichte, durch die Apartheid hinnehmen mussten, die führen eben auch manchmal zu diplomatischen Entgleisungen. Der schwarzen Seite würde ich empfehlen, die Worte besser abzuwägen, obwohl ich als Ingenieur selbst völlig undiplomatisch bin.

Aber all diese, manchmal aus unergründlichem, politischem Kalkül gemachten Äußerungen, sollten uns nicht entzweien, sondern uns im Dialog um die bestmögliche und wirtschaftlich vernünftige Lösung zusammenführen. Diese junge Republik ist schon mit ganz anderen Problemen fertig geworden.

Er hatte das letzte Wort, straffte sich, als ermahne er sich selbst zum disziplinierten Gebrauch der eigenen Zeit. Lebenszeit. Während er den Laptop nach einem Detail für das Gespräch mit den Leuten von der Wasserbehörde befragte, bemerkte ich die noch blassen Altersflecken auf seinem Handrücken. Ich hörte, er spielt auch ein wenig Klavier, für seine Frau und manchmal für sehr nahe Freunde. Ich weiß, er mag sehr Johann Sebastian Bach, die Kantaten insbesondere, hoch geschätzt die Leipziger Aufnahmen. Ich vermute, er plant immer noch Wandern und Steigen im Himalaya. Das alles kommt in seinem Alltag vor, der wohl den Rhythmus der Jahreszeiten, kaum aber die übliche Abfolge von Arbeitstag, Ruhetag, Arbeitstag kennt. Ihm ist die Arbeit ein Fest im ganz altmodischen, lutherischen Sinne, wie ihm die Bachkantate eines sein kann, nur eben auf andere Weise.

Er wird in einer halben Stunde über Wasserpreise für das Bahnprojekt verhandeln müssen. Ich werde mich zum Plausch mit dem Herrn des Schroeder-Hauses treffen. Ein Sachse, von dem es heißt, er gehöre längst schon zum alten Lüderitzadel.

Verlässlicher Diener seiner Herren

Als die Männer in den Streckenkolonnen zwischen Grasplatz und Kolmanskuppe auf Geheiß der Fremden gegen die Wüste antraten, mag ihnen der Vergleich zwischen dem allgegenwärtigen Sand und den Deutschen in den Sinn gekommen sein. Die Kontrakt-Ovambos schippten gegen die Wüste an, am nächsten Tag aber hatte die Natur das Eisenbahngleis wieder in stummer Selbstverständlichkeit zu sich genommen, sich nicht um die Mühen der Menschen scherend. War es nicht ähnlich mit den fremden Weißen? Stellte man sich ihnen an einem Ort entgegen, sickerten sie an anderer Stelle durch. Erst ließen sie sich als Missionare an Wasserlöchern nieder. Dann saßen sie in den Hütten der Häuptlinge als Händler und Polizisten. Bald aber füllten sie geräumige Häuser als Beamte, um wenig später als Gouverneure Paläste zu bewohnen in der Großen Stadt, mit der Illusion, Herr zu sein über das zu Flecken zerrissene Land. Wie man im Sand ersticken kann, so schien es ihnen, im ständig zunehmenden Strom der Fremden bald nicht mehr atmen zu können. Und irgendwann kam der Tag, da kämpften sie nicht mehr dagegen an, es galt nur noch den Kopf oben zu halten. Das Schippen an der Strecke zeigte den Männern um Lewala, es ist sinnlos anzurennen gegen die Übermacht. Auch wenn du den Stein aller Steine findest, füge dich deinem Schicksal und teile die Kräfte ein. Und so wäre ein heutiger Sieg über die Wüste an der Lüderitzbahn, wenigstens zwischen Kilometer 19 und Kilometer 24, nicht nur ein Sieg der Ingenieure. Es wäre auch ein später, stiller Triumph über das so schwer Vorstellbare, das in der Geschichte der vergangenen hundert Jahren dieses Landes steckt. Denn in Lüderitz hat alles angefangen mit den Deutschen. Nicht in Otjimbingwe mit den Missionaren, wie Peer Look im Cockpit bemerkte. Aber möglicherweise ist beides auch nur ein Teil der Wahrheit. Vinzenz kommentierte den Segen, der mit den Schwarzberockten über das Land kam, auf seine Weise. Erst hatten wir das Land und sie die Bibel. Jetzt haben wir die Bibel und sie das Land.

Die Aufregung war groß. Leserbriefe in der Allgemeinen Zeitung, bissige Kommentare in der Chatshow, der morgendlichen, deutschsprachigen Rundfunksendung. Was diese Ausländer sich erlauben! Uns Deutschen die Schutztruppenzeit erklären zu wollen, das ist wirklich das Letzte! Ein junger Kerl, ein dänischer Wissenschaftler, hatte sich erdreistet, die weit zurückliegende Geschichte um das Gefangenenlager auf der Haifischinsel ins Licht der Gegenwart zu zerren. Er schrieb von seiner Absicht in den Zeitungen des Landes, bat um Hinweise, um Dokumente. Die Haifischinsel liegt vor der Stadt. Als gewaltiger Felsen, ohne Baum und Strauch, begrenzt die Bucht von Lüderitz in westlicher Richtung. Jedes Schiff aus dem Hafen muss an ihm vorbei, bevor es das offene Meer erreicht. Durch einen aufgeschütteten, kaum fünfzig Meter langen Damm hat die Insel seit Jahren eine feste Verbindung zum Festland. Von der Bismarckstraße ist sie zu Fuß in fünfzehn Minuten zu erreichen. Die Insel beherbergt heute in ihren Felsnischen einen vorzüglich ausgestatteten Campingplatz mit stilvollen Grillplätzen, Elektroanschlüssen für Wohnmobile, Duschkabinen und überdachten Kochstellen.

Am Aussichtsrondell grüßt eine kupferne Tafel mit dem Konterfei des Bremer Kaufmanns Adolf Lüderitz, dem ersten Deutschen in dieser Bucht. Zu Füßen dieser, vom Senat der Freien Hansestadt Bremen gespendeten Würdigung, Marmortafeln mit den Namen gefallener deutscher Schutztruppler. Nichts stört diese vermeintliche Idylle, nichts beschädigt den herben Charme dieses Eilands, wenn der Tourist zum Sundowner sich auf einen der Sitzplätze niederlässt, über das Meer zum fernen Brasilien hinüberträumt. Die Idylle hat der junge Däne allerdings nicht beschrieben. Er hat daran erinnert, dass dieser Ort auch Ort unendlichen Leidens, Ort des Verbrechens war.

Nach dem Mord an den Hereros, nach der Niederschlagung der Wittbois, der Namas, brachten Soldaten der Deutschen Schutztruppe Gefangene auf die Insel. Sich an die Felsen krallend, dem unwirtlichen Wetter ausgesetzt, dem Verhungern preisgegeben, starben allein zwischen September 1906 und April 1907 von den 1.765 hierher deportierten Frauen und Männer 1.032. Die Zustände auf der Insel berührten selbst den deutschen Schutztruppenkommandeur Oberstleutnant Ludwig von Estorff, der sich im

Felde nicht gerade durch Zurückhaltung ausgezeichnet hatte. In seinen Erinnerungen »Wanderungen und Kämpfe« schreibt er: Bei unserem Besuch von Lüderitzbucht fanden wir die auf der Haifischinsel verbrachten Wittbois in schrecklichem Zustande. Das feuchte und kalte Klima dort war ihnen so verderblich geworden, dass über die Hälfte gestorben war und der Rest schwer krank wurde. Ich hatte mich beim Reichskolonialsamt über Lindequist und Deimling beschwert, dass sie mein Wort gebrochen hatten, das ich Samuel Isaak im Oktober 1905 gegeben hatte, als er sich unterwarf. Wenigstens wurden sie jetzt erlöst und in ein Lager an der Bahnstrecke Karibib - Okahandja im Norden gebracht. Eine weitere Versetzung der beiden Völkerreste der Herero und Hottentotten kam glücklicherweise nicht zur Ausführung, sie wären sonst gänzlich zugrunde gegangen.

Vergeblich wartete ich im ausgehenden Sommer, am Tag der Unabhängigkeit auf dem Felsen hockend, auf einen Menschen, der eine Blume niederlegt für die Gemeuchelten, der sich ihrer öffentlich erinnert. Es kam niemand. Weder Schwarze noch Weiße noch coloureds. Niemand. Weder Abgesandte der Karasregion noch jemand aus dem Stadtparlament. Die Kirchen hielten sich fern wie auch die Parteien, die meiner Freunde eingeschlossen.

Vom Portal der Felsenkirche geht der Blick weit über die Stadt. Über die behutsam restaurierten Jugendstilhäuser zum alten Kraftwerk geht er aufs Meer hinaus, streift die Haifischinsel, berührt die Bucht, den neuen Hafen mit den Kreuzfahrtschiffen, wendet sich landeinwärts hinauf zu den Hängen, an denen wie Schorf die Elendshütten der Squatter Camps kleben. Lüderitzer Leben und Sterben auf einen Blick.

Immer tiefer kroch ich in Pudel und Jacke, suchte Schutz im Windschatten der Kirche. Heftige Böen trieben Nebelschwaden und Reste von Gicht den Felsen hinauf, drängten in jeden Winkel. Manchmal nah, dann wieder fern, dumpf das Nebelhorn. Ich wartete nach unruhiger Nacht auf Herrn Schroeder, Namibia-Deutscher, einst Kaufmann, heute Pensionär und Kirchendiener hier in der Felsenkirche zu Lüderitz. Ich fror jämmerlich, sehnte inständig die Sonne herbei und kauerte, erschöpft bevor der Tag begann, an der Mauer zu Füßen des großen Altarfensters. »Jesus stillt den Sturm«, so das in Bleiglas gefasste Thema zu meinem

Haupte, der Kirche vor neunzig Jahren vom Kaiser Wilhelm II zur Einweihung gestiftet. Die Altarbibel gelangte aus der Hand seiner Gemahlin Auguste Viktoria nach Lüderitz.

Dann tauchte er neben dem Pfarrhaus auf, gebeugt, bedächtig den steilen Anstieg zur Kirche erklimmend. Den Kopf eingezogen, die Hände tief in den Taschen. Ein hochgewachsener, schlanker Mann, zerfurcht das Gesicht, mit wachen, flinken Augen. »Hallo!«, sagte er atemlos, es kam ihm kaum über die Lippen. »Guten Morgen.«

Manfred Schroeder
Jahrgang 1923, Kaufmann / Kirchendiener

Südwest ist mein Zuhause, auch wenn die Wiege in Sachsen stand. Ich werde erzählen und bei der DDR anfangen, vor der ich abgehauen bin 1950. Abgehauen bin ich, weil das immer schöner wurde unter den lieben Russen, und die deutschen Russen nicht zu vergessen, die waren manchmal noch schlimmer als die echten.

Nachdem wir von allem »befreit« worden sind, da fiel es nicht mehr schwer, mich mit einem Köfferchen davonzumachen, und zwar Richtung Berlin. Das war wunderbar, es gab die blöde Mauer noch nicht, und man konnte mit der S-Bahn in die Freiheit fahren, einfach so. Einsteigen und weg. Bahnhof Friedrichstraße, das werde ich nicht vergessen. Das war ein Gefühl, ich kann es heute noch nicht beschreiben.

Ich komme aus Grimma bei Leipzig, ich komme von dort, wo diese riesigen Überschwemmungen waren. In unserer eigenen Leipziger Firma habe ich Papiergroßhändler gelernt. Wir waren eine gutsituierte Unternehmerfamilie. 1972 gehörte uns die Firma schon nicht mehr, wir sind stückweise über die Jahre enteignet worden. Als Schluss war, war ich längst nicht mehr in der Zone, da war ich bereits zwanzig Jahre in Afrika.

Nach dem Krieg half uns Familienbesitz, so zehn Hektar Land am Stadtrand von Grimma, über die Runden. Das Land hatte einst mein Großvater erworben mit der Aussicht, wenn sich die Stadt ausdehnt, dann haben wir Bauland zu verkaufen.

Jedenfalls haben wir diese zehn Hektar bewirtschaftet, um etwas extra zu haben, wir haben mit einer Gärtnerei angefangen.

Der Acker hatte Bodenklasse drei, nicht berückend gut. Am anderen Muldeufer, das ist der Fluss dort, saßen die dicken Bauern, die hatten Bodenklasse eins. Die lieben Russen haben gesagt, es gab ja ein Ablieferungssoll, um die Leute in den Städten zu ernähren, die lieben Russen haben gesagt, ach, die Sonne scheint überall gleich, und ihr liefert alle dasselbe ab. Drüben, die am anderen Ufer, die wussten nicht wohin mit den Überschüssen, haben den Städtern für Kartoffeln Teppiche und Bettwäsche abgenommen, und wir wussten nicht, wie wir unser Soll erfüllen sollten. So viel zum Thema: Deutsche untereinander.

Auf besagtem Land haben wir ein Haus gebaut. Der Geldbeutel war leer. Aber nach dem Krieg gab es ja die Zigarettenwährung oder die Butterwährung. Butter hatten wir nicht, aber wir hatten Obst, und wir hatten Spargel. Mit diesen Naturalien habe ich die Baumaterialien zusammengekauft. Das Haus und die Gärtnerei, die gingen auf meinen Namen, meinem Vater habe ich schriftlich das Wohnrecht auf Lebenszeit gegeben und bin dann abgehauen. Zwei Jahre später wurde ich rückwirkend zum Zonenflüchtling erklärt, Haus und Gärtnerei wurden enteignet.

Aber davor war ja noch der Krieg. Den Krieg habe ich bei der Deutschen Marine mitgemacht. Von 1941 bis 1945. Nicht weit vom Nordkap entfernt, wo wir Geleitschutz fuhren für die Versorgung der Finnlandfront, habe ich einen Heimatschuss gekriegt. In den linken Ellenbogen. Mit dem Lazarettschiff ging es nach Stettin und über Eberswalde in mein Heimatlazarett, nach Grimma. Dort konnte ich ganz ruhig das Kriegsende erleben. Das war für mich die ideale Lösung, ich weiß gar nicht, womit ich das verdient habe. Ich war da noch jung. 1945 war ich zweiundzwanzig Jahre alt. Dann fünf Jahre Ostzone und, wie gesagt, 1950 ging es über Friedrichstraße in den Westen. Nach West-Berlin.

Von Berlin bin ich ganz frech mit dem Interzonenzug, den gab es durch die Ostzone hindurch, nach Westdeutschland gefahren, mit meinem einen Tag alten Westpass, und bin in Lübeck gelandet. Dort habe ich mich mit meiner Frau getroffen, mit meiner zukünftigen. Anschließend war ich noch ein Jahr in Hamburg, wo wir von unserer Leipziger Firma auch eine Filiale hatten. Hier machte ich meine Ausreise klar und bin dann zu Wecke & Voigt nach Südwest Afrika ausgewandert. Die haben mir sogar die

Unkosten vorgeschossen, die Überfahrt mit dem Schiff, das waren damals fünfundfünfzig Pfund. Das Pfund war sehr stark, ich glaube vierundzwanzig Mark, Westmark, so ungefähr. Jedenfalls haben die alles bezahlt.

Als ich in Walfish Bay ankam, das war 1951 im August, hat mich der Vertreter von Wecke & Voigt, der in Swakopmund saß, empfangen und mich im Hotel Europa Hof untergebracht, in Swakopmund. Das Hotel war noch im alten Stil ausgestattet. Emailleschüsseln als Waschbecken, ein großer Krug mit Wasser, und unter dem Bett stand das Emaillepöttchen. Oder man musste über den Hof gehen auf solch ein Plumpsklo. Das war der Europa Hof im Jahr 1951.

Lange war ich nicht in Swakopmund, man hat mich bald mit der Bahn nach Grootfontein geschickt. Dort im Norden arbeitete ich auch bei Wecke & Voigt, war eigentlich sehr glücklich. In Hamburg hatte ich nebenbei eine Fotolaborausbildung gemacht und konnte mir dadurch in Grootfontein mit Fotoarbeiten eine ganze Menge extra verdienen. Nach Feierabend habe ich den Leuten die Filme entwickelt, in zwei Tagen ihnen die Bilder geliefert. Sonst mussten sie drei bis vier Wochen warten, weil alles nach Windhoek geschickt wurde. Auf diese Weise habe ich mir innerhalb der ersten zwei Jahre einen VW-Käfer zusammengespart. Nun hatte ich aber nur einen internationalen Führerschein für Motorräder, das war solch ein Heft mit ABC, mit drei Feldern, und dort wo der Stempel war, für dieses Fahrzeug hatte man die Lizenz. »A« für schwere Lorries, »B« war für Personenwagen, »C« für Motorräder. Ich hatte nur »C« für Motorräder. Aber hier wusste ja keiner, wie das funktioniert. Ich bin in Grootfontein noch ein Jahr mit diesem Internationalen herumgefahren, und dann dachte ich, es ist doch besser, du kümmerst dich um einen richtigen Führerschein. Ich gehe also zum Polizisten, den ich sehr gut kannte, der war auch unser Kunde bei Wecke & Voigt, er war sehr nett, seine Frau hat im Bottlestore gearbeitet, das ist ein Schnapsladen, so heißen die Läden in denen man Alkohol kaufen kann, die nennt man Bottlestore.

Ich sage zu ihm, du kennst mich ja, und du kennst mich auch mit meinem Auto und weißt, dass ich Auto fahren kann. Hier ist mein internationaler Führerschein, kannst du mir den nicht umschreiben auf einen Führerschein, wie er hier so üblich ist. Und da hat er gesagt, ja du fährst jetzt raus und fährst dann rückwärts zum Hoftor rein und wieder raus. Das ist deine Fahrprüfung. Wenn du wieder reinkommst, musst du nur noch unterschreiben. Das war ein südafrikanischer Polizist, ein Weißer, und das war so nett, das werde ich nie vergessen. Zehn Schilling musste ich dann noch bezahlen. Zehn Schilling, das war ein halbes Pfund. Wir hatten ja hier noch die Pfund-Währung.

Drei Jahre war ich in Grootfontein, dann konnte ich weggehen von der Firma. So stand es in meinem Vertrag, und so verlangte es die Behörde im Lande. Die Regierung hat die Leute reingeholt, und der Arbeitgeber musste dafür garantieren, dass der Mann keine komische Figur war. Hätte es irgendwelche Probleme gegeben, hätte der Arbeitgeber ihn auf eigene Rechnung zurückschicken müssen.

Als die drei Jahre um waren, ging ich ein Jahr nach Windhoek zur Firma Woermann & Brock. Dann habe ich hier unten ein Angebot bekommen von Taeuber & Corssen. Ab 1958 habe ich für sie in Lüderitz das Warenlager geführt. Es war im Lande die größte Agentur. Wir waren Vertreter für Nestlé, Unilever und so weiter.

Wir handelten mit allen möglichen Getränken. Importierten Whisky, Bier und Streichhölzer und Liköre und Weine aus Südafrika. Wir hatten praktisch alles. Dort habe ich mich sehr wohl gefühlt. Die Firma Taeuber & Corssen ist eine Riesenfirma, die haben 1920 in Windhoek angefangen, mit der Schubkarre die Ware auszuliefern, heute sind sie mit Bayer Leverkusen in Südafrika fifty - fifty liiert.

1987 bin ich pensioniert worden, seitdem bin ich nun im Ruhestand und genieße das sehr, bin aber noch aktiv, habe mein Haus so schön renoviert, dass es eines der schönsten im Ort ist. Es hat anderen auch so gefallen, dass es eines Tages mit auf die Briefmarke kam, das will schon was heißen. Das war eine Briefmarkenserie, die wurde zur Jahrhundertfeier ausgegeben. Zwei Jahre vor der Jahrhundertfeier hat sich die Stadtverwaltung mit der Bitte an uns, an die Hausbesitzer gewandt, die Häuser schön zu machen. Für die Jahrhundertfeier zur deutschen Flaggenhissung. Am 7. August 1884 wurde hier die deutsche Flagge gehisst, nachdem Bismarck im April das Land zum deutschen Schutzgebiet erklärt hatte.

Als Deutscher wird man von Gästen immer wieder nach den Verhältnissen zwischen Schwarz und Weiß gefragt. Ich muss sagen, bei uns da oben in Grootfontein war das alles sehr gemütlich. Die Schwarzen wurden nicht mit dem Fuß getreten, sondern sie waren da, und sie wurden gebraucht, und sie wurden nicht schlecht behandelt. Als ich nach Lüderitz kam und die Vertretung für Taeuber & Corssen übernahm, da habe ich mich nicht geziert und bin in die alte location, »Old Lokasie« nannte sich das früher, gegangen. Das ist das Viertel, in dem die Schwarzen wohnten, in ziemlich primitiven Häusern. Wenn jemand dort ein kleines Geschäft anfangen wollte, habe ich ihm geholfen. Er konnte bei mir ein bisschen billiger einkaufen und so. Die meisten von denen haben davor nur in den anderen Geschäften gekauft, da wurden sie preislich nicht sehr gut bedient, denn die wollten natürlich auch verdienen, und sie haben diesen schwarzen Kunden keinen großen Abschlag gewährt. Aber bei mir haben sie es zum Großhandelspreis bekommen.

Ich wollte sie natürlich als Geschäftspartner halten, Kleinvieh macht auch Mist. Aber es war mir auch rein menschlich ein Bedürfnis, ihnen auf die Beine zu helfen.

Grootfontein wurde später, nach meiner Zeit, zu einer großen Militärbasis ausgebaut. Die Südafrikaner sind von dort in Richtung Angola geflogen. Für mich war Angola immer schon ein rotes Tuch, weil die mit erhobener Faust gegrüßt haben - »comrade«, was ja Genosse heißt. Die Anwesenheit der Südafrikaner hier bei uns habe ich nicht als unangenehm empfunden, ganz im Gegenteil. Ich hatte nichts für die Kommunisten übrig, deshalb habe ich das so akzeptiert, wie es dort oben im Norden gelaufen ist, um ganz ehrlich zu sein. Das war natürlich ein ungleicher Kampf. In solch einem Buschkrieg, da sind Schwarze einfach überlegen. Die südafrikanischen Soldaten waren zwar gut ausgebildet, aber im Busch sind die Schwarzen eben doch mehr zu Hause.

Als die UNO hierher kam, habe ich das an und für sich begrüßt. Endlich wurden klare Verhältnisse geschaffen, und der Krieg an der Grenze zu Angola war zu Ende. Dass die Schwarzen nun auch zu ihrem Recht kamen, das habe ich nicht als ungemütlich empfunden. Ich habe mit Schwarzen immer gut zusammengearbeitet. Noch heute sehe ich so manchen auf der Straße, den ich als Kind mit einer Rotznase habe herumlaufen sehen. Sie grüßen mich sehr nett, und manche nennen mich, ich bin ja nun schon achtzig, sie nennen mich Opa, was unter den Schwarzen etwas Besonderes ist, das sagen sie nicht zu jedem.

Der Sam Nujoma hat noch solch einen kommunistischen Drall. Das ist das einzige, was mir an ihm nicht gefällt. Aber über die Zeit hat er sich wohl damit abgefunden, dass er als Marxist nicht viele Chancen hat, Entwicklungsgelder zu bekommen. Leider ist er ein Freund von Mugabe. Der Mugabe richtet sein Land zu Grunde, um selber am Ruder zu bleiben. Welche Auswirkungen das auf Namibia hat, ist schwer zu sagen. Bisher hat man sich hier bemüht, das mit der Landreform fair zu machen. Wie weit die nachfolgenden Politiker sich gemäßigt verhalten, ist ungewiss.

Die Jugend ist ja immer etwas extremer als das Alter. Aber ein Ratschlag der Alten wird unter den Schwarzen sehr geschätzt. Deshalb wäre es mir auch angenehmer, wenn Nujoma ein bisschen länger am Ruder bleibt, weil er nicht so jung ist, die Alten wägen doch ab, was könnte das für Folgen haben, wenn wir jetzt mit der Axt dazwischen gehen. Ich denke, die Führenden hier werden es sich genau überlegen, ob sie die Farmerei so zu Grunde richten, wie es der Mugabe getan hat.

Unsere Landarbeiter, die hier nach Land schreien, meistens von irgendwelchen Funktionären angestachelt, die sollten sich die Verhältnisse in Simbabwe genau anschauen. Für den einfachen Landarbeiter ohne besondere Bildung wird es, wenn man genau hinschaut, nicht besser. Die neuen schwarzen Farmbesitzer holen ihre eigenen Leute zum Arbeiten auf der Farm, die nehmen nicht den personellen Nachlass von Weißen. Wenn ein Weißer einen Schwarzen in den Hintern getreten hat, dann ist das ein Riesenvergehen. Rassismus, was ja im Grunde auch stimmt. Aber Sie sollten mal sehen, wie die Schwarzen auf den Farmen mit ihren eigenen Leuten umgehen; die werden nicht mit Samthandschuhen angefasst. Wenn da einer mit dem Knüppel eins übergezogen bekommt, dann ist das normal. Das muss einfach gesagt werden. Die Weißen haben sich meistens sehr loyal benommen, auch humaner als ihre eigenen schwarzen Leutchen, das ist wirklich meine Überzeugung.

Allerdings waren die Schwarzen hier auf die Südafrikaner nicht gut zu sprechen. Wegen der Apartheid, die sich in Namibia allerdings nicht so stark ausgewirkt hat wie in Südafrika. Da hatte man uns Deutsche lieber gesehen als die Buren, wie sie genannt wurden. Ich habe es erlebt, wie die Schwarzen im täglichen Umgang lieber versucht haben einen deutschen Satz mit Händen und Füßen zu Wege zu bringen, als Afrikaans zu sprechen. Diese Sprache war ihnen verhasst.

Diese Sprache war für sie die Apartheid. Wir als Deutsche hatten und haben ein besseres Image als die Südafrikaner. Ohne Übertreibung.

Vieles regen die Deutschen ja heute noch an. Nehmen Sie die Rekonstruktion der Eisenbahn zwischen Aus und Lüderitz. Das hat Dr. Dierks, ein Deutscher, ein SWAPO-Mann, der bis vor kurzen noch Minister war, angekurbelt. Wenn die Strecke kommt, ist das ein großer Gewinn für die Straße. Die Asphaltdecke hält ja nicht ewig, wenn man bedenkt, dass die großen Lorries mit dem Erz, mit dem Zink von Rosh Pinah darüber rollen, um im Hafen verschifft zu werden. Diese Transporte müssen auf die Schiene. Dieser Dr. Dierks war vor zwei Tagen hier in der Felsenkirche. Er hat mir erzählt, dass der Präsident ihn aus der Pension geholt hat, um hier die Arbeiten an der Bahn in Gang zu bringen. Dierks ist ja selber Bauingenieur, was der in die Hand nimmt, das rollt. Das hat man auch beim Hafenbau gesehen, damals war er noch Vize-Verkehrsminister in der SWAPO-Regierung, er hat elf Jahre quasi das Transportministerium geleitet. Mit sehr großem Erfolg, wie hier jeder weiß. Früher gab es nur den Hafen Walfish Bay, Lüderitz haben sie verkümmern lassen. Dierks hat dafür gesorgt, dass auch Lüderitz samt Hafen entwickelt wurde. Wir können niemals Walfish Bay den Rang ablaufen, die liegen viel besser, haben eine tiefere Fahrrinne, aber beide Häfen können trotzdem nebeneinander leben. Schon wegen des Fischreichtums vor Lüderitz. Oben im Norden werden vor allem Sardinen gefangen und Makrelen. Die großen Fische aber, Weißfisch, der Seehecht zum Beispiel, der wird hier bei uns vor der Tür geholt. Deshalb haben wir jetzt hier sechs neue Fischfabriken bekommen, die größte davon ist Pesca Nova, eine spanische Weltfirma hat sich hier niedergelassen. Die haben hier neunzig Millionen Namibiadollar investiert und zweieinhalbtausend Arbeitsplätze geschaffen, was sehr wichtig ist, bei einer Arbeitslosenquote von vierzig Prozent.

Ein Wort noch zu den Anfängen der Deutschen hier in der Bucht. Es heißt immer, der Handel, den der Herr Vogelsang im Auftrag vom Kaufmann Lüderitz mit den Schwarzen gemacht hat, sei nicht korrekt gewesen. Man streitet sich da um die Meilen, die man da irgendwie verwechselt hat. Da ging es um die Deutsche Meile, das sind ein bisschen mehr als sieben Kilometer, und es ging um die englische Meile, das waren ungefähr anderthalb Kilometer. Die Eingeborenen haben unterschrieben und dachten, es sind diese einskommasechs Kilometer langen Meilen gemeint. Aber die Deutschen haben darauf bestanden, dass die sieben Kilometer lange Meile zur Grundlage wurde. Schon ein ziemlicher Unterschied, fast das fünffache. Sicher ein Trick der Deutschen. Aber war das so wesentlich, wenn es um Wüste geht? Das ist ja praktisch fast nur Wüstengebiet. Das Lukrative, Diamanten und so weiter, was sich aber erst später herausgestellt hat, das fand man ohnehin nur in Küstennähe. Ich halte das für Haarspalterei mit diesen Meilen. Ob die ein paar Quadratkilometer Wüste mehr haben oder nicht, mein Gott!

Die Touristen sehen sich in Lüderitz begeistert die Zeugnisse deutscher Kultur an. Schöne, restaurierte Jugendstilhäuser, der alte Bahnhof, die Felsenkirche. Das sei unser Kapital, bekomme ich oft zu hören. Ich öffne jeden Abend die Felsenkirche für die Besucher. Und dann sprechen wir natürlich miteinander. Die Leute begeistern sich an den wunderbaren Bleiglasfenstern der Kirche, die in der Abendsonne so zauberhaft leuchten. Die Kirche wurde von 1911 bis 1912 entworfen und gebaut, vom deutschen Baumeister Bause, der war damals hier im Stadtrat. Der hat diesen Auftrag hervorragend ausgeführt. Er wurde dafür vom deutschen Kaiser auch mit dem Preußischen Silbernen Verdienstkreuz dekoriert, nicht nur weil die Kirche ansehnlich war, sondern auch weil er sie schnell und so billig gebaut hat. In neun Monaten, fast zum Selbstkostenpreis von achtundvierzigtausend Reichsmark.

Aber nicht nur in der Stadt existieren Zeugnisse deutscher Geschichte. Ungefähr hundertzwanzig Kilometer von hier entfernt, in Aus, gibt es noch die Reste des alten Kriegsgefangenenlagers, dort, wo die deutschen Soldaten nach dem verlorenen

Ersten Weltkrieg, die Schutztruppler also, eingesperrt waren. In der Wüste bei Aus gibt es buchstäblich nichts, aber man findet Lehm. Die deutschen Soldaten haben damals in ihrer Not Lehmsteine geformt und getrocknet und sich daraus Häuser gebaut. Richtige Häuser. In der Wüste. Teilweise mehr als einen Meter in die Erde hinein. Wegen der Kälte. Im Winter kann das da verdammt kalt werden, bis minus sechs Grad, zehn Grad, nachts im August, im September. Die armen Bewacher, die Südafrikaner, die nun die Deutschen bewachen mussten, die haben in ihren Zelten gebibbert. Die Kälte war so groß, dass sie, die Sieger, zu den gefangenen Deutschen gegangen sind und gesagt haben: liebe Deutsche, bitte, bitte baut uns auch solche Häuser, damit wir hier nicht vor die Hunde gehen und euch weiter bewachen können. Das haben die Deutschen dann auch getan. Die Südafrikaner mussten dafür natürlich was rüberschieben. Geld oder knappe Werkzeuge oder seltene Materialien zum Basteln. Auf dem Lagerplatz haben die Deutschen einen Turm gebaut, drei Meter hoch, da war eine große Uhr drinnen, mit vier Ziffernblättern, in jede Himmelsrichtung ein Zifferblatt. Ein gewitzter Gefangener hatte das Uhrwerk aus altem Blech gebastelt. Die Uhr der Deutschen ist auf die Minute genau gegangen. Mitten in der Wüste. Und eine Bühne haben sie sich gebaut, Theater gespielt. Dazu gab es eine Blaskapelle. Die Musiker bekamen vom Lagerchef Urlaub nach Lüderitz. Dort haben sie als Gefangene Blasmusik am Strand von Lüderitz geboten. Vis-à-vis mit den feinen Damen. Das war schon komisch damals. Die Aktiven saßen von 1915 bis 1919 im Lager. Die Aktiven, das waren die von der Schutztruppe. Die zur Schutztruppe eingezogenen Reservisten hingegen, die gefangen worden waren, das waren ja meistens Farmer aus Deutsch-Südwest, die wurden sehr großzügig behandelt. Die Südafrikaner gaben ihnen sogar das Gewehr mit nach Hause und einige Schuss Munition, damit sie sich ein Stück Wild schießen konnten. Im Lager wütete im Oktober, November 1918 eine schlimme Grippe. Von unseren Soldaten starben fünfzig Mann und von den Wachmannschaften waren es sogar knappe sechzig. Unter anderem auch die Frau des südafrikanischen Hauptmanns Nelson, der war Adjutant des Lagerkommandanten. Die Miss wurde von den Männern einfach nur Breeza gerufen. Sie hat die Kranken gepflegt, erkrankte selbst und liegt nun wie die anderen in Aus begraben. »She gave her life while she wanted to help other«, so steht es auf ihrem Stein. »To help other« - weil sie »anderen geholfen« hat. Sie machte keinen Unterschied zwischen Südafrikanern, den Siegern, und den besiegten Deutschen.

Eine tapfere Frau, wirklich. Auf dem Friedhof habe ich nach der Maueröffnung in Deutschland auch den ersten Ostdeutschen getroffen. Auch ein Sachse. Sein Urgroßvater lag dort neben der Kommandantenfrau. Er sprach mich wegen der gefangenen Hereros dort auf der Haifischinsel, 1904 und danach, an. Ich musste ihm sagen, dass ich von dieser Sache, von diesem Lager nach der Waterbergschlacht, nichts gehört hatte.

Was die Zukunft betrifft, finde ich, dass man mit der Entwicklung des Landes einen ganz guten Weg beschritten hat. Die Pläne sind nicht schlecht, fragt sich nur, wie sie umgesetzt werden. Man hat Afrika, ich muss leider sagen, auch wir Europäer, man hat Afrika nur als Rohstoffdepot betrachtet. Die ganze Welt hat Afrika ausgeplündert. Hier im Lande wurde ja kaum etwas verarbeitet. Das will man ändern, man will nicht nur Rohstoffe exportieren, sondern auch Halbfertig- oder Fertigprodukte. Das ist für Afrika in meinen Augen nicht schlecht. Das wird gut sein für Afrika.

Natürlich gibt es viele Probleme zu lösen. Eines davon ist das Problem Aids. Die Katholische Kirche hat sehr viel für unser Land getan, Hospitäler und Schulen gebaut und das alles gegen den Widerstand der südafrikanischen Administration. Aber ich verstehe nicht, dass sie die Benutzung von Kondomen so lange nicht akzeptieren konnten. Egal wie man zum Zeugungsakt steht, das Ausbreiten der Seuche muss verhindert werden. Natürlich auch durch Aufklärung an den Schulen, wie es nun praktiziert wird. Trotzdem werden uns in den nächsten Jahren viele Waisen umgeben, denen durch Aids die Eltern genommen wurden. Allein die Sorge um die Aids-Waisen wird uns sehr viel Geld kosten. Bis sie dann selbst ihr Brot verdienen können, aber mit dieser Krankheit im Bauch, wie lange? Die Schicht der Arbeitenden in der heranwachsenden Generation wird sehr schrumpfen, die zwischen zwanzig und vierzig, die werden bald sehr, sehr fehlen. Aber erst einmal geht das Leben weiter, für alle.

Ich habe unten am Hafen ein altes Haus gekauft, schon vor fünf Jahren. Das hat eine sehr prominente Lage. Genau am Hafeneingang. Es ist ein altes Geschäftshaus, das wurde 1910 gebaut, genauso wie mein Haus, in dem ich wohne.

Das Haus am Hafen, im Kolonialstil der Deutschen, das renoviere ich. Tag für Tag gehe ich dorthin. Ich werde das alte Haus retten, weil es zu uns Deutschen gehört, es darf nicht verfallen. Das bin ich unserer Kultur, meiner Stadt schuldig, so alt ich auch bin und so pathetisch es sich anhören mag. Viele Leute, die sich trotz Wind und Sand hierher durchkämpfen, egal woher sie kommen, aus Europa oder aus Amerika, die staunen und sagen: Da fährt man nun durch die heiße, staubige, namibische Wüste und auf einmal ist man wieder in Deutschland.

Über Lüderitz war nun doch ein sonniger Tag aufgezogen. Aufgelöst der Nebel, und der Wind ruhte fern draußen auf dem bleigrauen, spiegelglatten Meer. »Alles Wichtige haben wir besprochen«, stellte der alte Kaufmann vor der Kirchentür fest. Dabei hob er etwas hilflos die Arme, als wollte er hinzufügen, sorry, mehr war nicht drin.

Nach dem Start kurvte Peer noch einmal über die Stadt. Vor der Felsenkirche stand eine kleine Gruppe von Leuten, die uns beim Überflug ihre Gesichter entgegenreckten. Irgendwo unter ihnen der Mann aus Grimma, dessen Haus eine Briefmarke zierte, und der seine Gäste auch heute mit Schnurren und Anekdoten futtern wird. »Da fährt man nun durch die heiße, staubige, namibische Wüste, und auf einmal ist man wieder in Deutschland«.

»Noch eine Kehre?«, schrie Peer ins Mikrofon. Ich schüttelte den Kopf, auf in den Norden, solange die Luft noch ruhig ist! Wir folgten der breiten Teerstraße, der Nabelschnur von Lüderitz, Richtung Ost. Als Look auf Nordkurs einkurvte, überflogen wir einen Farmhof am Rande der Wüste. Ein Auto zog Staub wie eine Schleppe hinter sich her. Am Ende der Spur, eine Handvoll Gebäude, die nächste Farm ostwärts. Zwanzig oder fünfundzwanzig Kilometer vom Nachbarn entfernt. In dieser Gegend hatte Vinzenz gelebt. Lämmer geschlachtet, Felle abgezogen, mit dem gebogenen Messer Fett von den Häuten gekratzt. Tag für Tag und die Nächte in einer lichtlosen Hütte aus Blech. Bis zu der Stunde, in der er, zwischen Schafen liegend, auf einem Viehtransporter in den Norden floh und nach dreiundzwanzig Tagen Angola erreichte. Hierher in den kargen Süden, hierher aber wollte er wieder zurück.

Wenn ich zurückkehre / werde ich Jemanden bitten / mich sehr zärtlich / zu berühren und mich allmählich zu besänftigen./ Ich möchte wieder empfinden / Wie sich das Leben anfühlt.

Wenn ich aus dem Exil zurückkehre / werde ich Jemanden bitten / die neu geborenen Kinder vorzustellen / mir die Grossgewordenen erkennen zu helfen / und mich zum Friedhof zu führen / wo die Freunde liegen. Die Verse hatte ihm ein Freund, Mvula Ya Nangolo, geschenkt. In steiler Schrift, auf das blaulinierte Blatt eines Schulheftes geschrieben. Es war das einzige Stück Papier, das Vinzenz an der Zeltwand über seinem Schlafplatz duldete. Bilder, Papiere nahe seiner Pritsche, gar über seinem Kopf erschienen ihm nachts als böse Vögel, die in finsteren Träumen den Tod herbeikrächzten. Vinzenz glaubte an die alltägliche Anwesenheit der Ahnen. Sie und ihre Gedanken lebten unter uns, und er sprach davon, dass sie mächtig waren.

Ich weiß nicht, wo er begraben ist. Und niemand versucht mir zu erklären, dass sein Tod einen Sinn hatte. Das ist das Schlimmste, das aufdringliche Schweigen über Vinzenz' Leben.

Weit entfernt zu unserer Rechten, am Rande der grauen Falten des Khomas Hochlands, lag Windhoek. Windhoek Control informierte: gegenwärtig kein Verkehr.

Im Sinkflug war Karibib gut zu erkennen. Der Bahnhof, dessen Dach die Eisenbahner hatten abdecken müssen, als die Ledersessel für den Wartesalon aus Deutschland eintrafen und nicht durch die Türen der Bahnhofshalle passten. Damals vor einhundert Jahren.

Nach der Landung auf dem Abstellplatz, der Auspuff des Triebwerkes knisterte noch vor Hitze, hob Peer Look vorsichtig einen Plastikbehälter aus der Gepäckbox der Maschine und lüftete mit geheimnisvollem Lächeln den Deckel. Er hatte eine aus purer Sahne, Obst und Mürbeteig gebaute Schwarzwälder Kirschtorte im Lüderitzer Coffee Shop gekauft. »Für heute Nachmittag, zum Tee, bei meiner Familie!« Ich aber wollte in einer guten Stunde in Okahandja sein, um von dort nach Windhoek weiterzufahren. »Ihr Deutsche habt wirklich nur das eine im Kopf - weiter, weiter. Wann wird gelebt, he!? Wenn alles vorbei ist?« Über meine Absage war Peer Look so verstimmt, dass er sich, als ich ins Auto stieg, grußlos umwandte und steifbeinig zum Flugzeugschuppen hinüberging.

Zur Klärung eines Sachverhaltes

Die Teerstraße hatte sich zur vierspurigen Autobahn erweitert. In fünf Minuten würde ich über die Schleife am Katutura Hospital die B1 verlassen und noch vor der Rush hour das Café im Craft Centre erreichen. Aber plötzlich kam alles ganz anders. Der dunkelblaue Jeep, der mir seit Okahandja in gemessenem Abstand gefolgt war, zog vorbei, dicht vor mir minderte er das Tempo. Hinter der Heckscheibe zuckte in aggressivem Rot »Stop! Police!« In einem ersten Reflex trat ich scharf auf die Bremse. Was hatte ich falsch gemacht? Ich war den Männern, die mit großen Schablonen die Fahrbahn markierten, in weitem Bogen ausgewichen. Vor der Pavianherde am Straßenrand hatte ich rechtzeitig gebremst. Auch danach lag meine Geschwindigkeit nur eine Zeigerbreite über der achtziger Marke. Ich bummelte nach langer Fahrt dem wohlverdienten Nachmittagstee entgegen. Unklar, was die von mir wollten. Augenblicklich brach mir der Schweiß aus.

Ein hochgewachsener junger Mann in dunkler Hose und hellblauem Hemd trat an das heruntergelassene Fenster, grüßte in klarem Deutsch, sprach mich mit meinem Namen an. Mit ruhiger Hand hielt er mir seinen Dienstausweis vor die Nase.
»Entschuldigen Sie, der Inspektor möchte Sie sprechen.« Und er setzte hinzu, »zur Klärung eines Sachverhaltes.« Er ging an der Motorhaube vorbei zur Beifahrertür.

Unter dem Arm trug er eine Plastiktüte, in der ein Buch oder etwas anderes, Flaches steckte. Irgendetwas an den Bewegungen dieses Mannes irritierte mich, kam mir bekannt vor, mahnte zu besonderer Vorsicht. Die Selbstverständlichkeit, mit der er davon ausging, dass ich der Aufforderung seines mir unbekannten Inspektors Folge leistete, verschlug mir die Sprache und machte mich wütend. Daniel Kajende, so hatte es im Polizeiausweis gestanden, setzte sich neben mich. Als der Jeep anfuhr, legte ich den Gang ein und folgte. Klärung eines Sachverhaltes. Standardsatz der Abschnittsbevollmächtigten der Deutschen Volkspolizei im untergangenen Lande. Heute ein Code, könnte man annehmen.

Wir erreichten stumm den Stadtrand. In einer Seitenstraße zwischen Katutura und Khomasdal rollte der Jeep auf das Gelände der Polizeistation und tauchte vor einem riesigen, bis zum Himmel verglasten Bürogebäude in den Schlund einer Tiefgarage ab. Wer hier hineinfährt, kann lange verborgen bleiben, auch in Namibia. Angst beschlich mich. Als ich vor der Rampe vom Gas ging, ermunterte mich mein Begleiter. Ich solle nur weiterfahren, dem Wagen folgen. Kajende deutet im Dämmerlicht der ersten Parkfläche auf die Box mit dem Schild »Guests«. Unsanft brachte ich den Wagen vor der Betonwand zum Stehen. »Nehmen Sie ihr Gepäck aus dem Auto, und geben Sie mir bitte den Schlüssel.« Beim Aussteigen wischte ich mir die feuchten Hände an den Hosenbeinen ab.

Im Kofferraum klemmte zwischen Reisetasche und Ersatzrad der Aluminiumkoffer! Dabei hatte ich mich am Morgen vor der Abfahrt vergewissert, dass er noch unter der Gummimatte, in der Mulde für das Reserverad lag. »Ist etwas nicht in Ordnung?«, fragte der Officer, griff sich wie selbstverständlich den Koffer, reichte ihn einer kleinen, rundlichen Frau, die für einen Augenblick aus dem Schatten des nächsten Betonpfeilers getreten war und mit dem Aluminiumkasten durch einen schwachbeleuchteten Ausgang verschwand. Ich hob die Tasche aus dem Kofferraum und bemerkte unsicher: »Der Koffer, der gehört nicht zu mir.« Und etwas bestimmter fügte ich hinzu: »Den Wagen werde ich abschließen und den Schlüssel behalten.« Kajende zuckte bedauernd die Schultern und nahm mir die Reisetasche aus den Händen. »Geben Sie her, Sie haben eine lange Fahrt hinter sich.« Er ging mit eiligen Schritten auf die gegenüberliegende Boxenreihe zu, öffnete die hintere Tür eines weißen Nissan, setzte die Reisetasche auf der Sitzbank ab und bat mich mit einer Geste einzusteigen. »Hinten bitte.« Der PKW trug über beide Türen hinweg das schwarz-rote Firmenlogo des Hausdienstes von Pizza Peak, und im Fond roch es tatsächlich nach Frischgebackenem. »Omuramba«, warf Kajende dem Fahrer beim Einsteigen zu. Erst jetzt bemerkte ich den Mann auf dem Fahrersitz. Hinter dem Lenkrad zusammengerutscht hatte er gewartet, geschlafen wahrscheinlich. Kopf und Schulter waren von einem großen, schwarz-roten Segeltuchhut verdeckt. Fahrzeugwechsel in halbdunkler, unbekannter Tiefgarage gehörte zur Standartszenerie jeder klassischen Entführung. Wie lächerlich! »Wo ist denn Ihr - ›Inspektor‹!?«, begehrte ich müde auf. »Sie werden erwartet. Drei Straßen weiter. Fünf Minuten noch.« Ich lehnte mich erschöpft zurück und dachte über diesen elenden Koffer nach. Ohne Zweifel, er hatte vor der Abfahrt in der Reserveradmulde gelegen. Einmal nur ließ ich das Auto während des ganzen Tages aus den Augen, das war in Okahandja. Nach dem Tanken hatte ich den Wagen auf den Parkplatz der Tankstelle gefahren und war hinüber, auf die andere Straßenseite zu den Schnitzern gegangen.

Über die Jahre hatte ich mir immer gewünscht, eine der geschnitzten, mannshohen Giraffen nach Hause mitnehmen zu können. Jeden Morgen hätte sie mich begrüßt, mich an das Land erinnert, das mir näher als andere Länder war. Und sie wäre immer ein guter Anlass für Afrika-Gespräche gewesen. Über ihre Herkunft allgemein, über das Holz, über die Hütte des Schnitzers, über die geschickten Hände des Mannes, und bei Damenbesuch wäre man ganz schnell und unauffällig bei den schönen Händen des Gastes gelandet. Ein galantes Gespräch, bei dem die Giraffe still und würdig in der Ecke stand. Möglichst hoch sollte sie sein, hatte ich mir gewünscht, aber auch nicht so groß, dass der Transport mit dem Flugzeug ausgeschlossen war oder sie wegen ihrer Länge Schaden nehmen würde. Stets, wenn ich in dieser Gegend war, hielt ich hier an und schritt im Schnitzerdorf am Rande der Stadt die Parade der Giraffen ab. Eine schöner als die andere, nur hatte ich mich nie entschließen können zu kaufen - wegen des umständlichen Transports nach Berlin. Auch heute war ich sofort von den Schnitzern umringt gewesen. Zwei der Männer erkannten mich wieder, schmeichelten mir mit »*Tatekulu*«, Großvater, beschworen wortreich die Qualität des Holzes und die Einmaligkeit der hier zu Dutzenden versammelten Giraffen, sie wollten unbedingt das Geschäft machen.

Bei dieser Plänkelei hatte ich das Auto aus den Augen verloren. Für zwanzig Minuten oder mehr. Ungewöhnlich, dass der Koffer zwar unter der Gummimatte hervorgezerrt worden war, aber offenbar nichts fehlte. Weder der Koffer selbst, noch die Reisetasche, noch das Reserverad. Vom Trinkwasserkanister und dem Leinenbeutel mit Trockenfrüchten ganz zu schweigen.

Auf der Independence Avenue nutzte der Pizza-Fahrer halsbrecherisch jede Lücke zwischen den Fahrzeugen, um gerade noch bei Grün über die nächste Kreuzung zu preschen. Ich drückte die Handflächen in das Sitzpolster. Wenn unsere Blicke sich im Rückspiegel trafen, lächelte er. Bleib ganz ruhig, sollte das heißen. Der Mann fuhr gern Auto, und er fuhr trotz der Haken und Kurven sicher. Vom hinteren Sitz sah alles ohnehin gefährlich aus. Das Schild »Robert Mugabe Avenue« flog vorbei, wir kreuzten die Straße, die hinauf nach Klein Windhoek führte und rollten in die Omurambastreet.

Der Zaun, die Pforte zum Grundstück, vor dem Kajende halten ließ, war von lilafarbenen Bougainvilleas überwuchert. Nachdem der Fahrer Kajende zwei Pizzakartons aus dem Kofferraum gereicht und der Polizist ihm einen Schein zugesteckt hatte, startete der Mann mit quietschenden Reifen und verschwand hinter der nächsten Straßenecke.

Das flache Haus schien eingewachsen in Wellen von Lila und Weiß. Ein Eldorado für Spinnen jeder Größe, für Chamäleons, Sugarbirds und stahlblaue Kapstare. Geduckt, unter den Zweigen hindurch, erreichten wir die von der Nachmittagssonne beschienene Terrasse. Freier Blick über Häuser und Gärten hinweg bis hin zur zarten Linie des blauen Horizonts im fernen Khomas Hochland. Eine Oase inmitten der Stadt. Sundownerplace, dachte ich, Ort zum Träumen und für gute Gespräche.

Der Sitzplatz wurde von einem Tisch mit schwerer schwarzbrauner Holzplatte beherrscht, an dem sechs bequeme Stühle mit hohen Lehnen standen. Der sanfte Wind spielte im flüchtig zusammengefalteten Sonnenschirm. Am Rand der Terrasse bewahrte das filigrane, schmiedeeiserne Geländer einen vor dem Absturz in den steilabfallenden trockenen Garten mit Kakteen, Agaven und nackten Steinen, unter denen Schlangen lebten und Skorpione. Auf einer kümmerlichen Protea hatte sich mit zitternden Flügeln ein schwarz-blauer Schmetterling niedergelassen. Handtellergroß. Talwärts schroffe Wildnis, aus deren spärlich grünem Strauchwerk fingerlange Dornen ragten. Eine natürliche Einfriedung, die am Nordende des Gartens an einem einsamen Kokerbaum endete. Ich trat an das Geländer heran, schloss die Augen und streckte mich, bis es in den Gelenken knackte. Meine Wut legte sich, wich angesichts des Ausblicks schläfriger Gelassenheit. Wenn es doch wenigstens einen Tee gäbe.

Kajende setzte vorsichtig die Reisetasche ab, legte die Plastiktüte auf den Tisch, um den Sonnenschirm zu öffnen. Der Wind fuhr in die hautdünne Hülle und blähte die Öffnung weit auf. In der Tüte lag eine flache Pistole mit braunen Griffschalen. Eine Makarow, einst Dienstwaffe der Offiziere in den großen osteuropäischen Armeen. Was würde passieren, wenn ich sie an mich nähme? Würde Kajende sich auf mich werfen, mich aufs Kreuz legen, um wieder in den Besitz der Waffe zu gelangen?
»Das hat nichts zu bedeuten.« Ich wandte mich um. Hinter mir stand, die Arme zur Begrüßung weit geöffnet, Benito Nashani, einst im Camp Benn genannt.

Vor acht oder neun Jahren waren wir uns das letzte Mal begegnet. Am Stadtrand von Opuwo, dort, wo inmitten von Müllbergen abgewrackte Lagerhäuser mit blinden, eingeschlagenen Fenstern den Besucher grüßten, war wegen einer DTA-Demonstration die Straße gesperrt worden. Ich musste anhalten. Benn, damals Polizeichef des nördlichen Distrikts des Landes, stand neben einem Polizeijeep und sah mit hängenden Schultern zu, wie immer mehr Menschen auf den nahen Sportplatz strömten. Der Redner erledigte seinen Auftrag zunächst mit klarer, ruhiger Stimme. Bald aber ergoss sich eine Suada von Verdächtigungen, Behauptungen und politischen Versprechen über die Leute, die auf einzelne Passagen mit Klatschen, Johlen und Gelächter reagierten. »*Two jears - and wat is fact?*« schrie er immer wieder in die Menge ,»*two jears - and wat is fact?*« Der Mann machte sich drei Tage vor dem zweiten Jahrestag der Unabhängigkeit über das Elend in den Siedlungen unter der SWAPO-Verwaltung lustig und kam über den Verfall der Schulen auch gleich zum Verfall der Sitten. Einen besseren Ort als diesen Sportplatz mit seiner heruntergekommenen Kulisse am Stadtrand hätte die Opposition für ihren Angriff auf die Regierung nicht wählen können. Ein Jahr später aber waren die Lagerhallen verglast, in freundlichem Grün gestrichen, von einem Maschendrahtzaun umgeben, und beherbergten Trucks und Straßenhobel der Direktion eines staatlichen Straßenbauunternehmens. Benn hatte das mit seinen Freunden durchgesetzt.

Überhaupt wurde es nach dieser Demonstration in Opuwo langsam besser. Die Stromausfälle waren seltener, drei neue Schulen wurden eingerichtet, und zweimal in der Woche zeigte der Tankstellenbesitzer in der alten Kaserne einen Film. Eintritt einen Rand oder zwei unbeschädigte *Cuca*-Bierflaschen. Der Bierschmuggel aus dem nahen Angola blühte, aber Leergut war absolute Mangelware und auf diese Weise, als Eintrittspreis, kamen die begehrten Flaschen wieder in die Kästen zurück.

Die Filme waren meist zerschrammte Kopien von Western in Afrikaans oder Portugiesisch, aber die Leute jubelten und schrien, feuerten die Leinwandhelden an. Jeden Dienstag und jeden Freitag. Benn gab dem Druck seiner SWAPO-Genossen nicht nach, die ihn drängten, dem Tankstellenbesitzer das Handwerk zu legen. Der Mann, ein Portugiese aus Otjiwarongo, hatte zur südafrikanischen Zeit einen Club für südafrikanische Soldaten betrieben.

Benn war an jenem Nachmittag, am Rande der Demonstration, in gedrückter Stimmung. Die defekte Lichtmaschine, wegen der ich mich nach Opuwo auf den Weg gemacht hatte, war ihm willkommener Anlass, sich vom Ort der Verleumdungen, wie er es am Abend nannte, zu entfernen. Während ein Mechaniker der Tankstelle die Kohlen der Lichtmaschine wechselte, saßen wir in Benns bescheidenem Garten neben dem Hühnergatter und erinnerten uns alter Zeiten in Kwanza Sul. Josephin, seine Frau, war unterwegs zu einer Konferenz über Erziehung der Erzieher. Es ging um den neuen Menschen. Im nächtlichen Gespräch, bei Maisbier und scharfgebratenen Hühnerbeinen, kreisten unsere Gedanken um die Verführbarkeit der Massen und darum, dass ihr Leben hier im Nordwesten nur viel zu langsam besser wurde, weil der einzige Arzt nach Windhoek gegangen war, ein begabter Schulleiter entlassen werden musste, er hatte eine Vierzehnjährige geschwängert, und die Schulen überhaupt zu klein und schlecht ausgerüstet waren. Alles Stoff, aus dem die DTA ihre Banner gegen die SWAPO webte. Und das ungeduldige Volk hörte ihnen zu, was Benn nicht in den Kopf wollte. Das alles lag fast ein Jahrzehnt zurück.

Benn, unverändert von drahtiger, kleiner Statur, trug ein weinrotes Hemd mit großen schwarzen Knöpfen. Er kam gemessenen Schrittes auf mich zu und streckte mir seine kräftigen, trainierten Arme entgegen. Steif wie ein Stock ließ ich die Umarmung über mich ergehen. Als er sich von mir löste, sah er mich erstaunt von oben bis unten an. »Bist du verärgert, geht es dir nicht gut?«, fragte er besorgt. Ich schüttelte seine Hand mit einer schnellen Bewegung ab. »Na höre mal! Du hast mich festnehmen lassen.« Er rückte mir den Stuhl zurecht. »Bitte, setz dich doch. Verhaftet! Ich wollte dich sehen. Aber vor allem geschah es zu deinem Schutz.« Benn unterbrach seine Rede. Kajende war mit einem Tablett in den Händen aus dem Haus getreten. Er hatte die Pizza aufgebacken, in einer Holzschale lagen zwischen halbierten Maiskolben aufgeschnittene Tomaten und schwarze Oliven. Er setzte das Tablett ab, ging ins Haus zurück und kam gleich darauf mit Getränken an den Tisch. Eine große Flasche Mineralwasser. Rotwein, Neederburg / Südafrika. Die Flasche war entkorkt und trug eine schmale Serviette um den Hals. Benn schnipste mit den Fingern amüsiert an den Papierstreifen, in dem sich ein erster roter Tropfen verfangen hatte, und goss ein. Kajende trat noch einmal an den Tisch, fragte Benn ob noch etwas fehle. »Danke, alles bestens«, erwiderte der gut gelaunt und rieb sich die Hände. Benns krauses Haar war an den Schläfen ergraut. Die eingebrannten, pockenartigen Narben im schmalen Gesicht waren noch dunkler geworden. Eine schlecht zusammengewachsene, fingerbreite Narbe hob die rechte Augenbraue ein wenig an, verlieh dem Gesicht den Ausdruck gespannter Aufmerksamkeit. Die Narbe hatte es vor acht Jahren noch nicht gegeben.

»Das Haus gehört einem Freund, er ist bis Ende des Monats in Deutschland. Ich bewohne das *Fleet* im Garten. Hier kannst du bleiben, wenn du willst. Willst du? Guten Appetit.«

»Und Deine Familie?«, fragte ich.

»Josephin wollte nicht aus ihrer Schule in Opuwo weg. Wir sehen uns am Wochenende. Manchmal kommt sie hierher. Wenn sie es einrichten kann.« Benn zuckte bedauernd mit den Schultern, als wollte er sagen, sie ist noch so eigensinnig wie damals im Camp. »Wenn wir zusammen sind, geht es uns gut. Auf Dein Wohl!«

Nur schwer gelang es mir, Gelassenheit zu zeigen. Das Geleit in die Tiefgarage, Umsteigen in ein anderes Auto und nun, nach acht Jahren, ganz plötzlich - Inspektor Benn, zur Klärung eines Sachverhaltes! Benn hob das Glas in Augenhöhe und blinzelte mir vergnügt zu. »Entschuldige diese Umstände. Ich will dir alles erklären. Lass es dir schmecken.«

Seit drei Jahren führte Benn bei der Polizei das Dezernat Delicts against foreigner, im Polizeijargon DAGFOR genannt. Nach der Ermordung zweier Geschäftsleute aus Amerika nahe Opuwo, hatte er dem Polizeipräsidenten die Bildung einer solchen Einheit vorgeschlagen. Der stimmte zu unter der Bedingung, dass er, Benn, den Aufbau und die Führung dieses Teams übernahm. Sie seien sehr effektiv, bemerkte Benn nicht ohne Stolz. Die Versuche, Ausländern wegen der Brieftasche oder des Mietwagens ans Leben zu wollen, seien in den letzten beiden Jahren stark zurückgegangen. Zur gleichen Zeit wurde auf Weisung des Innenministers eine weitere Sondergruppe von Ermittlern formiert. Sie hatte sich mit Korruption und Schiebung, mit Wirtschaftsdelikten innerhalb der staatlichen Verwaltungen und Ministerien zu befassen. Ihre nicht ganz offizielle Bezeichnung war EASMON. Ein Kürzel aus »Easy money«, schnell verdientes Geld. Vor Wochen beobachtete einer der Männer von EASMON, ein Außenposten in Deutschland, wie ein Schwarzer sich an der Cafébar im Flughafen Frankfurt mit einem Mann traf, der am gleichen Abend noch nach Windhoek flog. Im Café übernahm der Passagier K. des Fluges vierhundertzwölf einen kleinen Aluminiumkoffer. Als der Deutsche aus Hannover, nun in Begleitung eines Fernsehmannes aus Köln, in Windhoek eintraf, hefteten sich die Männer von EASMON an seine Fersen. Vor dem Portugiesenladen waren er und sein dicker Begleiter fotografiert worden, als sie zu mir ins Auto stiegen.

Benn legte sich, genüsslich kauend, Tomatenstückchen auf den Teller und sah mir einen Moment beim Essen zu. »Wenn du isst, hast du es immer noch eilig. Das hatte mich in Kwanza schon überrascht. Ich dachte, nur wir Afrikaner kennen richtigen Hunger. Bis du mir von den Jahren nach dem Krieg in Berlin erzählt hast. Erinnerst du dich?« Es war immer noch die Stimme des Freundes. Auch zwanzig Jahre nach unserer ersten Begegnung am Lower Kwanza, am Rande der Insel des Friedens, im Sumpf von Gewalt und alltäglichen Gemeinheiten. Er war der erste, der mich offiziell im Lager begrüßt hatte und mich zu meiner Bleibe, einem rostbraunen Schiffscontainer, führte, in dem ein doppelstöckiges Eisenbett, ein olivgrüner Klapptisch und zwei Hocker standen. Er schenkte mir zum Einzug eine schwedische Sturmlaterne. Denn die Schweden waren längst vor uns da. Als kommerzielles Unternehmen, »Infrastructure and settlements«, nicht als »Solidarity Workers«. Später schaffte er noch einen zweiflammigen Petroleumkocher der Marke Skanfoc herbei.

Es war sein eigner, wie ich zufällig erfuhr. In der Nacht zuvor hatte ich ihm vom Hunger im Nachkriegsberlin erzählt und von den satten Bauern, die sich von schlecht ernährten Maurern für Kartoffeln und Eier am Rande der großen Stadt Häuser und Ställe bauen ließen. Er wollte wissen, wie die Dörfer hießen, in denen solche Bauern lebten, die er Kriegsgewinnler nannte und ihnen sogleich die Mentalität südafrikanischer Farmer unterstellte. Er wollte erfahren, wo solche märkischen Buren wohnten. Er war begierig, den Klang der Namen zu hören - Kerzendorf, Löwenbruch, Wietstock. Seine Verwandtschaft lebte in Otjikondavirongo, in Okatumba, eine Schwester hatte es sogar nach Otumborombonga, in die Nähe von Okakarara verschlagen, und er selbst stammte aus Opuwo. Alles Namen, die auszusprechen ihm leichter fiel, als Kerzendorf.

»Hast du den Skanfoc noch«, fragte ich, Pizza kauend, »den Kocher?« »Ich habe ihn bis nach Opuwo gerettet, als ich dort die Polizeistation übernahm. Jetzt kocht meine Schwiegermutter damit. Sie wird im nächsten Monat fünfundneunzig.«

Ein dunkler Vogel landete in der Bougainvilleahecke, scheuchte die Stare auf, äugte neugierig zu uns herüber. Ein leichter Wind kam auf, Laub raschelte im Garten.

»Die Fotos sah ich zufällig, in Limbos Büro«, fuhr Benn fort, »ich habe dich sofort erkannt, an deiner Brille, du trägst immer noch die gleiche Brille, und an der Glatze. Du hast ihnen, diesen Deutschen, das Gepäck in den Kofferraum gehoben. Es beunruhigte mich, dich mit denen in einer gewissen Vertrautheit zu sehen. Limbo, musst Du wissen, untersucht gegenwärtig eine Affäre, bei der es um angebliche, oder tatsächliche, illegale Mülleinfuhr über den Hafen Walfish Bay geht. Eingefädelt von einem ehemaligen Mitarbeiter der Tourismusbehörde. Böser Müll aus Europa.

Limbo ist einer der besten Männer von EASMON, ein Analytiker, der sich an Tatsachen hält und nicht an politische Vorgaben, einer der die Financial Times liest, einen Abendkurs in

Arabisch belegt hat und Börsenkurse der hier ansässigen Industrie beobachtet. Er hat übrigens in Berlin-Karlshorst Ökonomie studiert.

Aber er schätzt es auch, als der große Vollstrecker von Recht und Gerechtigkeit gefeiert zu werden. Das ist seine schwache Seite, die ihn manchmal zu abenteuerlichen Aktionen verführt. Schnell stellt er Täter oder vermeidliche Täter öffentlich zur Schau, wirft sie den Journalisten zum Fraß vor. Kleine Fische auf dem Fressplatz öffentlicher Gier. Irgendwie auch verständlich, denn die wirklichen Ergebnisse seiner Ermittlungen haben häufig eine politische Dimension und werden diskret behandelt. Da ist nichts mit Titelfoto und Pressekonferenz. Das verdirbt Limbo die Laune. Die Kriminellen in den guten Anzügen, die hassen ihn. Bei zwei Anschlägen auf seine Person ist er gerade noch mit dem Leben davongekommen.

Im Falle dieses Koffers an der Hand des dürren Deutschen glaubte er nicht an den großen Fisch, er witterte eher mühselige Observation mit schlaflosen Nächten für seine Jungs. Natürlich würde er selbst solch einen Fall nicht ohne weiteres abgeben. Bei aller Wertschätzung meines Kollegen hatte ich das Gefühl, dich vor Limbos Pressefreundlichkeit schützen zu müssen, selbst wenn du in eine schlimme Sache verwickelt wärst. Die Gelegenheit für mich, aktiv zu werden, hast du dann selbst geliefert.« Benn blickte sichtlich amüsierte vom Essen auf. »Du hast diesen Koffer samt Träger an die Luft gesetzt. Der dicke Fernsehmann traf sich noch am Abend mit einem Redakteur, hat dich zum Portugiesen gemacht und das Ganze einen geplanten Raub genannt. Was dem eigentlichen Kofferträger überhaupt nicht gefiel. Das aber begriffen wir erst später. Für mich war es die Chance, Limbo den Fall abzunehmen, denn nun war es ja ein Angriff auf Ausländer, und dieser Kerl hatte es mit seinem Gerede öffentlich gemacht, die Nation nahm teil an der Kofferjagd. So war die Lage. Okay. Dass die Reifen am Morgen in Swakop wieder in Ordnung waren, geht auf unsere Kappe, mein Lieber. Hast du ihn wiedererkannt, den Jungen?«

»Welchen Jungen?«

»Daniel Kajende, der hat sich um die Reifen gekümmert, hat auch deine Abfahrt vom Jay Jay beobachtet - der Mann mit der Kapuze auf der anderen Straßenseite - und eben hat er uns die

Pizza aufgewärmt. Doch, du warst gut behütet. Sagen wir, so gut es ging. Okay, wir wollten natürlich herausfinden, wer noch am Koffer interessiert war.«

Benn goss Rotwein nach, fuhr sich mit der Zunge über die Lippen. Er genoss den heraufziehenden Abend.

»Pie Hi wusste nur«, fuhr er leichthin zwischen zwei Bissen fort, »dass du in Richtung Otavi gefahren bist. Aber dort wurdest du nicht gesehen, warst wie vom Erdboden verschluckt. Mit dir der Aluminiumkasten. Und dann dieses Geschwätz in der Chatshow. Wertvolle Dokumente im Koffer! Schlampige Ermittlungen. Unfähigkeit der Polizei. Dieses besserwisserische Gedröhn der Deutschen. Jeden Morgen ruft der Polizeipräsident an. Das Radio nervt ihn und auch sein Minister. Wie weit seid ihr, schafft diesen Koffer herbei! Bis vor zwei Tagen, da hat der Deutsche überraschend seine Anzeige zurückgezogen, und ab mit der nächsten Maschine nach Europa. Auf deine Spur brachte mich am Tag seiner überhasteten Abreise eine kleine Meldung der Allgemeinen Zeitung. Du bist im Lande und sprichst mit den alten Südwestern über ihr Leben. Es geht dir um Gerechtigkeit. So stand das dort. Wie kann man mit diesen Verkrampten über Gerechtigkeit reden wollen. Aber das ist eine andere Sache und nicht unbedingt meine.«

»Wie kamst du auf Pie Hi?«, fragte ich, seine Anmaßung überhörend.

»Daniel ist dir zum Autoservice gefolgt. Und ich kenne Pie Hi aus der Zeit in Angola. Ihr habt miteinander Kaffee getrunken, sagte er. Hat er dir von Kaisers Geburtstag in Ruacana erzählt?«

»Von gesprengten Masten. Zu viert zwei Masten. Mit diesem Festus zusammen.«

»Einer der vier war ich.«

»Es hieß, du seiest zum Studium in Sambia, damals, in Kwanza, als Kandume dich als Commander ablöste.« Unwillig schüttelte Benn den Kopf.

»Als wir Vinzenz in diesem Spionagedrama verloren«, er hielt für einen Augenblick inne, nahm einen großen Schluck und fuhr etwas leiser fort, »verloren sage ich, durch niemanden zu ersetzen. So sehe ich das auch heute noch. Danach hat sich viel, sehr viel verändert. Okay. Greif zu, nimm von den Tomaten, sind gut gegen diesen verfluchten Krebs!« Benn schob mir die Schale über den Tisch.

»Wir waren nicht Freunde, im ganz persönlichen Sinne, der Vinzenz und ich, obwohl sich unsere Frauen sehr mochten. Er hatte, du wirst dich erinnern, mitunter solch einen arroganten Zug an sich, konnte ziemlich verletzen. Ohne es zu begreifen. Er war sehr stolz, als Damara. Aber politisch waren wir Brüder. Das wussten alle. Und so wurde ich ganz schnell nach Sambia geschickt. Zum Militärtraining. Die Masten in Ruacana, das war meine erste Aktion. Ich habe sie geplant, mir die Männer gesucht, und sie war ein Erfolg.«

»Und Pie Hi, war er ein guter Mann, an Kaisers Geburtstag?«

»Pie Hi ist mit Leib und Seele Techniker. Jeder wollte ihn dabei haben. Pie Hi brachte jedes Auto in Gang, kannte ein Dutzend Minenarten und wagte sich selbst an die Relais der großen Überlandleitungen heran. Als man mich nach Ruacana fragte, habe ich ihn zum Studium vorgeschlagen, irgendetwas mit Maschinen sollte es sein. Warum bei der nächsten Attacke einen geborenen Ingenieur verlieren, dachte ich. Obwohl Pie Hi politisch ein Analphabet war und es bis heute leider ist.« Benn drehte die Serviette zusammen, klemmte sie mit einer bestimmenden Geste unter den Teller.

»Weil ihn ›Lubango‹ beunruhigt?« Mit einem Ruck hob er den Kopf, sah mich fest, mit zusammengekniffenen Augen an. Unter seiner Nase glänzten winzige Schweißperlen.

»Lubango beunruhigt mich und viele, will ich dir sagen! Richtig, Befreiung hat nicht mehr höchste Priorität. Richtig, wir müssen endlich reden. Aber selbst du als Freund, auch du solltest nicht danach fragen. Es ist ganz allein unsere Sache. Entweder wir schwitzen das aus, gesunden von innen oder wir schweigen und vergiften mit der Lüge noch die Seelen unserer Kinder. Aber es ist unsere, nur unsere Angelegenheit!«

Der Sonnenball berührte die gezackten Berge im Khomas Hochland. Ich schaute auf die Stadt, tiefblaue Schatten legten sich auf die Independence, auf die Liliencron. Wie vertraut mir Benns Haltung war: wir klären das unter uns. Einheit und Geschlossenheit wahren. Dem Feind keine Munition liefern! Und am Schluss erkannten wir uns als taubstumme Komplizen einer auf Macht versessenen Führung. Aber da war es längst zu spät.

Der Lärm der Vögel in der Hecke verebbte. Dann schwiegen sie ganz, wie abgeschnitten. Nun setzten Zikaden ein. Das Orchester

für die Begleitmusik des Abends hatte den Ton aufgenommen. Zikaden auf allen Steinen der Stadt, die den Tag zur Ruhe begleiteten. »Solche Abende werden immer seltener. Aber auch in Kwanza hatten wir keinen ruhigen Fleck, an dem wir die Sonne hinter dem Horizont verschwinden sehen konnten. Erinnerst du dich? Erst war es heiß, dann war später Nachmittag und dann war es dunkel.« Benn wollte weg von den schwierigen Fragen, die uns den Abend verderben könnten, das war nicht zu überhören. Flucht in die gesicherte Vergangenheit. Da waren wir noch einer Meinung, fast immer. So erinnern wir uns heute, voller Wehmut. Vergessen das belastende Gefühl unangebrachter Solidarität, das uns manchmal beschlich. Wenn wir wider besseren Wissens einen Kompromiss im Sinne der Sache gefunden hatten.
»Die besten Gespräche waren die am Feuer.«
»Weil es sich leichter über Schwieriges reden lässt, wenn das Gesicht des anderen im Dunklen bleibt, und selbst spricht man auch aus dem Nichts.«
»Es ist das alte Prinzip der Beichte, mein Lieber.« Die Sonne war hinter den Bergen verschwunden. Ich hob das Glas dem Horizont entgegen.
»Benn, auf Deine Gesundheit!«
»Ich weiß, du schätzt die Stunde des Sundowner. Zum Wohl!«

Bei der zweiten Flasche Neederburg verstrickten wir uns doch im Gewirr von Politik, dabei waren wir schon bei den Frauen gelandet, auch bei Piska, die er mir hartnäckig und immer noch als Geliebte unterschob. Wir kamen auf die Landreform. Mehr nebenbei, ohne Arg, nach dem Stand der Verteilung befragt, sprudelte es aus ihm heraus. Benn ließ sich nicht unterbrechen, redete als stände er plötzlich unter enormem Druck, von dem er sich schnell befreien wollte, als dränge die Zeit, als risse man uns gleich wieder auseinander, und so vieles musste dazu, gerade dazu, noch gesagt werden. Seine Bewegungen wurden fahrig, Schweiß stand ihm auf der Stirn. Eine Frage ließ er nicht zu. »Die Parole ›Land‹ war nicht unser Antrieb. War nicht unsere Fahne, unter der wir marschierten. Das–stimmt–einfach–nicht! Oder haben wir im Camp ständig von ›Landbesitz‹ geredet? Wir wollten frei sein. Die Vorstellungen von Freiheit waren allerdings sehr verschieden, wie du dich hoffentlich noch erinnerst. Ein

Leben frei von Angst war für viele das Wichtigste. Frei sein, das Leben selbst bestimmen, wann gehe ich wohin, so glaubten wieder andere sich Freiheit vorstellen zu müssen. Ich arbeitete viele Jahre als Kontrakt-Ovambo. Um mit der Familie überleben zu können, hatte ich mich wieder und wieder für achtzehn Monate verpflichtet, beim Baas auf der Farm zu bleiben. Achthundert Kilometer von Opuwo entfernt. Die Länge des Arbeitstages bestimmte er. Er konnte mich, wenn ihm danach war, ohne juristische Bedenken auf die Straße setzen. Ich aber durfte das Farmgelände nicht verlassen. Außer zum Kirchgang und zur Fahrt nach Hause, nach den ersten zehn Monaten. Selbst das galt als Gnade. Ja, ich musste bangen, ob er mich nach Ablauf des Vertrages weitere achtzehn Monate nahm. Ich zitterte, ich zitterte vor seiner Entscheidung, denn meine Familie brauchte das Geld. So wollte ich nicht weiterleben. So nicht! Deshalb die Masten zu Kaisers Geburtstag und alles andere danach. Ich wollte mein eigenes Leben leben, als Afrikaner in Opuwo.« Sanfter fügte er hinzu: »In Opuwo, im größten Dorf am Ende der Welt.« Er fuhr sich mit der Hand unter das Hemd, rieb sich nervös Brust und Oberarm. Meine unausgesprochene Frage wehrte er ab. Es sei alles in Ordnung, nur dieses Jucken eben. Aber woran er erinnern wolle, zum Leben vieler Schwarzer gehöre es, ein Stück Land zu besitzen, es einfach für sich zu haben, nur für sich. Für ein winziges Haus, für einen Garten, für Ziegen und Hühner. »Produktivität«, »die Nation ernähren« - das seien immer noch neue, große Worte. Für die einfachen Leute taube Hülsen ohne Kern. Natürlich sei er dagegen, und zwar konsequent, eine »Kulakenenteignung« durchzuziehen. Aber dieser Standpunkt sollte mir ja wohl noch in Erinnerung sein, aus den Debatten im Camp, damals.

Im letzten Satz schwang ein ärgerlicher Unterton mit, und ich glaubte auch, ein wenig Hilflosigkeit herauszuhören. »Und die Farmen der Minister, die der Staatsekretäre, wie passt das in deine Vorstellung von afrikanischer Lebensweise?«, bohrte ich weiter. Er stöhnte auf, lehnte sich zurück, die Finger seiner Rechten trommelten unruhig auf der Tischplatte. »Du bist dabei, das Repertoire aller fragenden und selbstverständlich wohlwollenden Weißen abzuarbeiten«, erwiderte er scharf, »Landreform. Die Farmen der Minister. Müssen wir heute Abend auch noch über Aids in der Armee plaudern, über die Schwulen und den Präsidenten, über die vielen Ovambos an der Universität, ja müssen wir das? Nur zu!«

Benn war dabei, sich in Zorn zu reden. Wie damals, als die Jungen aus dem Camp nach Luanda ins Kino wollten und die Lehrer es nicht verstanden, den Burschen die schwierige Lage geduldig zu erklären, sich aber unter die Protestierenden gemischt hatten. Feige, am Rande hinter den Kasavasträuchern hatten sie gestanden, nicht alle, aber einige, und hatten gelauscht.

Meine Betroffenheit war Benn nicht entgangen, er ergriff über den Tisch hinweg meine Hand und ließ sie sogleich wieder los. »Gut, ich bin nicht ganz fair. Sieh' es mir nach. Zur Landvergabe wäre Limbo überhaupt der bessere Partner für dich. Es heißt, er führt, was die ministerielle Landnahme betrifft, eine Liste, die außer ihm nur der Präsident kennt. Auch Minister sind Afrikaner, halte ich dagegen. Was Schiebung nicht rechtfertigt.« Er drehte verspielt das Glas in den Händen und fuhr nachdenklich fort. »Warum aber macht er das, das mit der Liste?« Benn beugte sich über den Tisch. »Krummer Hund, denke ich manchmal, ich verstehe ihn immer weniger. Er schleicht sich, klick klack, in diese Computerwelt ein, gleichzeitig zeigt ihm die Mondsichel an, der Mond hat keine Lust zu jagen, und er verlässt in diesen Nächten nicht das Haus! Dem Misserfolg aus dem Weg gehen, nennt er das. Das soll einer begreifen!«

Ein Nachtvogel strich dicht über unseren Köpfen talwärts. In der Stadt unter uns knallten Fehlzündungen eines Autos. »Limbo kommt aus dem Caprivi, nahe Kalambesa. Dort glauben die Leute an den Mond, ernten Orangen und Feigen und Tomaten fast über das ganze Jahr, sind reich. Aber möglicherweise haben Limbos verknotete Gedanken etwas mit seinen arabischen Studien zu tun, und es geht alles ganz schnell wieder vorbei.« Auf dem Gartenweg knirschte der Kies. Aus der Dämmerung war Daniel aufgetaucht und blieb stehen. Benn stützte sich schwer auf den Tisch, langsam nur quälte er sich aus dem Stuhl. »Entschuldige mich bitte einen Augenblick!« Weit entfernt heulte eine Alarmanlage auf. Leute gehen ins Kino, zur Party, ins Fitnesszentrum, und lösen beim Abschließen des Hauses versehentlich Alarm aus. Schon sitzen sie in den Autos, die Burschen der Sicherheitsfirmen. Am Ort dann verlegenes Schweigen der Verursacher. Sorry! Aber das kostet! In diesem Geflecht von Sicherheit und Angst hat Benn seinen Platz gefunden. Benn, mit den untilgbaren Erfahrungen eines blutigen, heimtückischen Krieges. Auf der Straße klappte eine Autotür. Ein Wagen fuhr an. Statt Benn trat Kajende an den Tisch. »Sie gestatten? Der Inspektor musste ins Büro, er ist gleich zurück.« Kajende setzte sich auf die Vorderkante des Stuhles neben Benns Platz, sah mich mit einem Anflug von Lächeln an. »Wer hat denn nun den Kofferraum geöffnet, in Okahandja?«, wollte ich wissen. »Einer von den stadtbekannten Kleinkriminellen. Er ist dabei gestört worden. Wir haben seine Fingerabdrücke auf der Kofferraumklappe.« Kajende straffte sich, als wolle er einen Punkt setzen. Keine Fragen zu dienstlichen Angelegenheiten. Er war der Typ des jungen Studenten, dem man gern das Zimmer vermietet, ihn sonntags zum Schachspiel einlädt, weil man wissen möchte, was die Jugend heute so denkt. Ein freundlicher junger Mann mit guten Manieren.

»Sagen Sie, wie sieht es denn jetzt in Staßfurt aus?«, fragte er zögernd, im Ton sich schon für die Frage entschuldigend.

»Ich war lange nicht in Staßfurt.«

»Colani wollte dort super Fernsehgräte bauen. Habe ich gelesen. Ganz neues Design aus dem Osten.«

»Nun hat das ganze Land ein neues Design!«

»Ich weiß. Rot-grün. Mit einer Sonnenblume.«

Daniel Kajende lehnte sich zurück, verschränkte die Hände hinter dem Kopf. »Ich war in Staßfurt bis zur neunten Klasse.« Und dann erfuhr ich vom ersten schlimmen Jahr an der DHPS. Plötzlich war er der Schlechteste in der Klasse, magerte ab, versagte am Bock und am Reck und an der Weitsprunggrube, begann zu stottern und hatte ständig Durchfall. Psychosomatisch hieß es. Und: reiß dich zusammen! Dann wurde der Club gegründet: »Die Ossis«. Plötzlich ging es bergauf. Abitur mit einskommaacht. Mehr zufällig dann ein Gespräch mit Benn Nashana. Polizeischule in München, Training beim CID, beim Criminal Investigation Department in Liverpool. Seit einem Jahr nun hier beim Inspektor.

»Sie kennen sich lange?«, wollte er wissen. Ich griff zur Flasche, wollte ihm einschenken, er wehrte ab. »Dem Inspektor geht es nicht gut, wissen Sie. Operation vor sechs Jahren. Nun ist wieder irgendetwas mit den Befunden.« »In Südafrika operiert?«, fragte ich und dachte an Krebs. Er schüttelte den Kopf und fügte zögernd hinzu, »dorthin sollte er, zu einem Spezialisten. Ist aber auf eigene Faust nach Leipzig geflogen. Den Südafrikanern traut er nicht. Die ziehen, wenn's ihnen nicht passt, den Stecker raus. Er ist wirklich in dieser Sache unmöglich. Mitunter. Wenn ich das so sagen darf.«

Auf solch direkte Weise über seinen Vorgesetzten zu sprechen brachte Daniel sichtlich in Verlegenheit, er rutschte unruhig auf dem Stuhl hin und her. »Wohnt Ihre Familie in der Stadt?«, fragte ich, half ihm aus der Klemme. »Ich habe keine Familie. Das heißt, ich werde bald heiraten.« Ich fragte ihn nach der Braut und erfuhr eine betrübliche Geschichte. In kurzen klaren Sätzen. Die junge Frau arbeitete als freie Journalistin in der Stadt und hatte sich trotz ihrer Jugend durch sachliche Berichterstattung, zum Beispiel über die Arbeit von DAGFOR, einen Namen gemacht, was der Inspektor wohlwollend registrierte. Gleichzeitig missbilligte er jede Begegnung zwischen Daniel und der Journalistin. Selbst dem korrektesten Officer entschlüpfen beim Plausch am Kaffeetisch ungewollt Informationen. Auf das Einfädeln ausforschender, investigativer Gespräche wären Presseleute regelrecht trainiert. Und jene in Rock und Bluse seien ohnehin eine besondere Gefahr. Eine solche Bindung kann für einen Officer nicht gut gehen. In Wahrheit, so Daniel betroffen, passt dem Inspektor die Herkunft seines Mädchens nicht. Nina van Heerden kommt aus einer alten Farmerfamilie, deren Betrieb mit Schafszucht groß geworden ist, zehntausend Hektar im Süden, bei Marienthal. Nur drei Farmen weiter hatte einst der Inspektor als Kontrakt-Ovambo gearbeitet, bis zur Flucht nach Angola. Der Inspektor sähe sich schon als Hochzeitsgast an einem Tisch mit van Heerden sitzen, was er für eine Zumutung halte. Daniel ist überzeugt, dass bei seiner Heirat mit Nina van Heerden ihn der Inspektor bald auf eine der verstaubten Polizeistation im Lande abschieben wird.

»Aber was interessieren uns die offenen Rechnungen der Alten«, begehrte Daniel auf. Es war wie ein Aufschrei, ein junger, ernsthafter Polizist war angesichts des Alten am Ende seines Lateins. Befreie dich von Benns Vormundschaft, könnte ich dem Jungen raten. Nimm deine Nina an die Hand und gehe. Aber wohin?

»Ihr Mädchen sollte das Ressort wechseln. Wirtschaft oder Kultur

oder Umwelt. Gespräche mit Polizisten sind für Kulturredakteure wenig ergiebig. Das begreift mein Freund Benn sofort.« Ich vermied es, ihm ein vermittelndes Gespräch mit Benn anzubieten. Obwohl es sich gut einleiten ließ, mit einem von Benns klugen Sprüchen - wenn du den Sohn etwas lehrst, bereicherst du dein Haus. Lehre den Sohn die Achtung vor gelebten Leben, Benn, auch wenn es dir fremd und nicht sehr würdig erscheint. Lehre ihn Geduld und Nachsicht und erhalte ihm die Fähigkeit zu fragen »warum«. Aber für Nina und Daniel bitten, hieße in Benns jetziger Verfassung seinen Widerstand erneut herauszufordern. Ich schlug Daniel vor, der alte van Heerden, der Brautvater, möge Benns Nähe suchen. Müsse Benn in die Klinik, wäre ein Krankenbesuch zu dritt ein unverfänglicher Anfang. Oder direkt, ein Gespräch von Mann zu Mann, vom Farmer angestoßen. Wenn dieser van Heerden ein nicht allzu grober Klotz ist.
»Der Koffer war ein Köder«, begann Benn, nachdem er gut gelaunt nach einer knappen Stunde auf die Terrasse getreten war und Daniel weggeschickt hatte. Eine Aktion im Rahmen von AFSEP: »After September«. AFSEPT, das hatten die Obersten der sogenannten Sicherheit sich ausgedacht. Nach dem New Yorker September. Um Sicherheitslücken aufzuspüren, werden ab und zu vermeintliche Straftaten lanciert.

Im Fall des Koffers sollte EASMON getestet werden. Ob sie die Transaktion Frankfurt - Windhoek - Walfis Bay wahrnehmen, und wie Limbo mit dem Vorgang umgeht. Der magere Deutsche war zufällig durch seine Anfrage beim Konsulat hineingeraten. Er war dumm genug, sich das Gepäckstück aufdrängen zu lassen, der Kontaktmann hatte versprochen, ihm die Türen zum Informationsministerium zu öffnen. Darauf waren sie scharf, der Kofferträger und der Dicke. Warum der Deutsche dann in Panik abgereist ist, keine Ahnung. Umbuchungsgebühr über Sofia nach Berlin-Schönefeld dreihundert Euro!

»Die ›Sicherheit‹ testet die Polizei. Wer aber kontrolliert die ›Sicherheit‹ «, resümiert Benn nachdenklich, »vielleicht war das Ganze als Falle für Limbo gedacht. Feinde hat er mehr als ein Stachelschwein Läuse. Und nicht nur wegen dieser verdammten Liste.«

Er goss sich, noch an der Stirnseite des Tisches stehend, Mineralwasser ein, trank in gierigen Zügen. »Und morgen fliegst du schon?«, fragte er, die Flasche in der Hand. Mich überraschte, wie

er den Ausgang dieser Aktion, ihren möglichen Hintersinn, so einfach abhaken konnte. Auch mir gegenüber. Vom Aufwand ganz zu schweigen.
»Entschuldige, aber wann, ich meine wann fliegst Du?«, fragte er noch einmal.
»Übermorgen. Mit der Abendmaschine«, knurrte ich.
»Noch Gespräche, über... Gerechtigkeit?«
»Auch über Gerechtigkeit.«

Er legte mir die Hand auf die Schulter. In einer ersten Regung wollte ich mich der Berührung entziehen.
»Wenn Du möchtest, kannst du hier übernachten. Dann haben wir noch das gemeinsame Frühstück. Will endlich wissen, wie du lebst, dort drüben. Komm, ich zeige dir das Zimmer.«

In der Nacht hatte ich lange noch wach gelegen, im Haus war es still. Ich schob mein Tagebuch unter das Kopfkissen und zog die Bettdecke dicht an den Körper heran. Im Schlaf träumte ich die Bedrohung vom Tage weiter. Aus unserem Tal heraus in Kwanza Sul sah ich Menschenschatten, die wie Scherenschnitte in einer Reihe ringsum auf den Bergkämmen marschierten. Ich war von Leuten umzingelt, die mich bedrängten, mich stießen, deren Gesichter aber verwischt und undeutlich waren. Ich verrenkte mich zwischen den erhitzten Leibern, um durch den Sucher meines Fotoapparates zu schauen, der ein langes Objektiv trug. Ich wollte wissen, wer dort marschiert. Es gelang mir nicht, das Objektiv auf den Bergkamm zu richten. »*Caxuxas*«, raunte jemand, »caxuxas« - Banditen! Sie hatten es auf uns abgesehen, und wir standen wie versteinert auf einem Haufen, konnten nicht fort! Plötzlich waren die Gestalten nah, würgende Angst und Panik überfielen mich. Aber sie liefen an uns vorbei, ohne dass ich ihre Gesichter erkannte. Die Stangen, die sie trugen, waren keine Bazookas, es waren Hölzer, mit denen sie Löcher in die Erde stießen, um darin Maiskörner zu versenken. Zu unseren Füßen begannen sie ein Feld zu bestellen, während mir das Herz raste. Sie gingen durch uns hindurch. Uns gab es nicht mehr, nun waren wir die körperlosen Schatten und sie lebendige Bauern.

Das verhaltene Gezeter der Vögel in der Hecke holte mich sanft in den Tag.

Benn hatte einen Zettel und zwei Zeitungen hinterlassen. »Hallo Joe, muss eilig ins Büro, ruf mich an, bevor du fliegst!« Über die Botschaft des Traumes sinnierend, schlurfte ich durch das Haus. Mit weißem Tuch abgedeckt, das Frühstück auf dem Wohnzimmertisch. Tee in der Thermoskanne, Papaya aufgeschnitten, Honig, die Brötchen frisch und die Dickmilch, die *Omahere*, sahnig in der Glasschale. Benn hatte nichts vergessen.

Die Allgemeine Zeitung und auch der Windhoek Observer brachten das Foto auf der ersten Seite. Beide Blätter die gleiche Perspektive, den gleichen Ausschnitt.

Ein Sprecher der Polizei Windhoek übergibt dem Fernsehmann das Aluminiumgehäuse. Der Dicke streckt den Koffer der Kamera entgegen, dabei kommt der Siegelring ins Bild. Unscharf seine Augen, mikroskopisch genau aber die geriffelte Blechhaut des Koffers. »Ende einer Odyssee«, schreibt die AZ. »*He came off best*«, der Observer. Morgen gibt es ein anderes Bild auf der ersten Seite. Und die Hörer der Chatshow werden ein neues Ärgernis entdecken. Unmöglich, dass ich während der Sendung anrufe, um on air alles zu klären. Dann hätte auch ich mehr Feinde als ein Stachelschwein Läuse. Männer und Frauen, auf deren Gruß ich keinen Wert lege, würden mich an die Kaffeetheke des Kaufhauses einladen. Schön Sie zu sehen. Und Benn würde durch mich hindurchschauen. Er hätte wohl wieder einen von damals, einen aus der Zeit des überschaubaren struggle, verloren.

Ich steckte die Zeitungen in die Tasche, zog die Tür ins Schloss und rollte hinunter in die Stadt, in die noch wenig belebte Independence Avenue.

Feiner Zwirn in allen Zeiten

Erno, so nennen ihn seine Freunde. Das stand in der Zeitung, die vom Firmenjubiläum berichtete. Er zog das dicke Vorhängeschloss aus dem Absperrgitter der Ladentür, der Wachmann sprang herbei und schob polternd das Eisen zur Seite.

Ernst Otto Mühr, der freundlich wie ein großer Bruder auf mich herabschaute, führte mich in die Tiefe seines Verkaufssalons. Herrenausstatter des oberen Preissegments an der Prachtstraße der Stadt. Strahler flammten auf, Spiegel bis zur Decke reflektierten das Licht. Feiner Zwirn, wohin das Auge schaute. Jetzt, nur wenige Tage vor dem fünfundsiebzigsten Geschäftsjubiläum, nachdem sie es durch bewegte Zeiten bis hierher geschafft haben, sei es ihm eine besondere Freude, über seine Firma zu sprechen.

Ernst Otto Mühr
Jahrgang 1930, Geschäftsmann

Unsere Familie ist tief mit dem Land verwurzelt. Doch, das würde ich so sagen. Als junger Geschäftsmann ist Vater 1909 nach Deutsch-Südwestafrika gekommen, nach Swakopmund. Für die Berliner Firma Rudolph Hertzog. Die betrieben in fast allen deutschen Kolonien Filialen. Aber das Unternehmen hat hier und auch in Deutschland den Ersten Weltkrieg nicht überlebt. Vater ist zwar als Privatmann von drüben gekommen, aber mit dem Ausbruch des Ersten Weltkrieges wurde auch er in die hiesige Schutztruppe eingegliedert, hat den Rückzug bis in die Nähe von Otavi mitgemacht, und dort war ja dann wohl Schluss. Heute bedaure ich, dass ich ihn als junger Mensch nicht mehr nach den Lebensumständen damals gefragt habe, wie es in Swakopmund zuging und wie beim Militär. Meiner Schwester geht es ähnlich. Aber das ist wohl immer so, erst wenn man ein wenig reifer wird, wächst das Interesse an der eigenen Geschichte. Manchmal ist es dann schon zu spät, die, die reden könnten, schweigen, weil sie nicht mehr unter uns sind, und viele Fragen bleiben ungefragt. Es bleiben einem dann nur Erinnerungsstücke aus der Kindheit im Gedächtnis, wie die Reitstiefel meines Vaters aus der Schutztruppenzeit, er war wohl ein guter Reiter.

Nach Deutschland zurückzukehren, hatte mein Vater kein Interesse. Er siedelte von Swakopmund nach Windhoek über und blieb. Zunächst hat er bei der Firma Bennes & Human als Verkäufer gearbeitet und sich dann 1927 selbständig gemacht. In Windhoek hat Vater dann auch geheiratet. Wir Kinder wurden hier geboren, ich drei Jahre nach seiner Übersiedlung hier in diese Stadt. In Windhoek besuchte ich die Deutsche Höhere Privatschule, die deutsche Oberschule. Als Stadtschüler konnte ich zu Fuß in die Schule gehen, morgens und mittags, immer. Da hatte ich Glück. Die Farmkinder waren zum größten Teil in Heimen, in Internaten untergebracht. Die Gruppe der Farmkinder, die im Internat waren, die waren eine Gruppe für sich, und wir Städter waren auch eine Gruppe. Es gab keine Feindseligkeit, aber verschiedene Interessen. Die »Heimer«, wir nannten sie so, die waren immer zusammen, während wir Stadtkinder mehr Individualisten waren. Die farbigen Kinder waren in ihren Schulen. Wir hatten im Grunde genommen keinen Kontakt mit denen. Bei den Farmkindern war das anders. Auf den Farmen waren viele schwarze Kinder von den Farmarbeitern, und die spielten dann zusammen. Einige der weißen Farmkinder haben dadurch die Sprache der Schwarzen gelernt.

Von den Schwarzen wurde immer erwartet, dass sie die Sprache der Europäer, der Weißen sprechen können. Die Sprache der Arbeitgeber, ganz egal, ob das Engländer, Afrikaaner oder Deutsche waren. Es wurde immer erwartet, dass die Schwarzen die jeweilige Sprache verstehen.

Mir scheint, wir in der deutschen Schule hielten uns überhaupt für etwas Besonderes. Vielleicht waren wir etwas überheblich, wir dachten, dass unsere Schule besser sei als die anderen. So war der Kontakt zu den anderen Schulen gleich Null. Ob das afrikaanse oder englische Schulen waren. Es wurden auch keine gemeinsamen Feste oder Sportveranstaltungen begangen. Bis Ende der vierziger Jahre war das so. Dann gab es Veranstaltungen für den Südwester-Schulsport, dort kamen dann Kinder aus den weißen Schulen des Landes zusammen.

Den Einfluss der Nationalsozialisten, den spürte man auch hier. In Windhoek gab es unter den Deutschen eine starke Gruppe nationalsozialistisch Angehauchter, die demonstrativ mit Hakenkreuzflaggen und Parolen durch die Stadt zogen. Das waren nicht wenige, die mitmachten. Ich selbst war zu jung und meine Eltern waren nicht dafür, dass ich da hinging. Andere waren bei den Pfadfindern. Dann auch bei der sogenannten Hitlerjugend, die machten Ausflüge und hatten ihre Abende, sangen ihre Lieder. Wir Schuljungen, wir wollten gern dabei sein, aber meine Eltern hielten mich davon ab, und bald brach der Krieg aus, dann war es ja sowieso vorbei. So wie ich mich entsinnen kann oder glaube, mich entsinnen zu können, war Windhoek zu Hitlers Geburtstag überall mit Hakenkreuzfahnen geschmückt. Man erzählte mir, dass, ich glaube, es war Anfang 1940, die Südafrikaner Truppenverstärkungen nach Namibia geschickt hatten. Für Deutschland lief es am Anfang des Krieges sehr, sehr gut. Da kamen bei den Südafrikanern wohl Befürchtungen auf. Wie verhalten sich die Deutschen in Windhoek? Nicht wenige von denen waren ja ziemlich aufmüpfig. Also haben sie per Bahn Truppen raufgeschickt, drei Tage waren die unterwegs. Als sie ankamen, sahen sie überall Hakenkreuzflaggen. Da dachten die Soldaten, um Gottes Willen, der Krieg ist für die Alliierten verloren, Deutschland hat den Krieg gewonnen! Aber schon am Bahnhof wurde ihnen gesagt, keine Sorge, das ist nicht so schlimm, die Deutschen feiern wieder mal irgendetwas. Aber es kamen mehr und mehr Truppen und auch Polizisten aus Südafrika, weil sie in Sorge waren, es könnte die Gefahr bestehen, dass einige der Deutschen hier aufsässig werden und versuchen, mit Gewalt das Land zu übernehmen, die Kolonie zurückzuholen.

Als der Zweite Weltkrieg ausbrach, wurden viele der Deutschen in die Internierungslager nach Südafrika geschickt. Die Auswahl war ziemlich willkürlich. Plötzlich kamen sie und es hieß: komm - ab! Mein Vater hatte Glück. Weil er sich politisch nie betätigt, sich rausgehalten hatte, wurde er lediglich hausinterniert. Die Bewegungsfreiheit wurde eingeschränkt, er musste sich jede Woche bei der Polizei melden und konnte nach sechs Uhr abends nicht mehr das Haus verlassen. Aus Windhoek weg, das war verboten. Das war alles unangenehm, aber im Grunde genommen, ließ es sich damit durchaus leben. Er konnte vor allen Dingen das Geschäft hier weiterführen. Es war schwer in der Zeit. Denn die männliche Bevölkerung war zum großen Teil weg. Das bedeutete natürlichen für einen Herrenausstatter ziemlichen Umsatzverlust. Vater durfte die Stadt nicht verlassen, also fielen auch die Touren über Land, die er früher machte, weg. Da die Farmer in der Regel nur alle Monate nach Windhoek kamen, fuhr er sonst mit Mustern zu ihnen, besuchte Farm um Farm. Die Männer gaben die Bestellung auf, und die Ware wurde per Post zugestellt. Man übernachtete bei den Farmern. Das hat sich geschäftlich gelohnt und war dazu noch interessant, man lernte das einfache Leben auf dem Lande kennen. Das fiel nun im Krieg alles weg.

Nach dem Krieg ging es mit den Geschäften hier im Lande besonders schlecht weiter. Mein Vater hatte damals Filialen eröffnet, die er dann aber später wieder abgab.

Ich war bis 1948 in der Schule. Bis zum *Matrik*, wie man es hier nannte. Das ist das zwölfte Schuljahr. Und dann bin ich für zwei Jahre nach Kapstadt gegangen. Ich wollte ursprünglich Arzt werden. Aber mein Vater sagte, mein Junge, das ist alles schön und gut, aber überlege dir dies und das und jenes. Er wünschte sich, dass ich doch ins Geschäft komme. Da bin ich nach Kapstadt und habe einen Kursus in Betriebswirtschaft besucht. Ich war noch nicht ganz fertig, nach ein und einem halben Jahr, da wurde mein Vater sehr krank, und ich ging 1951 zurück. Ende 1952 verstarb mein Vater.

Die meisten jungen Leute in unserem Alter kannten Deutschland nicht. Es war für uns nicht die Heimat. Wir waren hier geboren, in Südwest, wir waren Südwester, obwohl wir deutsch erzogen worden sind und deutsch sprachen. Die deutsche Teilung empfanden wir als schlimm, aber im Inneren berührt hat sie uns nicht so sehr. 1948, glaube ich, fing das an, dass eine ganze Menge Heimkehrer aus Deutschland kamen. Solche zum Beispiel, die vor dem Krieg rübergegangen sind zur Ausbildung und durch das Kriegsgeschehen nicht mehr zurück konnten, drüben den ganzen Krieg miterlebt haben. Sie waren die Ersten, die zurückkamen. Und eben auch Verwandte von Hiesigen. Die konnte man rauskommen lassen. Sie sagten, ich habe Schwester, Bruder, Tante oder so etwas in Namibia. Ich möchte auswandern nach Namibia. Die bekamen die notwendigen Papiere, die waren die Ersten, die aus Deutschland kommen konnten.

Windhoek war ja nicht groß, und alles sprach sich schnell herum. Auch wenn einer von drüben kam. Ein »Neudeutscher«. Man erkannte ihn sofort an seiner Kleidung, die waren anders gekleidet als wir. Da guckte jeder, oh, da ist wieder einer, wieder ein Importierter, wo kommt der her? Es sprach sich schnell herum, wo der arbeitet, für wen der rausgekommen ist, mit wem er verwandt ist. Einige der großen Firmen haben sich Leute, die aus Deutschland raus wollten und einen bestimmten Beruf hatten, hergeholt. Drüben die schwere Nachkriegszeit, und hier wurde ihnen ein relativ gutes Angebot gemacht. Es waren meist jüngere Leute, unverheiratet, die dann bei den größeren Firmen hier gearbeitet haben. Viele sind hier geblieben, haben aus ihrem Leben einen Erfolg gemacht, sind bekannte Geschäftsleute geworden; eine ganze Menge wurden das. In dieser Zeit kamen auch Musiker, Schriftsteller, Journalisten, alles was man sich denken konnte. Mit ihnen kam eine ganze Menge neuer Inspirationen und Ideen von drüben hier zu uns. Zu der Zeit, als die vielen Deutschen von drüben rüberkamen, wurden auch neue Hotels gebaut. Mit diesen Hotels kam auch mehr Geselligkeit auf. Ich erinnere mich an den Fünfuhr-Tee, da gingen in erster Linie die Damen hin. Trafen sich, tranken ihren Tee. Und dann, so um sechs Uhr nach Geschäftsschluss, kamen dann oft die Männer dazu. Dann wurde getanzt. Da gab es einen Alleinunterhalter, der Klavier spielte und ein bisschen dazu sang. Oft blieb man bis in die späten Abendstunden zusammen. Am bekanntesten dafür war das Continental-Hotel. Später auch der Thüringer Hof und die Kaiserkrone. Bei solchen Gelegenheiten wurde natürlich auch von Geschäften geredet und die Einheimischen taxierten die frischen »Neuimportierten«.

Unter dem Apartheidregime war es verboten, näheren Kontakt oder irgendetwas mit Schwarzen zu haben. Es waren ganz wenige Schwarze, einer unter ein paar tausend nur, die engeren Kontakt mit Weißen hatten. In unserem Herrenausstatter war immer der Kunde ein Kunde, egal, ob ein Weißer oder ein Schwarzer. Es kam allerdings selten vor, dass ein Schwarzer anprobiert hat. Der kam, wusste seine Größe mehr oder weniger, hat kurz mit dem

Ellenbogen gemessen und so weiter und gar nicht groß gefragt. Es sei denn, es war einer, der schon in der gehobeneren Klasse war. Es waren auch nicht wenige von den Schwarzen, die ziemlich verschmutzt ankamen. In solch einem Aufzug hätte man auch keinem Weißen Jacke oder Hose anprobieren lassen, oder Schuhe. Da musste man sagen, es tut mir leid. Ich kann es nicht gestatten. Du musst dir erst einmal die Füße waschen. Jene Weißen allerdings, die sehr national eingestellt waren, die zogen ein schiefes Gesicht, wenn man gerade einen Schwarzen bediente und sie warten mussten. Das war manchmal eine schwierige Kiste. Ein Bekannter meinte, ja, wenn ihr Schwarze lieber bedient als mich, dann gehe ich woanders einkaufen. So etwas gab es. Aber wir haben uns meistens darüber hinweggesetzt und versucht, die Schwarzen genauso zu bedienen wie die Weißen. Ganz persönlich hatten wir nie Probleme mit Schwarzen gehabt. Wir hatten zum Beispiel immer eine schwarze Hilfe, mit der wir im Geschäft das Sprachproblem lösten. Denn oft kamen Schwarze, die Deutsch und Afrikaans und Englisch nicht so gut konnten, nur ihre schwarze Muttersprache sprachen. Dann hatten wir die schwarze Hilfe, die sonst weiter nicht bedient hat, aber dolmetschen konnte.

Ich habe ziemlich genau empfunden, wie bedrückend es für viele Schwarze war, sich nicht so kleiden zu können wie die Weißen. Sie hätten es gerne getan, aber konnten es finanziell nicht. Weil sie damals sehr schlecht bezahlt wurden. Der größte Teil jedenfalls. Sie konnten sich alle paar Jahre, vielleicht zu Weihnachten, einen ganz billigen Anzug leisten. Und so kam es vor, dass die Schwarzen, wenn sie vom Arbeitgeber ihren Weihnachtsbonus bekamen, sich dafür einen Anzug kauften. Keine einzelne Jacke, ein Anzug musste es sein. Natürlich hatten sie einen etwas anderen Geschmack. Etwas farbenfroher musste es sein. Wenn ein Weißer einen dunklen Anzug kaufte, wählte er dazu in der Regel eine weniger auffällige Krawatte. Weil er den Anzug zu gewissen Gelegenheiten tragen wollte, wo eine schreiende Krawatte nicht hingepasst hätte. Wohingegen der Schwarze schon gern etwas Buntes auswählte. Ansonsten hat er mehr oder weniger versucht, sich an den Weißen zu orientieren.

Der Krieg in den siebziger und achtziger Jahren, der hat mehr die Farmerschaft betroffen. Oben im Norden. Ich weiß, dass viele

Farmer sich eingeigelt haben. Aus Angst vor Terroristen zäunten sie die Farmen mit hohem Stacheldraht ein und hielten scharfe Hunde. Als in Windhoek die ersten Bomben gefunden wurden, boten sich sogleich Sicherheitsfirmen an. In allen Geschäften, auch in den Supermärkten, wurden an den Eingängen die Taschen kontrolliert. Viele sagten bald, wenn das schlimmer wird, dann können wir nicht im Lande bleiben. Dann müssen wir weg. Aber man hat damit gelebt, hat es so genommen, wie es war.

Und es wurde ja auch nicht viel schlimmer. Es sind wohl schon einige Bomben hochgegangen, aber es hielt sich in Maßen. Es war nicht so, dass man sagte, jetzt bricht alles zusammen.

Wir meinten, es war eine Konfrontation zwischen der SWAPO und den südafrikanischen Truppen. Der größte Teil der Bevölkerung sagte: um Gottes willen, wenn die SWAPO Oberhand bekommt, dann werden wir ein kommunistischer Staat, denn die SWAPO war ja damals kommunistisch orientiert und absolut dem Ostblock hörig. Wir haben gesagt, lasst uns sehen, wie es wird, und wenn uns das nicht passt, dann müssen wir gehen. Es war ja ohne Probleme möglich, nach Südafrika auszuweichen. Die meisten haben wohl darüber nachgedacht, und mancher hat versucht, Gelder und Wertsachen nach Südafrika zu schaffen. Was damals durchaus möglich war. Es sind sehr, sehr viele Anlagen und auch Wertsachen in die Republik geschafft worden. Nur aus der Angst heraus, dass es hier zu einem kommunistischen Staat kommen würde, in dem Besitz nicht mehr sicher ist. Und dann kam überraschend die Wende. Von unseren damaligen Ängsten redet heute kaum noch jemand.

Das schwarze Geschäftsleben mit eigenen Unternehmen hat sich langsam entwickelt. Vor der Abschaffung der Apartheid war da im Grunde gar nichts möglich. Und danach haben es einige sofort probiert. Aber das Problem war, dass es zu wenige Schwarze gab, die sich weit genug hochgearbeitet hatten, um so etwas im großen Stil machen zu können, Geschäfte mit großen Partnern. Im Ovamboland hat sich Handel und Wandel durch schwarze Unternehmer ganz gut entwickelt. Nur hatte das durch die Bildungsvoraussetzungen der Betreffenden seine Grenze. Sie hatten nichts gelernt. Sie konnten gerade mal lesen, schreiben und ein bisschen rechnen. Aber sie hatten ein gutes Gespür, was sich machen lässt und wie man es anstellen muss. Auf diese Weise haben sie untereinander recht gute Geschäfte gemacht. Geschäfte mit Weißen kamen erst später zustande. Praktisch erst, nachdem wir unabhängig wurden, also nach der Staatsgründung. Da kamen viele, die im Ausland gelebt hatten, zurück. Sie hatten Universitäten besucht und alles Mögliche gelernt. Die stiegen ins Geschäftsleben mit ein, erwarben die Achtung der Partner. Trotz dieser Entwicklung haben die weißen Bewohner des Landes immer noch wenig gesellschaftlichen oder persönlichen Kontakt zu Schwarzen. Warum das so ist, ist schwierig zu erklären. Es gibt sehr viele Schwarze, die hochintelligent sind, die lange im Ausland waren, sprachlich keine Probleme haben, als begabte Leute wichtige Positionen in der Wirtschaft innehaben, und trotzdem finden wir nicht so recht zueinander. Ich bin im Rotary-Club. Wir haben einige Schwarze bei uns im Rotary-Club. Ursprünglich waren sie zahlreicher vertreten. Mancher von den Schwarzen ist bald wieder ausgeschieden. Wenn wir uns treffen, das sind so um die zehn Leute, verabreden wir uns zu unseren Versammlungen meistens im Hause eines Rotarys, das geht reihum. In die Wohnung, in das Haus der Schwarzen, das geht nie. Sie sagen: Nein, bei uns zu Hause nicht. Nein. Obwohl sie meistens große Häuser haben, auch Regierungshäuser. Wir machen das lieber im Hotel oder laden euch ein wohin ihr wollt. Wenn man fragt warum, dann sind es die Kinder, die stören, es sind Ausflüchte, die irgendwie auch peinlich sind. Uns gegenüber ist ein Schwarzer in guter Position eingezogen, unser neuer Nachbar. Wir haben ihn zum Drink eingeladen, um ihn und seine Familie willkommen zu heißen. Alles wunderbar, er und seine Frau waren bei uns. Aber zu einer kleinen Gegeneinladung, vielleicht zum Sundowner, ist es nie gekommen. Irgendein kultureller Unterschied kann es nicht sein, man sitzt ja auf Tagungen, in Hotels, beim öffentlichen Dinner zusammen. Das sind fast immer interessante Gespräche. Aber sobald es ans Private geht, dann ist irgendein kleiner Unterschied das Hindernis.

Hier im Lande ist die deutsche Geschäftswelt immer noch sehr stark vertreten. Vor ein paar Jahren hat sich die Windhoeker Handelskammer, die weit über fünfzig Prozent von deutschen Geschäftsleuten getragen wurde, mit einer schwarzen Handelskammer zusammengeschlossen, die sie inzwischen, mit Hilfe der

Regierung, ganz übernommen hat. Es sind im Moment sehr wenig Deutsche in der jetzigen Handelskammer, in der NCCI. Sie wird heute, ich möchte sagen zu achtzig Prozent, von schwarzen Geschäftsleuten geführt. Und es sind nicht wenige, sehr erfolgreiche schwarze Unternehmer dabei. Viele dieser schwarzen Firmen sind stark gefördert worden, auch von Regierungskreisen. Das betrifft die Vergabe von Lizenzen, über gewisse Gruppen erhielten sie Zugang zu Geldern. Nicht nur über die SWAPO, wobei auch einige Firmen von der SWAPO unterstützt werden, jene, die von der SWAPO kontrolliert sind. Aber das ist nun einmal so. Früher war es umgekehrt. Da waren es die Weißen, da hatte die Nationale Partei das Sagen, und jetzt ist es eine andere Regierung, ist es eine andere Partei.

In unserem Unternehmen orientieren wir uns nach wie vor auf einen hohen Service bei bester Qualität. Wir sind eben ein Herrenausstatter, wir verkaufen nicht nur. Wir statten aus, beraten. Ändern wenn gewünscht. Die Kundschaft bei uns ist nun sehr viel mehr schwarz. Sehr viel mehr Schwarze als Weiße heutzutage. Die weiße Kundschaft, die alte Kundschaft, die man früher hatte, die Farmer zum Beispiel, halten sich mit dem Geld zurück und wollen sich nicht unbedingt auf das Modernste kleiden. Eher geben sie etwas für praktische Farmerkleidung aus. Die schwarze, neue Elite indes zieht sich gerne gut an. Ganz bewusst und kritisch. Anzüge, das Teuerste, das Schönste, das Beste. Und es sind diejenigen, die für gute Kleidung auch gutes Geld ausgeben.

Immer mehr Kettengeschäfte aus Südafrika drängen auf den Markt, Marcoms, Edgars und so weiter. Das sind im Grunde Self-Service-Shops. Ein Geschäft wie unseres, kann sich nur halten und weiter bestehen, wenn man versucht, den persönlichen Kontakt zum Kunden herzustellen, ihn wirklich fair berät, auf seine Vorstellungen eingeht, eigene Vorschläge macht. Wir machen das mit sieben Mitarbeitern im Geschäft. Es spielt keine Rolle, ob Schwarz oder Weiß. Aber wenn Sie mich danach fragen: wir haben einen schwarzen Verkäufer, zwei schwarze Hilfen noch und der, an der Tür, der ist auch ein Schwarzer, er ist von einer Sicherheitsfirma, seinen Service bezahle ich extra. Er steht an der Tür, um gewisse Elemente abzuschrecken. Wir haben hier sehr viele jugendliche Banden, die von Geschäft zu Geschäft gehen, um zu stehlen. Die Burschen sind im Grunde mehr oder weniger bekannt, der Mann an der Tür, der kennt sie auch, die meisten jedenfalls, die kommen erst gar nicht über die Schwelle.

Was den Umgang mit den Namibia-Deutschen betrifft, mit der deutschen Kultur, wird es so, wie es im Moment ist, noch einige Zeit weitergehen. Denke ich.

Mir scheint, dass sich unsere Regierung sagt, gut, die deutsche Sprache, die deutsche Kultur, lass sie den Deutschen. Genauso, wie sie sagen, lass den Hereros ihre Hererosprache. Lass den anderen ihre Sprache, solange die Hauptsprache Englisch ist und jeder das gleiche Schulabgangszeugnis vorlegen kann, wenn er nur will. Das ist wichtig, der weiterführende Schulabgang. Dass die Deutschen dann noch zusätzlich ein Abitur haben, das ist deren Sache.

Die deutsche Schule wird weiter bestehen, denke ich, die deutsche Sprache ist ein Teil der Kultur des Landes, ist auch Bindung nach drüben, was für die Wirtschaft nicht unwichtig ist.

Die Sonne, die heut scheint, ist grad so heiß wie die von gestern

Diesen Satz schenkte er mir in Berlin. Ein wenig umwölkt, geheimnisvoll. Aber mit den Widerhaken jedes guten Slogans. Mir scheint, er verweist auf eine gewisse ironische Distanz, auf Gelassenheit den Zeitläufen gegenüber. Abgeklärtheit vielleicht, aber das ist herauszufinden. Ein stiller Hüter der deutschen Sprache im Gewirr der Ethnien und Missverständnisse. In Berlin war er für einen Tag mein Gast, wollte am Kollwitzplatz die Hauswand sehen, an der einst gestanden hatte: »Komm mit DDR, wir gehen nach Deutschland!«

Zu den Mittagsnachrichten stellte ich meine Uhr nach dem Zeitzeichen. Die Independence Avenue mied ich wegen des möglichen Staus. Eine absolut unbegründete Befürchtung, am Nachmittag kurz vor Teetime. Trotzdem. Sicher ist sicher. Das Auto parkte ich in einer Seitenstraße. Fünf Minuten noch. Punkt drei stand ich im Vorgarten. Sein »Willkommen!« war keine Floskel. Wir saßen uns im Schatten der Terrasse gegenüber. Gelassen, in aufmerksamer Distanz. Das Porzellan erinnerte mich an Hamavindu. Auch die einfache Baumwolltischdecke. Mit ziemlicher Sicherheit kannte Esslinger Hamavindu nicht. Und auch nicht Vinzenz. Obwohl die Farm, auf der Vinzenz die Lämmer geschlachtet hatte, zum Dienstbereich der Weißen Schuladministration gehört haben müsste.

Dieter Esslinger
Jahrgang 1940, Lehrer, pensionierter stellvertretender Direktor im Erziehungsministerium, heute Berater für Sprachen und Erziehungsmanagement, Laienprediger der Evangelisch-Lutherischen Kirche Namibias

Ich bin hier geboren, 1940 in Swakopmund. Swakopmund, das war eher zufällig. Meine Mutter ist zur Entbindung von Okahandja nach Swakop gereist, weil es dort eine Entbindungsanstalt gab.

Meine Eltern sind beide aus Deutschland hierher gekommen. Der Vater 1933, erst nach Südafrika und dann hierher, die Mutter 1935.

Mein Vater war Lehrer am Augustineum im Dienste der Rheinischen Missionsgesellschaft. Ich komme also aus der Ecke der Missionsnachkommen. Mein Vater hat viele Jahre lang am Augustineum in Okahandja gearbeitet. In Okahandja, das ist siebzig Kilometer von Windhoek entfernt, bin ich aufgewachsen und zur Schule gegangen, zusammen mit meinen sechs Geschwistern. Das Augustineum war damals Schule und einzige Ausbildungsstätte für einheimische, schwarze und farbige Lehrer im Land. Später wurde das Augustineum vom Staat übernommen. Mein Vater hat die Missionsleitung dann gebeten, ihn wieder in den vollen Dienst der Mission zu übernehmen. Er war dann als Missionar und zeitweilig auch als Pastor im Doppelamt in verschiedenen Orten in einer einheimischen und in einer deutschen Gemeinde tätig.

Der Missionar war ein Angestellter der Missionsgesellschaft. Es war für meinen Vater nicht mehr Missionierung in dem Sinne, dass man es mit »Heiden« zu tun gehabt hätte. Man kam in dieser Zeit nicht mehr in ein völlig fremdes, nichtchristliches Land, wo man die christliche Botschaft den Menschen, die irgendeiner animistischen Naturreligion oder ähnlichem angehörten, nahe bringen musste. Die Christianisierung ist ja in Namibia sehr intensiv durchgeführt worden. Sowohl durch die Rheinische Missionsgesellschaft, also von Seiten der Protestanten, als auch durch die Katholiken. Und im Norden des Landes, im Ovamboland, vorwiegend durch eine finnische lutherische Mission, die ja heute dort noch tätig ist. In anderen Teilen des Landes, im Caprivi zum Beispiel, haben die Siebentage-Adventisten missioniert und auch noch andere Gruppen. Auch die Anglikaner, die aber in geringerer Zahl. Und die Reformierten, die Südafrikaner, haben auch missioniert.

Wenn sie ins Land kamen, gehörte es zur ersten Aufgabe der Missionare, die einheimische Sprache zu lernen. Mein Vater beherrschte neben Deutsch auch Afrikaans, Herero und Oshivambo. Wie gut, will ich jetzt nicht beurteilen. Er beherrschte auch ein klein wenig Namadamara, Khoekhoegowab. Das waren so die entscheidenden Sprachen. Namadamara, also die Hottentottensprache. Khoekhoegowab, das ist die amtliche Bezeichnung für diese Sprache. Man spricht heute amtlich nicht mehr von Nama-damara, weil das eigentlich eine Bezeichnung einer Volksgruppe und keiner Sprache ist. Mein sprachliches Interesse geht zurück auf einige Lehrer, die mich in dieser Hinsicht beeinflusst haben und denen ich es verdanke, dass ich sprachenspezifisch Deutsch studierte.

In der Zeit, die ich überblicke, waren die Deutschen hier im Lande im Grunde immer in einer Ausnahmesituation. Wie die Lage für die einzelne Familie war, hing davon ab, wo sie im Lande lebte, womit sie ihr Brot verdiente, wie aktiv oder auch passiv sie in politischen Dingen war. Mein Vater wurde mit Beginn des Zweiten Weltkrieges nicht in Südafrika interniert wie viele andere. Er ist nicht nach Baviaanspoort oder Andalusia geschickt worden. Er war aber ortsinterniert, die Südafrikaner brauchten ihn hier, da er Lehrer ausbildete. Das aber erinnere ich noch: im Schlafzimmer meiner Eltern stand immer ein gepackter Koffer. Und wir hatten kein Radio, das hat die Polizei konfisziert. Wenn mein Vater Okahandja verließ, dann musste er sich bei der Polizei abmelden. Ich glaube sogar, er musste sich jede Woche bei der Polizei melden. Aber wir haben nicht Bombenkrieg, Flucht und Trümmer erlebt. Wir waren in dieser Hinsicht sehr behütet. Leider habe ich meine Großeltern nie kennen gelernt. Als wir nach Deutschland fuhren, zum sogenannten Heimaturlaub, das ist ein Dienst in Deutschland, den die Missionsgesellschaft damals durchgeführt hat, das war 1955, waren meine Großeltern gestorben. Meine gesellschaftliche, soziale Heimat war die Familie. Wir waren sieben Kinder, mein Bruder ist mit 26 Jahren gestorben. Und Familie, das war im größeren Kreis auch die Mission. Die Missionsangehörigen hielten eng zusammen. Sie nennen sich ja auch bis heute noch »Geschwister«. Das ist ein Terminus, der in den Kreisen üblich ist. Es ist ja auch unter Geistlichen üblich, dass sie sich Bruder oder Schwester nennen. Ein Ausdruck, der in der Bibel gebraucht wird. Entsprechend haben wir dann die Älteren, also die Kollegen meines Vaters und ihre Ehefrauen, mit Onkel und Tante tituliert. Das war die Heimat, in der ich aufwuchs.

Ich kam in die Schule, als Deutschunterricht nicht möglich war. Nach dem Krieg, 1945, wurde Deutsch ja abgeschafft. Lesen und Schreiben habe ich auf Afrikaans lernen müssen, in der einzigen

Grundschule für Europäer, die es in Okahandja gab. Ich lernte Lesen und Schreiben in Afrikaans, einer Sprache, die ich eigentlich gar nicht kannte. Ich bin zudem nicht am Anfang des Jahres eingeschult worden. Eigentlich war ich zu jung, aber mit einem Mal brauchten die noch ein Kind in der Schule, um einen zusätzlichen Lehrer beanspruchen zu dürfen. Da hat mein Vater gesagt, gut, dann schicke ich eben meinen Jungen. So gesehen habe ich Interkulturalität sehr direkt erlebt, ich habe auch erfahren, dass ich als Deutscher unter den Afrikaanssprachigen nicht immer beliebt war. Den Ausdruck »Bloody Jerry«, ein Schimpfwort für die Deutschen hier im Lande, den habe ich oft gehört. Und manchmal musste ich auch, wenn ich allein zur Schule kam, Spießruten laufen.

Der eine meistert das ohne weiteres, gerade unter Jungs. Wer körperlich stark ist, an den geht man nicht ran, aber wer körperlich eine nicht so gute Erscheinung ist, der wird natürlich leichter von den anderen gehänselt, und vom Hänseln kommt es dann leicht unter Jungs zu Ernsterem. Dann wird man stigmatisiert, dann reagiert man entsprechend, weil man sich beleidigt fühlt. Und dann geht es erst richtig los. Ich bin kein Prügler, ich bin keiner, der schlägt. Es war manchmal schwierig. Und wir waren eine Minderheit. Auch später in Omaruru. Als dann der deutschsprachige Unterricht, eine sogenannte deutsche Abteilung, eingeführt wurde, da ging es uns in dieser Hinsicht besser. Das war ab 1951. Nun ist es nicht so, dass ich damals geschädigt worden wäre, so hochspielen würde ich das nicht. Aber ich habe eine ziemlich genaue Vorstellung, wenn jemand sagt, er wird sozial oder kulturell oder sprachlich geschnitten.

Diese Kindheitserlebnisse haben mein Verhältnis zu den Afrikaanssprachigen mitgeprägt. Ich habe mich für Sprachen interessiert und in Stellenbosch, Südafrika, eine Hochburg der afrikaansen Sprache und Kultur, habe ich Afrikaans als Hauptfach studiert. Das mag merkwürdig anmuten, wenn man weiß, wie die afrikaansen Schüler uns oft gepeinigt haben. Aber es war eben so. In Afrikaans habe ich später sehr wenig unterrichtet. Ich habe mich als Lehrer weitgehend auf Deutsch konzentriert. Zur afrikaansen Kultur allerdings hat sich so etwas wie eine stille Liebe entwickelt. Und damit auch eine gewisse Affinität zu den Menschen, die ich aber auch nicht überbewerten will. Wegen der geschilderten Kindheitserfahrungen.

Aber lassen Sie mich noch etwas zur Schulzeit sagen, das Afrikaanse betreffend. Ich habe die Kinderzeit an Schulen verbracht, die von afrikaansen Schulleitern geführt wurden, die meistens sehr viel Wert darauf legten, dass auch die afrikaanse Wesensart an diesen Schulen vorherrschte: Strenge, Disziplin, Genauigkeit, das war ihnen wichtig. Aber nicht im preußischen Sinne. Das afrikaanse Denken, das südafrikanische Denken, hat einen sehr starken calvinistischen Ansatz.

Dort liegt auch eine Wurzel der Apartheidideologie. Wahrscheinlich die stärkste. Ich nenne einige Momente. Der Anspruch, zum auserwählten Volk zu gehören. Ähnlich der altbiblischen, alttestamentlichen Vorstellung des Judenvolkes, haben das die afrikaanssprachigen, weißen Afrikaner auch für sich in Anspruch genommen. Wenn Sie die Geschichte des Großen Trecks lesen, dann wird das ganz deutlich: »Wir haben uns gequält, geschunden, Entbehrungen auf uns genommen, wir sind das auserwählte Volk«, das sagten sie von sich. Natürlich besteht bei einer solch hohen Wertschätzung des Eigenen die Gefahr, dass das Andere abgewertet wird. Dann wird die Sache rassistisch. Und das ist es ja auch geworden. Aber ich glaube nicht, dass das in den Menschen schon angelegt war. Ich versuche jetzt, eine Theorie zu vertreten, die sicher etwas gewagt ist. Die Tatsache, dass es in der alten Kolonie am Kap so viele Mischehen gab, ob legal oder illegal, die eine ganze Gruppe von Menschen in Südafrika hervorbrachte - die Mischlinge, die Coloureds, die Bastards - das deutet meiner Meinung darauf hin, dass die Grundhaltung eigentlich nicht rassistisch war. Die ist es aber später geworden, zunächst von den meisten fast unbemerkt. Dieser Ansatz - »wir, vom auserwählten Volke«- wurde von einem bestimmten Punkt an durch eine ausgeprägte, südafrikanische Art des calvinistischen Denkens, das betraf auch teilweise das damalige Südwestafrika, noch verstärkt. Das calvinistische Denken selbst, das wäre ein zweiter Moment. Es ist ein auf Gesetzlichkeit gegründetes Denken. Eine sehr starke Betonung der zehn Gebote. Eine sehr starke Betonung hierarchischer Autorität. Eine sehr undemokratische Form von Religiosität. Ein Beispiel: der Deutschsprachige tituliert Gott mit »Du«, der Afrikaanssprachige tituliert Gott mit »u«, als »ü« gesprochen. »u« ist eine Höflichkeitsform, ist eine Sie-Form. Die

Afrikaander, die weißen Afrikaanssprachigen, haben nie verstanden, wenn wir als Deutsche Gott mit Du ansprachen, dann haben die Afrikaander das als Beleidigung empfunden. Und wenn wir übersetzten mussten, dann war das immer ein Problem. Dann mussten wir nicht nur grammatisch korrekt übersetzen, sondern mussten auch kulturell korrekt sein. Ein weiterer Moment, das ist der sehr starke Ordnungssinn. Auch kulturell, in jeder Hinsicht. Im Tagesablauf, in den Gepflogenheiten an Feiertagen. Eingebettet in eine hierarchische Struktur. Und: wer gibt den Ton an? Eine ganz wichtige Frage! Das hat uns natürlich als Deutschsprachige in diesem Land geformt. Ob wir wollten oder nicht.

Es gibt unter uns Deutschsprachigen viele, die sehr stark durch Schule und Internat afrikaans geprägt worden sind. Das will ich gar nicht negativ bewerten. Denn ich meine, Ordnungssinn und so was ist ja im Grunde eine gute Sache. Von mir kann ich sagen, ich hatte vorzügliche afrikaanse Lehrer. Das waren oft feine Männer, wirklich. Aber sie haben uns auch, das hing von der Persönlichkeit des Einzelnen ab, die afrikaanse Art regelrecht eingebläut, oder sagen wir es freundlich - nahe gelegt.

Als Junglehrer hat mich das besonders geplagt, wenn ich feststellte, hier wird man kujoniert. Dann habe ich zaghaft mit meinen Kollegen darüber gesprochen. Die winkten ab, damit musst du halt umgehen können, sagten sie. Ein alter Lehrer, den ich sehr geschätzt habe, der sagte: gehe nie zu deinem Fürst, wenn du nicht gerufen wirst. So hat er das formuliert. Er hat gesagt: Ich gehe doch nicht zum Schulleiter und bespreche mit dem Sachen, das mache ich doch nicht. Aber der war schon alt, der konnte das. Ich war damals noch jung. Ich rede ein bisschen viel darüber, aber das Afrikaanse war für mich von solch starker Bedeutung, dass ich immer wieder darauf zurückkomme bei meinen Überlegungen.

Es ist ein interessanter Gedanke, auch über die preußische Prägung von uns Deutschen hier einmal genauer nachzudenken. Vorstellbar, dass viele von uns auch stark preußisch geprägt worden sind. Sich selbst erheben, die Afrikaander als »Schlappohren« bezeichnen, dass könnte aus der Ecke des preußischen Hochmutes kommen. Aber was hat uns mehr geprägt, der Calvinismus oder das Preußentum?

Vielleicht doch das Preußentum? Es gibt ja im Leben immer zwei Formen der Prägung. Das eine ist die negative Prägung - »man muss« - und das andere ist die positive Prägung - »man darf, du sollst«. »Du sollst« ist das preußische Wort. Und im Sinne des Wortes »du sollst« sind wir natürlich Preußen. Im Sinne des »du musst« sind wir calvinistisch. Die preußische Prägung allerdings wurde nicht so kritisch hinterfragt. Allgemein gilt das Preußische als gut. Kritischer wurde mit dem calvinistischen Grundzug, unserer Art zu leben, umgegangen. Die Verhältnisse zwischen Deutsch- und Afrikaanssprachigen haben sich im Lande, ich sage es vorsichtig mit dem Blick auf die letzten Jahre, ein wenig abgekühlt. Aus vielen Gründen, die ich nicht so ganz überschaue. Vielleicht so: in Deutsch-Namibia trafen sich die calvinistischen Hugenotten, die nach Südafrika ausgewandert sind, mit den Calvinisten, die als Hugenottenflüchtlinge nach Berlin gekommen waren. Und Berlin lag ja im Kernland der Preußen.

Mit Haltungen, die vor solch einem Hintergrund gewachsen sind, mit einer oft verunsicherten Identität, sind die Deutschen damals dann mit dem Nationalsozialismus hier im Lande in Berührung gekommen unter den Bedingungen einer durch die natürlichen Gegebenheiten begrenzten Kommunikation und Information. Und diese neue politische Strömung, die aus Deutschland nach Südwest schwappte, hat ja ganz und gar auf das Deutschsein gesetzt. Kein Wunder, dass dies die Leute wieder stärker zueinander brachte. Ich wage im Augenblick kein Urteil über die Haltung der Deutschsprachigen in diesem Lande gegenüber dem Nationalsozialismus. Es hat da sehr unterschiedliche Bewegungen, unterschiedliche Strömungen gegeben. Natürlich auch gewisse Sympathien, auch Verbindungen zwischen Afrikaanssprachigen in Südafrika und Persönlichkeiten im Dritten Reich. Das ist ja wohl auch nachgewiesen, »Ossewa-Brandwag« und so weiter. Es hat aber auch wesentliche Unterschiede gegeben, weil der Afrikaander immer sehr stark religiös war, und der Nationalsozialismus seine eigene »Religion« gebildet hat, eine an der Bibel orientierte, nicht anerkannte. Es hat auch meines Wissens unter den Afrikaanssprachigen in Südafrika keinen Antisemitismus gegeben. Weil man das mit dem wiederum stark alttestamentlich orientierten christlichen Glauben ja nicht hätte vereinbaren können.

Unter den Deutschsprachigen, die hier aufgewachsen und geprägt worden sind, hat rassistisches Gedankengut über viele Jahre eine durchaus wichtige Rolle gespielt. Das kann ich nicht verkennen. Ich glaube aber nicht, dass dies vom Nationalsozialismus angeregt wurde, sondern das kam über die Apartheidideologie in unsere Gesellschaft hinein.

Die Verbindung der Deutschsprachigen in Namibia mit den Afrikaanssprachigen war immer sehr unterschiedlich. Da hat es intern oftmals viel Kritik gegeben, auch Überheblichkeit seitens der Deutschen. Wie schon gesagt, so wurden die Afrikaander »Schlappohren« genannt. Eine diffamierende Aussage. Ein Begriff, sagen wir, mit einer gruppenidentifizierenden Funktion. Natürlich wurde er nie in der Öffentlichkeit gehandelt. Das wandelte sich, als die SWAPO kräftiger in Erscheinung trat. Da hat es ab Mitte der achtziger Jahre bis zur Unabhängigkeit Namibias 1990 zwischen Afrikaanssprachigen und Deutschsprachigen einen gewissen Schulterschluss gegeben. Man hat, und ich sage das mal so, wie es damals beurteilt worden ist, man hat in der SWAPO die Verkörperung des ganz Bösen und einen schlimmen, marxistischen Angriff auf das christliche, auf das europäische, südliche Afrika gesehen. Das war die herrschende Propaganda, der wir mehr oder weniger aufgesessen sind. Wiederum wir Deutschen mit einigem Abstand. Aber in dem Augenblick, in dem es um die Existenz ging, da haben wir uns dann auch dem angeschlossen. Die Existenzfrage war damals auch eine Frage der Sicherheit. Es gab ja Überfälle und Morde im Lande. Es hat Angriffe auf Farmer gegeben. Und das haben die Weißen, Deutsche und Nichtdeutsche, sie haben das als Angriff auf ihre Sicherheit und Existenz betrachtet und entsprechend reagiert. Es gab den gemeinsamen Feind, der zu bekämpfen war. Gemeinsam.

Wobei es im täglichen Umgang durchaus Kontakte untereinander gab. Er war nicht immer eine Frage von Schwarz und Weiß. Die DTA zum Beispiel hat ja versucht, Schwarze und Nichtweiße mit einzubeziehen. Schwarz und Weiß in einer Partei.

Die alte Apartheid war ja dann abgeschafft worden, und man hat sich mit dem, was blieb, abgefunden, oder man hat es geschluckt. Auch in deutschen Kreisen stimmte man nicht immer der südafrikanischen Politik vorbehaltlos zu. Die DHPS zum Beispiel hat die Aufnahme nichtweißer Schüler ermöglicht, 1978, das war nicht einfach. Es gab Widerstand seitens der Eltern. Angeblich auf Druck der Bundesregierung wurde das dann durchgesetzt, was sicher auch stimmt. Und unter Duldung der damaligen Regierung, die das zwar gesehen, aber offiziell nichts dagegen unternommen hat. Das war der sogenannte »Fall Seemüller«. Es betraf den farbigen Adoptivsohn des deutschen lutherischen Pfarrers in Otjiwarongo, Pfarrer Seemüller, dem die Aufnahme in die staatliche deutsche Schule verweigert wurde. Da hat es ganz böse Kontroversen gegeben. Auf beiden Seiten - hin und her. Es gab manche, die damit ihre Probleme hatten und behaupteten, das sei ein Präzedenzfall. Und andere wiederum haben gesagt, das ist etwas Normales, etwas Natürliches, das lassen wir doch einfach laufen.

Ich sage noch etwas zu meiner Lehrertätigkeit. Von 1959 bis 1962 habe ich studiert, vier Jahre, Uni Stellenbosch. Das war die Grundausbildung. Mehr hat man mir nicht erlaubt. Wir waren eine große Familie, ich war von einem staatlichen Stipendium abhängig, und der Staat hat gesagt, jetzt bist du Lehrer, jetzt kommst du und unterrichtest. Die südafrikanische Universitätsausbildung, damals wie heute, führt zum Baccalaureus, Bachelor of Arts, nach drei Jahren mit zwei Hauptfächern. Meine waren Afrikaans und Deutsch. Mit einem weiteren Jahr dann zum Lehrerdiplom. Ich bin dann nach Swakopmund gegangen, habe dort drei Jahre lang unterrichtet, vorwiegend Deutsch. Dann habe ich mich um ein Stipendium bei der Bundesregierung beworben und war zu einem Fortbildungsjahr in Kassel, das war 1966/67. Das war ein sehr wichtiges Jahr für mich. Ich bin dann erst einmal zurückgegangen und habe weitere vier Jahre in Swakopmund unterrichtet und bin dann als Fachberater für Deutsch angestellt worden. Danach habe ich von Windhoek aus gearbeitet. Unter der damals noch Südwestafrikanischen Administration, die dann im Zuge der Einführung der AG8 Administration for Whites, die Administration für Weiße, wurde. Als Beamter war ich nun verantwortlich für den Deutschunterricht im Lande. Diese Funktion als Fachberater habe ich ausgeübt bis 1986. Ich war sehr viel unterwegs in dieser Zeit, wurde dann auch verantwortlich für andere Sprachen.

Wir haben dieselben Lehrpläne gehabt wie alle anderen auch, das war ja alles einheitlich: Lehrpläne, Gehaltsstruktur. Aber die Finanzierung und dergleichen war sehr unterschiedlich. So investierte 1989 die Administration für Weiße in ihre Schüler 1760 Rand je Schüler, bei der Ovambo Administration waren es im Durchschnitt fünfundneunzig Rand im Jahr. Im Ovamboland kamen auf einen Lehrer im Durchschnitt neununddreißig Schüler, bei uns Weißen waren es dreizehn. So waren die Verhältnisse.

Der muttersprachliche Unterricht war ausschließlich an den Schulen der Administration für Weiße beheimatet und der fremdsprachliche zum großen Teil auch. Mit später einer Ausnahme, und das war die Deutsche Höhere Privatschule, die DHPS in Windhoek. Meine Kontakte mit den Deutschlehrern und auch den Schulleitern und den Lehrern der DHPS waren immer sehr günstig und haben mir auch sehr viel bedeutet. Mit der Unabhängigkeit und der Auflösung der alten Strukturen bin ich dann übernommen worden. Erst in einer amtierenden Funktion als Hauptfachberater, dann in einer festen Stellung im neuen Ministerium als Abteilungsleiter für europäische Sprachen in der Curriculum-Planungsabteilung. Im Zuge einer Umstrukturierung im Jahr 1994 wurde ich dann mit gleichbleibenden Verhältnissen, also unter Beibehalt meines Ranges und so weiter, versetzt in das Windhoeker Regionalbüro. Das war eine Dienstaufsichtsbehörde. Dem Deutschunterricht und dem Sprachunterricht wurde ich eigentlich entfremdet, war nun in der Funktion des stellvertretenden Direktors verantwortlich für alle Inspektoren, Fachberater und Schulleiter. Mir unterstanden damals 146 Schulen, das schließt eine ganze Reihe von Privatschulen mit ein. Auch die DHPS. Das war eine sehr interessante Tätigkeit. Ich musste jetzt mit einem Mal etwas ganz anderes machen, was ich in meinem Leben bisher noch nie gemacht hatte, nämlich Schulverwaltung betreiben. Als mein sechzigster Geburtstag anstand, habe ich mich bei der Staatssekretärin gemeldet und ihr geschrieben: I am bound to retire. Ich wusste, dass man mit sechzig als namibischer Beamter in den Ruhestand gehen muss, es sei denn, dass man gebeten wird, weiterzumachen. Und das habe ich dann auch so akzeptiert und bin seitdem im Ruhestand. Das ist also meine berufliche Laufbahn.

Etwas genauer möchte ich noch das Verhältnis zum Deutschen kennzeichnen. Meine Bindung zu Deutschland hat im Grunde drei Wurzeln. Die eine ist die familiäre Wurzel, meine Eltern kommen aus Deutschland und die Vorfahren meiner Frau natürlich auch. Die familiären Wurzeln meiner Frau reichen mehr als vier Generationen in die namibische Geschichte hinein. Aber die Verbindungen mit Deutschland sind lebhaft erhalten geblieben. Da gibt es Verwandte, mit denen wir Verbindung haben. Die auch herkommen, oder wenn wir nach Deutschland reisen, dann versuchen wir, die aufzusuchen. Die zweite Wurzel, das ist jetzt keine Rangordnung, ist die sprachlich-kulturelle. Als Deutschlehrer, als Fachberater für Deutsch, hatte ich nicht nur das Vergnügen, sondern auch das Privileg, zweimal vom Goethe-Institut eingeladen zu werden.

Ich bin, das habe ich vorhin gesagt, beeinflusst worden von einem sehr direktiven afrikaansen Denken. Aber ich bin ebenso geprägt worden von einem alternativen, alternativ nicht im modernen Sinne, sondern von einem andersartigen, deutschen Denken. Das habe ich schon immer in meinem Leben, mehr als meine Kollegen, auch mehr als meine deutschen Kollegen empfunden, weil ich auch in Deutschland zur Schule gegangen bin.

Wie schon erwähnt fuhren 1955 meine Eltern auf Heimaturlaub nach Deutschland. Das war aber kein Urlaub, diese achtzehn Monate. Mein Vater musste damals sogenannte Missionsfeste abhalten, er war wochenlang unterwegs und musste überall predigen, Lichtbildervorträge halten. Werben für die Mission. Imagepflege würde man das heute nennen. Ich bin damals in eine deutsche Schule gegangen, in Dillenburg, in das Gymnasium. Das war herrlich. Ich habe den Deutschunterricht mitgemacht, ich habe allen Unterricht mitgemacht. Ich hatte einen vorzüglichen Deutschlehrer, der mich sehr geprägt hat. Kriegsversehrt. Er hatte einen verstümmelten Arm und hat damals sehr dezidiert, obwohl das ja nicht Thema des Deutschunterrichts war, auf das Furchtbare während der Nazizeit, im Dritten Reich und im Krieg hingewiesen. Das hat uns damals sehr beeindruckt. Und er war, wie ich damals auch schon, ein Liebhaber von Eichendorff. Da haben wir uns gewissermaßen getroffen. Ich war begierig, möglichst viel vom Zusammenhang zwischen deutscher Sprache und dem Leben in Deutschland zu erfahren. So bin ich zu den Stätten von Götz von Berlichingen gepilgert, sage ich jetzt mal etwas übertrieben. Habe, das vergesse ich nie, in Schwäbisch Hall zum ersten Mal einen Pranger gesehen und dabei begriffen, was die Redensart »an den Pranger stellen« bedeutet. Ich erinnere mich noch einer Allee an einem wunderschönen Herbsttag. Die Sonne schien und die Blätter fielen. Da dachte ich - das ist ja wie Sterntaler. Scheinbar etwas weit hergeholt. Aber ich kam aus einem Wüstenland.

In Swakopmund, da haben wir Eichendorffs »Taugenichts« als Pflichtlektüre lesen müssen. Ich aber war einer der wenigen, der einen richtigen Wald in Deutschland kannte. Meine Mitschüler, die hatten keine Ahnung davon, damals war es vermutlich noch viel trockener als heute, die haben nur ein paar Tamariskenwäldchen gekannt.

Und den Südwester Busch. Und der hat mit Eichendorffs »Oh, Täler weit, oh Höhen« absolut nichts zu tun. Mich damit auseinander zu setzen, das macht mir bis heute Spaß. Mich beschäftigt noch immer die Frage: Wovon bin ich infiziert, bewusst oder nicht bewusst, geprägt worden? Woher komme ich, wer bin ich?

Und die dritte Wurzel ist die kirchliche. Die auch wieder ihre Eigenarten hat, und die auf meinen Vater zurückgeht. Aber auch meine persönliche Tätigkeit einschließt. Ich bin in der Kirche aktiv, ich bin ein sogenannter Laienprediger dieser Kirche. Und schon zweimal von der evangelischen Kirche in Deutschland zu Konferenzen eingeladen worden. Das ist die dritte Wurzel. Das hat auch eine besondere geistliche Komponente. Geistlich, geistig. Im Sinne von Denkströmungen, bis ins Politische hinein. Die ganze Auseinandersetzung um den Abtreibungsparagraphen. Und die Frage der Homo-Ehen und so weiter. Wir Deutsch-Namibier können uns dem nicht entziehen. Wir leben ja recht nah an Deutschland, die Verbindungen sind zum Teil sehr lebendig. Über den Daumen gepeilt, würde ich sagen, dass ein Drittel der Deutsch-Namibier sehr enge Beziehungen zu Deutschland hat, und wahrscheinlich mehr als ein Drittel besitzt den deutschen Pass, fährt regelmäßig nach Deutschland. Ein weiteres Drittel pflegt durchaus Verbindungen, aber nutzt sie nicht so intensiv, ab und zu ein Brief, gelegentlich ein Besuch, vielleicht eine Reise nach Deutschland, aber nicht regelmäßig. Und ein Drittel, grob gesagt, hat noch losen brieflichen Kontakt, nimmt Ereignisse in Deutschland nicht so bewusst wahr, versucht nicht, Verbindungen herzustellen. Im Sinne eines interkulturellen Dialogs, der sich ja immer über Menschen abspielt und nicht über Sachen und Dinge. Wenn ich darüber nachdenke, wie ich so geworden bin, wie ich bin, stelle ich fest: Ich bin gewissermaßen doppelt geprägt worden. Einmal von einem Vater, der in einer Mission tätig war und für den Schwarze immer Geschöpfe Gottes waren, die man zu respektieren hatte. Das Wort *Baas*, Sie kennen das, wurde in unserem Elternhaus nie gebraucht. Unser Vater hat das nicht gewollt. Er wurde als Herr, als *Meneer*, angesprochen. Aber das war doch schon etwas Gehobeneres, will ich mal sagen. Und ich weiß noch, dass wir von unseren Eltern immer angehalten wurden, auch schwarze Menschen als Menschen anzuerkennen. Wir haben sehr viele Gottesdienste in der Missionskirche besucht, die sehr lange dauerten, weil die Predigt immer in verschiedene Sprachen übersetzt wurde. Und das hat uns natürlich auch beeinflusst. Aber aufgewachsen sind wir als Weiße in Namibia, die in einem sehr konkreten politischen, sozialen, kulturellen Umfeld lebten. Ich bin nicht, weder von Natur aus, noch über meine Erziehung, zu einem Dissidenten, so nenne ich das jetzt mal, geformt worden. Das liegt mir nicht. Der Mensch muss seine Rolle, auch seine charakterliche Rolle finden. Wer Siegfried heißt, aber nicht wie Siegfried das Schwert schwingen kann, der soll es bitte sein lassen. Mein Vater hat mich nicht calvinistisch erzogen, aber er hat mich stark geprägt. Durch sein Vorbild. Durch seine Art des christlichen Lebens. Meine Eltern kommen beide aus dem württembergischen Pietismus. Und der ist auch sehr streng. Da ist natürlich Gehorsam eine Tugend. In diesem Sinne bin ich erzogen worden. Also nicht in der Tugend des Widerstandes, sondern eher in der Tugend des sich Einbringens, in der Tugend, die eine christliche Wurzel hat. Das bedeutet, dass die Umstände, unter denen man lebt, gottgewollt sind. Und diesen Gegebenheiten hat sich der Mensch zu fügen, und er wird schon irgendwie zurechtkommen. Das ist gewissermaßen Teil des Schöpfungsauftrages. Füllet die Erde, machet sie euch untertan. Ungefähr in diesem Sinne. Ich *versuche*, mich selber zu verstehen, mir die Dinge zu erklären, indem ich das sage. In keinem Augenblick meines Leben, das kann ich in Ruhe feststellen, habe ich versucht zu behaupten, dass ich eigentlich anders bin. Da unterscheide ich mich sehr wohl von einigen Gleichaltrigen. Namibier, die zum Teil aus demselben Hintergrund kommen wie ich, zum Teil auch nicht, und die in manchen Dingen einen anderen Weg gegangen sind. Ich könnte mir sagen, du hast versucht immer abzusahnen, dich heimisch zu machen, hast immer dafür gesorgt, dass es dir gut geht. Das ist ein Vorwurf, mit dem viele von uns zurecht kommen müssen. Ich habe schon keine Zugeständnisse gemacht, wenn es um meine beruflichen Aufgaben ging. Ich war also meinetwegen ein guter Diener aller Herren. Das kann man jetzt behaupten. Ich mache mir Gedanken darüber, versuche, mich damit auseinander zu setzen. Ich habe versucht, das zu machen, was ich mit meinem Gewissen vereinbaren kann, nicht immer ist mir das gelungen.

Viel, sehr viel habe ich durch meinen Vater gelernt.Ich habe sehr früh gelernt, dass jeder Mensch gleichwertig ist. Diese elementare Grundeinstellung hat mir in vielen Lebenslagen geholfen. In den letzten Jahren habe ich unter einem schwarzen Direktor im Windhoeker Büro gearbeitet. Auch vorher hatte ich schwarze Vorgesetzte, etwa die Minister. Ich sage das mit voller Überzeugung, ich habe damit, dass es sich hier um Schwarze handelt, nie ein Problem gehabt. Ich habe mich mit meinem schwarzen Direktor ausgesprochen gut verstanden, weil wir uns bestens ergänzten. Er ist Naturwissenschaftler, ich war Sprachwissenschaftler, und es ist oft vorgekommen, dass er mir gesagt, hat, Dieter, now you are not exact enough. You are again talking as a language person. I should tell you how it works. Er war sehr genau in manchen Dingen, sehr korrekt. Er war der andere Pol. Er war Naturwissenschaftler, und er war schwarz.

Diese Umstände haben mir einen ganz anderen Hintergrund erschlossen. Ich habe sehr sorgfältig zugehört, wenn er über Erfahrungen und Beobachtungen berichtet hat, und ich habe genau gewusst, das sind Erfahrungen, die habe ich nicht selber machen können mit meiner weißen Sozialisation. Er aber hat sie gemacht, und sie könnten auch für mich wichtig sein. Und das Dritte - er ist praktizierender Katholik, und ich bin, sagen wir, praktizierender Lutheraner. Und auch darin haben wir uns ganz gut ergänzt. Wir hatten natürlich eine gemeinsame, christliche Grundlage, die hat uns keiner nehmen können. Wenn ich das so sage, werde ich ganz Missionar. Die hat unheimlich viel ausgemacht, diese Grundlage.

Der Mensch als Geschöpf Gottes mit seiner ganz besonderen Seite und trotzdem als Gleicher unter Gleichen. Aufgrund der politischen Verhältnisse habe ich erst später erkannt, dass jeder Mensch auch im sozialen Bereich gleichwertig sein sollte, eine gleichwertige Stimme haben muss, etwa wenn er zur Wahl geht. Ich habe gelernt, dass jeder Mensch ein Kollege ist, ein Mitarbeiter, ein Mitmensch, im ganz humanen Sinne. Nicht, dass ich Probleme gehabt hätte, aber das ist oftmals in unserem Arbeitskreis so nicht praktiziert worden. Ich bin aufgewachsen an rein weißen Schulen. Ich hatte Kollegen, das waren Weiße. Und trotzdem gab es Möglichkeiten, auch anderes zu erfahren. Von nicht-deutschsprachigen Afrikanern, gelegentlich auch von Engländern und von Deutschen, die aus Deutschland kamen.

Neugierig machte mich stets das Andere. Nicht, ob es besser oder schlechter war, ich habe versucht, genau hinzuhören, hinzusehen und bin damit ganz gut gefahren.

Im Umgang mit Deutschland spielte die DDR bei mir keine Rolle. Über keine meiner drei Wurzeln gab es Berührungen mit der DDR. Ich habe auch drüben keine Verwandten gehabt. So gesehen bin ich sehr stark westdeutsch geprägt. Nach 1990 war ich in Berlin und in Magdeburg, häufig trifft man nun auch hier im Lande auf Gäste, die in der DDR gelebt haben. Es stellte sich mitunter heraus, dass wir uns in der Wesensart gar nicht so fremd waren wie es politisch zu sein schien. Wir sind ja die Südwester, die Südwessis. Eigentlich könnten wir die Südossis sein. Nach Gesprächen mit Leuten, die aus dem Osten kamen, blieb oft solch ein unsicheres, zwiespältiges Gefühl zurück. Merkwürdig, resümierte man dann, mit den Leuten der ehemaligen DDR verstehst du dich in mancher Hinsicht auf Anhieb besser als mit denen aus Westdeutschland. Dann kommt man schnell auf die Gründe, warum das so sein könnte. Die Menschen denken gerade, denken praktischer, sind ehrlicher, bescheidener, haben nicht dieses Anspruchsdenken. Sie sind auch nicht snobistisch. Gerade uns gegenüber. Sie sind ziemlich gebeutelt worden, die aus dem Osten, und sie sind sich dessen bewusst, dass man im Leben auch manchmal Perspektiven ändern muss, dass man das eigene Tun in der Vergangenheit auch kritisch hinterfragen sollte, ohne sich gleich aufzugeben. Während die Wessis diesen Perspektivenwechsel seit der Wiedervereinigung Deutschlands, ich behaupte das jetzt mal, zum größten Teil nicht nachvollzogen haben.

Natürlich wussten wir, dass die SWAPO neben den Kontakten zu den Linken in der Bundesrepublik auch sehr intensive politische, personelle Bindungen zur DDR hatte. Für manchen Deutsch-Namibier ist der Umstand, dass es zwei Deutschländer gab, erst 1990 durch das Eintreffen der DDR-Kinder greifbar geworden.

Kurioserweise sprachen diese jungen Schwarzen häufig ein besseres Deutsch als die Deutschen hier in diesem Land. Ich erinnere mich an einen deutschen Rednerwettbewerb. Den ersten Preis hat ein schwarzes Mädchen, das aus der DDR kam und dort zehn Jahre gelebt hatte, errungen. Und das hat keiner beanstandet, so weit ich das weiß. Vielleicht haben sie nicht darüber gesprochen. Auch schulisch waren die zum Teil gut. Problematisch waren sie für meine Kollegen insofern, als dass diese jungen Menschen ja ein paarmal in ihrem Leben entwurzelt, umgepflanzt worden sind und sich zum Teil nur sehr schwer wieder zurechtfanden. In der alten/neuen Heimat. Und daraus ergaben sich menschliche und erziehungsmäßige Krisen. Die Jungen merkten, dass in ihrem Leben etwas schief gelaufen ist. Ich weiß von Lehrerinnen, die sich sehr um sie bemüht haben, auch in der DPHS. Einer der ehemaligen Pastoren unserer Kirche hat sich besonders dieser Schüler angenommen und versucht, sie auch zu unterstützen. Das war nun auch Missionsarbeit. Sie sind, wenn sie den Wunsch hatten, getauft und konfirmiert worden. Wie viele davon noch irgendwie bei unserer Kirche geblieben sind, das weiß ich nicht. Ich glaube niemand. Aber einige sind dann auch in andere Kirchen abgewandert. Die DDR-Rückkehrer haben fast alle eine komplizierte Biographie. Wenn man sie die »Schwarzen Ossis« nennt, kommt das darin zum Ausdruck. Etwas kühl betrachtet, muss man feststellen, dass sie hier in den ersten Jahren der jungen Republik eine interessante, verbindende Funktion hatten. Zwischen den Deutschen, Deutschsprachigen hier im Lande und den Schwarzen, weil sie mit den Deutschen die Sprache teilten und streckenweise dann auch die Schulbank, das Internatszimmer. Aber von Ihrer Herkunft eben ganz anders waren, manche kamen aus ehemaligen Guerillafamilien. Und sie kannten gleichzeitig ein wichtiges Stück Kultur in Europa. So waren sie eine Art Bindeglied und haben so ganz nebenbei, denke ich, ein klein wenig geholfen, Berührungsängste abzubauen. Vielleicht haben sie auch manchmal Ressentiments angehäuft, das will ich jetzt nicht ausschließen. Aber das gehört dazu. Also wenn unser Pastor zum Beispiel feststellte, dass sie über gar kein Bibelgrundwissen verfügten. Die hatten überhaupt keine Ahnung. Das war für ihn erschreckend.

Logisch, der Pastor kam aus dem Westen Deutschlands, und sie kamen aus dem Osten.

Wenn Veränderungen besonders tief einschneiden, wenn man selbst bei diesem Umbruch nicht aktiv sein kann, weil man sich nicht traut, weil man für sich keinen Sinn darin sieht, dann kann sich das Gefühl einschleichen, Fremdling in der eigenen Heimat zu sein. In bestimmten Phasen fällt dieses Gefühl jeden von uns einmal an. Und man kann darin versinken. Es gibt Leute hier bei uns, die ganz geradlinig geblieben sind und von sich sagen, ich habe mich nicht geändert, das ist gute preußische Tugend. Die tun mir leid, die haben im Leben etwas verpasst und versäumt. Den Wandel nämlich, die Veränderung. Das Leben ändert sich ständig, das zu sehen, zu beobachten und, wenn man Glück hat, auch mit Hand anzulegen, das ist das Eigentliche. Eines Prinzips wegen am Vorgefassten festzuhalten, während das Leben ringsum in Bewegung ist, das macht traurig, macht müde und bitter. Das betrifft auch den Umgang mit unserer Muttersprache hier im vielsprachigen Namibia. Ich meine, der Erhalt der Muttersprache, auch die einer Minderheitengruppe, wie wir es ja als Deutsche sind, ist durchaus möglich. Es ist möglich unter der Voraussetzung, dass die Menschen es auch wollen. Wenn es also irgendwann einmal so weit kommt, dass wir Deutsch nicht mehr als Umgangssprache gebrauchen können, sondern nur noch als Inselsprache, etwa im kirchlichen oder im streng kulturellen Bereich, dann würde ich sagen, die Sprache stirbt, nach langem Siechtum sicher, aber irgendwann ist sie keine kulturelle Größe mehr. Ob man daraus dann noch einen besonderen Anspruch ableiten könnte, bezweifle ich. Für mich gab es in diesem Zusammenhang eine Grunderfahrung. Ich war Student in Stellenbosch, dort haben wir uns zu Volkstanzabenden getroffen. Irgendwann kam eine urdeutsche Gruppe aus Phillipi Vlakte, aus einer sehr alten deutschen Siedlung bei Kapstadt, zu uns. Eine Volkstanzgruppe. Die Mädchen trugen wunderschöne deutsche Trachten, und wir haben uns auf sie gestürzt. Wie waren wir verschreckt, als wir merkten, die können eigentlich kein Deutsch mehr reden. Die haben nur noch die deutschen Volkstänze getanzt. Das allerdings haben sie sehr gut gemacht. Das war vor dreißig, vierzig Jahren. Denen war ein wichtiges Stück deutscher Kultur abhanden gekommen: die Sprache. Mehr versehentlich, denke ich, sie waren ja lange, lange schon eingebettet in eine anderssprachige Gesellschaft. Die Chance für uns hier: Deutsch nicht als Inselsprache, sondern als bewusster Teil der öffentlichen Kommunikation, auch im Austausch mit dem wichtigsten europäischen Partner, Deutschland. Dann wird Deutsch eine Bereicherung für das Land sein, nicht mehr die Sprache der Kolonisatoren, wie es uns manchmal noch untergeschoben wird. Wenn der Deutschunterricht bei uns nun reduziert wird, reagieren naturgemäß die Eltern, sie sorgen sich um die Sprachfertigkeit ihrer Kinder. Verständlich, die Sorge. So gesehen ist die Gründung der deutschen Privatschulen zum Teil verständlich. In einigen der Ortschaften war in den staatlichen Schulen die Zahl der deutschsprachigen Schüler so gering geworden, dass man die Finanzierung dieses speziellen Unterrichts aus öffentlichen Töpfen kaum noch verantworten konnte. Die Zahl der Deutschsprachigen wuchs nicht, ging sogar zurück. Ich war damals mit beteiligt, betroffen, musste zur Kenntnis nehmen, dass die deutsche Gruppe, die deutsche Abteilung hier und da, geschlossen wird. Es kostete einfach zu viel Geld. Wenn die das privat machen, dann ist es ihr Problem, wo sie das Geld herkriegen. Nicht so eindeutig war für mich die Gründung oder die Abspaltung in den größeren Ortschaften, in Otjiwarongo, in Swakopmund. Das ist zum Teil bedauerlich, dass das so gelaufen ist. Ich habe immer, auch früher schon, als die deutschen Abteilungen, die damals den afrikaansen Schulen angegliedert waren und dann zum Teil selbständige Schulen wurden, gesagt, ihr müsst darauf achten, dass ihr eure Kinder in einem größeren kulturellen Zusammenhang erzieht. Das machen heute einige dieser Schulen ganz bewusst. In Grootfontein, der kleinen deutschen Schule weit im Norden, zum Beispiel. Die haben mit ihren Schülern ganz bewusst Ausflüge gemacht. Unter anderem in das Militärlager nach Grootfontein. Wir müssen doch mal gucken, was die da treiben, die Soldaten. Ich glaube, die haben sogar mit einem Militärflugzeug einen Rundflug gemacht. Da gab es einige Südwester, die knurrten. Muss das sein, mit der Namibian Defence Force wollen wir eigentlich nichts zu tun haben. Der Schulleiter aber fragte, warum nicht, das sind unsere Soldaten, das ist unser Land. Da wollen wir wissen, wie sie leben, die Männer dort im Camp.

Wichtig ist, erst recht für die privaten deutschen Schulen, dass die Kinder nicht isoliert erzogen werden, auch nicht sprachlich isoliert.

Nun gibt es neben Deutsch in der Schule die deutsche Sprache im täglichen Umgang. Die Zeitung, das deutschsprachige Programm im Rundfunk, die Bücher. Viele Möglichkeiten im Alltag, das Deutsch nicht untergehen zu lassen. Ohne sich polemisch immer wieder darüber zu ergehen. Wenn Sie von der Verarmung der deutschen Sprache in unserem Rundfunk, in der Zeitung sprechen, berühren Sie einen heiklen Punkt. Es wird von vielen ein Deutsch gesprochen, das orientiert sich am Hochdeutschen, an der deutschen Literatur. Und dann spricht man von Nord nach Süd das Südwester-Deutsch, in das durch das Leben afrikaanse Sprachbilder und Begriffe eingeschleppt wurden, in dem wir die merkwürdigsten englischen Einsprengsel finden. Ist das so schlimm? Ist das nicht Teil des Lebens? Natürlich wird hier noch viel getalkt und gequasselt. Will sagen sprachlich geschludert. Als Freund der schönen Literatur stört mich das. Aber ob wir das aufhalten können, ich weiß es nicht. Und so finde ich, wir sollten pragmatisch sein. Der Mensch ist ein Wesen, das immer unterwegs ist, auch geistig unterwegs ist, und da ändern sich Dinge. Die deutsche Sprache hat sich auch x-mal gewandelt. Und wenn die Germanen noch unter uns wären oder die Goten, die würden sich maßlos ärgern, dass wir nicht ordentlich altgermanisch oder gotisch reden. Solange wir uns verstehen können, eine gemeinsame Basis finden, solange wir noch in der Lage sind, komplizierte Vorgänge, vor allem geistige und auch menschliche, seelische, gefühlsmäßige Vorgänge sprachlich zu formulieren, ist alles im Lot. Ich glaube nicht, dass ich da zu großzügig bin. Viel ernster wird es, wenn wir uns den Gebrauch der englischen Sprache, als die Amtssprache im Lande, ansehen. Der englische Sprachgebrauch in der Öffentlichkeit, in den Nachrichten, in den politischen Reden ist derartig simpel, vereinfacht, dass bald keine wirklich komplizierten, differenzierten Vorgänge formuliert werden können. Dies ist fatal - das einfache Wort suggeriert die Lösung der Probleme durch einfache Aktionen. Es wird über einen solch schlichten Sprachgebrauch die Vielschichtigkeit gesellschaftlicher Vorgänge verdeckt, verkleistert. Im Sinne von Langzeitwirkung, versteht sich. Das halte ich für bedenklich. Denn selten sind die einfachen, schnellen Lösungen die besten. Gerade in unserem Lande, mit den vielen unterschiedlichen Kulturen, führt nur ein behutsamer, differenzierter Umgang miteinander zum bleibenden Erfolg.

Am abendlichen Feuer, zu Füßen der Blutkuppe, am Rande der Namib, las ich das erste Mal in Esslingers Gedichten. Beiläufig eher, am Braaifleischplatz, den Becher Rotwein in der Hand. Schakale balgten sich um die Reste unserer Mahlzeit bei Nacht. Nun holen sie mich manchmal ein, diese Bilder. In den Versen scheint etwas verborgen, versteckt, dass sie nachklingen lässt, ungefragt an Orten, die einsam scheinen und manchmal kalt und fremd. Oder war es nur die Erinnerung an die Nacht am Fuß des Berges, die sich mit dem verstörenden Rhythmus der Worte verband, war es der Himmel, der auf uns fiel, die wir bloß und nackt und mild gestimmt auf unserer Matte weit ab von allem in der Wüste lagen?

DER SKORPION STICHT. DIE ZEBRASCHLANGE SPRITZT / IHR GIFT IN BLUTIGROTES FLEISCH, /
ZERSETZT ZU FÄULNIS ALLES LEBEN. / HYÄNENHUNDE HETZEN / DAS JUNGE ZEBRAFOHLEN DURCH DIE GRASBEDECKTE FLÄCHE / UND TÖTEN ES IM ÜBERFLUSS VON KRAFT UND SCHNELLIGKEIT UND ANGST.

Der Mann lehnt es ab, sich Dichter zu nennen. Das wohl gesetzte Wort in der Sprache Eichendorffs und Hölderlins - es macht ihn froh, sollte es ihm wieder und noch einmal gelingen. Durchwirkt mit den Erfahrungen gelebten Lebens. Jetzt, da von dem Wenigen was bleibt, manches klarer wird.

ERINNERUNGEN STREIFEN ALS VERWEHTE WOLKEN / IN BREITEN STRICHEN ÜBERN LEEREN HIMMEL / VON WEST NACH OST, VON NORD BIS SÜD.

Angekommen. Leben in der extendet african family

Er gehört zur ersten einheimischen Pastorengeneration der Deutschen Evangelisch-Lutherischen Kirche im Lande. Als der Landesprobst am 8. Februar 1976 ihn feierlich ins Amt berief, wurde nebenan die junge Republik Angola gerade ein Vierteljahr alt. Verstörte, Erschöpfte, fast immer weißer Haut, flüchteten aus Angola in den Süden, fuhren mit hochbepackten Autos auch an der Windhoeker Christuskirche vorbei, in der Peter Pauly den Segen des Probstes entgegennahm.

Da sieht man wohin es führt, wenn der schwarze Mob siegt, hieß es nicht nur im Thüringer Hof, im Deutschen Haus und auf den Farmen. Die Deutsch-Südwester sahen sich in ihren schlimmsten Ängsten bestätigt. Zur gleichen Zeit gewährten die Vereinten Nationen der SWAPO den Status eines ständigen Beobachters. Vertreter nebst Büro in New York. Im Exil hingegen, in Sambia, rebellierten Mitglieder der SWAPO-Jugendliga gegen die Führung, ja schlimmer noch, mehr als tausend Soldaten der PLAN verweigern ihren Kommandeuren den Gehorsam. Die SWAPO-Führung ließ sie von den sambischen Behörden kassieren, sie wurden kurzerhand eingesperrt. Im Lager von Mboroma fanden sie sich wieder. Eine mit der Notwendigkeit revolutionärer Disziplin im struggle begründeten Aktion. Die Narben schmerzen bis heute.

Ich war neugierig auf den Mann, der sich in solchen Zeiten aus eigenen Stücken hinter die Kanzel stellte. Lange hatte ich ihn umkreist, oft war er an mir vorübergehuscht, nicht in Hast, aber doch zielstrebig und in Eile. Zu banal erschien es mir, ihn meiner Fragen wegen aufzuhalten. Auf den ersten Blick glaubte ich, in ihm meinen alten Vater zu erkennen, was mich zur Zurückhaltung mahnte, meinen Wunsch mit ihm zu reden aber auch neuen Auftrieb gab. Vater hatte in den letzten Lebensjahren die Tage, ja die Stunden, mit dem nun tiefen Wissen von der Vergänglichkeit des Lebens behandelt. Er geizte mit der Zeit, hatte stets einen Plan für den Tag und Pläne für die kommenden Monate. Um dann doch ganz plötzlich zu gehen, mir blieb nur noch, den Strick zu lösen, ihn behutsam auf den Boden zu betten. Ein kleiner alter Mann, der leicht war wie ein Kind, dessen stumme Zeichen ich wohl doch nicht so gut verstanden hatte, wie ich sie zu verstehen glaubte.

Dann saß ich dem Herrn Pfarrer gegenüber, im engen Arbeitsraum des Kirchenarchivs. Abwärts, von der Kellertreppe durch die Tür, stolperte ich ihm unvermittelt unter die Augen. Der Pastor schmal und feingliedrig, hatte sich bequem in den Stuhl zurückgelehnt. Die sehnigen, von Sonne und Alter gegerbten Hände hielt er ruhig auf dem Tisch. Angetan mit hellem Hemd und Jacke mit Weste, in deren Uhrentasche tatsächlich eine Uhr steckte, die er an einer schmalen Kette herauszog, als ein junger Mann eintrat und ihm einen abgegriffenen Ordner reichte.

Er hatte ihn wohl früher erwartet, den Jungen. Unter der dunklen Baskenmütze sprießte an den Schläfen silbergraues Haar hervor. Er trug die Kappe ein wenig auf das Ohr gezogen, was ihm einen Schlag ins Verwegene verlieh. Mit flinken Augen versuchte er sich ein Bild von mir zu machen.

In den Archivregalen flüsterten Missionare mit Ungläubigen, Pastoren mit Polizisten. Protokolle des Kirchenrates rieben sich an Beschwerden von Gemeindemitgliedern. Schriftlich erteilte Auflagen der Militärbehörden waren an Ergebenheitsadressen des Farmervereins geheftet. Gnadengesuche fanden sich neben Gerichtsprotokollen. Hier und da die Spur von Kaffeesatz und fetter Wurst.

Schicksale bis zur Decke getürmt. Verschlüsselt als Kirchensteuererklärung oder offen mit der Bitte um absolute Vertraulichkeit als verräterischer Brief. Aber Peter Pauly sah sich nicht als Herr der Akten. Er war einfach nur neugierig auf das Leben.

Peter Pauly
Jahrgang 1917, tropischer Landwirt und Pastor e.m.

Ich bin 1917 während des Krieges in Breslau geboren. Meine Mutter wurde dort als Ursulinschwester ausgebildet. Die Ursulinerinnen sind Angehörige eines altehrwürdigen katholischen Nonnenordens, die meistens als Lehrerinnen tätig waren. So war sie auch Hauslehrerin in Ungarn. Mein Vater heiratete sie kurz bevor sie Nonne werden sollte, das erste Kind meiner Eltern wurde 1914 in Breslau geboren und ist meine Schwester Rosemarie.

Die Erinnerungen an meine Geburt und an die Zeit danach sind sehr lückenhaft. Ich kann nicht unterscheiden, was mir erzählt worden ist, und was ich erlebt habe. Sicher ist: mit drei Jahren habe ich meinen Vater erstmals bewusst als Störfaktor wahrgenommen. Der Batterieführer im 88. Feldartillerieregiment kam mit seinen Leuten aus Russland zurück. Die haben sich in Breslau vor dem Rathaus aufgebaut und mit dem Soldatenrat verhandelt. Nach den Verhandlungen ist Vater durch den Stadtpark nach Hause gegangen und wurde von irgendwelchen Vagabunden oder Landstreichern angefallen. Er hat am Stadtparkausgang eins über den Kopf gekriegt. Der Polizist sagte, das ist Ihre eigene Schuld, warum gehen sie im Dunkeln da rein. Durch den Park geht im Dustern niemand mehr von uns. Sie haben Glück gehabt, dass sie lebendig rausgekommen sind. Mein Vater hatte in Breslau studiert wie alle Paulys vor ihm. Erst Medizin nach dem Willen seines Vaters, nach dessen Tod Landwirtschaft mit Schwerpunkt Tierzucht- Vererbungslehre. Da seine Mutter in Berlin wohnte, zogen wir 1920 nach Berlin-Charlottenburg in die Grollmanstraße. Das Haus steht noch, ich habe es mir 1997 angeschaut. Hier ist mein Bruder Klaus am 27. März 1920 geboren. Wir drei Paulykinder sind trotz Krieg alle drei noch heute am Leben. Meine Schwester lebt durch Heirat seit 1934 in Dänemark, mein Bruder in München und ich in Namibia. 1923 wurde ich in eine Berliner Volksschule gesteckt, in der die Lehrerin ein Fräulein Ninabar war, die mir besser als meine Kinderfrau Emmy gefiel. Inzwischen hatte mein Vater eine Villa gemietet. Berlin Steglitz, Bellfort - Ecke Lindenstraße. Und dort habe ich von diesem Menschen die ersten Backpfeifen gekriegt. Wir hatten eine große Terrasse, wo ich mit meinem kleinen Bruder spielen durfte, und unten ging ein Zug mit roten Fahnen vorbei. Da gerade die Bettwäsche aufgehängt wurde, auch Inletts ohne Federn auf der Leine hingen, habe ich solch einen Kopfkissenbezug in Ermanglung einer Fahne genommen, auf einen Stock gesteckt und denen dort unten gewinkt. Die winkten fröhlich zurück. Zum Entsetzen meines Vaters, der gerade aus dem Büro kam und sah, dass es Spartakisten waren, und da bekam ich rechts und links eine geklebt.

Ich habe das weder gerne gehabt, noch verstanden, denn die da unten waren doch nette Leute, die solche Fahnen hatten, und ich hatte mir eben auch provisorisch so eine gemacht. Das war für meine Familie die erste »Affenschande«, meinte er.

Unterwegs zur Schule sah ich zum ersten Mal in meinem Leben einen sonderbar bunten Zug. Kleine Häuser auf Rädern mit bunten Pferdchen davor. Das waren sogenannte Zigeuner. Ich mit Schulranzen hinterher. Da winkte mir ein bildhübsches Mädchen, das leicht bekleidet war und auf dem Tamburin den Takt schlug. Ich wollte rauf auf den Wagen, denn da guckte auch eine Oma ganz freundlich aus einem kleinen Fenster. Plötzlich greift mich irgendein Vollidiot am Arm, reißt mich zurück, du darfst doch nicht zu den Kinderräubern gehen! Ein uniformierter Mensch brachte mich in einen Laden und fragte, kennen sie den Lümmel? Was die Verkäuferin bejahte, denn sie kannte meine Eltern. Ich aber war dem Heulen nah, denn der Traum von einer schönen, bunten Welt zog ohne mich weiter. Dann wurde ich vom Vater abgeholt und kriegte die zweite Verwarnung. Ab sofort rangierte ich unter schwererziehbar. Der Rat der Familie beschloss, dass das so nicht weiterging. Also weg aus Berlin und nach Hirschberg, heute Jelenia Gora. Mein Bruder und ich. Zu Tante Ellchen, die eine Ziegelei besaß. Dort kam ich verstört und mit schwerem Sprechschaden als Stotterer an. Eine andere Verwandte, Tante Trude, genannt Moses aus Posen, war über meinen Defekt so irritiert, dass sie sich intensiv meiner annahm. Sie war sehr behutsam, hat mir eine bestimmte Atemtechnik beigebracht, und langsam wurde es besser. Ich konnte wieder normal sprechen, bald auch ohne zu stottern. Beide Tanten und noch andere Verwandte von mir kamen dann im Kriege auf Grund ihrer jüdischen Abstammung im KZ Theresienstadt ums Leben.

Dort in Schlesien waren wir auf einmal Dorfkinder, kamen in die Dorfschule, und es begann für mich eine sehr gute Zeit in Zillerthal-Erdmannsdorf. Von der Dorfschule ging ich 1927 in das humanistische Gymnasium Hirschberg. Zwei Jahre später, 1929 in Potsdam, wurde mein Bruder in die dortige staatliche Bildungsanstalt, die frühere Kadettenanstalt, aufgenommen. 1933 dann die Machtergreifung der NSDAP mit Hitler als Reichskanzler. Die haben wir relativ positiv beurteilt. »Nationale Erhebung«, hieß es. Wir als Schüler der Napola, der Nationalpolitischen Erziehungsanstalt, wurden uniformiert und erhielten Kommandeure und Ausbilder, die eine Mischung von Schulunterricht und vormilitärischer Ausbildung praktizierten.

Uns wurde erklärt, wir würden zu Führern des Dritten Reiches auserwählt. Es machte uns einen Heidenspaß. Aber: wir durften weder ins Kino gehen noch auf den Fußballplatz. Diese Einrichtungen sind für dumme Proleten, für euch sind Opern und Theater, Schlagball und Handball das Angemessene, so die Meinung unserer Erzieher. Aber wir wollten natürlich und sind auch ins Kino gegangen, denn wie kann man uns etwas verbieten, was wir nicht kennen. Also gingen wir ins Kino und lernten Fußballspielen mit den sogenannten »Proletenkindern«. Wir sind einfach nach Nowawes gegangen. Wir waren Bündische Jugend, so was wie Pfadfinder, und das andere war Politische Jugend. Die schimpften uns Muttersöhnchen und haben uns auch einmal ordentlich verprügelt. Von Stund an waren wir immer zu viert oder fünft unterwegs und haben uns durchgesetzt. Auf dem Friedhof hinter Gräbern haben sie sich versteckt. Hitlerjugend oder »Drei Pfeile« oder wie sie hießen. Wir haben sie verdroschen, wenn sie uns am Kinogang hinderten. Die fassten uns nie wieder an. Auch das hat sehr viel Spaß gemacht. Wir waren doch deutsche Jungens ohne Angst.

Schön waren die zwei Urlaubssonntage pro Monat. Wir hatten eine Tante, die aus Afrika stammte, die Tochter meines Großonkels Dr. Exschnitzer, genannt Emin Pascha, Tante Ferrida. Sie ist in Neiße zur Schule gegangen. In Breslau hat sie Finanzwissenschaften studiert und ist dann als Direktrice der Dresdner Bank und Diskontgesellschaft nach Berlin versetzt worden, hatte keine Kinder, war auch nicht verheiratet. Tante Ferrida hat meinen Bruder und mich herzinniglich geliebt, und sie hat uns zum erstenmal von Afrika erzählt, und dass ihre Mutter noch Sklavin gewesen ist. Das war für uns sehr aufregend. Die Familie aber hat solche Erzählungen missbilligt. Wir als Jungs haben die Tante verehrt, auch weil sie eine sehr sympathische Angewohnheit hatte. Bei ihr gab es Marmorkuchen und Milchkakao. Die Tassen standen auf Untertassen, und wenn man die Tasse hochhob, dann lag in der Vertiefung der Untertasse immer ein Fünfmarkstück. Wir kriegten damals fünfundzwanzig Pfennig Taschengeld pro Woche. Und nun fünf Mark! Die Erzählungen über Afrika und die fünf Mark auf der Untertasse, das war Tante Ferrida.

1933 änderte sich alles. Man sah plötzlich keine arbeitslosen Eckensteher oder randalierenden Jugendlichen mehr. Auf einmal sah man nur Uniformierte, gut angezogene Leute, die unsere Lieder sangen, »Die blauen Dragoner reiten« und »Steige hoch, du roter Adler, hoch über Sumpf und Sand« und was weiß ich. Alles was wir früher gesungen hatten, sangen jetzt die Braunen. Rowdys, die sich vorher immer geprügelt hatten, waren auf einmal zivilisierte Leute. Das war gut, war aber leider eine nur ganz kurze Periode. Dann gab es auf einmal SA-Keller, in denen Regimegegner oder Kritiker brutal zusammengeschlagen wurden, das passierte auch einem Vetter von mir. Wir hörten die Geschichte von der Rhöm-Erschießung. Der Hitler hat mit einer Verschwörung innerhalb der SA-Führung aufgeräumt und schnell ein paar Leute umgebracht. Beim Heimaturlaub dann traf ich Vater und meinen Onkel Wolf in einer Freundesrunde. Der Onkel war Jurist, internationales Staatsrecht und so weiter. Den habe ich nach Röhm gefragt. Und plötzlich meldet sich einer aus der Runde. Die neue Nationalhymne heißt nicht mehr »Gott erhalte Franz den Kaiser«, die heißt jetzt »Gott erhalte Dr. Goebels, Gott erhalte Dr. Ley, Röhm, den hat er schon erhalten, Gott erhalte alle drei«. Worauf brausendes Gelächter losbrach. Ich fand das gar nicht witzig, wir fanden das sei eine Schweinerei. Man erschießt doch nicht Leute, die im Hotel sitzen, auch wenn sie meinetwegen »homopopo« oder sonst irgendwas sind. Hitler hätte seinen Freund mit einem Kerl im Bett erwischt und erschossen, so wurde uns das gesagt. Mein Onkel Wolf sagte, das ist doch keine Rechtsstaatlichkeit, der Reichskanzler erschießt die Leute, die ihm nicht mehr passen. Was sind das eigentlich für Zustände, meckerte ich dazwischen. Darauf mein Vater: »Was hast du eigentlich für einen Ton an dir! In Umbruchszeiten kommt immer der Abschaum nach oben, aber das setzt sich nachher wieder. Warte ein Weilchen, die sind ja man gerade ein Jahr an der Macht.« Abends befragte ich meinen Vater, wie das mit der arischen Abstammung bei uns in der Familie sei. Ja, sagte er, mein Ururgroßvater ist Rabbiner gewesen. Von 1801 bis 1848 gab es bei uns väterlicherseits nur Juden. Der Rasse nach und dem Glauben nach. Mein Vater war Preuße, war Jude preußischer Staatsangehörigkeit, mosaischer Religion. So seine Rede. Und dann zeigte er mir seinen Geburtsschein, da stand: Vater - Geheimer Sanitätsrat Dr. Josef Pauly, mosaischer Religion. Nationalität: Preuße.

Entsetzt stellte ich fest, ich habe den Waffenrock einer antijüdischen Regierung an! Da brach etwas in mir zusammen. Heute sagt man wohl: Identitätskrise.

Ich zurück in die Kaserne. Ich der Halbjude. Das mündliche Abitur konnte ich noch ablegen, zum schriftlichen wurde ich schon nicht mehr zugelassen. Als ich dem Vater telefonisch meine Schulentlassung als Nichtarier mitteilte, war er verständlicherweise sehr erbost, da ich erst achtzehn Jahre alt war, und nachdem ich nun keinen ordentlichen Schulabschluss, das Abitur, vorweisen konnte, erwarte er von mir den ordentlichen Abschluss einer Berufsausbildung bis zu meiner Volljährigkeit zu erreichen. Hierbei sei die Berufswahl meine Angelegenheit. Ihm sei es egal, ob ich Bäcker, Schuster, Frisör, oder Landwirt werde. Ich erklärte ihm, das ich auch auf dem Gut des Rittmeisters Herzberg in Mecklenburg als Eleve anfangen kann, dort Landwirtschaft lernen kann und dass dies nichts koste, wenn ich mitarbeite. Da war mein Vater zufrieden.

Der letzte Tag in Potsdam. Alles schulische und semimilitärische musste ich nun abgeben und bekam meine Zivilklamotten, Knickerbocker und Schiebermütze wieder. So bin ich nach Mecklenburg gefahren. Herrlich. Von Neustrelitz fuhr ich nach Feldberg, wo Fritz Fischer, der Milchkutscher, auf mich wartete, und mit ihm kam ich endlich nach Laeven auf das Gut des Rittmeisters. Nun war ich Eleve. Für zwei Jahre. Eines Tages kommt der Schwager meines Chefs. Der war früher in Argentinien gewesen und jetzt Vermögensverwalter unter anderem auch für Frau Dr. A., die Witwe des Bezirksamtmanns von Tanga, Hauptmann A., der ihr seine Kaffeeplantage in Ostafrika hinterlassen hatte, und nun suchte sie einen Plantagenverwalter. Im Gespräch hatte ich wohl einen guten Eindruck gemacht, auch war meine landwirtschaftliche Kammerprüfung mit »gut« ausgegangen. Sie wollten mich! Ich brauchte nur noch eine Wehrpflichtfreistellung. Die bekomme ich im Wehrbezirkskommando Neubrandenburg, wurde mir gesagt. In Neubrandenburg erklärte ich dem diensttuenden Feldwebel des Bezirkskommandos, dass ich als Kaffeeplantagenverwalter in Tanganjika eine Freistellung vom Wehrdienst brauche.

Wo ist das denn, Tanganjika, fragte der Schreibstubengefreite. Na früher war es Deutsch-Ostafrika vor dem Krieg, eine Kolonie des Kaiserreichs, erklärte ich ihm.

Darauf brüllte er durch die ganze Schreibstube, hört mal her, Leute, der Führer holt die deutschen Kolonien wieder, der hier geht schon nach Deutsch-Ostafrika. Der Krach hatte den Rittmeister aufgescheucht. Was ist hier los, knurrte der, an eure Plätze! Herr Rittmeister, so der Feldwebel, der Führer hat Ostafrika wiedergekriegt, der da will dahin, braucht eine Freistellung vom Wehrdienst. Und Südwest bekommen wir auch bald zurück. Mitkommen! So landete ich beim Rittmeister im Dienstzimmer. Ich bin Nichtarier, erklärte ich dem. Ich erzählte von meiner Anstellung in Tanganjika. Dass ich dort für ein paar Jahre hin will. Möchte für die Zeit vom Wehrdienst zurückgestellt werden. Sie Idiot, warum wollen sie denn wiederkommen, herrscht der mich an. Der Verrückte macht doch Krieg! Ich stell sie zurück »auf unbestimmte Zeit«, und wenn sie hier wiederkommen, dann gibt es Backpfeifen. Wenn ich solch eine Chance hätte, da wäre ich aber mit Handkuss weg. Ich dachte, will der mich aufs Glatteis führen? Und während der das Formular ausfüllt, moserte der weiter. Ist ihnen beim Röhmputsch nichts aufgegangen? Wenn Hitler wenigstens im Giftgas umgekommen wäre, da bliebe uns vieles erspart. Solange wir einen Verrückten als Reichskanzler haben, gibt es nichts zu hoffen. Das bekam ich im November 1936 in Neubrandenburg vom Rittmeister des Wehrbezirkskommandos zu hören. So hatte noch nie jemand zu mir gesprochen. Und so laut. Dann schrieb er: »freigestellt auf unbestimmte Zeit«. Reichte mir die Hand rüber. Bleiben sie behütet! Seien sie vorsichtig, reden Sie nicht soviel. Vor allem, fahren Sie so schnell wie möglich. Da hatte ich mal endlich eine Wahrheit gehört.

In Laeven, auf dem Gut, habe ich dann meinen Tropenkoffer gepackt. Der wurde verplombt und fertig. Dann kam ein Telegramm von meinem Vater: »Da nur Ratten das sinkende Schiff verlassen, habe ich mir erspart, zu Deiner Abfahrt nach Hamburg zu kommen. Stattdessen hab ich auf der Bank in Hamburg für Dich jene Summe hinterlegt, die es mich gekostet hätte, zu kommen.

Lass dir die in englische Pfund auszahlen, und dann fahre mit Gott, aber fahre!« So ungefähr hatte er geschrieben. Da habe ich zurück telegrafiert: »Mein lieber Vater, es freut mich, dass du wenigstens merkst, dass das Schiff sinkt.« Da war er mir endgültig böse. In Hamburg habe ich das Geld kassiert. Und bin an den Petersenkai gefahren. Dort traf ich auf einen baumlangen Zollbeamten, der kontrollierte meine in Mecklenburg verplombten Gepäckstücke, fand alles in Ordnung und markierte sie mit seiner Kontrollkreide. Da waren auch Leute, denen man das Judesein schon von weitem anmerkte. Richtige gute, jüdische Gesichter so aus Posen oder Kattowitz mit ihren Armseligkeiten, die eine Schiffspassage gebucht hatten. Der Lange ging da zu einer alten Dame und sagte, schnüren sie ihr Bündel nicht erst auf, ich mach auch so ein Kreuz drauf, ist schon in Ordnung. So ging er von einem zum anderen. Eine Mutter hätte nicht lieber sein können, wie dieser arische, große, blonde Hamburger Zollbeamte. Und plötzlich tauchte bei mir ein kleiner Wichtigtuer mit Schirmmütze auf, herrschte mich an, ich solle die Plombe aufmachen und alles zeigen. Und wie der mich so anschnarrt, sehe ich, der hat das Goldene Parteiabzeichen anstecken. Der lange Zollinspektor kommt dazu, verweist auf die amtliche Plombe und der Kerl lässt von mir ab, stürzt sich nun aber auf solch ein jüdisches Mütterchen, keift was von Volksverderbern, langt in deren Gepäck, holt eine kleine silberne Kanne und irgendwelches Familiensilber, wie es in Polen und Schlesien von Generation zu Generation weitergereicht wurde, aus dem Bündel. »Das wird nicht mitgenommen, das ist beschlagnahmt!« Und der Alten liefen die Tränen. So war das Anfang 1937 in Hamburg, nach dem Jahr der Olympischen Spiele in Deutschland. Diese Type war einer von denen, denke ich mir, die nachher die Synagogen angezündet haben. Das war der Vorgeschmack.

Dann kamen wir auf die »Njassa«. Ein weißes Schiff, wunderschön! Die letzte Ostafrikafahrt, der Woermanndampfer sollte dann an Spanien verkauft werden, so hieß es. Frühjahr 1937 war ich dann mit meinen zwanzig Jahren endlich in Afrika.

Ankunft im englisch verwalteten Tanganjika, Hafen Dar es Salaam. Von dort musste ich nach Dodoma. Von Dar es Salaam nach Dodoma fuhr man mit der Bahn und dann weiter ins Hochland mit dem Postomnibus. Als Weißer saß man in der Kabine.

Die Schwarzen, wenn sie überhaupt Postauto fuhren, hockten auf dem Gepäck. Der Fahrer war ein Inder. Der Transport im Lande war in indischer Hand. Der Postverkehrscontract gehörte Merali Hirji in Dar es Salaam, einem indischen Gentleman.

Zunächst ging es ins Hochland, nach Iringa. Dort sollte ich abgeholt werden. Im Whitehorse-Hotel, das früher Zum weißen Rössel hieß. Ich kam an und stellte fest, hier war alles deutsch. Und einer, der Gold gefunden hatte, feierte, hielt alle frei. Ich ging aber bald ins Bett. Am Morgen war vor meinem Fenster ein schwarzer Kellner dabei, Banknoten auf die Wäscheleine zu hängen. Einer, der auch früh aufgestanden war, erklärte mir beim Frühstück, dass sie gestern bei der Feier das ganze Geld in den Sektkübel geworfen haben. Nun müssen die Scheine getrocknet werden, denn der Glückliche will ja weiter. Das fand ich sehr interessant und ungewöhnlich für deutsche Verhältnisse, zumal ich offiziell nur mit fünfzig Mark bar ausreisen durfte und ich sehr vorsichtig mit meinem Geld umgehen musste. In Afrika, dachte ich, in Afrika ist eben alles ganz anders. Ein Mann aus Bayern oder aus Schwaben nahm mich mit auf seine Farm. Von dort war es nicht weit bis zu besagter Kaffeeplantage in Lupembe. Auf die Art hab ich einen Gemüse- und Obstbaubetrieb in der Nähe einer kleineren Stadt erlebt. Nicht Riesenplantagenwirtschaft, sondern Ackerbau. Außer Mais bauten die auch andere Getreidearten an und vor allem Obstbau, für Backobst. Da habe ich ein paar sehr schöne Tage verlebt. Mit der Jugend des Ortes. Ich selber war ja auch noch jung. Auffällig war, dass viel gefeiert wurde. Am Tage Arbeit auf dem Feld, im Garten, abends eine Feier. Am nächsten Abend ins Nachbardorf zur Geburtstagsfeier. Ich fand das Leben, wo mehr gefeiert als gearbeitet wird, eigentlich sehr, sehr schön. Dann kam der Anruf, dass der Herr, der mich nach Lupembe mitnimmt, am nächsten Tag abfährt. Abschied von den freundlichen Leuten. Auf dem Weg durch die Berge von Iringa nach Lupembe kamen wir an eine Brücke. Der Fahrer fluchte. Die haben schon wieder die Bretter verfeuert! Über dem schmalen Fluss lagen zwei Baumstämme und quer darauf Bretter in ziemlichen Abstand. Aber der Fahrer hatte vorgesorgt, auf dem Auto lagen Bretter bereit, die legten wir in die Zwischenräume, fuhren drüber und sammelten die Bretter wieder ein. Die Weideverhältnisse in der Nähe der Ortschaft sind oft schlecht, so erfuhr ich, da müssen

Jungs mit dem Vieh weiterziehen, oft dorthin, wo kaum Bäume stehen. Aber sie müssen ja kochen und da verheizen sie einfach die Brückenbretter. Obwohl er vorher geflucht hatte, fand er das aber auch ganz normal.

Dann kam ich zur Kaffeeplantage. Der Aufseher war ein Mann, der den ganzen Ersten Weltkrieg, auch im Lettow-Vorbeck Feldzug, an der Seite des Plantagenbesitzers mitgeritten war. Welch ein glücklicher Zufall! Für mich war Lettow-Vorbeck der große Held und der große Sieger und die anderen die unfähigen Leute. Eine der schönsten Geschichten, die ich nun aus erster Hand erfuhr, war die vom Auto des Generals. Ich hatte mir immer vorgestellt, der wäre der Schutztruppe immer vorausgeritten. Das war offensichtlich nicht der Fall. Er fuhr Auto. Und dieses Auto wurde in dem Gelände, wo man nicht mehr mit dem Auto fahren konnte, auseinandergenommen und in Einzelteilen die Berge rauf- oder runtergetragen. Dadurch waren die Deutschen auch in schlechtem Gelände mobil und ziemlich schnell, was die Engländer irritierte. Die zweite Geschichte ist die von der Auszahlung der Askaris. Die habe ich dann von einem Adjutanten von Lettow-Vorbeck gehört, später im Internierungslager. Da war ein Major mit dem seltenen Namen Müller. Der hatte, als Hindenburg Reichspräsident wurde und Lettow-Vorbeck noch lebte, den Auftrag, die noch nicht ausgezahlte Löhnung an die treuen Askaris vor Ort auszuzahlen. Soldatenlohn, Trägerlohn, es ging in die Millionen. Man wollte sich den ehemaligen Soldaten gegenüber ehrlich verhalten, vielleicht auch ein wenig die Engländer ärgern, die im Mandatsgebiet unbeliebt waren. Dieser Mann, der den Auftrag hatte, die Auszahlung vorzunehmen, hatte sich ein Schema ausgedacht, nach dem er durch gezielte Fragen feststellen konnte, ob der Betreffende an dem und dem Gefecht teilgenommen hatte. Die Leute besaßen ja keine Papiere, in denen das vermerkt war. In Dar es Salaam fuhr er los Richtung Kidugala. Die Anzahl der ehemaligen Kämpfer, an die er zahlte, erschien ihm einleuchtend. Misstrauisch wurde er, als er weiter ins Land kam und die Kriegsteilnehmer immer jünger wurden. In einem Ort gaben ihm dreizehn oder vierzehnjährige Jungen tadellose Antworten. Sie behaupteten, sie wären als Signalschüler aktiv gewesen. Der Mann wusste, das sie damals auch für diesen wichtigen Posten sehr junge Leute angenommen hatten, aber diese hier wären damals sechs, sieben Jahre alt gewesen, das kann nicht sein.

Er hat zwei seiner Männer vorausgeschickt, die sollten sich in den Dörfern umhören. Die Leute kamen zurück und sagten, ehemalige Gefreite und Unteroffiziere von den Askaris seien vorneweg gegangen und hatten die Leute instruiert, was sie sagen müssen, um Geld zu bekommen. Das hatte offensichtlich gut funktioniert, eine ganze Menge war nun schon ausgezahlt worden an solche, die nie eine Uniform angehabt hatten und nun sehr glücklich waren. Da ist der Major nach Morogoro gegangen, hat Land gekauft, was damals wieder möglich war. 1928 oder 1929. Die Deutschen durften zurückkommen ins Mandatsgebiet. Er ließ bekannt machen, dass alle bisher noch nicht entlöhnten Antragsteller nach Morogoro kommen sollen. Er hatte dort einen seiner ehemaligen Offiziere der Schutztruppe hingesetzt, um Plantagenwirtschaft mit Sisal auf dem gekauften Land zu betreiben. Askaris und Träger kamen tatsächlich und arbeiteten. Und die sagten sich gegenseitig dann auch: ja, der ist der von jener Kompanie, und das ist der aus jenem Zug. Mit dem Restgeld für die Askaris entstand eine florierende, deutsche Plantagenwirtschaft unter Leitung der einstigen Schutztruppe.

Auf der Kaffeeplantage hatte ich verhältnismäßig wenig Arbeit. Wie die meisten der Plantagen für Kaffee war auch die in Lupembe von einer mehltauartigen Blattpilzkrankheit befallen, die verursachte, dass die Kaffeesträucher ihr Laub abwarfen und so eingingen. Es ging nur darum, Brandstreifen zu ziehen, damit die Bäume, die überhaupt noch Frucht trugen, gegen Grasbrand geschützt wurden. Ein deutscher Pflanzer nach dem anderen verließ Lupembe, verließ das deutsche Kaffeezentrum dort unten, mit deutscher Schule und allem drum und dran. Die Pflanzenkrankheit hat alles ruiniert. Sie kauften sich an anderen Orten Land und fingen neu an. Bei Mbozi zum Beispiel, im Bezirk Mbya, nahe der Grenze nach Sambia. Plötzlich bekam ich einen Brief aus Deutschland von der Besitzerin, die mich eingestellt hatte. Sie hätte Land von ihrem Vetter im Tukuju-Bezirk gekauft und ich möchte doch mit Vieh und Leuten dort hingehen und anfangen, eine Teeplantage anzulegen.

Das Land im Tukuju-Bezirk gehörte einem Weißen, der seinen Teeanteil nicht angepflanzt hatte. Man durfte Tee nur beschränkt anbauen, damit der Teepreis nicht zu niedrig wurde. Teewirtschaft ist komplizierter als die Kaffeewirtschaft. Der Tee als Baum ist an sich resistenter. Vor allen Dingen widerstandsfähiger gegen Krankheiten. Mit Ausnahme von Wurzelkrankheiten. Darum ist Teeanbau so schwierig, weil man den Boden so gründlich roden muss, dass keine fremden Wurzeln in der Erde bleiben, an denen sich die für den Tee lebensgefährlichen Wurzelkrankheiten entwickeln können. Man muss auf Rodearbeit sehr viel Wert legen. Da Tee sehr große Niederschlagsmengen braucht, ist er am besten in Waldgegenden, zu deutsch in Urwaldgegenden, anzubauen. Bevor man überhaupt in einer Gegend anfängt, sollte man in Erfahrung bringen, wie viele taulose Sonnentage es dort gibt. Tee braucht jeden Tag Tau oder Regen. Aber er braucht auch Sonne, um zu treiben. Der Trieb ist ja das, was geerntet werden soll, im Gegensatz zur Frucht beim Kaffee. Beim Teebau denkt der Pflanzer buchstäblich jeden Tag an die Ernte. Er darf nicht so hoch wachsen der Tee, die menschliche Hand muss die Spitzenblätter ja noch erreichen. Und immer die Sorge, wie entwickelt sich der Preis.

Bis jetzt war ich von den Engländern fasziniert, nun wurde durch die Plantagenarbeit die ganz andere Lebensvorstellung der Schwarzen für mich interessant. Für sie war Geld eigentlich eine Art Besitz, den man haben musste, war aber nicht unbedingt erstrebenswert. Wenn man endlich Geld hatte, dann musste man es bald wieder zurückgeben, denn die Engländer verlangten, wenn jemand einen Fehler machte, für den Schaden Geld. Als Strafe. Das machte die Unbeliebtheit der Engländer aus, wurde mir erklärt, da wird alles mit Geld erledigt. Bei den Engländern wird keiner gehauen, da wird das über das schwerverdiente Geld geregelt. Und das Schöne bei den Deutschen sei, wenn einer was verkehrt gemacht hat, dann kriegte der 10, 15, 20 oder 25 Hiebe. Damit war das erledigt. Wie bei ihren Häuptlingen auch. Da habe ich dann zum ersten Mal empfunden, wie unterschiedlich das Denken über Menschlichkeit und Unmenschlichkeit sein kann, wie verschieden das ausgelegt wird. Das Verhalten der Deutschen störte nicht. Dabei hat man selbst die Kinder nicht geschlagen. Gewalt wurde nicht gemocht. Es sei denn, der Oberste befiehlt es, oder der Oberste führt es aus. Man hat seine Jugend, die ungebändigte Jugend, nicht geprügelt, sondern man hat sie einfach aus der Familie rausgenommen und in sogenannte Jugenddörfer gesteckt, getrennt nach Geschlechtern. Es gab Mädchendörfer, und es gab Jungendörfer. Da mussten die schwer regierbaren Jungen nun für sich selbst sorgen. Bei den jungen Männern kam dann das Vieh ins Spiel. Das Vieh, das dem Mann Ansehen verschafft. Hält er gutes Vieh oder schlechtes Vieh, hat er bestimmte Kenntnisse, die dazu nötig sind. Und bei den Mädchen wurden die Felder bearbeitet. Die Aufgabe der Mädchen war der Ackerbau. »Eine Pflanze gedeiht, wenn kein Mann in der Nähe ist«, so heißt es.

Beide Gruppen waren glücklich bis zu dem Tag, an dem sie Land haben wollten. Das war der schwierigste Moment, denn Land war dort, wo man es haben wollte, nicht immer genügend vorhanden. Und die Landvergabe wurde vom Häuptling bestimmt. Wenn nun die ungezähmten Jungen nicht so wollten wie der Häuptling es wollte, dann gingen sie mit ihrem Vieh gemeinsam, manchmal aber auch getrennt, auf Wanderung, auf der Suche nach einem geeigneten Fleck für das Vieh, für den Acker.

Es gab auch Familien die sich mit den Häuptlingsschaften oder Verwandten überwarfen, junge Kämpfer, die dem Häuptling nicht gehorchen wollten, die gingen dann auch weg. So sind ganze Züge von Leuten nach Süden, Norden, Osten oder Westen gegangen. Nach Norden war schwierig. Da waren die Massais. Nach Süden war es leichter zu wandern. Nach Sambia zum Beispiel. Jeder wurde zunächst aufgenommen, aber wenn er mit seinem Vieh Weide brauchte, musste er weiterziehen, wurde, wenn er sich festsetzen wollte, mit Gewalt zum Weiterziehen gezwungen. Auf diese Weise ist der südliche Teil Afrikas wahrscheinlich besiedelt worden von allen möglichen Leuten.

Wenn ich über meine Arbeit dort nachdenke, kommt mir in den Sinn, dass ich deshalb gut zurechtkam, weil ich mich nicht an die »Geldgeschichte« gehalten habe, sondern weil ich das genauso machte, wie ich es in den Dörfern beobachtet habe.

Wenn ich roden wollte, habe ich gesagt, da steht das Kalb, das wir schlachten und die großen Fässer für Bier, das wir ansetzen. Wir wollen dann und dann anfangen. Dann kam der Dorfälteste. Der wollte alles, was mit der Arbeit zusammenhing, wissen, hat die Leute aus den Dörfern zusammengeholt. Nur ab und zu musste ich nachschauen, ob das alte Holz wirklich bis auf die letzte Wurzel aus dem Boden raus war. Die Häuptlinge oder Dorfschulzen oder wie man die Leute auch immer nennen will, die haben besser aufgepasst als ich.

Auf der Teeplantage ging es gut weiter. Ich glaube, zweimal im Jahr kam ein Officer von der Regierung und guckte und sagte einem, das ist gut oder das ist schlecht und das muss man so oder so machen. Es war also ein überwachter Teeanbau, und es gab eine sogenannte Teepflanzervereinigung. Von der Teepflanzervereinigung erfuhren wir, mit welchen Preisen wir zu rechnen hatten, und sie haben den Tee nach England gebracht. Kaffee und der Tee wurden gut bezahlt auf den englischen Märkten. Der Teeanbau geht, wenn ich das richtig erinnere, auf die englische Mandatsregierung zurück. Sicher hing das mit den guten Erfahrungen der Engländer beim Teeanbau in Indien zusammen. Der Kaffeeanbau, der vor allem von den Deutschen betrieben wurde, war durch neu eingeschleppte Blattkrankheiten gefährdet.

Die schöne Zeit, die im Frühjahr 1937 für mich mit meiner Landung in Dar es Salaam begann, endete abrupt 1939.

Kriegsausbruch. Ich war gerade unterwegs, war in Lupembe, um einen Nachbarn zu vertreten, der nach Deutschland fahren wollte. Und da kam der Krieg. Wir wurden interniert. Zunächst brachte man uns nach Iringa. Das ging alles recht zivilisiert zu. Der englische Beamte, der mit einem Aufgebot von Askaris auf die Plantage kam, sagte: »Sorry Gentlemen, there is a war on.« Und fügte hinzu: »Nehmen Sie sich Zahnbürste und Schlafanzug, Hemden zum wechseln mit. Sie kommen sicher bald zurück, denn ohne ihre Landwirtschaft können wir nicht existieren.« Und das glaubten wir natürlich auch. Von Iringa wurden wir nach Dar es Salaam gebracht. Da waren die Töne schon schärfer. Keiner der Deutschen sollte zurück auf die Farm, wir galten als »Fünfte Kolonne«, würden das Land im Sinne der Nazis unterwandern. Wir waren alles ziemlich junge Leute, wenige älter als dreißig. Wir waren so tausend Mann, mehr Deutsche gab es in den umliegenden Ländern, die heute Tansania, Uganda und Kenia heißen, nicht.

Wir konnten ein oder zwei Briefe im Monat schreiben. Und es gab einen von Deutschland geschickten Pastor in Dar es Salaam. In der Stadt existierte eine deutsche Gemeinde mit Kirche. Es gab unter uns Internierten eine Reihe deutscher Missionare verschiedener Missionsgesellschaften. Die Missionare hatten eine andere Lebenseinstellung als die Plantagenbesitzer. Sie betrachteten die Eingeborenen als ebenbürtige Menschen, der Plantagenbesitzer sah sie in der Regel auf einer kulturell niederen Stufe, und da fangen die Streitpunkte immer an. Was heißt niedrig, und was heißt hoch. Ich erinnere mich noch gut, wie der deutsche Pastor im Lager versuchte, auf uns einzuwirken. Im Lager auf dem großen Platz gab es ein Holzgerüst, von dem aus der englische Offizier die tägliche Zählung vornahm oder irgendwas verkündete. War das passiert, konnten wir in die Unterkünfte zurückgehen. An einem Sonntag hieß es auf einmal vom Lagerführer: »Einen Augenblick noch Kameraden, jetzt kommt noch der Herr Pastor.« Der stieg da oben rauf, hob die Hand zum deutschen Gruß, was im Lager eigentlich nicht üblich war. »Das ist heute der Geburtstag unseres Führers Adolf Hitler«, sagte er und fügte hinzu: »Ich spreche nicht nur als Volksgenosse, sondern auch als Parteigenosse zu Parteigenossen.« Neben mir stand ein Missionar, mit dem ich zusammen ins Lager gekommen war, der schüttelte den Kopf. Da drehte sich einer der Männer, die vor mir standen, um und sagte: »Na dann können wir ja gehen.« Und wir verließen etwa zu zwölft den Platz. Eine Parteiansprache als Sonntagspredigt! Wir gingen weg, aber die Mehrzahl blieb stehen und hörte sich das an. Kurze Zeit darauf gab es eine Prügelei im Lager, die Engländer kamen mit ihren Askaris reinmarschiert. Ein Parteileiter, wie das hieß, sein Stellvertreter, einer der im spanischen Bürgerkrieg in der Legion Kondor mitgedient hatte, und noch fünf oder sechs andere wurden als Rädelsführer abgeführt.

Wir haben im Lager aus Langeweile alles Mögliche gemacht. Unter anderem hatten wir einige Theologen, die aus Glaubensgründen keine Nationalsozialisten waren. Mit denen wurde geredet, debattiert. Wenn wir zusammensaßen, ließen uns die Wachen meistens auch in Ruhe. Die kannten ja ihre Pappenheimer. Zuerst ging es um Sprachen. Es wurde im Lager alles Mögliche gesprochen. Englisch, Deutsch, Italienisch, Französisch, Russisch, Spanisch, Persisch, Portugiesisch, Suaheli und noch eine ganze Reihe afrikanischer Sprachen. Wir haben so etwas wie vergleichende Sprachwissenschaften getrieben. Und da haben wir unter anderem auch den Koran übersetzt. Einer hatte den Koran im Urtext, und wir wussten damals nicht, dass es deutsche Übersetzungen gab. Da haben wir Lesungen gemacht, haben verglichen und verstanden, entdeckten Querverbindungen zu den Prophetentexten, zur Bibel. Gemeinsam mit katholischen und evangelischen Theologen. Auf diese Weise wurden uns die Altsprachen wichtig. Latein konnte ich relativ gut. Griechisch so rudimentär und Hebräisch noch sehr wenig. Aus der Schulzeit in Potsdam.

Es gab im Lager, wenn ich mich erinnere, drei oder vier Theologen von guter kirchengeschichtlicher Qualität. Ich will es mal so nennen. Das waren interessante Debatten mit ihnen. Langsam merkten wir, dass wir, unsere Zeit betrachtend, in einer ganz normalen Situation lebten und dass das gar nicht so abwegig ist, wenn Politik für die Kirche ein Störfaktor ist, wenn sie den Glauben für sich vereinnahmt. Unser Kirchenraum war so groß wie in einer normalen Wohnung Wohnzimmer und Küche in einem. Da kamen wir mit den Katholen zusammen, dort stand unsere winzige Bibliothek. Wir hatten eine praktizierte Ökumene. Obwohl beide Seiten immer auch ihre Sonderheiten pflegten. Ich habe an keiner Stelle gemerkt, dass der eine sich über den anderen erhob, wohl weil wir uns politisch einig waren, dass das, was in Deutschland geschieht, nicht das sein kann, was vom christlichen Standpunkt aus Recht und Ordnung ist, sondern dass es schlecht ist, weil es sich gegen die Menschen richtet. Das war unser gemeinsamer Ansatzpunkt. Antirassismus gleich Antinazismus. Von daher war auch die Ökumene möglich.

Eines Tages wurden wir neu sortiert, und einige kamen in ein anderes Lager. Zu meinem großen Erstaunen war unser alter Tierarzt dabei, ein ganz berühmter Mann, ein alter Herr. Der verabschiedete sich von mir und sagte: Ja ich, ich komme jetzt in ein anderes Lager. Und da sagte ich, ja um Gottes Willen, warum denn das? Ja, sagt der, ich bin doch Nichtarier. Ich sagte, na ja, das bin ich auch. Ja, aber sind sie als Jude eingestuft? Und er erzählte mir, dass hier im Lager einige der Juden zusammengeschlagen worden waren. Deshalb kommen sie in ein anderes Lager.

Da habe ich bei der Lagerverwaltung gefragt, ob ich denn hier drin bleiben müsste und mit Prügel rechnen muss. Sie müssen mit dem Vertreter des Roten Kreuzes sprechen, wenn sie in das andere Lager wollen, wurde mir geantwortet. Der Vertreter vom Roten Kreuz fragte mich, sind Sie denn geprügelt worden? Nein sagte ich, erstens lasse ich mich nicht verprügeln und zweitens, was hat das damit zu tun? Leiden Sie hier?, fragte der. Wir waren in der Baracke fünfundzwanzig, davon waren drei PG's, Parteigenossen, die wir hänselten und auf die Schippe nahmen. Warum sollte ich da leiden? Gut, sagte der, aber wo wollen sie denn hin? Ich sagte ihm, dahin wo die sind, die antinationalsozialistisch sind, denn ich bin gegen dieses System. Und habe dann noch die Frechheit besessen, ihm zu sagen, der Krieg wird, wenn ich das richtig verstanden habe, gegen die Nationalsozialisten und nicht gegen die Deutschen grundsätzlich geführt. Da haben sie völlig recht, sagte er dann. Und ich sagte ihm noch: Ich habe keine Lust, mit Nationalsozialisten in einen Pott geworfen zu werden. Ja, auch darin haben sie vollkommen recht. Da fragte ich ihn, was mich andauernd beschäftigte: Ich bin doch britischer Staatsbürger als Mandatsbürger, da müssen Sie mich doch freilassen! Nein, sagte der, das stimmt nicht. Sie dürfen im Mandat bleiben. Aber um britischer Staatsbürger zu sein, müssen sie sich in einer britischen Kolonie befinden. Zum Beispiel, wenn sie nach Kenia gehen. Von dort aber hatte man inzwischen die Kenia-Deutschen zu uns nach Dar es Salaam gebracht. Das habe ich ihm gesagt. Was sagte der? Ja, das stimmt, nur sind die entweder Doppelstaatler oder Deutsche. Alle die deutsch sprechen oder deutsche Papiere haben, müssen interniert werden, weil wir nicht wissen, ob sie Nationalsozialisten sind oder nicht. So sind die Bestimmungen des Colonial Office in London. Dort bei denen müssen sie sich beschweren. Schluss der Debatte und ging weg. Ich habe nie wieder was vom Roten Kreuz gehört. Eine Bibel haben sie mir geschenkt, aber ich hatte schon eine.

Die Leute, die separiert worden waren, wurden dann wieder mit uns zusammengeführt, nachdem die Rädelsführer nach Australien unterwegs waren.

Inzwischen wurde in Deutschland und in Europa unaufhörlich gesiegt. Krieg gewinnen. Es ergab sich für uns die Frage, was machen wir, wenn Hitler gewinnt und sie die vormals deutschen Kolonien wiederbekommen? Denn für Nazis war klar, der Krieg wird gewonnen. Großdeutschland von Spanien bis zum Ural und vom Nordpol bis zum Mittelmeer. Hier wird geklotzt und nicht gekleckert, hier wird jehorcht und nicht gemeckert. Ham se verstanden, wegtreten mit Sieg Heil, Heil, Heil! Vorträge über die Kriegslage wurden von alten Weltkriegsoffizieren gehalten. Hier im Lager schon verteilten sie die Ämter. Gouverneur, Bezirksamtmänner, Post- und Polizeibeamte, an alles wurde gedacht und auf Listen erfasst. Diese Listen gelangten natürlich in die Hände der Engländer und waren ein gefundenes Fressen.

Wir erst im zweiten Jahrzehnt stehenden Jungafrikaner deutscher Zunge, wir schimpften auf das Schanddiktat von Versailles, das wollten wir ja auch weg haben. Aber viel mehr hatten wir nicht drauf außer, wir wollten es besser machen als unsere Väter. Wir waren alle junge Kameraden, wollten und mussten durchhalten. Dann kam Italien in den Krieg. Und bald waren Italiener im Lager. Mussolinianhänger und Mussolinigegner, die fielen manchmal übereinander her, einem wurde sogar der Kopf abgeschnitten, den fand man in der Latrine. Dafür wurde das ganze Lager bestraft. Wir bekamen keinen Alkohol, keinen Tabak und keine Post. Alkohol konnte man entbehren, mit dem Tabak war es schon schlechter. Aber ganz schlecht war es, als Strafe zwei Monate keine Post zu bekommen. Das war so die englische Manier. Da habe ich zum ersten Mal die Neger verstanden, die gesagt haben, die Engländer sind nicht gut.

Wenn Post kam, waren das für mich Nachrichten aus Deutschland oder aus Dänemark von meiner Schwester. Die Briefe meines Bruders waren sowohl von Deutschland als auch von Englisch-Südafrika aus zensiert, ich konnte mir nie richtig ein Bild machen vom Briefinhalt, aus den Stücken, die geschwärzt oder ausgeschnitten waren. Trotzdem war das Entsetzen meiner Schwester herauszulesen, wenn sie schrieb, wer von unserer Familie, von den Freunden im KZ umgekommen war und was alles passierte im Krieg. In dieser Zeit des Lagers ist auch versucht worden, ein Flugzeug zu klauen. Das war ein Wasserflugzeug, das lag in der Bucht von Dar es Salaam, an die wir täglich zum Schwimmen geführt wurden. Zwei von uns, die fliegen konnten, sind unter dem Stacheldraht durchgekrochen. In der Bucht haben sie ein Boot mit schwarzen Bootsleuten gekapert, um zum Flugzeug, das draußen an einer Boje hing, überzusetzen. Als sie dort waren, haben sie den Außenbordmotor ins Wasser geworfen, damit die Schwarzen nicht so schnell an Land kamen, um die Polizei zu alarmieren. Das Boot trieb nun ohne Ruder und Motor auf die

Minen zu, die vor der Bucht die Zufahrt sicherten. Unsere Männer wurden geschnappt, bevor sie überhaupt den Motor angeworfen hatten. Sie waren nun Kriegsverbrecher, auch wegen der Sache mit den Minen. Wieder kein Schnaps, wieder kein Tabak, wieder keine Post.

Nachdem Italien am Krieg teilnahm, wurden wir plötzlich eines frühen Morgens mit Askaris auf einen großen Dampfer gebracht, und ab ging die Fahrt. Unterwegs wurde uns mitgeteilt, es geht nach Südafrika. Und so kamen wir schließlich in Durban an. Dort verabschiedeten wir uns freundlich von unseren Engländern und Askaris und dachten, eine ähnliche Behandlung in Südafrika zu erleben. Weit gefehlt! In Viehwaggons vom Hafen aus, wo selbst die Luken schwarz verklebt waren, erlebten wir eine lange Eisenbahnfahrt und kamen in Johannesburg an, wo wir in Leeoukop ausgeladen wurden. Ein Lager, indem bereits südafrikanische Kriegsdienstverweigerer und andere interniert waren. Unsere Italiener kamen zu den dortigen Italienern. Wir deutschsprechenden Ostafrikaner waren immerhin noch drei Kompanien. Die dritte Kompanie enthielt die ältesten Missionare, stellte die Lagerleitung. Nach einiger Zeit kamen wir, erste und zweite Kompanie, zum Abtransport. Auf Lastwagen verladen, ging es in halsbrecherischem Tempo in ein neues Lager. Baviaanspoort, eine frühere Trinkerheilanstalt, hatte bereits drei Lager. Wir wurden in das neu eingerichtete Lager vier geführt mit sechs Baracken. Sie reichten genau für uns aus. Auf die Frage, wann unsere Lagerleitung mit der dritten Kompanie käme, wurde uns mitgeteilt, für die ist kein Platz hier. Später hörten wir, dass sie in das Lager Andalusia gebracht wurden, was nicht in Spanien, sondern im Freistaat liegt. Wo, wussten wir natürlich nicht. Hier, in dieser ehemaligen Trinkerheilanstalt, lernten wir Südafrikaner, Südwestafrikaner und andere Menschen deutscher Zunge kennen. Sachkundige erzählten uns von einer Bestrafung aller Insassen durch Prügel mit Pickenstielen, bei der es Verwundete und Tote gegeben haben soll.

Ich meine, das Camp war vom Geist her nationalsozialistisch, in ganz unterschiedlichen Schattierungen. Wir, die wir das anders sahen, uns nach dem Appell irgendwo trafen und diskutierten, wir waren ein kleiner Haufen. Bis Stalingrad waren wir von viertausend Leuten vielleicht zwanzig. Nach Stalingrad waren wir auf einmal Hundertzwanzig, Dreihundertzwanzig. Und mit dem Vorrücken der Front Richtung Deutschland wurden es immer mehr, die uns versicherten: Du weißt ja, ich war doch nie Nazi. Denen habe ich manchmal gesagt: das habe ich nicht gemerkt, aber es kann ja sein.

Dann war eines Tages der ganze Nazispuk vorbei. Wir waren auf einmal das Camp Zentral von Südafrika. Von hier verfrachtete man uns nun nach Südrhodesien, wo Frauen und Kinder bereits »campzentralisiert« waren in Norton, bei Salisbury. Das war ein nun nicht nach Rassen getrenntes Camp, denn Italiener und andersrassige waren auf einmal in diesem Lager. Ich hatte das Glück, aufgrund meiner landwirtschaftlichen Ausbildung sofort eine Anstellung in der Nähe des Lagers bei der Rhodesia Gold Fields Co. Ltd. auf Kent-Estate zu bekommen. Nach weiteren zwei Jahren, 1947 also, hieß es, ihr werdet entlassen und könnt nach Hause.

Wir wurden wieder nach Kapstadt verfrachtet und kamen mit der Winchester Castel schließlich in Hamburg an. Als die Kameraden im Hafen den kaputten Petersenkai sahen, sanken ihre Siegesstimmungen. Von Freiheit war hier keine Rede. Vom Schiff wurden wir unmittelbar in das ehemalige Konzentrationslager Neuengamme gebracht, ein großes Lager. Rechts von uns campierten Männer der Adolf-Hitler-Leibstandarte, links, durch Maschendraht getrennt, Griechenland-Deutsche. Entlassen wurde, wer Angehöriger einer nationalsozialistischen Organisation war. Nachdem wir schließlich nur noch ein kleiner Haufen waren und immer noch im KZ Neuengamme saßen, meinte einer, melde du dich doch mal beim englischen Lagerführer. Es gab außer diesem englischen Lagerführer nur noch uniformierte deutsche Bewachung, die aus Ostpreußen oder Männern aus Pommern bestand. Die Unterredung mit dem englischen Major war kurz, aber informativ. Es gab sechs Dokumentenzentralen im vormals Dritten Reich, wurde mir erklärt. Und da wir nicht in der Lage waren zu erklären, zu welcher NS-Organisation wir gehörten, müsse er warten, bis von allen sechs Zentralen unsere Angaben als richtig befunden würden. Natürlich hat das lange gedauert, aber schließlich durften wir dann auch eine Freifahrt beim Roten Kreuz beantragen. Leider durfte ich nicht nach Dänemark zu meiner Schwester fahren und konnte nur eine Karte nach München zu meinem Bruder in Empfang nehmen. Der Freistaat Bayern war mir nicht unbekannt, und meine Liebe zu den Bergen und den dortigen Menschen hat mich Afrika für kurze Zeit vergessen lassen.

Eine Rückkehr nach Tanganjika, die ich im englischen Außenministerium in London beantragte, wurde abgelehnt, da ich unter den augenblicklichen Umständen kein Visum für das United Kingdom noch für die Kolonien bekommen könnte.

Freunde in Südafrika, denen ich früher geholfen hatte, teilten mir mit, dass es ihnen gut ginge und fragten, ob ich nicht Lust hätte, nach Südafrika zu kommen. Als ich ihnen meine Lust mitteilte, schrieben sie, dass deutsche Einwanderer nun in Südafrika erwünscht sind. Es war 1950, und ich war inzwischen bayerischer Staatsbeamter, hatte aber noch keine Staatsangehörigkeit, sondern rangierte unter »Auslandsdeutscher Flüchtling - staatenlos«. Von südafrikanischer Behörde wurde mir nun mitgeteilt, Staatenlose dürfen nicht nach Südafrika. Also ging ich zum Landratsamt Rosenheim und erklärte meine Situation, worauf ich gefragt wurde, ob meine Eltern noch leben. Meine Eltern lebten, und zwar als deutsche Flüchtlinge in Bayern. Na also, sagte der Beamte, sie sind also Deutscher aufgrund ihrer Abstammung. Damit hatte ich meine richtige Abstammung als Westdeutscher erhalten, mit der ich dann endlich eine permanente Aufenthaltserlaubnis für Südafrika erhielt. Ich weiß nicht, was sich das englische Außenministerium gedacht hat, oder sie haben es gar nicht gemerkt, die Rassisten. Im Mai 1950 war ich dann wieder in Afrika. Erst in Südafrika, im Freistaat, von dort nach Südwest.

Als Farmverwalter, zunächst im Bezirk Otavi, lernte ich die Tochter eines Farmers kennen, dessen einziger Sohn tödlich verunglückt war und auf der Farm begraben wurde. Im November 1952 heiratete ich sie. Unsere Hochzeitsreise machten wir zum Waterberg, zur ehemaligen deutschen Polizeistation. Danach besuchten wir Freunde meiner Frau, die in diesem Bezirk farmten. Gleich auf der ersten Farm stand ein *Kudu* im Garten. Obwohl hoch eingezäunt, nicht hoch genug für *Kudus*. Wir waren noch nicht ausgestiegen, als mich die Frau aufgeregt mit dem Gewehr in der Hand fragte, ob ich schießen kann. Das konnte ich, und der *Kudu* verendete in der Luzerne. Es war kein gutes Gefühl.

Natürlich verdiente ich als Schwiegersohn kein Geld, da nach Ansicht meines Schwiegervaters uns ja sowieso bald alles gehören würde. 1953 kam unsere erste Tochter zur Welt. Im September brachte ich meine Frau nach Otjiwarongo, da sie dachte, das Kind kommt. Aber es war viel zu früh. Meine Telefonrechnung war dann über zwei Monate ziemlich hoch, denn die Tochter kam erst Ende November zur Welt. Zwei Jahre später stellte sich Tochter Nummer zwei ein. Nun waren die finanziellen Ansprüche unserer jungen Familie höher als die der Besitzer. Und die häuslichen Verhältnisse waren nun doch sehr beengt. Wir mussten das ändern. Und so habe ich eine Anstellung in Tsumeb angenommen. Die amerikanische Minengesellschaft hatte das vor dem Krieg der O.M.E.G gehörende Eigentum von der südafrikanischen Regierung gekauft. Die dazu gehörigen landwirtschaftlichen Einrichtungen aber wurden immer noch von Deutschen geleitet, die nach und nach aus Altersgründen in Pension gingen oder selber Farmer wurden. O.M.E.G. suchte Fachleute, die weitermachten. Hier übernahm ich die Molkerei und den Viehbetrieb. Es ging nicht nur um die Versorgung der Bergleute und Arbeiter mit Milch, sondern auch mit Fleisch und Gemüse. Der Farmbetrieb hatte zwölf Viehposten und die Molkerei dazu noch einmal etwa zwanzig Angestellte und Arbeiter. Es mag 1954 gewesen sein, als ich unfreiwillig einen Streik auslöste. Jeden morgen gegen sechs Uhr musste die erste Sendung pasteurisierter Milch in Literflaschen in zwei Geschäften der kleinen Stadt Tsumeb abgeliefert werden, was die Aufgabe eines weißen Fahrers und zwei schwarzer Kontraktarbeiter war. Etwa eine Stunde später war die zweite Fracht fällig. Eines Montagmorgens gegen halb acht klingelt mein Telefon. Der Ovambo-Vormann Reinhard Kahmbonde meldet mir, das Milchauto sei immer noch nicht da, um die Milchflaschen abzuholen. Da ich an einen Motordefekt dachte, fuhr ich sofort zum ersten Geschäft, dort stand kein Milchwagen, aber die Milch war bereits pünktlich abgeliefert worden, was mein preußisches Herz erfreute. Auch beim zweiten Geschäft war die Milch abgeladen, das Auto stand zum Glück da, und auf der Ladefläche lümmelten die beiden Arbeiter. Ziemlich böse fragte ich, warum sie nicht die andere Fracht abholten. Schulterzuckend zeigten sie auf die Fahrerkabine mit dem schlafenden Fahrer. Unsanft weckte ich ihn, forderte ihn auf, den Wagen sofort zurückzubringen.

An der Molkerei überwachte ich das Aufladen, es dauerte etwa sieben Minuten. Danach fuhr ich mit Reinhard und einem der Kontrakt-Ovambos zur Stadt und lieferte die erste Ladung ab, was wiederum nur einige Minuten dauerte und fuhr danach zum zweiten Geschäft, um den Rest abzuladen. Mit einigen Leerflaschen kamen wir nun wieder in der Molkerei an. Wo der weiße Kraftfahrer nun wach und von frischer Milch gestärkt auf Aufträge von mir wartete. Ich erklärte ihm, er könne nach Hause gehen und schlafen. Hier wird niemand bezahlt, wenn er schläft, hier wird für Arbeit bezahlt, erklärte ich ihm. Als er mich immer noch fragend anschaute, als habe er nicht verstanden, sagte ich, für Sie habe ich keine Verwendung, suchen Sie sich eine Arbeit, bei der Sie Montag anfangen können, nachdem Sie ausgeschlafen haben. Hier sind Sie entlassen, was Sie von mir schriftlich bekommen. Selten hat mich jemand so ungläubig angeschaut wie dieser junge, weiße Mann.

Aber meine Entscheidung hatte fast katastrophale Folgen. Die Bergarbeiter-Gewerkschaft, von deren Vorhandensein ich keine Ahnung hatte, ging sofort in Streik, und ich wurde zum Generaldirektor zitiert. Ein Amerikaner, der erst vor kurzem aus Mexiko hierher versetzt worden war, stellte ein strenges Verhör an. Nachdem er mich gehört hatte, ermahnte er mich, vorsichtiger mit Entlassungen zu sein.

1956 kam der langersehnte Sohn zur Welt. Wir nannten ihn Joachim und erwarteten meine Eltern aus Dänemark zur Taufe unserer drei ersten Kinder im Alter von vier, zwei und einem Jahr, in Tsumeb.

1960 mussten die deutschen Gemeinden auf Ihrer Synode sich zur Kirche zusammenschließen, was besonders von der EKG auch gewünscht wurde. Als Synodaler der Nordgemeinden wurde ich auch Mitglied der Kirchenleitung. Die Aushilfsdienste in Vertretung der Pastoren, die ich in den frühen sechziger Jahren begonnen hatte, nahmen mich an Wochenenden oft in Anspruch. Unter der damals entstehenden kirchlichen Devise, »Laienprediger in den kirchlichen Dienst« zu rufen, wurden Gemeindeseminare veranstaltet und theologische Ausbildung von Südafrika aus angeboten. Ich hatte gehofft, 1977 nach Dar es Salaam zur Lutherischen

Weltbundestagung von der Kirche geschickt zu werden. Das geschah leider nicht. Stattdessen durfte ich als sogenannter Auslandspfarrer an einer Konferenz der EGK teilnehmen. Auf dem Rückflug traf ich die Tochter des ältesten lutherischen Pastors, Erastus Tshilongo. Ihr wurde empfohlen, Theologie in Deutschland zu studieren. Ich empfahl ihr, das theologische Grundlagenstudium zunächst in der UNISA zu absolvieren und erst dann zu einer weiteren Ausbildung zu gehen. Bei diesem Fernstudium war ich Hilma mit meiner umfangreichen theologischen Bibliothek behilflich. Zu meiner Überraschung wurde ich 1977 nach Mariental für die Gemeinden im Süden als Pfarrer vorgeschlagen. Auf der gepachteten, schwiegerväterlichen Farm im Otavibezirk hatten wir in dieser Zeit große finanzielle Einbußen. Nur das Kirchengeld, so wenig es auch war, machte es möglich, unsere fünf Kinder in Schülerheimen und damit in Schulen unterzubringen.

Nach Ansicht meines Schwiegervaters war ich zu viel für die Kirche tätig. Seine Verstimmung hatte durchaus einen politischen Hintergrund. Unter den Gemeindemitgliedern war eine wachsende Unzufriedenheit entstanden, die sich besonders auf Äußerungen von Pfarrern bezog, in denen sie das System der Apartheid aus christlichen Gründen, mehr oder weniger verdeckt, abgelehnten. Beunruhigte Gemeindemitglieder waren der Meinung, dass die südafrikanische Apartheidpolitik ein letztes Bollwerk gegen den wachsenden Kommunismus in Afrika darstellte. Verschärft wurde diese Haltung der Leute nach 1975 noch durch den Regierungswechsel in Portugal und durch die Unabhängigkeitserklärungen ehemaliger portugiesischer Kolonien. Südafrika sah sich an seinen Grenzen zum ersten Mal unabhängigen, schwarzen Staaten gegenüber, in denen sozialistische Regierungen das Sagen hatten. Die weißen Flüchtlingskolonnen, die nun über die Grenzen in den südafrikanischen Regierungsbereich fluteten, wurden als willkommene Gegner des Kommunismus aufgenommen. Vor allem erfuhren die Weißen auch eine zahlenmäßige Stärkung ihrer politischen Haltung. Legionäre, die nun vom Kongo über Rhodesien, Angola und Mocambique auch als Kämpfer gegen den Kommunismus in diesen Staaten nicht mehr erforderlich waren, fanden eine letzte, gut bezahlte Beschäftigung in Südafrika. Bei der Kontrolle der nördlichen Grenzen setzte Südafrika nun verstärkt Militär ein. Der Kalte Krieg war in Afrika etwas heißer geworden. Die Überwachungsmaßnahmen auch aller kirchlichen Aktivitäten eskalierten. Dazu kam, dass Hilma Tshilongo, eine schwarze Frau, die das Predigerseminar der Evangelisch-Lutherischen Kirche Südwestafrikas erfolgreich abgeschlossen hatte, in ihrer Kirche, der damaligen ELOK, der Lutherischen Ovambokavango, weil sie eine Frau war, nicht ordiniert wurde. Dass sie nun auch noch Theologie studierte, war absolute Ausnahme.

In jener Zeit lebte ich in Scheidung. Nach mehr als fünfundzwanzig Jahren zerbrach meine erste Ehe. Die Kommunikation war auf den Nullpunkt gesunken, die Interessenunterschiede über Leben und Miteinander drifteten auseinander. Ein schmerzhafter Prozess für meine Frau Ulla, die Mutter unserer nun fünf Kinder. Ein Gefühl der Untauglichkeit für ein Leben in der Familie überkam mich.

Und doch entwickelte sich eine gegenseitige Zuneigung zwischen Hilma und mir. Hilma versuchte, die Scheidung von Ulla zu verhindern. Bei alldem entstand jedoch ein Miteinander zwischen Hilma und mir, dass man wohl nur einmal erleben kann. Es übertraf weit alle meine bisherigen Vorstellungen und Erwartungen.

Geheiratet haben wir 1985 nach meiner Pensionierung im Ovamboland. Die Hochzeit war in der Kirche von Elim. Elim ist eine Missionsstation, deren Entstehung bis 1870 zurückverfolgt werden kann. Es war eine für die Ovambos typische Hochzeit. Die Kirche war brechend voll mit Familienangehörigen, Verwandten und Freunden aus dem katholischen und evangelischen Gebiet. Die dort zuständige Superintendentin hat die Feier geleitet und auch die standesamtliche Funktion erfüllt. Die Predigt und die liturgische Handlung hat der örtliche Pastor, den ich noch als Studenten im Paulinum kannte, vollzogen. In der Predigt sprach er von einem historischen Moment. Es wäre das erste Mal in der Geschichte dieser Gemeinde, dass ein Europäer ein Mitglied der Gemeinde heiratet, und damit wäre diese Eheschließung ein historischer Vorgang. Mein Schwiegervater, der ja von seinem damaligen Häuptling in die Verbannung, ins Kwanyamaland geschickt worden war und erst nach dessen Tod wieder zurückkommen konnte, hat dann für die Familie gesprochen. Was er sagte und wie er es sagte, hat mich sehr erschüttert. Ich will euch heute etwas erzählen, was keiner von euch erlebt hat, so begann er. Das war in der Zeit, als ich noch als Diamanten-Ovambo in Lüderitzbucht gearbeitet habe. Dort musste ich erleben, wie ein weißer Vormann in seiner Erregung meinem Onkel mit einem Hammer den Kopf einschlug. Der Onkel ist an meiner Seite gestorben. Ich habe seitdem gedacht, die Deutschen sind ein gewalttätiges Volk. Es war in unserer Familie schon immer üblich, dass man sich seinen Ehepartner von weither holte, aber dass meine einzige Tochter, die Theologie studiert, so weit geht, dass sie sich als Partner einen Deutschen wünscht und das nach meinem Erlebnis, das habe ich nie erwartet. Und dann war es einen Augenblick still in der Kirche. Dann sagte er, ich glaube, dass mir Gott zeigen will, was für Menschen die Deutschen wirklich sind, indem er mir diesen hier als Sohn ins Haus bringt.

Da bei der Hochzeit auch die Eltern des Bräutigams beteiligt sein müssen, hatte die Vaterstelle der Superintendent, bei dem ich wie ein Sohn im Hause war, übernommen. Seine Frau trat an die Stelle der Mutter. So konnte die traditionelle Hochzeit - nach der in der Kirche - in aller Form vollzogen werden. Wir Brautleute wurden von der Kirche zum Gehöft der Familie mit Jubel und Geschrei begleitet. Vor uns, dem Brautpaar, liefen beim Verlassen der Kirche Frauen herum, die durch Wedeln mit Kuhschwänzen und mit traditionellen Gesängen aus der vorchristlichen Zeit Glück wünschten. Vielleicht sollte man am besten sagen, die bösen Geister verscheuchten. Hinter uns lief eine Verkleinerung des zuständigen Kirchenchors und sang Psalmlieder. Die Volksmenge am Wege jubelte und tanzte. Wie es eben Ovambotradition ist. Uns entgegen, aus dem Gehöft der Brauteltern, kam tanzend ein Vetter von Hilma. Er fuchtelte mit einer Plastikschlange herum. Ich fand das irgendwie albern und sprach ihn an. Psst, meinte Hilma, ich sage dir das später.

Von ihr erfuhr ich dann, dass die Schlange unser Familientier väterlicherseits ist. Dann kam jemand, der die Waffen, Pfeil, Bogen und Keule zur Selbstverteidigung oder zur Jagd, schwenkte und mir, dem Bräutigam, überreichte. Dann kamen Freunde, Verwandte, Bekannte, die warfen vor uns Geld auf die Erde. Hinter uns lief ein dienstbarer Geist mit einem Leinenbeutel und klaubte die Münzen oder Geldscheine aus dem Sand, das war am Schluss eine beachtliche Summe.

Im Gehöft war eine Riesentafel gedeckt. So an die hundertachtzig oder zweihundert Personen saßen dort zu Tisch, und die draußen, die Leute aus dem Dorf, die wurden natürlich auch versorgt. Zehn oder elf Rinder waren geschlachtet worden, dazu Berge von *Mahangopapp*, wunderschöne Salate, Gemüse, selbstgemachte Getränke aus Maolafrüchten. Der Pastor hatte keine alkoholischen Getränke zugelassen, ausgeschenkt wurden Fruchtsäfte und Wasser. Später dann gab es für die Hochzeitsgesellschaft außerhalb des Gehöftes auch Bier und andere Alkoholika.

Der Onkel meines Schwiegervaters war der Häuptling, in dessen Gebiet die Familie lebte. Auf dessen Grund und Boden liegt das Grab des Königs Negumbo, dem Großonkel meines Schwiegervaters. Dieses Grab berechtigt meinen Schwiegervater, dort mit seiner Familie für immer zu leben. Das ist im südwestlichen Owamboland etwa siebzig Kilometer von der Angolagrenze entfernt. Ein semiarides Klima, gelegentlich mit guten Regenfällen, ab und zu auch Dürre, ausgesprochenes Rinderzuchtgebiet, aber es gibt auch sehr viel Ziegen und Esel dort. Sie betreiben eine sogenannte gemischte Landwirtschaft. Der Hirseanbau ist dort sehr verbreitet. Das wichtigste Getreide ist das *Mahango*, die Kolbenhirse. Ein in ganz Afrika bekanntes, in vielen Varianten gezogenes, auch in regenarmen Gebieten gut wachsendes Grundnahrungsmittel. Dann Kürbisse, wilde Kürbisse, Gurkenkürbisse, die länglich sind. Und sehr viele Feldfrüchte wie zum Beispiel acht oder neun Feldspinatsorten. Sie werden zur Regenzeit in der Sonne getrocknet. Später, in der Trockenzeit, wenn kaum etwas wächst, werden sie als Gemüse gegessen. Und jede Menge Hühner haben wir dort. Es gibt einen schönen Spruch in diesem Volk: »Einen Ochsen kannst du alleine essen, aber ein Huhn musst du immer mit deinen Nachbarn teilen.« Die Quambi sind von Urzeiten Schmiede und Bauern gewesen. Sie kommen ursprünglich aus dem ostafrikanischen Seengebiet, sind im Laufe der afrikanischen Völkerwanderung, wahrscheinlich im 15. oder 16. Jahrhundert, hier gelandet. Sie haben ein gutes Verhältnis zu den dort schon immer ansässigen sogenannten Buschmännern. Aus Dankbarkeit, dass sie hier leben dürfen, hat eigentlich jeder Häuptling in seiner Regierungszeit einmal ein aus einer prominenten Sippe der Buschmänner stammendes Mädchen geheiratet. Daher sieht man in dieser Gegend oft hellhäutige Menschen, von denen man denkt, sie stammen von Europäern ab.

Hilma war zu der Zeit Lehrerin an der einzigen kirchlichen höheren Schule in Oshigambo, die bis zum *Matrik* führte. Nach Schulschluss gingen die Absolventen in die kirchliche Berufslaufbahn oder in die akademische Richtung. Manche besuchten das sogenannte Paulinum, ein theologisches Seminar, dessen Abschluss sie zur Ordination als Pfarrer in einer der drei evangelisch-lutherischen Kirchen befähigte.

Ich war nach meiner Pensionierung auf Wunsch des Bischofs bei der Kirche als landwirtschaftlicher Berater angestellt, mit Wohnsitz bei der Kirchenleitung in Oniipa. In der Nähe des Hospitals hatte ich eine kleine Wohnung, die ich mit Hilma, wenn sie frei hatte, gemeinsam bewohnte.

Wir hatten immer das Haus voller Kinder. Kinder aus der Familie, Problemkinder oder Kinder, die ein Elternteil verloren hatten oder deren Eltern völlig verarmt waren. Die wuchsen bei uns auf. Hilmas jüngster Bruder war lange verschollen. Ich entdeckte ihn während meiner Marientaler Zeit im Süden als Arbeiter an der Eisenbahn. Er kehrte zum Vater, zur Familie, in den Norden zurück. Das hat uns alle sehr zusammengebracht. Unglücklicherweise wurde er später von einem *Dagga* rauchenden Arbeiter erstochen, der zuvor einen anderen niedergemacht hatte. Der Junge ging dazwischen, fragte den Irren, was machst du da, da hat er ihn in die Brust gestochen. Tot. Seine achtzehn Monate alte Tochter blieb zurück. Das Mädchen wuchs bei uns auf, wir waren seine Eltern. Für viele Kinder waren wir Vater und Mutter. Wir waren das, was man eine echte extended african family nennen würde. Und wir hatten einen großen Freundeskreis.

Unser Leben war beschwert durch die politische Situation, durch die militärische Besetzung des Landes. Wir mussten bei Sonnenuntergang in einer Behausung sein. Nach Sonnenaufgang, erst wenn die Militärs das Gelände durchstreift und abgesucht hatten, durften wir unsere Häuser oder Hütten wieder verlassen. Für mich war es nicht so schwierig, weil ich weiß bin, aber für die schwarze Bevölkerung waren es schlimme Bedingungen. Es wurde tief in die Lebensumstände der Leute eingegriffen. Nur ein Beispiel. Wenn der Regen kam, und das war selten genug, so ist eben das Klima hier, musste der Boden zügig bearbeitet werden. Normalerweise stand man vor Tau und Tag, so zwischen drei und vier Uhr, auf und konnte bis etwa zehn Uhr arbeiten, dann wurde die Hitze auf den Feldern unerträglich. Man ist vom Acker gegangen, bis die heißeste Zeit vorbei war, manchmal bis drei oder vier Uhr nachmittags. Um die Arbeit zu schaffen, wurde bis zum letzten Abendlicht gearbeitet. Die letzte Scholle wurde gewissermaßen schon in der Dunkelheit umgebrochen. Der Mann übernahm die Rodung und die schwerere Arbeit, die Frau pflanzte und jätete und sorgte sich um die Pflanzen. Dann zu Fuß zurück ins Dorf. Das war der von den natürlichen Bedingungen seit Jahrhunderten diktierte Rhythmus. Und nun auf einmal wird gesagt: Nur von Sonnenaufgang bis Sonnenuntergang dürft ihr unterwegs sein auf den Wegen, auf den Feldern. Das ist bei unserem Klima eine Zumutung. Und es wurde nicht nur die Seele der Dörfer beschädigt, sondern auch die Landschaft zerstört. Ich will nicht von Wilderei und vergifteten Boden durch Militärzeug reden. Nehmen wir was ganz Elementares für uns Afrikaner. Der Umgang mit den wenigen, deshalb so wertvollen Bäumen hier in der trockenen Landschaft. Es ist bei den Ovambos üblich, zum Kochen Holz zu sammeln. Kein grüner Baum wurde dabei beschädigt. Nur tote Äste wurden genommen. Um einen grünen Baum zu fällen, bedurfte es der Zustimmung des Häuptlings. Und der hat dafür gesorgt, dass sie alle in einer einigermaßen grünen Landschaft lebten. Das Militär und seine Hilfskräfte aber haben im Ovamboland Bäume gefällt. Einfach so. Aus Südafrika kamen die schweren Laster mit Munition und Militärgut ins Ovamboland, ins »Operationsgebiet«, und als Rückfracht fuhren sie unser Holz ab. Sinnlos, ja verbrecherisch. Absolut verständlich, dass wir hofften, mit Hilfe der SWAPO eines Tages wieder die Zustände zu erreichen, unter denen die Menschen ein bäuerliches, anständiges Leben führen konnten und Menschen sein durften. Da bedurfte es keiner besonderen politischen Beeinflussung durch SWAPO-Agitation. Wir waren in der Besatzungszeit Nummern, waren schlecht behandelte Störfaktoren inmitten einer militärischen Operation. Und Manövriermasse in einer politischen Situation, die wir rundweg ablehnten. Das Leben in dieser Zeit war von Angst bestimmt, aber auch höchst lehrreich.

Ich habe oft festgestellt, dass, wenn manchmal eine Ruheperiode eintrat, dann ganz plötzlich etwas passierte und dieser Vorfall sofort der SWAPO angelastet wurde. Die südafrikanischen Kommandeure stellten damit die Notwendigkeit ihrer Präsenz unter Beweis. Problematisch war, dass wir es häufig mit Einheiten zu tun hatten, die hierher, an die Grenze, strafversetzt worden waren. Wegen kriminellen oder undisziplinierten Verhaltens. Es gab zwei Strafmöglichkeiten. Sie wurden entweder an ihren Standorten »diszipliniert«, oder die gesamte Einheit wurde an die Grenze strafversetzt. Es hieß: »naughty boys to the border«. Es sei eine bewährte englische Methode, wurde mir gesagt. Es war eine schlimme Zeit. Zehn- oder Elfjährige wurden von Soldaten der südafrikanischen Wehrmacht, um von den Kindern irgendeine Information zu bekommen, auf den glühendheißen Auspuff der Militärfahrzeuge gesetzt, festgehalten, bis die Haut zu rösten begann. Wir haben sie ins Kirchenhospital gebracht, um die lebensgefährlichen Verbrennungen zu behandeln. Es kam vor, dass ein schwerverwundeter SWAPO-Kämpfer schon unter Narkose auf dem Operationstisch lag, um von den Ärzten operiert zu werden, und plötzlich irgendwelches Militär kam, den Bewusstlosen vom Tisch zerrte, um ihn mitzunehmen. Wenn der Arzt sich widersetzt, sagen sie ihm, noch ein Wort und wir nehmen Sie auch gleich mit. Das ist nur ein kleiner Ausschnitt von dem, was wir jahrelang erlebt haben. Ich bringe es nicht fertig, darüber weiter zu reden.

Seit 1978, so erinnere ich mich, gab es bei uns im Norden eine »Task Force« der südwestafrikanischen Besatzungstruppe. Außerhalb des Ovambolandes, im Süden Namibias, herrschte Wehrpflicht für Namas, Damaras und so weiter. Nach einem Kurztraining wurden sie auch an die Grenze gesetzt. Und Ovambos mit Schulabschluss wurden als Wehrmachtsangestellte angeheuert, da sie ortskundig waren. Es gab in diesen Zeiten eine besondere Macht. Gestapo wäre ein verkehrter Vergleich, sagen wir Sonderpolizei, die »Koevoets« meine ich, die »Kuhfüsse«. Sie hatten eine Spezialausbildung »zur Einschüchterung renitenter Bevölkerungsteile«, wie das im Militärjargon hieß. Schwarze Soldaten, meistens von weißen Unteroffizieren kommandiert, griffen sich in der Regel nicht den Einzelnen, den Aufsässigen, sondern hielten sich an die »Sippe«. Das Gehöft wurde abgeriegelt oder ein Teil der Ortschaft und, wenn der Unteroffizier es befahl, platt gemacht. Dazu fuhren sie mit den hochbeinigen, minensicheren Geländewagen der Wehrmacht vor und setzten die Strohdächer in Brand. Für mich zusätzlich beschämend: ein Teil des Militärgerätes, Fahrzeuge, wie der Unimog zum Beispiel, kam aus der Bundesrepublik Deutschland. Sah man sich das Untergestell dieser Autos an, konnte man den Mercedesstern auf dem Differentialgehäuse erkennen.

Die Kirche hatte mit der Besatzungsarmee eine Abmachung. Die Militärs durften nur bis fünfhundert Meter an die Gottesdienstgebäude, an Kirchen heran, es gab eine Art Bannzone. Wollten sie näher kommen, mussten sie ihre Fahrzeuge in diesem vorgegeben Radius stoppen und mit uns, den Kirchenvertretern, verhandeln, unbewaffnet. Im Gegenzug wurde von uns verlangt, dass wir keine bewaffneten Personen in diesem Areal dulden. Es kam zu Verletzungen dieser Vereinbarung durch die Militärs, vor allem neu anrückende Einheiten mit ihren Kommandeuren stellten sich da manchmal dumm, wir mussten sie an die Regel erinnern. Dann fuhren sie sofort zurück, und wir redeten miteinander. Aber es kam auch vor, dass sie bei der Verfolgung, der »Nachsuche«, von »SWAPO infiltrators« eine Kirche während des Gottesdienstes umzingelten und sich ausgesprochen schlecht benahmen. Die Militärs kümmerten sich logischerweise sehr um uns Weiße, ja, sie waren da ehrlich besorgt. Ich erinnere mich, wie ich von einem Bauern kam, dessen Kuh ich tierärztlich behandelt hatte. Am Kontrollposten stand ich dann am Nachmittag im weißen Tierarztkittel, auf dem Beifahrersitz mein Instrumentenköfferchen. Die Soldaten fragten, willst du nicht lieber hier bleiben, es ist gefährlich jetzt noch zu fahren! Ich fuhr weiter. Vor Onanjokue, vor dem Ort seingang, standen sie mit Panzerwagen, der Ort war umzingelt, sie hielten mich wieder an. Da können sie nicht reinfahren, da sind SWAPO-Terroristen, die wir erst suchen müssen, hieß es. Ich sagte, ja, aber da wohne ich. Auf eigene Verantwortung, meinte der Leutnant und ließ mich ziehen. Alle schüttelten die Köpfe, wie konnte ein Weißer in solch einem Gefahrennest sein Leben riskieren? Ganz nebenbei, da waren keine Swapisten oder sonst noch wer, der ihnen gefährlich sein konnte. Das war wieder solch ein Fall von psychologischer Kriegführung, man wollte die Leute einfach verunsichern, den Teufel an die Wand malen.

Die Weißen der südlichen Polizeizone hatten keinen Zugang zum Ovamboland und zu den tatsächlichen Problemen der Menschen im Norden. Wohnte und arbeitete man als Weißer im Ovamboland, musste man ein Special-Permit haben, das konnte jederzeit gekündigt werden. Wenn man zum Beispiel aus Windhoek oder aus Swakopmund ins Ovamboland fahren wollte, musste ein polizeiliches Unbedenklichkeitszeugnis eingereicht werden, um solch ein Permit zu bekommen. Und das bekamen nur wenige. Leute, die diese Zustände physisch nicht kannten, die meisten der Windhoeker wohl, haben uns nicht verstanden, wenn wir von Krieg sprachen, von kriegsähnlicher Lage.

Vor der Wahl hatten sich einige deutsche Farmer aus dem Süden ein Permit besorgt. Ihr Motiv war sehr interessant. Die sagten: unsere Farmleute wollen nach Hause, die wollen SWAPO wählen, wir verstehen das nicht, die Leute haben jahrelang gut auf der Farm gearbeitet, und nun wollen sie weg. Sie selbst konnten sich unter SWAPO jenseits der Klischees kaum etwas vorstellen. Drei oder vier Farmer sind dann mit ihren Arbeitern gekommen. Einer sagte später, nun werde er wohl selbst SWAPO wählen. Der andere war entsetzt, was da militärisch so lief. Warum haben wir das nicht gewusst, warum hat man uns davon nichts gesagt? Eine naive Frage. Aus dem Operationsgebiet wurde nur selektiv berichtet, von den Erfolgen ihrer Kampagne: »winnig the hearts and minds«. Aber wer nachdachte, musste der Berichterstattung misstrauen. Es war so wie überall, wenn Aggressoren am Werke sind - die Wahrheit stirbt zuerst.

Wir hatten gute gemeinsame Jahre. Hilma, und ich an ihrer Seite, das waren wohl die besten Jahre meines Lebens. Dann die schlimme Krankheit, 1991. Unterleibskrebs, der musste operiert werden. Die Operation war nach Ansicht der Ärzte gut verlaufen, aber in Wirklichkeit war es ein Misserfolg. Hilma ging es danach immer schlechter. In jenen Tagen wurde auch einer unserer Adoptivsöhne konfirmiert. Sie sagte zu mir, es hat keinen Zweck, dass ich weiter im Hospital von Windhoek bleibe, lass uns nach Hause fahren. Sehr zögerlich habe ich ihr diesen Wunsch erfüllt. War aber dann doch heilfroh, dass ich nachgegeben hatte, als ich das freudig-strahlende Lächeln sah, als sie ihre Eltern zu Hause begrüßte. Zur Konfirmation in der Kirche, das schaffte sie nicht, aber anschließend bei der Feier im Haus war sie dabei. Doch es ging ihr schlecht. Drei Schritte konnte sie laufen, dann musste sie sich setzen. Eine Schulfreundin war zu Besuch. Völlig aufgelöst kam sie zu mir gelaufen, du musst sie schnell zum Arzt bringen, rief sie. Ich habe Hilma Huckepack genommen, die Kinder legten das Auto mit Matratzen aus, so haben wir sie nach Oshakati ins Hospital gebracht. Der Arzt schlug entsetzt die Hände über dem Kopf zusammen, hat sofort Bluttransfusionen und alles Mögliche veranlasst. Unter diesen künstlichen Masken und Schläuchen war sie dann noch knappe vierundzwanzig Stunden am Leben. Es war keine Kommunikation mehr möglich. Aber ich wusste, sie wollte sich verabschieden, und so habe ich wenigstens einen Teil der Familie noch zum Krankenhaus fahren können. Ich sah in ihrem Gesicht, wie dankbar sie war, dass alle kamen. Da waren dann noch unsere Haustochter und zwei Kinder, die sie gern sehen wollte. Als ich mit denen unterwegs war, kam mir Pastor Awia, ein Nachbar und Freund von uns, entgegen und sagte: Hilma ist eben gestorben. Und ich war in ihrer letzten Minute nicht an ihrer Seite. Hilma ist nur sechsundvierzig Jahre alt geworden. Der Kirchenchor, der gerade seine Probe hatte, kam ins Krankenhaus. Hilma wurde aus dem Krankenzimmer gerollt, und der Chor hat sie mit einem Abschiedsgesang begleitet. Sie wurde erst einmal ins Eisfach geschoben. Dann haben wir den Sarg besorgt und die Beerdigung vorbereitet. Die Verwandtschaft stand mir zur Seite und die Freunde und Leute, die ich gar nicht näher kannte. Hilma ist in unserm Dorf begraben worden. Und daneben ist Platz genug gelassen worden für mich. Wie lange ist das alles her, dass ich mit Gott und der Welt gehadert habe, dass ich mit mir selbst einfach nichts mehr anfangen konnte. Mehr als ein Jahrzehnt.

Sechs Jahre konnte ich noch mit den Schwiegereltern zusammenleben. Ich habe sie geliebt. Wir hatten ja bei der Hochzeit ausgemacht, solange Hilmas Eltern leben, bleiben wir hier. Das galt für mich immer noch. Nichts ist falscher als der Spruch bei der Hochzeit: »Bis dass der Tod euch scheidet«. Tod scheidet nicht Christen. Tod transformiert. Hilma ist heute noch nicht tot für mich und wird es nie sein. Geschieden wird auf Erden, sonst nirgendwo.

Seit 1995 arbeite ich nun in Kirchenarchiven, besonders der alten deutschen Handschrift wegen, die mir keine Leseprobleme machen, einerseits. Andererseits weil Kirchengeschichte hierzulande viel stärker als anderswo auch gleichzeitig Landesgeschichte ist. Vor allem wohl deswegen, weil die Missionare meistens die afrikanischen Sprachen erstmals zu Schriftsprachen entwickelten und so dazu beitrugen, dass neben der erzählten Geschichte nun auch vieles der vorchristlichen Zeit für die Nachkommen erhalten wurde, was sich leider die Landeskinder nur zögerlich zunutze machen. Von Natur aus bin ich kein besonders ordentlicher Mensch, aber ich habe eben in der Kindheit noch preußische Ordnung eingebläut bekommen, dass kommt den afrikanischen Kirchenarchiven unter meiner Hand zugute. Dabei plage ich mich natürlich auch mit den technischen Errungenschaften ab, wie Computer, Laptop, Fax und E-Mail, um nur einige zu nennen, und ich stelle fest, auch mit sechsundachtzig Jahren kann man das alles noch lernen und arbeitssparend nutzen. Dabei helfen mir natürlich meine Kinder und Enkel aus erster Ehe, bei denen ich, keineswegs lieblos gemeint, der Ovambo-Opa bin. Außerdem bin ich nach dem Tode meiner Schwiegereltern so etwas wie Familienoberhaupt einer großen Zahl von Erwachsenen, Jugendlichen, Kindern und Babys in Owamboland geworden, die mich auch brauchen. Mangel an Liebe in meinen alten Tagen verspüre ich nicht, eher an Geld und solchen Sachen, die man auch braucht, aber wenn ich ehrlich bin, möchte ich nirgends woanders als in Afrika leben. Und der beste Platz ist vielleicht in der Namibwüste, wo das Bier am besten schmeckt und das Miteinander auf unterster Ebene besser ist als anderen Ortes. Aber das ist ein politisches Feld, und da auch die Kirche noch nie unpolitisch war, ein kirchliches Feld. Also bleibe ich so lange ich nicht rausgeschmissen werde in der Kirche und in der Familie. Die ja auch preußische Farben zeigt, sie ist schwarz - weiß, die Kirche. Das ist und bleibt meine Lebenshaltung, dazu noch der preußische Koppelschlossspruch: »Mit Gott.« Das wäre alles was ich zu sagen hätte.

Abschied

Lange nach Mitternacht hatte ich Peter Pauly zu seinem schmalen Haus auf dem Kirchengelände begleitet. Unter dem Blechdach: Zimmer, Küche, Bad und noch ein kleiner Raum. Vor der Haustür ein drei Schritt breiter staubiger Garten, in dem nichts wuchs. Sein eigentliches Zuhause war das hier nicht. Ein Bier hatte er noch im Kuhlschrank, das teilten wir uns. Müde nun und wortkarg. Die Nachtluft tat mir gut, als ich zu meinem *Fleet* am Rande von Klein-Windhoek hinaufstieg. Der Tatsache, irgendwann ja selbst zu den Alten zu gehören, und so unvorstellbar fern war diese Zeit nicht mehr, sah ich nach den Stunden mit Peter Pauly gelassener entgegen.

Ausgeruht und heiter war ich zur Mittagszeit erwacht. Im Café des Craft Centers, dort in der Alten Brauerei, verträumte ich bei Käsetorte und Milchkaffee, umgeben von Malern und Designern, von Weberinnen und Modistinnen, ohne schlechtes Gewissen ein gutes Stück des Tages. Eigentlich hatte ich in der National Bibliothek sitzen wollen. Letzte Recherchen vor der Abreise. Eigentlich. Aber zwischen diesem Vorsatz und dem Nachmittag im Café lag das Nachtgespräch mit Peter Pauly.

Sehr zeitig schon war ich mit dem Bus zum Flughafen hinausgefahren. Ich mochte das Stehen in der Warteschlange nicht, lieber geduldete ich mich als Zweiter oder Dritter eine Stunde oder länger vor dem Abfertigungsschalter.

Nach dem Aufruf des Fluges war ich schnell abgefertigt worden und konnte mich in einer bequemen Ecke der Wartehalle dem schwierigsten Akt meiner Reisen in dieses Land, dem Abschied, widmen. Bis das Gesicht mich irritierte. An der stadtwärts gewandten Seite des gläsernen Käfigs, in dem wir Passagiere bis zum Abflug aufbewahrt wurden, war eine jüngere Frau aufgetaucht, die unruhig auf und ab ging, hin und her tigerte und, bevor sie kehrt machte, das Gesicht an das Glas presste, um in die Wartehalle zu spähen. Plötzlich brach sie ihren Marsch ab und verschwand. Das Gefühl, dass die Unruhe der Frau etwas mit mir zutun haben könnte, wurde sogleich auch bestätigt. Augenblicke später stand sie vor mir, warf in einer verlegenden Geste den Kopf zurück und hielt mir einen Briefumschlag entgegen. »Ich bin Nina van Heerden und der ist für Sie, von Ihrem Freund Benn.«

Sie genoss einen Augenblick meine Verblüffung. »Schön Sie zu sehen. Daniel hat mir von ihnen erzählt.« Ihre Hand war kühl und schmal, sie schlug weder die Augen nieder, noch versuchte sie mir ihre Hand eilig zu entziehen. »Erzählt, soweit sein Chef es ihm erlaubt«, fügte sie mit freundlichem Spott hinzu. Ein vom Himmel gefallener, schlanker blonder Engel zwischen Mädchen und Frau mit hellen, blauen Augen. Nur zwei winzige Kerben in den Mundwinkeln verrieten, dass ihr das Leben nicht immer freundlich gesonnen war. Ihr offenes Gesicht und zugegebenermaßen auch ihr offensichtliches Interesse an meiner Person, nahm mich sofort für sie ein.

So sieht jemand aus, der vom Leben noch alles erwartet. Möge Daniel seine Waffe stets griffbereit und nicht so nebensächlich in der Plastiktüte tragen, möge Benn ihm die beste Kugelweste Afrikas anbefehlen. Möge kein Stäubchen der Welt diesem Mädchen zu nahe kommen.

»Sie haben eine Ausnahme gemacht, nur fünf Minuten«, bemerkte sie mit einer Kopfbewegung zum Sicherheitsbeamten am Ausgang hin und berührte flüchtig den Presseausweis an der Khakibluse.

»Und, haben sich Ihre Erwartungen erfüllt?«, fragte sie vorsichtig.

»Ich wollte Benn noch treffen«, wich ich aus, »aber er war unterwegs.«

»Der Dicke mit dem Koffer ist am Morgen nach Kapstadt abgereist.«

»Den habe ich schon vergessen.«

»Die Gelassenheit des Alters. Ich wünschte mir ein bisschen davon. Diese Typen sind schlimm.«

Mein Gott Mädel, wie gern würde ich auf Gelassenheit verzichten, könnte ich Dir mehr sein als eine zufällige Bekanntschaft, mit der du weder Vergangenheit noch Gegenwart, geschweige den die Zukunft teilst. Eben noch schwamm ich auf einer warmen, weichen Welle, das war vorbei.

»Ja, das sind sie, diese Typen. Nur leider wachsen sie nach«, stotterte ich.

»Also dann. Gute Reise!«

Ihre Lippen berührten flüchtig meine Wange. Tapfer und aufrecht nahm ich die gnädige Geste entgegen, auch in der Furcht, dass sie den Balzgeruch eines älteren Mannes wahrnahm, mich plötzlich abstoßend finden könnte. Ich rührte mich nicht vom Fleck. Engel lösen sich auf, werden sie zur Unzeit berührt.

Letzter Aufruf der Maschine nach Frankfurt. Hastig steckte ich den Brief ungeöffnet zu den wichtigen Papieren. Über das Vorfeld strich im tiefen Abendlicht ein heftiger, kurzer Schauer. Das Trommeln des Regens übertönte für Augenblicke das Gesumm der Menschen in der Halle. Ich trat hinaus auf das Vorfeld. Die Erde dampfte, und ich schloss die Augen. Da war er wieder, der Geruch, der frisch aus der Savanne herüberwehte. Atem der fernen Wüste nach dem Regen, durchwoben vom Rauch halberloschener Feuer. Graswind, der durch Herden von Rindern, Gnus, Zebras gezogen war, und Wind vom Meer in einem. Nina wird in dieser Stunde mit ihrem Liebsten telefonieren. Benn hockt in irgendeiner Sitzung der Polizeiführung oder beschwört auf einer der politischen Versammlungen die Einheit der Nation, mit viel Kraft seine Abneigung gegen Leute wie Limbo unterdrückend. Wie wird es sein, wenn ich wiederkomme? *Pisali omukuju ihapeefa omafo.* (Sprichwort in Oshivambo) Wo ein Feigenbaum stand, wird man auch später noch Blätter finden.

Menschen, Orte, Dinge

Bantu
Afrikanische Sprachgruppe. Auch Sammelbegriff für schwarze Völker Afrikas südlich fünf Grad nördlicher Breite. Namavölker und San gehören nicht dazu.

Biltong
An der Luft, in Streifen getrocknetes Fleisch (zum Beispiel vom Rind oder Kudu). Schmackhaft und als Reiseproviant geschätzt.

Buschmänner/Bushmen/San
Allgemeine Bezeichnung der San (ethnische Gruppe), die vorwiegend in Ostnamibia, in der Kalahari, lebt. Für die Sprache der San sind auch die unterschiedlichen Schnalzlaute typisch.
Die Südwestafrikanischen Territorialstreitkräfte (SWATF) setzten circa 2.000 San bis 1989 als Fährtensucher gegen die SWAPO-Guerilla ein. Sie waren mit ihren Familien im Omega Camp (Caprivistreifen) kaserniert untergebracht.

Cut Lines
Schneisen. Zur Bekämpfung der Guerilla schlugen die südafrikanischen Militärs breite Sicherheitsstreifen in die Buschlandschaft, vorwiegend an der angolanisch-namibischen Grenze.

Donkeykarren
Eselskarren, zweirädrig

DDR-Kinder
In Verhandlungen zwischen der Namibischen Regierung und der Regierung der DDR im Mai 1990 wurde festgelegt, dass die in der DDR lebenden namibischen Kinder und Jugendlichen so schnell wie organisatorisch möglich, in ihre Heimat nach Namibia zurückkehren sollen. Die Kinder waren ursprünglich zur medizinischen Behandlung - in großer Anzahl nach dem Massaker der Südafrikanischen Wehrmacht am 4. Mai 1978 in Kassinga - und zur Ausbildung/Betreuung auf Einladung der Regierung in die DDR gekommen. Unter den Kindern waren Kriegswaisen und Kinder, deren Eltern im Ausland arbeiteten oder studier-

ten. Nicht wenige lebten länger als zehn Jahre in der DDR. Den Betroffenen blieb keine Wahl, die Verhandlungen erfolgten unter starkem Druck der Medien; in Namibia ebenso wie in der DDR und in der Bundesrepublik. Unter Ausblendung der Tatsachen war von Verschleppung der Kinder in die DDR und von Menschenrechtsverletzungen durch SWAPO und SED die Rede. Am 31. August 1990, 8.15 Uhr Ortszeit, trafen die letzten der Kinder auf dem Internationalen Flughafen Windhoek ein, die in zwei Transporten (26. 8. und 31. 8.) die DDR verlassen hatten. Aus Staßfurt (»Schule der Freundschaft«) waren 291 Schulkinder (bis zur 10. Klasse) gekommen, aus dem Kinderheim Bellin (bei Güstrow) 134 Kinder im Vorschulalter und 10 Kleinkinder. Mit den Kindern kamen 29 namibische Erzieherinnen aus der DDR nach Namibia zurück. Die finanzielle Mitgift seitens der DDR wurde in ihrer Höhe so bemessen, dass Eingliederung, Ausbildung und Grundbetreuung (zum Beispiel Taschengeld für die Schulkinder) bis 1995 gesichert waren. Die »Rückführung« wurde in Namibia vom RRR-Committee (Repatriation, Resettlement and Reconstruction Committee) organisiert und in der ersten Phase vom CCN (Council of Churches in Namibia) unterstützt. Die Eingliederung, vor allem der älteren Schulkinder, war schwierig, Psychologen sprachen von einem Kulturschock. Sehr schnell wurde ihnen das Etikett »schwarze Ossis« angeheftet. Ein von ihnen gegründeter Jugendclub (Windhoek/Bismarckstraße) gab sich dann auch diesen Namen. Die Tatsache, dass ihr konfliktreiches Hineinwachsen in die namibische Gesellschaft zur beginnenden Versöhnung zwischen Schwarz und Weiß in Namibia nicht unwesentlich beitragt, wird unterschiedlich wahrgenommen.

DTA

Democratic Turnhalle Alliance

1977 als Vereinigung von elf Parteien gegründet. Anhängerschaft vornehmlich unter Weißen und Hereros. Vor der Unabhängigkeit Mitwirkung in verschiedenen Übergangsregierungen Südwestafrikas. Treten ein für ein unabhängiges Namibia ohne ethnische Diskriminierung und ohne Vorherrschaft einer ethnischen Gruppe sowie für »freie Marktwirtschaft«. Langjähriger Vorsitzender war Dirk Mugde.

Epupa
Flusslandschaft im Nordwesten Namibias (Kaokoveld) am Grenzfluss zu Angola, dem Cunene. Mit Wasserfällen (»Epupa Falls«). Siedlungsraum der Ovahimba.

Farmlinie
Telefonlinie der in Reihe geschalteten Telefone der Farmen. Jede Farm hatte »ihr« Zeichen, das aus kurzen oder langen »Anklingelzeichen« bestand. Wer wollte, konnte mithören, wenn jemand »auf der Linie« sprach.

Gravelroad
In der Regel Allwetterstraßen mit Schotterdecke (circa 28.000 km in ganz Namibia). Seit etwa 20 Jahren vorwiegend nach einer von Dr. Klaus Dierks entwickelten Technologie gebaut. Werden regelmäßig »gehobelt« und mit Kies/Schotter belegt. Gefährlich für eilige Autofahrer (Glatteiseffekt durch losen Kies).

Heroes Acre
In der direkten Übersetzung »Heldenacker«. Denkmalsanlage 16 km südlich von Windhoek, nahe der Fernverkehrsstraße B1 nach Rehoboth. Blickfang ist ein vierzig Meter hoher, weißer Marmorobelisk, vor dem eine Bronzestatue den Unbekannten Freiheitskämpfer symbolisiert. Die männliche Figur erhebt die Handgranate zum Wurf, in der Linken führt sie eine Kalaschnikow. Weitere Stilelemente sind Lorbeerkranz und Eisernes Kreuz. Auf den Terrassen am Fuße des Obelisken sind 174 in Marmor einbettete Grabstätten angelegt worden. Nach nordkoreanischen Entwürfen wurde die Anlage für etwa 61 Millionen Namibia-Dollar (circa 6 Millionen Euro) von vorwiegend nordkoreanischen Arbeitern errichtet. Die Einweihung des Monuments erfolgte am 26. August 2002, dem jährlichen Heldengedenktag. (Am 26. August 1966 hatte der antikoloniale Kampf der SWAPO mit militärischen Mitteln begonnen.)

Homelands
Bestimmten ethnischen Gruppen zugewiesene Siedlungsgebiete innerhalb Südwestafrikas, die nur mit entsprechenden Papieren und kontrolliert verlassen werden durften. Als Form der Rassentrennungspolitik bereits zur Zeit deutscher Kolonialherrschaft ein-

geleitete Strategie. Der Oldendaal Plan sieht die Erschaffung von 11 Homelands vor.

Hottentotten

Abwertende Bezeichnung der Namavölker im Süden Namibias. Richtig: Khoi-Khoi.

Die häufigen Klicklaute in ihrer Rede, der Khoisan-Sprache, waren für die deutschen und auch für andere Weiße Anlass, sie abfällig Stotterer, Hottentotten, zu nennen.

Jaapies

Im Südwester Sprachgebrauch diskriminierende Bezeichnung für die Buren, das heißt für die afrikaanssprachigen Weißen, auch für Südafrikaner allgemein.

Kaffer

Wortursprung arabisch »kafir«= Ungläubiger.

Abwertende Bezeichnung für Bantuvölker im südlichen Afrika. Häufig im Sprachgebrauch der ländlichen, weißen Bevölkerung Namibias zu finden.

Kaffernkorn (auch Mohrenhirse) = Sorgum (Getreideart vor allem aus Nordnamibia)

Kaffernbier = Bier aus Getreide (Sorgum/Mais)

Kaffernpiano = Marimba (europäisch: Xylophon)

Kaisers Geburtstag

Noch heute gilt mancher Orts in Namibia die Farmerregel: wenn es zum Geburtstag des ehemaligen deutschen Kaisers (27. Januar) regnet, ist ein gutes Weidejahr zu erwarten.

Kameldorn

Langsam wachsende Akazienart in ariden Gebieten. Sehr hartes Holz, häufig als Zaunmaterial verwendet. In der Namib, nahe Sossusvlei, sind Reste von mehr als fünfhundert Jahre alten Kameldornbäumen zu sehen. Mit dem Kameldornbaum als Metapher wird in der Südwester-Legendenbildung gern die Härte, Leidensfähigkeit und Beständigkeit deutscher Siedler umschrieben. Der stilisierte, zweispitzige Dorn des Baumes ist häufig als graphisches Element in Vereins- und Firmensignets zu finden.

Katutura

Name aus dem Otjiherero: »der Platz, an dem Menschen nicht leben«. Ein von der südafrikanischen Administration 1959 für einen Teil der schwarzen Bevölkerung geschaffener Stadtbezirk am westlichen Stadtrand von Windhoek.

IIKhauxa!nas

Bedeutung der Zeichen in der phonetischen Umschrift der Namasprache (Klick-Laute):
II entspricht dem lateralen Laut (beim Sprechen entweicht die Luft seitlich aus dem Mund)
! entspricht dem zerebralen Laut (der Laut wird mit der Zungenspitze am Gaumendach gebildet)
Zitat aus Dr. Klaus Dierks »IIKhauxa!nas: Die verlorene Stadt im Südosten Namibias« Verlag Philipp von Zabern, Mainz 1998: Weiterhin fand ich eine mehr als einen Kilometer lange Schutzmauer, die, mehrere Meter hoch, in einem unregelmässigen Bogen um das ganze Bergesplateau herumläuft. Dieses aus zum Teil tonnenschweren Felsplatten meisterhaft zusammengefügte Trockenmauerwerk umschliesst ein mit Trümmern übersätes Areal von mehreren Quadratkilometern Fläche. Es gibt hier Mauerreste und Fundamente von Häusern, einen vermutlichen Versammlungsraum, Viehkräle (offene Stallungen) und merkwürdig geformte Grabdenkmäler zum Gedenken an gefallene Krieger. Die Baufragmente sind aus Hunderttausenden von Sandsteinplatten aufgerichtet. Viele Mauern sind unter dem Einfluss von Erosion und menschlichen sowie tierischen Aktionen zusammengestürzt. Besonders die hier zahlreich vorkommenden Paviane sind grosse Zerstörer, da sie bei der Suche nach den von ihnen als Delikatesse geschätzten Skorpionen viele Felsplatten herunterwerfen. Offensichtlich haben die Erbauer von IIKhauxa!nas keinerlei Dächer für die Bauwerke im Sinne gehabt, was bei den normalen klimatischen Verhältnissen im Süden Namibias auch kaum vonnöten wäre. Viele Fragen bleiben vorläufig noch offen und sind im Grunde erst durch archäologische Forschungen zu beantworten.

Interessant ist nicht nur, dass IIKhauxa!as mit einem historisch gesicherten Errichtungsdatum, das vor 1800 liegt, die bisher bekannte älteste systematische Bauanlage Namibias ist, sondern auch aus dem Motiv heraus entstand, dass ein Namavolk sich im 18. Jahrhundert der kolonialen Unterdrückung durch die europäischen Siedler des südafrikanischen Kaps der Guten Hoffnung entziehen wollte, um in einem Gebiet, das später Namibia werden sollte, Freiheit und Unabhängigkeit zu finden. Später, in der Zeit von Deutsch-Südwestafrika, spielte IIKhauxa!nas eine wichtige historische Rolle in dem Widerstandskrieg des namibischen Volkes gegen die deutsche Kolonialmacht, als die Bergfestung als geheimes Hauptquartier für den grossen namibischen Guerillaführer Jakob Marengo diente.

Koevoet
(deutsch Kuhfuß/Brechstange)
1979–1989 Terrorkommando in Namibia unter Führung des Brigadiers (General) Hans Dreyer. Sonderkommando unter anderem zum Aufspüren von SWAPO-Guerillas in Nordnamibia mit Hauptquartier in Oshakati. Für getötete Guerillas wurde ein Kopfgeld gezahlt.

Leutwein, Theodor
Leutwein traf am 1. Januar 1894 an Bord des Schiffes »Marie Woermann« in Südwestafrika ein. 1898 wurde er zum Gouverneur (Landeshauptmann, Chef der Schutztruppe und Repräsentant der Reichsregierung) ernannt. L. war bemüht, den Anspruch Deutschlands mit den Rechten der afrikanischen Stammesgesellschaft und ihren Häuptlingsstrukturen zu versöhnen, zu einem Ausgleich zwischen den fremden Weißen und der einheimischen Bevölkerung zu kommen. Der Aufstand der Hereros 1904 markiert auch das Scheitern von Leutweins Politik in Deutsch-Südwestafrika. Noch während der Kriegshandlungen, im Juni 1904, wurde ihm das Kommando über die Schutztruppe auf Befehl des Deutschen Generalstabs durch Generalleutnant von Trotha aus der Hand genommen. Leutwein verließ im Dezember 1904 das Land und nahm 1905 seinen Abschied.

Miliepap
Afrikaanser Begriff für Maisbrei. Englisch: Mealiepap

Odendaal-Plan
Am 29. April 1964 akzeptiert die Südafrikanische Regierung die Empfehlungen des Odendaal Plans. Dieser zielt auf die »beschleu-

nigte Entwicklung der nicht-weißen Gruppen in Südwestafrika«. Namibia wird zur Provinz Südafrikas entwickelt und die Rassentrennungspolitik intensieviert.
Wesentliche Elemente des Planes sind:
Die Feststellung, dass die zwölf Bevölkerungsgruppen mit ihrem unterschiedlichen Entwicklungsniveau eine demokratische Entwicklung über das allgemeine Wahlrecht und auch eine Staatsform mit zentraler Regierung ausschließen.
Die Schaffung von »Eingeborenen-Heimatgebieten« (elf Homelands), die nur kontrolliert und zwecks Arbeitsaufnahme in »weißen Gebieten« verlassen werden dürfen.
Der Ausbau der Infrastruktur (verstärkter Straßenbau, Ausbau der Energie- und Wasserversorgung)
Die Reservats- und Homelandpolitik stellte sich bald auch ökonomisch/ökologisch, unter anderem durch extreme Überweidung der begrenzten Gebiete, in Frage. Zur Umsetzung des Odendaal-Plans wurden von Südafrika in Westeuropa, besonders in der Bundesrepublik Deutschland, qualifizierte Arbeitskräfte angeworben.

Omaheke
Weitgehend wasserlose Halbwüste im Nordosten Namibias, die sich östlich vom Waterbergmassiv über circa 250 Kilometer Richtung Grenze Namibia/Botswana (früher Betschuanland) erstreckt.

Ovahimba
Ethnische Gruppe. Lebt vorwiegend im Nordwesten Namibias, im Kaokoveld.

Prospektor
Eine in der Geologie, Mineral- und Landeskunde bewanderte Person, die nach seltenen Metallen und Diamanten schürft. In der Literatur häufig der Typ des harten Mannes, der allein unter primitiven Bedingungen nach Gold und Diamanten sucht.

Reiterdenkmal
Denkmal im Zentrum der namibischen Hauptstadt nahe der Christuskirche, das an die Kolonialkriege des Deutschen Reiches

gegen die Hereros und Namas, 1903 bis 1908, erinnert. Pferd (annähernd lebensgroß) und Schutztruppenreiter in Bronze, stehen auf einem Granitsockel. Die Inschrift am Fuße des Denkmals nennt nur die Kriegsopfer unter der weißen Bevölkerung: Zum ehrenden Andenken an die tapferen deutschen Krieger, welche fuer Kaiser und Reich zur Errettung und Erhaltung dieses Landes waehrend des Herero- und Hottentottenaufstandes 1903 bis 1907 und waehrend der Kalahariexpedition 1908 ihr Leben liessen. Zum ehrenden Andenken auch an die deutschen Buerger, welche den Eingeborenen im Aufstande zum Opfer fielen. Gefallen, verschollen, verunglueckt, ihren Wunden erlegen und an Krankheiten gestorben, von der Schutztruppe: Offiziere 100,Unteroffiziere 254, Reiter 1180, von der Marine: Offiziere 7, Unteroffiziere 13, Mannschaften 72, im Aufstande erschlagen : Maenner 119, Frauen 4, Kinder 1.
Aus der Rede des deutschen Gouverneurs Dr. Theodor Seitz anlässlich der Denkmalsenthüllung am 27. Janur 1912: Der eherne Reiter der Schutztruppe, der von dieser Stelle aus in das Land blickt, verkündet der Welt, dass wir hier die Herren sind und bleiben werden.

San
Siehe Buschmänner

Shebeen
Einfache Hütte mit Getränkeausschank in den Siedlungen und Squatter Camps am Stadtrand. Permanenter Kampf der Behorden gegen »illegale Shebeen«, das heißt gegen Alkoholmissbrauch. In der Hauptstadt und im Windhoeker Umland registrierte die Behörde Mitte 2002 insgesamt 796 Shebeen-Eigentümer, so ein Bericht der Allgemeinen Zeitung. 157 dieser auch Pinten oder Cucashops genannten Einrichtungen wurde eine »staatliche Bewilligung« erteilt.

Siedlungspolitik
Zitat aus Theodor Leutwein »Elf Jahre Gouverneur in Deutsch-Südwestafrika«, Mittler & Sohn/Königliche Hofbuchhandlung Berlin, 1906: Um die Siedlung in noch rascheren Fluss zu bringen,

wurden von seiten der Kolonialverwaltung im Etat 1901 zunächst 100.000 Mark als Ansiedlungsbeihilfen eingestellt. Mit dieser Summe sind 28 Soldaten angesiedelt worden, mithin jeder mit einem Zuschuss von 3.000 bis 4.000 Mark, der in Form von Vieh, Baumaterial und landwirtschaftlichen Geräten gegeben wurde. Als Bedingung war den Bewerbern der Nachweis eines eigenen Kapitals von 2.500 Mark auferlegt, einer Summe, die ein sparsam wirtschaftender Soldat sich während seiner Dienstzeit erübrigen konnte. Letzteres gab dann die Gewähr, dass aus dem Unterstützten ein brauchbarer Ansiedler würde, wie es denn überhaupt unrichtig wäre, einen Farmer ausschliesslich mit fremder Beihilfe wirtschaften zu lassen. Nur wenn er auch eigene Mittel in seinen Betrieb hineingesteckt hat, wird er das erforderliche Interesse daran erhalten.

Der Versuch, einen Farmbetrieb mit so wenig Betriebskapital beginnen zu lassen, konnte man den Angehörigen der Schutztruppe gegenüber schon wagen, da deren bereits erworbene Landeskenntnisse allein schon mehrere tausend Mark wert waren. Sie hatten ferner keine Übersiedlungskosten zu tragen und konnten auch die Auswahl ihrer Plätze schon während ihrer Dienstzeit, mithin ganz kostenlos treffen. Ferner war ihnen ausnahmsweise für eine gewisse Zeit vor dem Ausscheiden aus der Schutztruppe das Halten eigener Viehposten gestattet, so dass sie auch in bezug auf Ankauf von Zuchtvieh die besten Preise sowie die günstigsten Gelegenheiten erfassen konnten. Tatsächlich sind die Siedler auch gut fortgekommen, jedenfalls besser als in der Heimat, wo sie fast durchweg den besitzlosen Klassen angehört haben würden.

SWAPO

South West African People's Organisation. Gründung 19. 4. 1960. Volksbefreiungsbewegung Namibias, die 1966 den bewaffneten Kampf begann. Führte unter dem Vorsitz von Sam Nujoma Namibia in die Unabhängigkeit und hatte Beobachterstatus in der UNO und in der OAU. 1995 mit verändertem Statut von einer Befreiungsbewegung zur Partei ausgerufen. Heute (2003) führende Partei in Namibia mit mehr als Zweidrittelmehrheit im Parlament.

Trotha, von

Generalleutnant Lothar von Trotha kam am 11. Juni 1904, zur Zeit der Kämpfe gegen die aufständigen Hereros, in Deutsch-Südwestafrika an und überahm das Kommando der Schutztruppe. Er plante die entscheidende Schlacht gegen die Hereros, die am 11. August am Waterberg, am Rande der Omaheke, beginnt. Die Hereros werden in das Sandfeld abgedrängt.

Dazu schreibt das Deutsche Generalstabswerk: Diese kühne Unternehmung zeigt die rücksichtslose Energie der deutschen Führung bei der Verfolgung des geschlagenen Feindes in glänzendem Lichte. Keine Mühen, keine Entbehrungen wurden gescheut, um dem Feinde den letzten Rest seiner Widerstandsfähigkeit zu rauben: wie halb zu Tode gehetztes Wild war er von Wasserstelle zu Wasserstelle gescheucht, bis er schliesslich willenlos ein Opfer der Natur seines eigenen Landes wurde. Die wasserlose Omaheke sollte vollenden, was die deutschen Waffen begonnen hatten: die Vernichtung des Hererovolkes.

Erlass von Trotha an die Hereros am 2. Oktober 1904: Ich, der grosse General der deutschen Soldaten, sende diesen Brief an das Volk der Hereros: Hereros sind nicht mehr deutsche Untertanen. Sie haben gemordet, gestohlen, haben verwundeten Soldaten Ohren und Nasen und andere Körperteile abgeschnitten und wollen jetzt aus Feigheit nicht mehr kampfen. Ich sage dem Volke: Jeder, der einen der Kapitäne an einer meiner Stationen als Gefangener abliefert, erhält 1.000 Mark; wer Samuel Maharero bringt, 5.000 Mark.

Das Volk der Herero muss jetzt das Land verlassen. Wenn das Volk dieses nicht tut, so werde ich es mit dem Groot Rohr dazu zwingen. Innerhalb der deutschen Grenze wird jeder Herero, mit oder ohne Gewehr, mit oder ohne Vieh erschossen. Ich nehme keine Weiber und Kinder mehr auf, treibe sie zu ihrem Volke zurück oder lasse auf sie schiessen. Das sind meine Worte an das Volk der Herero. Der Grosse General des mächtigen Kaisers. v.Trotha

Weisung an die Kommandeure:

Dieser Erlass ist bei den Appells den Truppen mitzuteilen, mit dem Hinzufügen, dass auch die Truppe, die einen Kapitän fängt, die entsprechende Belohnung zuteil wird, und das Schiessen auf Weiber und Kinder so zu verstehen ist, dass über sie hinweggeschossen wird, um sie zum Laufen zu zwingen.

Ich nehme mit Bestimmtheit an, dass dieser Erlass dazu führen wird, keine männlichen Gefangenen mehr zu machen, aber nicht in Greultaten gegen Weiber und Kinder ausartet.

Diese werden schon fortlaufen, wenn zweimal über sie hinweggeschossen wird.
Die Truppe wird sich des guten Rufes der deutschen Soldaten bewusst bleiben. Das Kommando gez. v.Trotha, Generalleutnant

Im November 1905 kehrt Generalleutnant von Trotha nach Deutschland zurück.

Truppenspielerbewegung

In der Sprache der Herero: otruppa/otjiserandu. Männer der Herero versammeln sich und halten militärische Exerzierübungen ab. Am 23. August jeden Jahres findet anlässlich der Beisetzung des Hereroführers Samuel Maharero (1923) in Okahandja eine farbenprächtige Parade der Truppenspielerbewegung statt (»Hererotag«). Dabei werden Uniformteile aus Zeiten der Schutztruppe der Südafrikaner neben der traditionellen Kleidung mit Rot als bestimmender Farbe getragen. Symbolische Landbesetzung als spielerisches Element während der Feierlichkeiten verweisen auf den historisch begründeten Anspruch der Hereros: »Uns gehört das Hereroland!«

UNITA

Einst prowestliche politische Organisation zur Befreiung Angolas unter Führung von Dr. Jonas Savimbi. Die UNITA bekämpfte als Guerilla bis zum Tod Savimbis 2001 die angolanischen Regierung und deren Armee (FAPLA). Sie operierte auch im Grenzgebiet Angola/Namibia.

Resolution 435

Am 29. September 1978 vom UNO-Sicherheitsrat verabschiedet. Die Resolution geht auf die Vorschläge fünf westlicher Länder zurück (USA, England, Frankreich, Kanada, Bundesrepublik Deutschland), wie sich der Unabhängigkeitsprozess in Namibia gestalten soll. Hierzu gehören die Schaffung entmilitarisierter Zonen, Abgabe der Waffen, Abzug der südafrikanischen Truppen, Rückkehr der Flüchtlinge, Vorbereitung einer Verfassung, Wahlvorbereitung, Wahl, Regierungsbildung und das Ausrufen der Unabhängigkeit. Der Unabhängigkeitsprozess wurde unter Aufsicht der UNO am 1. April 1989 eingeleitet.

Rivier
Trockenes Flussbett, führt, wenn überhaupt, nur kurzzeitig in der Regenzeit Wasser.
Von den Ochsengespannen in der Trockenzeit häufig als Weg benutzt.

Pad
Weg, Schotterstraße. »Auf Pad« ist eine stehende Redewendung für »unterwegs«

Pontok
Traditionelle, halbrunde, igluähnliche Hütte aus Geflecht, Lehm und Tierhäuten.
Vorwiegend im Kaokoveld und Damaraland üblich.

UNTAG
»United Nations Transitional Assistance Group«, Soldaten der UNO (Blauhelme). 1989 in Namibia zur Unterstützung des Unabhängigkeitsprozesses: 4.650 Mann, 500 Polizisten, 1.380 zivile Personen. Die Kosten für ein Jahr betrugen 416 Millionen Dollar.
Die Bundesrepublik Deutschland war in Namibia durch zivile Mitarbeiter in der UNTAG vertreten und stellte circa 50 Millionen Dollar zur Verfügung.

Veld
Feld, Ebene

Vlei
Großflächige Bodensenke, die sich zur Regenzeit mit Wasser füllt.

Waterberg
1.875 Meter hohes Bergmassiv im Nordosten Namibias. Schroffe, verwitterte Restformation eines Sandsteinmantels, der vor Millionen von Jahren Teile Namibias bedeckte. Östlich des Waterbergs beginnt die Omaheke. Die Schlacht am Waterberg (1904), der Ausrottungsfeldzug der deutschen Schutztruppe gegen die Hereros unter General von Trotha, gilt allgemein als Synonym

deutscher Kolonialpolitik in Afrika. Der Waterberg Plateau Park ist seit 1972 ein Naturschutzgebiet. Südlich der ehemaligen Missionsstation befindet sich ein Deutscher Soldatenfriedhof, der ein Versammlungsplatz für Traditionsverbände wie die »Deutsche Schutztruppe« ist.

Werft
Koloniale Bezeichnung zumeist stadtnaher Siedlungsgebiete der schwarzen Bevölkerung. Auch »Eingeborenenwerft« genannt.

Winning the hearts and minds
Mit Beginn des bewaffneten Kampfes gegen die südafrikanische Administration gewinnt die SWAPO an Einfluss unter der namibischen Bevölkerung. Auf diese Entwicklung reagierte Südafrika 1967 mit dem Erlass des »Terrorism Act« und leitete eine vorwiegend von den südafrikanischen Militärs in Namibia getragene Imagecampagne - »Winnig the hearts and minds« - ein. Humane Aktionen wurden öffentlichkeitswirksam zelebriert: Krankenversorgung, Unterstützung ländlicher Schulen, temporäre Trinkwasserversorgung.

Jahr und Tag

1488
Bartolomeus Dias, portugiesischer Seefahrer, errichtet ein Steinkreuz in der Bucht von Angra Pequeña, der heutigen Lüderitzbucht.

1842
Die ersten Missionare der Rheinischen Mission kommen nach Windhoek.
24. Dezember; die deutschen Missionare Hahn und Kleinschmidt verkünden in Windhoek die Weihnachtsbotschaft.

1869
Ankunft der ersten finnischen Missionare.

1880
Krieg zwischen Hereros und Namas, es geht um Weideland.

1883
Am 1. Mai kauft Heinrich Vogelsang im Auftrag des »Bremer Afrikahandelshauses F.A.E. Lüderitz« das Land fünf Meilen um Angra Pequeña, einschließlich der Hafenbucht, von Namaführer Kapitän Joseph Frederiks II. Der Landkauf schloss die Minenrechte ein. Frederik wird betrogen, da er den Unterschied zwischen der Englischen Meile - 1,609 km - und der Deutschen Geografischen Meile - 7,149 km - nicht kennt. Vogelsang legt den Unterschied zum eigenen Vorteil aus. Zur Höhe des Kaufpreises gibt es unterschiedliche Angaben. Es ist belegt, dass Frederiks im Mai 1883 von den Deutschen 100 englische Pfund und zweihundert Gewehre erhielt. Am 25. August wird ein zweiter Vertrag abgeschlossen. Für 500 englische Pfund und 60 Gewehre erwerben die Deutschen Land vom Oranje River nordwärts bis zum 26. Grad südlicher Breite und von der Küste zwanzig Meilen landeinwärts.

1884
Reichskanzler Bismarck erklärt das Land, mit Ausnahme von Walvis Bay, am 24. April zum deutschen Schutzgebiet.

Am 7. August wird die deutsche Flagge in Angra Pequeña gehisst.

1888
Die erste deutsche Schutztruppe wird am 8. Juli in Otjimbingwe stationiert (2 Offiziere, 19 Mannschaften).

1889
21. Juni; Hauptmann Curt von François trifft mit 200 Schutztrupplern in Südwestafrika ein.

1890
Deutschland erklärt das Schutzgebiet zur Kolonie. Gründung der Station Windhoek durch Hauptmann Curt von François am 18.Oktober.

1894
Die erste deutsche Regierungsschule in Windhoek eröffnet.

1897
Baubeginn der Feldspurbahn Swakopmund-Windhoek, die auch durch traditionelles Hereroland verläuft.

1900
Eröffnung der ersten Brauerei - »Bavaria Bräu« - in Swakopmund.

1902
Am 1. Juli Eröffnung der Bahnstrecke Swakopmund - Windhoek.

1903
Baubeginn Otavibahn. Im Interesse des Bahnbaus weitere Enteignung der Hereros.

1904
12. Januar; Beginn des Aufstands der Hereros.
11. August; die Schlacht am Waterberg beginnt.
30. August; im Süden des Landes, bei Khauxanas, wird die Deut-

sche Schutztruppe durch die Namas unter Führung von Jacob Morenga geschlagen.
2. Oktober; General von Trotha verkündet seine Ausrottungsproklamation gegen die Hereros. Die Hereros werden in die Omaheke gedrängt. Im Jahr 1911 lebten von den ehemals etwa 80.000 Hereros noch 15.130 innerhalb der Grenzen des »deutschen Schutzgebietes«.
3. Oktober; unter Führung Hendrik Witboois beginnt der Namaaufstand.

1905
Aufsehen erregender Bericht der Verwaltung Deutsch Südwestafrikas an das Reichskolonialamt mit dem Titel: Zusammenstellung über die Sterblichkeit in den Kriegsgefangenenlagern in Deutsch-Südwestafrika. Nach den eingegangenen, den Zeitraum von Oktober 1904 bis März 1905 umfassenden Berichten sind insgesamt von den etwa 15000 Köpfe betragenden Hereros und den etwa 2000 Köpfe starken Hottentotten 7682, also 45,2 Prozent der gesamten Gefangenen, gestorben.

1906
12. November; Eröffnung der Otavibahn bis Tsumeb.

1907
Das Windhoeker Obergericht annulliert nachträglich 30 registrierte gemischt-rassige Ehen.
Die ersten Karakulschafe kommen nach Südwest.

1908
14. April; der Gleisarbeiter Zacharias Lewala findet bei Lüderitzbucht den ersten Diamanten und übergibt ihn seinem Vorgesetzten, dem Deutschen August Stauch.

1914
2. August; Beginn des Ersten Weltkrieges. 13.000 deutsche Staatsangehörige leben in Südwestafrika. Der deutsche Gouverneur Seitz ordnet die Mobilisierung der Schutztruppe an. Mit Reservisten stehen danach etwa 5.000 Mann unter Waffen. Truppen der Südafrikanischen Union marschieren in Südwestafrika ein.

1915
9. Juli; Kapitulation der Schutztruppe (3.497 Mann, 1.331 sind gefallen) am Bahnkilometer 500, nahe Otavi.
Der größte Teil der Truppe wird unweit von Aus, nahe Lüderitz, interniert.

1919
Gemäß Versailler Vertrag: Deutsch-Südwestafrika wird Mandatsgebiet des Völkerbundes. Ausweisung unerwünschter deutscher Personen. 6.700 deutsche Staatsangehörige bleiben in Südwest.

1920
Die Südafrikanische Union erhält vom Völkerbund das Treuhandschaftsmandat über Südwestafrika.

1922
Walvis Bay wird Südafrika unterstellt.

1924
Gründung des Deutschen Bundes in Südwest.

1932
Gründung von NSDAP-Gruppen in Südwestafrika mit eigener Zeitung »Die Sonnenwende«.

1933
Am 31. März holen Mitglieder der NSDAP vom Tintenplast (Hauptverwaltungsgebäude der Administration) in Windhoek die südafrikanische Flagge ein und hissen die Hakenkreuzfahne. Die nationalsozialistische Bewegung in Südwest gewinnt an Sympathisanten. Die Südafrikaner reagieren am 3. August mit einem Gesetz, das die Landesverwaltung ermächtigt, bei Störung des öffentlichen Friedens einzuschreiten.

1934
NSDAP und Hitlerjugend werden am 21. Februar als illegal erklärt.
Der Führer der NSDAP, Weigel, wird des Landes verwiesen.
Die deutschen Siedler gründen vermehrt Kulturvereine, die verbotene Hitlerjugend geht in die Pfadfinderjugend auf.

Südwestafrika wird als fünfte Provinz Südafrikas verwaltet.
»Tag der Deutschen Jugend« am 3. Juni in Windhoek wird im Sinne nationalsozialistischer Propaganda genutzt. Der Umzug der »völkischen Jugend« führt auch unter Zeigen der Hakenkreuzfahne am Reiterdenkmal vorbei.
Am 11. Juli öffentliche Demonstrationen der verbotenen NSDAP in Windhoek.
Sympathisanten Südafrikas überfallen Büros der NSDAP und der verbotenen Hitlerjugend.

1935
Die finanzielle Unterstützung deutscher Schulen in Südwestafrika durch die Südafrikanische Regierung wird eingestellt.

1939
Vermehrt werden in Windhoek Hakenkreuzfahnen gezeigt. Die südafrikanische Regierung befürchtet ernsthafte Provokationen der Deutschen und entsendet am 17. April zusätzliche Polizeikräfte nach Südwestafrika.
In Südwestafrika bestehen zwölf Regierungsschulen, beziehungsweise Schulen mit entsprechenden Klassenstufen, in denen die Kinder in Deutsch als Muttersprache unterrichtet werden.
1. September; Beginn des Zweiten Weltkrieges.
Südafrika tritt am 4. September an der Seite Großbritanniens in den Krieg gegen Deutschland ein. Beginnend mit dem 18. September werden die ersten erwachsenen Männer deutscher Herkunft in Südafrika oder, das sind Ausnahmen, auf ihren Farmen und in den Wohnorten interniert. Die meisten Internierten werden zunächst nahe Windhoek auf dem Gelände der alten Funkstation untergebracht - allgemein »Klein-Danzig« genannt.
Gründung des Deutschen Südwest Bund, der die deutsche Politik unterstützt, und der Deutsch Afrikanischen Partei, deren Mitglieder nur Deutsche mit südafrikanischer Staatszugehörigkeit werden dürfen. Die Gründungen beschleunigen die Polarisierung der deutschen Gemeinschaft in Südwestafrika.
Die »Allgemeine Zeitung« (AZ), »Deutsch-Südwestafrikanische Zeitung« und »Swakopmunder Zeitung« erscheinen künftig, von der NSDAP kontrolliert, als eine Tageszeitung namens »Deutscher Beobachter«.

1942
Den deutschen Siedlern wird durch den »Act No.35 of 1942« der Südafrikanischen Regierung die britische Staatsbürgerschaft und damit das Wahlrecht entzogen.

1945
Kriegsende. Die Internierung der Deutschen in den südafrikanischen Orten Koffiefontein und Baviaanspoort wird aufrechterhalten.

1946
Die ersten Internierten werden aus den Lagern entlassen, müssen sich aber weiter in Südafrika aufhalten.

1948
26. Mai; in Südafrika siegt bei den Wahlen die Nationale Partei unter der Führung von Dr. Malan.
Im Juni kommen die letzten der Internierten nach Südwestafrika zurück. Für manche bedeutet das die Rückkehr nach achtjähriger Abwesenheit von ihren Farmen, die in diesen Jahren in den meisten Fällen von den Frauen der Farmer geführt wurden.

1958
Gründung des Ovamboland People's Congress, aus dem 1959 die Ovamboland People's Organisation (OPO) als Vorläuferin der SWAPO hervorgeht.

1959
September bis Dezember; die erzwungene Umsiedlung der 30.000 Einwohner der Alten Werft bei Windhoek nach Katutura führt zu gewaltsamen Auseinandersetzungen. Beim Vorgehen der südafrikanischen Polizei am 10. Dezember werden 11 Menschen erschossen und 55 zum Teil schwer verletzt.

1960
19. April; Gründung der South West African People's Organisation (SWAPO).
Markanteste Führungspersönlichkeit ist Sam Nujoma.

1964
29. April; die südafrikanische Regierung akzeptiert die Empfehlungen des Odendaal Plans und macht sie zur Regierungspolitik.

1966
26. August; erster Schusswechsel zwischen den Kämpfern der People's Liberation Army of Namibia (PLAN, bewaffneter Arm der SWAPO) und der südafrikanischen Polizei bei Ongulumbashe. Der Buschkrieg beginnt.
Die UNO beendet das Mandat und fordert Südafrika auf, Namibia die Unabhängigkeit zu gewähren. Jede weitere Anwesenheit Südafrikas in Namibia wird für illegal erklärt.

1967
Der UN-Rat für Namibia wird gegründet

1969
Die UNO entscheidet, dass Südwestafrika Namibia heißen soll, in Anlehnung an die geographische Bezeichnung der Wüste Namib.

1971
1. Dezember; landesweiter Streik zur Abschaffung des Kontraktarbeitersystems.
Auf Ersuchen des UNO-Sicherheitsrates stellt der Internationale Gerichtshof in Den Haag fest, dass die Verwaltung Namibias durch Südafrika illegal und unverzüglich zu beenden ist.

1974
Die UNO erkennt die SWAPO als »einzige authentische Vertreterin des namibischen Volkes« an.

1975
Beginn der bewaffneten Auseinandersetzung in Angola, die zur Unabhängigkeit Angolas von Portugal führt. Circa 10.000 Flüchtlinge (vorwiegend Portugiesen, Südafrikaner und Deutsche) kommen über die angolanische Grenze nach Namibia.

1976
Die SWAPO erhält Beobachterstatus bei den Vereinten Nationen.

1977
Der erste südafrikanischen Generaladministrator, Richter M. T. Steyn, kommt nach Namibia.

1978
29. September; der Sicherheitsrat der UN beschließt Resolution 435.
4. Mai; Südafrikanische Truppen greifen das SWAPO-Lager in Kassinga/Angola (240 km nördlich der namibisch/angolanischen Grenze) an. Mehr als 900 Tote, vor allem Frauen und Kinder.

1982
Die USA machen die Unabhängigkeit Namibias vom Abzug der kubanischen Soldaten aus Angola abhängig.

1985
Die Übergangsregierung der Nationalen Einheit wird am 17. Juni in Windhoek ohne Beteiligung der SWAPO eingesetzt.

1988
New Yorker Abkommen zwischen Angola, Kuba und Südafrika über die Gewährleistung der Unabhängigkeit Namibias auf Grundlage der Resolution 435.
Unterzeichnung des Genfer Protokolls am 3. August und des Protokolls von Brazzaville am 13. Dezember.

1989
Mit dem 1. April Umsetzung des Lösungsplanes der UN. Am gleichen Tag kommen 1.600 SWAPO-Guerilla aus Angola über die Grenze nach Namibia, um den UNTAG-Truppen die Waffen zu übergeben. Bevor es zur Übergabe kommt, entwickeln sich schwere Kämpfe mit den Südafrikanischen Streitkräften nahe der angolanischen Grenze. Etwa 300 SWAPO-Kämpfer und 27 südafrikanische Soldaten verlieren ihr Leben. Der eingeleitete Unabhängigkeitsprozess droht zu scheitern. Bis zum 1. April 1989 waren in Namibia cir-

ca 50.000 südafrikanische Soldaten auf 80 Militärbasen stationiert. Die meisten im Operationsgebiet, das heißt in Nordnamibia.
Oktober; 4.650 UNTAG-Soldaten sind in Namibia.
Bei Wahlen unter Aufsicht der UN im November erringt die SWAPO 41 der 72 Sitze der Verfassungsgebenden Versammlung.
20. November; die letzten 1.500 südafrikanischen Soldaten verlassen Namibia.

1990
9. Februar; Annahme der Verfassung durch die Verfassungsgebende Versammlung.
21. März; die Republik Namibia wird ausgerufen. Ihr erster Präsident, Dr. Sam Shafiishuna Nujoma, wird vom UNO-Generalsekretär Javier Perres de Cuellar vereidigt. Bildung der ersten namibischen Regierung. Deutschsprachige Namibier in der ersten Regierung des unabhängigen Namibias sind:
Klaus Dierks (Vizeminister für öffentliches Bauen, Verkehr und Kommunikation)
Otto Herrigel (Finanzminister)
Hartmut Ruppel (Generalstaatsanwalt)
Carl Schlettwein (Staatssekretär)
Anton von Wietersheim (Vizeminister für Industrie)
23. April; die Republik Namibia wird 160. Mitglied der UNO
26. April; Erstflug der staatlichen Fluggesellschaft Namib Air auf der Route Windhoek - Frankfurt am Main.
28./31. Mai; Verhandlungen des namibischen Ministers für Erziehung, Kultur und Sport, Nahas Angula, mit dem DDR-Bildungsminister Prof. Meyer in Berlin über die Rückführung der in der DDR lebenden namibischen Kinder.
26./31. August; Rückkehr der 433 »DDR-Kinder«

2000
5. September; während der Anti-Rassismus Konferenz in Durban/ Südafrika bekennt sich Bundesaußenminister Joschka Fischer zu einer Mitschuld der Deutschen an Sklaverei und Kolonialismus in Afrika.

2002
12. Januar; Deutschland soll des Völkermordes am Volk der Hereros angeklagt werden. Hererochief Riurako reicht gegen die Bundesrepublik Deutschland als Rechtsnachfolgerin des Deutschen Reiches eine Klage auf Entschädigung erlittenen Unrechts während der deutschen Kolonialherrschaft bei einem amerikanischen Gericht ein. Parallel dazu werden Unternehmen, die nach Auffassung der Hereros aktiv an der Kolonialisierung Südwestafrikas beteiligt waren, angeklagt. Dazu gehören unter anderem die Deutsche Bank und die Deutsche Bahn AG als Rechtsnachfolger.
18. Februar; die zuständige Justizverwaltung des Landes Berlin weigert sich unter Berufung auf deutsche Hoheitsrechte die Klage der Hereros der Bundesregierung förmlich zuzustellen.

2003
10. Juni; die vom US-Gericht den Hereros gesetzte Frist für die Einleitung des Verfahren ist abgelaufen. Die Klage gegen die Bundesrepublik Deutschland ist »unzustellbar«. Die Hereros ziehen ihre Klage zurück. Über die Einleitung eines getrennten Verfahrens gegen die deutschen Unternehmen muss ein amerikanisches Berufungsgericht entscheiden.

Nachbemerkung

Seit mehr als zwanzig Jahre sind mir die Menschen dieses faszinierenden Landes vertraut. Wir erlebten einander unter den Bedingungen der Flucht, des Exils und auch in der neu gewonnenen Freiheit.

Jene Unternehmung aber, von der erzählt wird, die den Interviewer zu den Gesprächspartnern führt, entstand in der Phantasie des Autors. Ähnlichkeiten mit lebenden Personen wären rein zufällig.

Die Interviews hingegen sind tatsächlich Gesprächsprotokolle.

Es sind Aufzeichnungen oft sehr langer Nachtgespräche. In einigen Fällen trafen wir uns über Tage immer wieder. Für den Leser musste der Text gestrafft werden. Die sprachliche Eigenheit der Interviewten wurde beibehalten.

Es waren für mich ohne Ausnahme interessante Begegnungen und ich möchte mich bei meinen Gesprächpartnern für die Offenheit, für ihre Geduld bedanken.

J.L.

stakkato
Bücher die Unruhe stiften

Per Torhaug
Das Waldkommando

Per Torhaug erzählt in lakonischer, zuweilen poetischer Sprache vom Leben und Sterben im Arbeitskommando eines deutschen Konzentrationslagers. Nicht so sehr die Schreckensbilder selbst werden heraufbeschworen; vielmehr geht es um die Frage nach der Möglichkeit, auch unter unmenschlichen Bedingungen menschlich zu bleiben. Dazu gehört in Torhaugs, auf eigenem Erleben beruhender Erzählung der unbeugsame Wille zur Humanität, aber auch die Fähigkeit, trotz des alltäglichen Terrors kleine, kaum mehr alltägliche Freuden genießen zu können.

iginalausgabe, 272 Seiten
rmat 12,5 x 20,5; Softcover
15,00 Euro / 26,70 sFr
3N 3-937738-07-X

Aus dem Norwegischen übersetzt von Sabine Richter
Mit einem Nachwort von Anette Storeide

Der Roman »Stubbebrytere« erschien erstmals 1961 in Oslo.

Henri Barbusse
Das Feuer
Tagebuch einer Korporalschaft

Henri Barbusse erzählt die Geschichte jener Gruppe von Kameraden, in der er selbst als einfacher Soldat den Ersten Weltkrieg durchlebt hat. Das Leben im Labyrinth der Schützengräben, endloses Ausharren in Hitze, Schlamm, Kälte, das kleine Glück im Ruhequartier, gefolgt von den todbringenden Sturmangriffen im feindlichen Sperrfeuer: Die Wirklichkeit des Krieges ist Thema dieses Romans. Die Frage nach dem Sinn des Krieges mündet in einem visionären Umdenken, das Vorzeichen eines dauerhaften Friedens werden könnte.

Deutsche Bearbeitung von Curt Noch, Paul Schlicht

Der Roman »Le Feu« erschien erstmals 1916 in Paris, auf deutsch zuerst 1918 in Zürich.

iginalausgabe, 332 Seiten
rmat 12,5 x 20,5; Softcover
18,00 Euro / 32,00 sFr
3N 3-937738-10-X

ca. 400 Abbildungen
Duplex auf Kunstdruckpapier
Mit vom Herausgeber ausgewählten zeitgenössischen und eigenen Texten
272 Seiten
Format 21 x 29 cm
Festeinband mit Schutzumschlag
ca. 34,50 EUR / 61,40 sFr
ISBN 3-937738-15-0

Günther Drommer

Im Kaiserreich

Alltag unter den Hohenzollern 1871 - 1918

Der erste Band einer Bilderchronik der vergangenen 130 Jahre deutscher Alltagsgeschicht Die fast vierhundert Bilder aus den Jahren 1871 bis 1918, die zum Teil Werke bekannte Fotografen sind, geben - als wären sie ein Fotoalbum der Nation - Auskunft über das Leben unserer Urgroßeltern, und Auskunft über die Entwicklung der Schwarz-Weiß-Fotografie: Herrschten 1871 noch die gestellten Familienfotos mit der Stativkamera vor, so wagte man im neuen Jahrhundert bereits spontane Schnappschüsse. Die größtenteil unveröffentlichten Fotografien stammen aus bedeutenden Stiftungsarchiven sowie kleine Privatsammlungen.

ca. 400 Abbildungen
Duplex auf Kunstdruckpapier
Mit vom Herausgeber ausgewählten zeitgenössischen und eigenen Texten
272 Seiten
Format 21 x 29 cm
Festeinband mit Schutzumschlag
ca. 34,50 EUR / 61,40 sFr
ISBN 3-937738-12-6

Günther Drommer

Gleichgeschaltet

Alltag unterm Hakenkreuz 1933 - 1945

Die Nazi-Zeit fing für viele Deutsche so schlecht gar nicht an: Es gab wieder Arbeit, bescheidenen Wohlstand auch für die Armen - die Reichen lebten ihr Leben sowieso. Und so freute man sich an der Olympiade, der Automobilausstellung, kam in den Genuss von Volksempfänger und »Kraft durch Freude«. Wenn nur diese Widerständler nicht gewesen wären - die erst in den KZ endgültig verstummten. Das Ende rückte näher. Millionen Männer mussten in den Krieg. Die Frauen mussten Männerarbeit machen. Dann, über den Trümmern, zwei verschiedene Neuanfänge.

Schwartzkopff Buchwerke

stakkato
Bücher die Unruhe stif

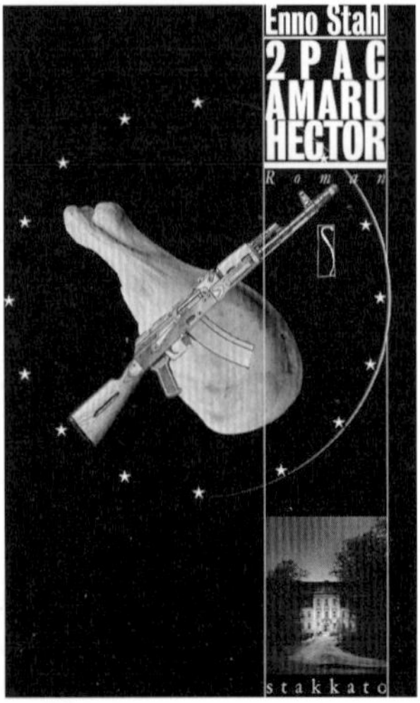

Originalausgabe, 272 Seiten
Format 12,5 x 20,5; Softcover
ca. 15,00 Euro / 26,70 sFr
ISBN 3-937738-06-1

Enno Stahl
2Pac Amaru Hector

Eine mittelalterliche Burg im Rheinland: Der deutsch japanische Konzern Telematics hat zahlreiche Politik und Wirtschaftsvertreter zur Weihnachtsfeier gelader Die »Rheinische Bewegung Tupac Amaru« und ihr charismatischer Anführer Hector Pandotero nehmen mehrere hundert Menschen als Geiseln und verschar zen sich auf der Festung. Pandotero gelingt es, seine Operation als popkulturellen Akt, als eine Art Terrorismus light zu inszenieren. Bis ein beispielloses Medienspektakel das neue Jahr einläutet. Enno Stah entwirft seinen Roman als brillante Mischung aus Thriller und Mediensatire. Hier gerät endlich wieder die politische Wirklichkeit in den Blick der Literatur

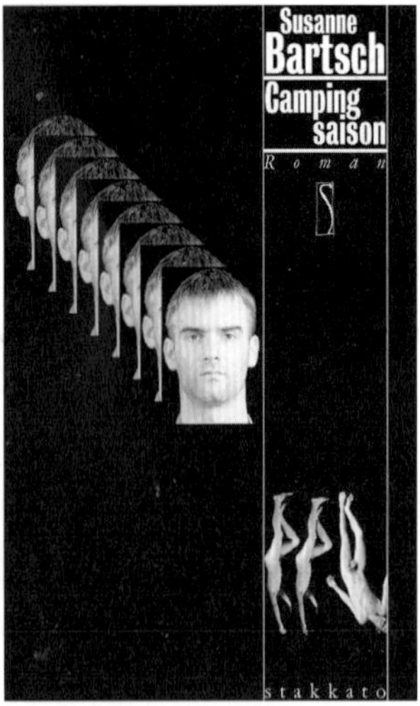

Originalausgabe, 232 Seiten
Format 12,5 x 20,5; Softcover
ca. 12,00 Euro / 21,40 sFr
ISBN 3-937738-01-0

Susanne Bartsch
Campingsaison

Die Menschheit ernährt sich seit Jahrtausenden von Fleisch. Doch was passiert, wenn es auf der Erde keine Tiere mehr gibt? In Susanne Bartschs Roman müssen geklonte Gen-Menschen als natürliche Fleischquelle herhalten. Als die Protagonistin auf einen entflohenen Gen-Menschen stößt, nimmt sie ihn in ihren Campingwagen auf. Was als kurzfristige Übergangslösung gedacht war, wird zu einem länger Aufenthalt. Die Ich-Erzählerin erkennt Tag für Tag, dass Gen-Menschen - entgegen der Beteuerungen de Fleischindustrie - sehr wohl Gefühle haben und lern fähig sind. Gemeinsam mit ihrer Freundin sagt sie d Fleischmafia den Kampf an. Die Campingsaison beginnt und mit ihr die spannende Frage nach Ethi und Moral in unserer Zeit.